Hausbuch
sächsischer Dichtung

aus zehn Jahrhunderten mitteldeutscher Kultur unter
besonderer Berücksichtigung der zeitgenössischen Dichter

Mit Dichterbildnissen,
Handschriften und anderen Literaturdokumenten

Zusammengestellt
und mit einem Nachwort versehen von

Kurt Arnold Findeisen

WEIDLICH REPRINTS
FRANKFURT/MAIN

Unveränderter Nachdruck der Ausgabe von 1929
Erschienen bei der Mitteldeutschen Verlagsgesellschaft m. b. H. Leipzig

Alle Rechte vorbehalten
Copyright 1982 by Verlag Wolfgang Weidlich, Frankfurt am Main
Reproduktion und Druck: WS Druckerei, Mainz
Einband: Großbuchbinderei C. Fikentscher KG, Darmstadt
Printed in Germany
ISBN 3 8035 1140 2

Vorwort zur Neuausgabe 1982

Das „Hausbuch sächsischer Dichtung" von Kurt Arnold Findeisen kam bereits mit seinem Erscheinen in mein Blickfeld, wenn ich es auch da noch nicht in mich aufnehmen durfte; Ostern 1929 verteilte das Sächsische Kultusministerium Exemplare davon an die höheren Schulen des Landes. Zwar ergoß sich der Segen noch nicht auf den Quartaner, aber er nahm das Buch im Festsaal seiner Schule und auf dem Wege zum Bahnhof in der Hand einer aus einer höheren Klasse Ausgezeichneten mit Interesse wahr. Es dauerte nur wenige Jahre, bis der Band in den echten Besitz des Heranwachsenden gelangte, der gerade begonnen hatte, sächsisches Schrifttum neben anderen Büchern zu sammeln.

Zur gleichen Zeit wurde ich auch Mitglied im Heimatschutz, erhielt dessen Mitteilungen und geriet an das „Glückauf" des Erzgebirgsvereins. So war die Verbindung zu Kurt Arnold Findeisen, der bei beiden Zeitschriften rege mitarbeitete, hergestellt, zumal da sich meiner ein Bücherfreund annahm, der dem um Erfolg ringenden Dichter zum Mäzen wurde.

So wurde mir bald bewußt, daß man die Gestaltung des Hausbuches einem Kenner sächsischen Wesens und dem führenden Dichter unseres Landes anvertraut hatte. Dieser, der die Heimat aus tiefstem Herzen liebte, hatte für sie beim Erscheinen des Bandes außerdem noch auf vielfältige Weise gewirkt; sei es durch die Herausgabe der Zeitschriften „Das Vogtland und seine Nachbargebiete" ab 1912 und daran anschließend der „Sächsischen Heimat. Zeitschrift für volkstümliche Kunst und Wissenschaft in den obersächsischen Landen" von 1919 bis 1927. Auf diese Weise hatte sich Findeisen im Umgang mit dem zeitgenössischen sächsischen Schrifttum einen sicheren Blick verschafft, zumal da er selbst seit Jahren eine treue Lesergemeinde durch ein umfangreiches eigenes Werk erfreute.

Der am 15. Oktober 1883 in Zwickau als Sohn eines Buchhalters Geborene hat seine Kindheit nach dem letzten Kriege aus der verklärten Schau des Alters in dem Buche „Der Perlenwagen" mit viel Liebe beschrieben. Über diesem Buche liegt ein tröstlicher Glanz, obwohl dem Siebenjährigen die geliebte Mutter genommen wurde, die ihm so viel bedeutete und ihm so Unermeßliches auf den Lebensweg mitgab. So münden in diesem Buche aus der Kindheit die Erlebnisse in der Stadt Zwickau in die Erinnerungen an die ihm so früh Entrissene, die ihm die Sehnsucht einpflanzte und die Lebensaufgabe der Liebe, von der das Werk des Dichters bestimmt wurde. Diese Mutter lebt auch in den Gedichten der ersten Jahre immer wieder auf. Jedoch darf bei diesem Bilde der Herkunft und des Erbes der Vater nicht übergangen werden, der dann die erste Bezugsperson wurde; er, den das Schicksal aus den Wäldern und Bergen seiner erzgebirgischen Heimat um Neustädtel in das eintönige Dasein eines Schachtbuchhalters verschlug, gab dem Sohne die Sehnsucht und die Liebe zur Natur mit; ihm verdankte er auch das Beispiel der Heiterkeit über die Zufälligkeiten des Lebens und das Verständnis für die soziale Not der Zeit, wie sie gerade im Bergbau schmerzlich zutage trat.

Der Vaterstadt Zwickau blieb Findeisen mit dem Erlebnis der Vorstadt, des Fabrikviertels, der Schornsteine und der Kohlenschachthalden durch sein Schaffen verbunden. Ihr Wesen und ihr Schicksal deutete er in seinen frühen Gedichten, seine Erlebnisse nahm er in seine Geschichten auf, und mit seinem ersten Roman, der dem berühmten Stadtsohn Robert Schumann galt, kehrte er wieder dort ein, um damit auch das Reich der Musik zu betreten, in das ihn die Mutter geführt hatte. Für Leben und Werk Findeisens wurde es jedoch bedeutungsvoll, daß er die hauptsächliche schulische Bildung auf dem Lehrerseminar zu Schneeberg empfing; dieses gehörte zu der Schulgattung, die nach dem Ersten Weltkrieg sang- und klanglos unterging und deren Bedeutung für die sächsische Volksbildung noch nicht erschlossen wurde. Zwar schreibt Findeisen, daß er lieber das Gymnasium seiner Vaterstadt besucht hätte; das Veto der Stiefmutter hat dann aus wirtschaftlichen Gründen die anfängliche Bereitschaft des Vaters, dem Sohne diesen Wunsch zu erfüllen, überstimmt; aber der Werdende kam nun in Schneeberg in einen Bildungsbereich, der seinen Lebenssinn auf die ihm gemäße Bahn brachte. Hier wirkten die Führer des Erzgebirgsvereins, die ihren Schülern die Heimat mit Liebe und Verständnis erschlossen, und hier gab es eine ausgezeichnete Pflege der Musik, die die von der Mutter angelegte Liebe zu ihr anfachen und in die richtigen Wege weisen konnte. Natürlich mag die Unterbringung im Internat und die damit verbundene strenge, ja klösterliche Zucht, die den Seminaren mit Recht angelastet wurde, den Jüngling bedrückt haben, aber das Rüstzeug eines tüchtigen Schulmeisters, wie es auch der Vater der Mutter war, erhielt er hier in der Nachbarschaft von Neustädtel, der geliebten Heimat des Vaters. Findeisen hat sich wenig über seine Schneeberger Jahre geäußert; aber wir vermerken gern, daß er mit einem beachtlichen Prüfungsaufsatz antrat, der in den höheren Klassen als ein Muster vorgelesen wurde.

Der so vorzüglich ausgebildete Lehrer hat sein Amt fast ein Vierteljahrhundert ausgeübt; es führte ihn in die Nähe des Volkes, dem seine schriftstellerischen und dichterischen Bemühungen im wachsenden Maße galten. Später konnte er noch einmal seine lehrhaft pädagogische Anlage, die wir auch in seinen Schriften hier und da finden, beim Schulfunk des aufkommenden Radios nutzbar machen, bis das 1933 unmöglich wurde. Auch das gehört zum Wesen Findeisens, daß er im Ersten Weltkrieg nach seinem Willen als Krankenpfleger Dienst tat, somit auch hier zum Helfer wurde.

Darnach ließ er sich von Plauen nach Dresden versetzen, wo er als Kind im Haushalt von Verwandten nach dem Tode der Mutter schon ein Jahr gewesen war. Den bisher durchlebten Landschaften des Erzgebirges und des Vogtlandes mit ihren Städten hat er mit Liedern zu ihrem Lobe und seiner Liebe ein bleibendes Denkmal gesetzt.

Nach der Landeshauptstadt brachte er mit seinem anregenden Wesen viele Impulse mit; sein gastliches Haus, das in der Bombennacht mit seinen Schätzen an Büchern und Erinnerungen unterging, stand jungen Dichtern mit Rat und Tat offen, davon zeugt auch das Hausbuch. Der Stadt, der er über 40 Jahre lang verbunden war, hat er mit der „Dresdner Kreuzkirchenlegende", die Prof. Rudolf Mauersberger vertonte und die vom Kreuzchor gesungen wurde, ein ergreifendes Lied ihres furchtbaren Schicksals dargebracht. Mit seinen letzten Romanen: „Der goldene Reiter" und „Flügel der Morgenröte" hat er ihr ein bleibendes und dankbares Denkmal setzen wollen; hier spricht uns besonders das Beiwerk an; im ersten Bande das Wirken der Künstler Dinglinger, Permoser und Pöppelmann zur Zeit Augusts des Starken und seines Nachfolgers und im zweiten Band die Schilderungen des geistigen Lebens Dresdens in der ersten Hälfte des 19. Jahrhunderts mit einer Fülle von Persönlichkeiten aus dem künstlerischen und auch aus dem aufkommenden technischen Bereich. In seinem geliebten Dresden ist der Dichter einen Monat nach seinem 80. Geburtstag am 17. November 1963 gestorben.

Kurt Arnold Findeisen hat im Nachwort zu einem Privatdruck, der den bezeichnenden Titel „Klingende Morgenzeit" trägt, die Richtungspunkte seines Schaffens mit zwei Begriffen umrissen: Volkstum und Musik. Diese war mütterliche Mitgabe, und einmal heißt es bei ihm: „Musik ist klingendes Dasein"; es gibt kaum einen deutschen Musiker, den uns Findeisen nicht näherbringen wollte in lebendigen Erzählungen und umfangreichen Romanen, und es ist schade, daß diese Deutungen so schnell vergessen wurden. Für Volkstum, das damals Mode war, wollen wir Heimat setzen; das Wirken für sie bestimmte das Lebenswerk Findeisens; hierher gehören auch die Romane um Karl Stülpner, dem erzgebirgischen Volkshelden, Johann Gottfried Seume, dem Wanderer nach Syrakus, und das feinsinnige Buch zu Ehren von Julius Mosen, die Spiele um den Prinzenraub und den liebenswerten Ludwig Richter und das „Goldene Weihnachtsbuch", dessen Wurzeln auch wieder in der erzgebirgischen Heimat ihres Schöpfers liegen.

Ein Jahr nach dem Hausbuch brachte Findeisen ein Bändchen mit Balladen, Grotesken und Liebesreimen unter dem Titel „Dudelsack" heraus; da finden wir spritzige Verse, die wir mit Schmunzeln lesen und die den Dichter der ersten Jahre, der mit seiner ernsten Lyrik weithin wirken wollte, vergessen lassen. Das Büchlein trägt das Motto: „Musik und Ironie, die heiligen Schrittmacher meines Lebens". Auch an dieses Bekenntnis sollten wir denken, wenn wir das Werk des Dichters betrachten.

Jedoch kein Dichter unseres Stammes trug sächsisches Wesen so kenntnisreich und liebevoll im Herzen und kündete davon ein Leben lang auf seine Weise und unter Verhältnissen, die sich mit dem Zeichen der Zeit mehrfach wandelten. Das Land Sachsen dankte all diesen Bemühungen durch die Verleihung des neugeschaffenen Lessing-Preises im Jahre 1929.

Aus dieser Verbundenheit heraus mußte auch das Hausbuch gelingen; der Dichter steht mit seinem Wesen auch hinter dieser großen Auswahl, und das macht sie so liebenswert, so leicht es manchen Einwand geben könnte. Findeisen liebt den tüchtigen Zittauer Christian Weise nicht; er verzichtet auf den Annaberger

Christian Felix Weiße, der auch als Leipziger Kreissteuereinnehmer ein Stück Literaturgeschichte verkörpert und von dem es reizende Kinderlieder gibt; und er lehnt auch Gustav Nieritz, den erfolgreichen und beliebten Jugendschriftsteller, ab; aber er gibt uns mit 60 Namen aus den Jahren ab 1880 eine erschöpfende Literaturüberschau dieser Epoche, deren Nachwirkungen durch die Ungunst der Zeit so schnell versinken mußten und von denen einige Namen uns noch stark beeindrucken konnten. Findeisen zeigt sich in dem gehaltvollen und kenntnisreichen Nachwort als der beste Deuter des obersächsischen Wesens und seiner dichterischen Ausstrahlung. In dem zur gleichen Zeit erschienenen Bande „Sachsen — Tausend Jahre Deutscher Kultur" hat er noch einmal dieses Thema kundig abgehandelt. Von Kritikern wurde beim Erscheinen des Hausbuches das Fehlen der Mundartdichtung beklagt; Findeisen konnte dabei mit Recht auf gleichzeitige Veröffentlichungen von Albert Zirkler verweisen; wir freuen uns heute über die Geschlossenheit dieses Buches, die dadurch erreicht wurde. Es zeigt außerdem durch seine Dichterbildnisse, seine Handschriftenproben und manches andere Literaturdokument den Herausgeber als Kenner und Liebhaber des Buches und seiner Umwelt.

Bedeutsam für ein Buch ist auch der Zeitpunkt seines Erscheinens; er war für unseren Band günstig, weil es bei der Auswahl noch keine Überlegungen politischer Art gab; er war aber auch hemmend für die Wirkungsmöglichkeit des Bandes; denn bald nach seinem Erscheinen begann die Wirtschaftskrise, die mit ihren Folgeerscheinungen auch das Buch mit in den Abgrund riß.

Seine Neuausgabe nach mehr als 50 Jahren ist notwendig aus mehr als einem Grunde; einmal offenbart das Buch ein bedeutsames Stück sächsischen Geisteslebens als einen gewichtigen Teil des deutschen; dann wird und soll es auch helfen, manches Vorurteil gegen unsere sächsische Heimat auszuräumen und der Verspottung unserer Umgangssprache entgegenzutreten. Findeisen hat in einem späteren sehr klugen Aufsatz „Vom lachenden und belachten Sachsen" dazu den Weg gewiesen und Verunglimpfungen, wie sie hier und da auch auf dem Buchmarkt auftraten, mit sehr viel Sachkenntnis, aber auch Verständnis für manches liebenswerte Zeugnis auf diesem Gebiete gedeutet. Er hatte in einem früheren Sammelbande „Vom sächsischen Lachen. 500 Jahre sächsischen Humors in Vers und Prosa mit Bildern" (1925) dazu Hinweise zur Deutung unserer sprachlichen Eigenheiten gegeben; er hat dann später noch einmal in dem von ihm gestalteten Heft „Sächsische Köpfe" innerhalb der Mitteilungen des Heimatschutzes mit seiner klugen Einführung gezeigt, wie tief er das Wesen und die Bedeutung unseres Stammes erfaßt hatte, und so kann auch das Hausbuch doppeltes Zeugnis ablegen von seinem Schöpfer, der von uns viel von der schwingenden Freudigkeit der Sachsen verkörpert, und von dem Lande, dem seine Liebe und seine Arbeit galten.

Rudolf Steude

Vorwort

Nach Angaben ihres ersten Chronisten, des Bischofs Thietmar von Merseburg, wurde die „Mark Meißen" im Jahre 928 gegründet. Somit blickt der wichtige obersächsische Kulturkreis, der heute im Herzen Deutschlands den Freistaat Sachsen, beträchtliche Teile der Provinz Sachsen und Ostthüringen umfaßt, auf eine tausendjährige Geschichte zurück.

Diese Geschichte beginnt mit einer großzügigen, dem Osten zugewendeten Kolonialpolitik vom Gebiet zwischen Saale und Elbe aus. Hier war in der Folgezeit die Wiege der Reformation; die Sprache der „meißnischen Kanzleien" wurde durch Luthers Bibelübersetzung die Schriftsprache ganz Deutschlands. Hier schuf Bach seine unvergänglichen Fugen, Cantaten, Passionen. Die großen Aufklärer Leibniz und Lessing wurden hier geboren. Die Reform des deutschen Theaters bahnte sich von hier aus an. Geistbetonte Kritik maß sich hier zuerst bewußt mit den Mächten der Literatur, der bildenden Kunst, der Musik. Von bedeutenden Philosophen brachte diese Landschaft außer Leibniz Fichte, Lotze, Nietzsche hervor, von sonstigen Gelehrten Agricola, Thomasius, Treitschke. Von hervorragenden Musikern wuchsen aus ihr außer Bach Händel, Schumann, Marschner, Wagner, von wesentlichen Malern und Bildhauern Schnorr von Carolsfeld, Ludwig Richter, Ernst Rietschel, Johannes Schilling, Fritz von Uhde, Max Klinger, ganz abgesehen von Allerneusten, unter denen Führer der modernsten Kunst zu finden sind. Aus all dem geht hervor, daß dieses Gebiet inmitten Deutschlands einen eignen Verstand, ein eignes Herz, einen ganz besonderen Charakter hat.

Wenn es nun als Festgabe der Tausendjahrfeier seiner Kultur ein Hausbuch sächsischer Dichtung herausgibt, so darf man in diesem Buch nicht nur eine der landläufigen Anthologien sehen, vielmehr einen Querschnitt bewegtesten deutschen Geisteslebens und ein allerinteressantestes Kapitel bodenständigen Schrifttums. Ist Obersachsen doch durch klangvollste Namen eindringlich genug an der deutschen Nationalliteratur beteiligt, schickt es doch eine ansehnliche Reihe starker und wohlgerüsteter Kämpfer in die Arena, in der heute um die Palme der deutschen Dichtung gerungen wird. Gerade dieser zeitgenössischen Dichter will sich das Hausbuch sächsischer Dichtung besonders annehmen; nicht weniger als sechzig lebende Autoren sind mit charakteristischen Beiträgen in Vers und Prosa neben den älteren Poeten darin vertreten.

Damit die umfassende Sammlung auch als Geschenk der Nation an ihre neue Generation zu gelten vermag, ist sie so eingerichtet, daß sie ohne weiteres der r e i f e r e n J u g e n d in die Hand gegeben werden kann. Allerdings ergab sich aus dieser von vornherein feststehenden Absicht sowie aus der Furcht vor allzu großem Umfang des Werkes eine gewisse Beschränkung der Auswahl. Immerhin glaubt der Herausgeber, von jedem beträchtlichen Dichter ein charakteristisches Selbstzeugnis geformt zu haben. Da er gleichzeitig Wert darauf legte, daß viele Beiträge ebenso wie dem Geist auch der landschaftlichen Gestalt Obersachsens Rechnung trügen, dürfte ein v o l k s t ü m = l i c h e s H e i m a t = u n d K u l t u r b u c h entstanden sein, wie es kaum irgendwo bereits vorliegt.

Zu danken hat der Herausgeber den in Betracht kommenden Verlegern sowie den zeitgenössischen Dichtern der obersächsischen Scholle für bereitwilligste Abdruckerlaubnisse, für leihweise Hergabe wertvoller Handschriften und sonstiger Blätter der Sächsischen Landesbibliothek (Prof. Dr. M. Bollert) und dem Stadtmuseum (Dr. K. Großmann) zu Dresden, der Ratsschulbibliothek zu Zwickau (Prof. Dr. O. Clemen). Für umsichtige Beratung und Mitarbeit in der verschiedensten Form fühlt er sich zu besonderem Dank verpflichtet den Herren: Universitätsprof. Dr. Georg Witkowski=Leipzig, Universitätsprof. Dr. Josef Nadler=Königsberg, Prof. Dr. Adolf Bartels=Weimar, Prof. Dr. Friedrich Kummer=Dresden, Prof. Dr. Otto Eduard Schmidt=Dresden. Prof. Dr. Karl Reuschel, Dresden †.

Möchte eine Zeit wie die gegenwärtige, die geneigt scheint, körperliche Tüchtigkeit über geistige Leistung zu stellen, diesem Buch ihre Anerkennung trotzdem nicht versagen; stellt es doch eine Proviantkammer deutschen Wesens dar, die nur der unterschätzen kann, der sich noch nicht darüber klar wurde, wieviel Einzelkräfte die Gesamtleistung eines Volkes speisen.

4

An die Heimat

Daß ich ein Stück von deinem Leid,
daß ich ein Teil aus deiner Lust,
die Scholle, durch mein Sein gedrückt,
das hab ich freudig mir gewußt.
Nun aber leben so wie tod
mich aufspeichert mir die ...,
bis vor ich deiner Erde not
und Geist von deinem Geist.

Ernst Arnold Rübeisen

Eiris sazun idisi, sazun hera duoder. suma hapt heptidun, suma heri lezidun, suma clubodun umbi cuoniouuidi: insprinc haptbandun, inuar uigandun. H.

Der erste Merseburger Zauberspruch

DIE MERSEBURGER ZAUBERSPRÜCHE

Erster Spruch

Ehemals setzten sich (göttliche) Frauen, setzten sich hierhin, dorthin.
Die einen hefteten Haft, andere hielten das Heer auf,
andere klaubten an Fesseln:
„Entspring den Haftbanden, entfahre den Feinden!"

Zweiter Spruch

Phol (d. i. Balder) und Wodan fuhren zu Holze.
Da ward dem Fohlen Balders sein Fuß verrenkt.
Da besprach ihn Sinthgunt, Sunna, ihre Schwester,
da besprach ihn Frija, Volla, ihre Schwester,
da besprach ihn Wodan, wie er's wohl verstand,
so Bein= (Knochen=) Verrenkung, wie Blutverrenkung, wie Gelenkverrenkung:
„Bein zu Beine, Blut zu Blute,
Gelenk zu Gelenke, als ob sie geleimt wären!"

Der erste der Merseburger Zaubersprüche soll die Lösung eines Gefangenen herbei=
führen. Altgermanische Schlachtjungfrauen lassen sich nieder aus der Luft; die einen legen
hinter den Kämpfenden den Gefangenen Fesseln an; die andern halten den Feind auf,
vielleicht mit anderen Zaubersprüchen; die dritten lösen hinter dem feindlichen Heer den=
jenigen des eigenen Heeres die Fesseln, die vom Feind zu Gefangenen gemacht worden sind;
sie tun das mit der Zauberformel: „Entspring den Haftbanden, entfahre den Feinden!"

Der zweite der Zaubersprüche ist ein Segen, der über einem verletzten Pferdefuße ge=
sprochen werden sollte.

7

THIETMAR VON MERSEBURG

Zueignung der Merseburger Chronik an seinen Bruder

Der du durch brüderliche Rechte mir verbunden
und mir sehr lieb schon seit der Jugendstunden,
    dir, Siegfried, weih ich, Thietmar, dieses Buch.
Nimm es, so bitt' ich, an mit lieben Händen,
um es nach deinem Wunsche zu vollenden
    und das zu streichen, was dir Tand und Trug.

Da mir der Prunk der Rede nicht gegeben,
so künd ich schlicht die Sitten und das Leben
    der frommen Kön'ge aus dem Sachsenland,
zu deren Zeit das Reich gleich einer Zeder
in Glanz erstrahlte und voll Furcht ein jeder
    sich unter ihrem Zepter friedlich fand.

Auch künd ich unsrer Kirche hohe Taten
und künde ihre Schande, ihren Schaden
    und wie im Glück sie wieder auferstand.
Ich zeige ihrer Hirten heil'ge Scharen,
wie sie gekränkt und wie erhöht sie waren
    und nun als Heil'ge stehn in Gottes Hand.

Nun schmäh mich nicht, wenn auch in manchen Fällen
mein Werk sich irrt, denn sparsam sind die Quellen
    und meine Fehler, Lieber, glätte du.
Glaub, daß ich nichts zu schreiben unternommen,
von dem nicht sichre Kunde mir gekommen,
    die ich mit dir besprach in Glück und Ruh.

Drum heb mit mir das Herz und heb die Hände
auf zum Gebet, das ich so züchtig spende:
    — „Der Kön'ge Zier, der Sünder Zügler, Christ,
blick du mit deinen heil'gen Engelscharen
von deinem Thron, uns gnädig zu bewahren,
    daß dir, nicht uns des Ruhmes Lob erprieß.

Und daß die Deinen, Herr, nicht sorglos schlafen
und unbewacht im Kreis von fremden Schafen!" —
    — Ihr Christen, Herz und Mund auf zum Gebet!
Die Herrlichkeit des Herrn hat euch errettet
und euch in Christi Schoße weich gebettet,
    trotz eurer Sünden Last: Steht auf und fleht:

Daß euch des Teufels List nicht leicht umstricke,
die ihr die Seligkeit zu eurem Glücke
    so leicht in euren sünd'gen Händen habt;
daß euch in diesen allzuleichten Zeiten
der böse Feind nicht Fallen mög bereiten
    zu eurem ewigen unerlösten Grab.

Und du, der einst auf einem Stuhl wirst thronen
und mein Werk liest, dich bitt ich, mich zu schonen,
    der schlicht der Kön'ge Taten offenbart.
Der Rede Prunk besiegt das Grab der Toten!
Was jetzt zerstreut und was jetzt noch verboten,
    das sammle du nach deiner eignen Art.

Und strebe nicht nach eines Sklaven Ruhme,
erwirb dir selbst des ew'gen Lebens Blume
    und wache drauf zum Herren im Gebet.
Gedenke mein, der, seiner Sünde wegen
all seinen Brüdern vielfach unterlegen,
    sich dir zu Füßen legt und Gnade fleht."

                (Übersetzung aus dem Lateinischen von Werner Fraustadt.)

    Das Gedicht ist die mittelalterlich-hymnische Einleitung der Merseburger Chronik. Der
religiösen Einstellung eines B e k e h r u n g s bischofs der damals noch wesentlich heidnisch-
wendischen Gegend ist reichlich Rechnung getragen. Die Übersetzung hat versucht, durch Vers-
maß und Reim unter möglichster Anpassung an den Wortlaut dieser Eigenschaft des Gedichtes
gerecht zu werden.

THIETMAR VON MERSEBURG

Lobgesang[1])

O du Sonne des Rechts, du erleuchtest ja alles, o Christus!
Wie du zuerst auf Erden erschienst, die Welt zu erlösen,
also erscheinest du wieder, zu retten die sündige Menschheit,
du und der Vater mit dir, ein Schöpfer zugleich und Zerstörer.
Dann ja prüfst du allein und lohnst die verschiedenen Taten.
Christus, du strahlest dem Menschengeschlecht, das jäh in den Pfuhl eilt
sündiger Lust, ein Licht, ein wahres: so segne den Tag denn,
an dem du voll Liebe besuchtest unsere Kirche,
die so gänzlich entblößte. Des preise dich Merseburg, freue
dankend des Amtes sich jetzt, das du aufs neu' ihr verliehen[2]).
Ihr, der Stadt, und den Söhnen der Stadt und den Hirten, die wieder
heute empfingen den Stab, fließt Dank aus der Tiefe des Herzens.

(Übersetzt aus dem Lateinischen von M. Laurent.)

---

[1]) Schluß des 5. Buches der Chronik.

[2]) König Heinrich II. hatte das Bistum Merseburg, das lange dem Bischof von Halberstadt unterstellt gewesen, wieder selbständig gemacht.

(Aus der Chronik: Von der Gründung der Mark Meißen 928)
Beginnen wir mit König Heinrich (I.), der die damals verschiedenen Herren gehörigen Teile der Stadt Merseburg vereinigte und weit größere Besitzungen als diese voll Tapferkeit und tätiger Umsicht hinzu erwarb. Erzeugt von Eltern des edelsten Stammes, von Herzog Otto (von Sachsen) und Hedwig (von unbekannter Herkunft), wuchs der Knabe wie ein verborgenes Bäumchen still heran; dann aber strahlte er wie eine junge Frühlingsblüte, ausgestattet mit den schönsten Eigenschaften, allmählich hervor. Sein Vater entsandte ihn mit großer Heeresmacht in die Landschaft, die wir Deutschen Deleminzi, die Slaven aber Glomaci (Lommatsch) nennen, und kehrte, nachdem er sie mit Feuer und Schwert heimgesucht hatte, als Sieger zurück.

Wie der Gau Glomaci zu seinem Namen gekommen ist, will ich kurz erzählen: Glomuzi ist eine Quelle, nicht über zwei Meilen weit von der Elbe entfernt; diese bildet einen stehenden See*), der, wie die Eingebornen behaupten und viele Augenzeugen bestätigen, häufig wunderbare Erscheinungen zeigt: So lange holder Friede die Bewohner des Landes beglückt und der Boden die Frucht nicht versagt, erfüllt er, bedeckt mit Weizen, Hafer und Eicheln, die Gemüter der zahlreich an seinen Ufern zusammenströmenden Nachbarn mit froher Lust. Sobald aber wilde Kriegsläufte drohen, gibt er durch Blut und Asche gewisse Kunde der Zukunft. Diesen Quell verehrt und achtet daher jeder Eingeborne mehr als die Kirchen, wenn auch seine Vorzeichen trügerisch sind. Von ihm nun hat jener sich von der Elbe bis zum Flusse Caminizi (Chemnitz) erstreckende Gau den Namen.

---

*) Der Poltzscher See unweit Lommatsch in der Amtshauptmannschaft Meißen.

Heinrich von Morungen.
(Aus der großen Heidelberger Liederhandschrift. 14. Jahrhundert.)

II

HEINRICH VON MORUNGEN

Minnelied

Uns ist zergangen der liebliche Sommer.
Da man brach Blumen, da liegt nun der Schnee.
Mich muß verlangen, daß sie meinen Kummer
wolle beenden, der tut so weh.
Ich klag nicht um den Klee,
wenn ich gedenk ihrer fraulichen Wangen,
die ich mit Freuden so gern immer seh.

Seht ihre Züge: an Kehle und Kinne
ganz ohne Makel, an Auge und Mund!
Sie gleicht ohne Lüge der Königin Minne;
mir ward von Frauen so Liebes nie kund.
Fürwahr, sie macht mich wund
bis in den Tod; ich verlier' meine Sinne:
Gnade, o Königin, mach mich gesund!

Die mit Gesange ich preise und kröne,
wahrlich, es hat sie Gott herrlich gemacht!
Ich sahe lange kein Bild so voll Schöne
wie meine Herrin, die freundlich mir lacht.
Es leuchtet ihre Pracht
mehr als der Mai und als all seine Töne,
wie Vögel sie singen. Das hab ich gesagt!

(Übertragung aus dem Mittelhochdeutschen
von Kurt Arnold Findeisen.)

MARKGRAF HEINRICH
DER ERLAUCHTE VON MEISSEN

Minnestrophe

Mich erfreut's schon, zu gedenken,
wann ich will, der liebsten aller Frauen;
sie kann Trauer von mir lenken.
Mir tut's wohl, nun gar sie selbst zu schauen:
Die dunkeln Brau'n, die Augen klar,
den Mund, als ob er glühte!
Ob fern auch, wünsch ich immerdar
und bitte Gott, daß er die Reine hüte.

(Übertragung aus dem Mittelhochdeutschen
von Bruno Obermann.)

HEINRICH VON MEISSEN
GENANNT FRAUENLOB

Spruch

Ich handle, als ich Rechtens soll,
den Leuten sing ich meinen Sang.
Den Redlichen gefällt er wohl,
die geben mir ihr Habedank.
Doch ist ein Falscher oft dabei,
der schmälert mir der Guten Gunst
mit bösem Wort. So wird meine Kunst
von Ungemach sehr selten frei!

(Übertragung aus dem Mittelhochdeutschen
von Kurt Arnold Findeisen.)

13

VOLKSLIED

Der Prinzenraub

Wir wollen ein Liedel heben an,
was sich hat angesponnen,
wie's in dem Pleißnerland gar schlecht war bestallt
als sein' jungen Fürsten geschah groß Gewalt
durch den Kunzen von Kaufungen, ja Kaufungen.

Der Adler[1]) hat auf den Fels gebaut
ein schönes Nest mit Jungen,
und wie er einst war geflogen aus,
holete ein Geier[2]) die jungen Vögel raus,
darauf ward 's Nest leer gefungen, ja gefungen.

Wo der Geier auf dem Dache sitzt,
gedeihen die Küchlein selten.
Es war fürwahr ein seltsam Narrenspiel:
wenn der Fürst seinen Räten vertraut zu viel,
muß oft der Herr selbst entgelten, ja entgelten.

Altenburg, du bist zwar eine feine Stadt,
dich tät er mit Untreu meinen;
da in dir war'n alle Hofleut' rauschend voll,
kam Kunz mit Leitern und Buben toll
und holte die Fürsten so kleine, ja so kleine.

Was bläst dich, Kunz, für Unlust an,
daß du in's Schloß neinsteigest
und stiehlst die zarten Herren raus,
als der Kurfürst eben war nicht zu Haus,
die zarten Fürstenzweige, ja Fürstenzweige?

---

¹) A d l e r = Kurfürst Friedrich der Sanftmütige von Sachsen, der mit seinem leiden=
schaftlichen Bruder, Herzog Wilhelm III., einen heftigen Erbfolgekrieg führte (1445 bis
1450).

²) G e i e r = Kunz von Kaufungen, ein sächsischer Ritter aus der Gegend von Wolken=
burg, der Friedrich Dienste geleistet hatte und sich nach Friedensschluß nicht wunschgemäß
befriedigt sah. Aus Rachsucht und um einen Druck auszuüben, schleppte er in der Nacht des
8. Juli 1455 mit Helfershelfern aus dem Altenburger Schloß des Kurfürsten Söhne Ernst und
Albert fort. Bei Schwarzenberg im Erzgebirge entkam der jüngere Prinz; Köhler nahmen
den Räuber gefangen. Der ältere wurde von der „Prinzenhöhle" bei Hartenstein aus aus=
geliefert. Kunz von Kaufungen endete zu Freiberg durch Henkers Hand.

Es war wohl wie ein Wunderding,
wie sich das Land beweget,
was da auf allen Straßen war'n für Leut',
die den Räubern nachfolgten beizeit,
alles wibbelt, kribbelt, sich bereget, ja bereget.

Im Walde dort ward Kunz ertappt,
da wollt er Beeren naschen;
wär er in der Hast faken[1]) fortgeritten,
daß ihn die Köhler nicht geleppischt[2]) hätten,
hätt' er sie können verpaschen, ja verpaschen[3]).

Aber sie wurden ihm wieder abgejagt
und Kunz mit seinen Gesellen
auf Grünhain in unsers Herrn Abts[4]) Gewalt
gebracht und darnach auf Zwickau gestallt
und mußten sich lassen prellen, ja prellen.

Davor fiel ab gar mancher Kopf,
und keiner, der gefangen,
kam aus der Haft ganzbeinicht davon,
Schwert, Rad, Zangen und Strick, die waren ihr Lohn,
man sah die Rümper[5]) hangen, ja hangen.

So geht's, wer wider die Oberkeit
sich unbesonnen empöret.
Wer es nicht meint, der schau an Kunzen,
sein Kopf tut zu Freiberg[6]) noch herußer schmunzen,
und jedermann davon leret, ja leret[7]).

Gott tue dem frommen Kurfürsten all's Guts
und laß die jungen Herren
in keines Feindes Hand mehr also kommen,
geb auch der Frau Kurfürstin viel Frommen[8]),
daß sie sich in Ruhe ernähren, ja ernähren!

---

[1]) ununterbrochen. — [2]) gefangen. — [3]) über die Grenze bringen. — [4]) Kloster Grünhain im Erzgebirge. — [5]) Rümpfe. — [6]) Zu Freiberg über dem Platz, wo Kunz enthauptet wurde, ist noch heute ein steinerner Kopf an einer Mauer zu sehen. — [7]) lernet. — [8]) gutes Gelingen.

VOLKSLIED

Benno, Bifchof zu Meißen

Benno, du viel heiliger Mann,
durch dich hat Gott viel Wunder getan
bei manchen Menfchen auf Erden,
der du manchem erbeten haft,
daß er entledigt ift von Laft,
von Trübfal und Gefährde.

Ach, Luther, du viel böfer Mann,
was hat dir Bifchof Benno getan,
daß du ihn fo magft fchänden?
Du tuft wie den anderen mehr,
willft ihn berauben feiner Ehr,
du wirft es doch nicht enden.

Das (hier gekürzte) Lied ift entftanden bei Gelegenheit der Heiligfprechung Bennos, der 1107 geftorben war, im Jahre 1524. Noch ehe zu Meißen am 16. Juni diefes Jahres die Kanonifationsfeierlichkeit begangen wurde, fchrieb Martin Luther feine Schrift: „Wider den neuen Abgott und alten Teufel, der zu Meißen foll erhoben werden." 1576 find die Reliquien des neuen Heiligen von Wurzen nach München übertragen worden.

Alter Holzfchnitt

Bifchof Benno von Meißen wirft die Kirchenfchlüffel in die Elbe; fpäter werden fie, erzählt die Legende, in einem Fifche wiedergefunden. Im Hintergrunde Alt-Meißen.

16

MARTIN LUTHER

Fabeln nach Aesop[1]

Frevel und Gewalt

Es gesellten sich ein Rind, eine Ziege und ein Schaf zum Löwen und zogen miteinander auf die Jagd in einen Forst. Da sie nun einen Hirsch gefangen und in vier Teil gleich geteilet hatten, sprach der Löwe: „Ihr wisset, daß ein Teil mein ist als eures Gesellen. Das ander gebührt mir als einem Könige unter den Tieren. Das dritte will ich haben darum, daß ich stärker bin und mehr darnach gelaufen und gearbeitet habe denn ihr alle drei. Wer aber das vierte haben will, der muß mir's mit Gewalt nehmen. Also mußten die drei für ihre Mühe das Nachsehen und den Schaden zu Lohn haben.

Lehre:

Fahre nicht zu hoch. Halt dich zu deinesgleichen. Es ist mit großen Herrn nicht gut Kirschen essen, sie werfen einen mit den Stielen.

Diese Fabel, auf eine andere Weise gestellet

Ein Löwe, ein Fuchs und ein Esel jagten miteinander und fingen einen Hirsch. Da hieß der Löwe den Esel das Wildbret teilen. Der Esel machte drei Teile. Des ward der Löwe zornig und riß dem Esel die Haut über den Kopf, daß er blutrünstig dastund. Und hieß den Fuchs das Wildbret teilen. Der Fuchs stieß die drei Teil zusammen und gab sie dem Löwen ganz. Des lachet der Löwe und sprach: „Wer hat dich so lehren teilen?" Der Fuchs zeiget auf den Esel und sprach: „Der Doktor da im roten Barett."

Diese Fabel lehret zwei Stücke:

Das erste: Herrn wollen Vorteil haben, und man soll mit Herrn nicht Kirschen essen. Das ander: Felix, quem faciunt aliena pericula cautum. Das ist ein weiser Mann, der sich an eines andern Unfall bessern kann.

Vom Kranich und Wolf

Da der Wolf einstmals ein Schaf gierig fraß, blieb ihm ein Bein im Halse überzwerch (quer) stecken, davon er große Not und Angst hatte. Und erbot

---

[1] Berühmter Fabeldichter des griechischen Altertums, der um 550 v. Chr. lebte.

sich groß, Lohn und Geschenk zu geben, wer ihm hülfe. Da kam der Kranich und stieß seinen langen Kragen (Hals) dem Wolf in den Rachen und zog das Bein heraus. Da er aber den verheißenen Lohn fordert, sprach der Wolf: „Willst du noch Lohn haben? Danke du Gott, daß ich dir den Hals nicht ab= gebissen habe; du solltest für geschenkt halten, daß du lebendig aus meinem Rachen kommen bist."

Diese Fabel zeigt:

Wer den Leuten in der Welt will wohl tun, der muß erwägen, Undank zu verdienen. Die Welt lohnet nicht anders denn mit Undank, wie man spricht: Wer einen vom Galgen erlöset, dem hilft derselbige gern dran.

MARTIN LUTHER

Ein' feste Burg...

Ein' feste Burg ist unser Gott,
ein' gute Wehr und Waffen;
er hilft uns frei aus aller Not,
die uns jetzt hat betroffen.
Der alt' böse Feind
mit Ernst er's jetzt meint;
groß' Macht und viel List
sein' grausam' Rüstung ist;
auf Erd' ist nicht seinsgleichen.

Mit unsrer Macht ist nichts getan,
wir sind gar bald verloren.
Es streit' für uns der rechte Mann,
den Gott hat selbst erkoren.
Fragst du, wer der ist?
Er heißt Jesus Christ,
der Herr Zebaoth,
und ist kein andrer Gott;
das Feld muß er behalten.

Und wenn die Welt voll Teufel wär'
und wollt' uns gar verschlingen,
so fürchten wir uns nicht so sehr,
es soll uns doch gelingen.
Der Fürst dieser Welt,
wie sau'r er sich stellt,
tut er uns doch nichts.
Das macht, er ist gericht',
ein Wörtlein kann ihn fällen.

Das Wort sie sollen lassen stahn
und kein' Dank dazu haben.
Er ist bei uns wohl auf dem Plan
mit seinem Geist und Gaben.
Nehmen sie den Leib,
Gut, Ehr', Kind und Weib:
laß fahren dahin,
sie haben's kein' Gewinn,
das Reich muß uns doch bleiben!

18

Martin Luther.
Holzschnitt von Lucas Cranach.

19

Brief an seine Tischgesellen Peter und Hieronymus Weller[1]), Heinrich Schneidewin[2]) und andere.

Veste Koburg, 28. April 1530[3]).

Gnade und Friede in Christo, meine Herrn und Freunde! Ich hab Euer aller Schreiben empfangen und, wie es allenthalben zustehet, vernommen. Auf daß Ihr nun wiederum vernehmet, wie es hier zustehet, füge ich Euch zu wissen, daß wir, nämlich ich, M. Veit[4]) und Cyriakus[5]), nicht auf den Reichs= tag gen Augsburg ziehen; wir sind aber sonst wohl auf einen a n d e r n Reichstag gekommen.

Es ist ein Gehölz gleich vor unserm Fenster hinunter wie ein kleiner Wald, da haben die Dohlen und Krähen einen Reichstag hingelegt, da ist ein solch Zu= und Abreiten, ein solch Geschrei Tag und Nacht ohne Aufhören, als wären sie alle trunken, voll und toll; da keckt (krächzt) jung und alt durcheinander, daß mich wundert, wie Stimm und Odem so lang währen möge. Und möcht gerne wissen, ob solches Adels und reisigen Zeugs auch etliche noch bei Euch wären; mich dünkt, sie seien aus aller Welt hierher versammelt.

Ich hab ihren Kaiser noch nicht gesehen, aber sonst schweben und schwänzen der Adel und großen Hansen immer vor unsern Augen; nicht sehr köstlich ge= kleidet, sondern einfältig in einerlei Farbe, alle gleich schwarz und alle gleich grauäugig; singen alle gleich einen Gesang, doch mit lieblichem Unterschied der Jungen und Alten, Großen und Kleinen. Sie achten auch nicht der großen Paläste und Säle, denn ihr Saal ist gewölbet mit dem schönen, weiten Himmel, ihr Boden ist eitel Feld, getäfelt mit hübschen, grünen Zweigen; so sind die Wände so weit als der Welt Ende. Sie fragen auch nichts nach Rossen und Harnischen, sie haben gefiederte Räder, damit sie auch den Büchsen entfliehen und einem Zorn entsitzen können. Es sind große mächtige Herren; was sie aber beschließen, weiß ich noch nicht.

Soviel ich aber von einem Dolmetscher vernommen habe, haben sie vor,

---

[1]) Zwei Brüder aus Freiberg, die in Wittenberg studierten. [2]) Ein Rechtsgelehrter. [3]) Auf der Reise zum Augsburger Reichstag hatte der Kurfürst Friedrich der Weise von Sachsen Luther, der noch in der Reichsacht stand und auf dem Reichstage nicht erscheinen durfte, am 23. April 1530 früh auf die Veste Koburg bringen lassen. [4]) Magister Veit Dietrich aus Nürnberg, Luthers Famulus auf der Veste Koburg. [5]) Cyriakus Kaufmann, ein Neffe.

einen gewaltigen Zug und Streit wider Weizen, Gerste, Hafer, Malz und allerlei Korn und Getreide, und wird mancher hie Ritter werden und große Taten tun.

Also sitzen wir hie im Reichstag, hören und sehen zu mit großer Lust und Liebe, wie die Fürsten und Herren samt andern Ständen des Reichs so fröhlich singen und wohlleben. Aber sonderliche Freude haben wir, wenn wir sehen, wie ritterlich sie schwänzen, den Schnabel wischen und die Wehr (Waffen) stürzen, daß sie siegen und Ehre einlegen wider Korn und Malz. Wir wünschen ihnen Glück und Heil, daß sie allzumal an einen Zaunstecken gespießet wären.

Ich halt aber, es sei nichts anders denn die Sophisten und Papisten mit ihrem Predigen und Schreiben, die muß ich alle auf einen Haufen also vor mir haben, da ich höre ihre liebliche Stimme und Predigten und sehe, wie sehr nützlich Volk es ist, alles zu verzehren, was auf Erden ist, und dafür kecken für die lange Weil.

Heute haben wir die erste Nachtigall gehört; denn sie hat dem April nicht wollen trauen. Es ist bisher eitel köstlich Wetter gewesen, hat noch nie geregnet, ohne gestern ein wenig. Bei euch wird's vielleicht anders sein. Hiermit Gott befohlen, und haltet wohl haus! Aus dem Reichstag der Malztürken. 28. Aprilis Anno 1530.   Martinus Luther D.

*Weil Adam lebt (das ist sündigt) Verschlimmert
den Tod das Leben. Wiewohl Christus stirbt
(das ist gerecht wird) Verschlingt das Leben den T*

*Drostig Gott gelobt das Christus
stirbt und recht*

*Sehold
Martinus Luther.
1 5 4 3.*

Luthers Handschrift.

Brief an sein Söhnlein Hänschen

Veste Koburg, 19. Juni 1530.

Gnad und Friede in Christo! Mein herzliebes Söhnichen! Ich sehe gern, daß du wohl lernest und fleißig betest. Tue also, mein Söhnichen, und fahre fort! Wenn ich heimkomme, so will ich dir einen schönen Jahrmarkt mitbringen.

Ich weiß einen hübschen lustigen Garten, da gehen viel Kinder innen, haben güldene Röcklein an und lesen schöne Äpfel unter den Bäumen und Birnen, Kirschen, Spilling und Pflaumen, singen, springen und sind fröhlich, haben auch schöne, kleine Pferdlin mit güldenen Zäumen und silbernen Sätteln. Da fragt' ich den Mann, des der Garten ist, wes die Kinder wären. Da sprach er: „Es sind die Kinder, die gern beten, lernen und fromm sind." Da sprach ich: „Lieber Mann, ich hab auch einen Sohn, heißt Hänsichen Luther, möcht' er nicht auch in den Garten kommen, daß er auch solche schöne Äpfel und Birnen essen möchte und solche feine Pferdlin reiten und mit diesen Kindern spielen?" Da sprach der Mann: „Wenn er gern betet, lernt und fromm ist, so soll er auch in den Garten kommen, Lippus und Jost[1]) auch, und wenn sie alle zusammen= kommen, so werden sie auch Pfeifen, Pauken, Lauten und allerlei Saitenspiel haben, auch tanzen und mit kleinen Armbrüsten schießen."

Und er zeigte mir dort eine feine Wiese im Garten, zum Tanzen zuge= richt', da hingen eitel güldene Pfeifen, Pauken und feine silberne Armbrüste. Aber es war noch früh, daß die Kinder noch nicht gegessen hatten. Darum konnte ich des Tanzes nicht erharren und sprach zu dem Mann: „Ach lieber Herr, ich will flugs hingehen und das alles meinem lieben Söhnlin Hänsichen schreiben, daß er ja fleißig bete, wohl lerne und fromm sei, auf daß er auch in diesen Garten komme; aber er hat eine Muhme Lene[2]), die muß er mit= bringen." Da sprach der Mann: „Es soll so sein, gehe hin und schreibe ihm also!"

Darum, liebes Söhnlin Hänsichen, lerne und bete ja getrost, und sage es Lippus und Josten auch, daß sie auch lernen und beten, so werdet ihr mit= einander in den Garten kommen. Hiemit bis dem allmächtigen Gott befohlen und grüße Muhme Lenen und gib ihr einen Kuß von meinetwegen. Anno 1530.

Dein lieber Vater Martinus Luther.

---

[1]) Melanchthons und Jonas' Söhnchen, beide 1525 geboren. [2]) Eine Tante von Luthers Hausfrau Katharina von Bora.

22

Eyn gesang Buchleyn/welche man yetz und ynn Kirchen gebrauchen ist.

VOLKSLIED

Das sächsische Mägdlein

Ach Gott Vater durch Jesum Christ,
der du der Waisen Vater bist,
ich bitt' dich aus mein's Herzens Grund
und schrei zu dir mit meinem Mund:

Mein Vaterland bedränget ist,
gefangen hart mit falscher List;
dein heilg's Wort wird weggetan,
des Papstes Gräu'l fängt wieder an[1]).

Drum knie ich hier und schrei zu dir:
Gnädiglich, Herr, wollst helfen mir,
daß ich mag bleiben bei dein'm Wort,
geschändet nicht noch weggeführt.

Behüt auch ander Jungfraun zart
vor Spaniern und der falschen Art,
dazu die Frauen tugendreich,
hilf, daß sie alle folgen gleich!

Wir sächs'schen Mägdelein, ach Gott,
die wir vor uns ha'n Schand und Tod!
Des Papsts und Spaniers großen Grimm
sieht man sehr wohl im Interim.

Kein Schmuck an meinem Leibe sei,
bis Deutschland werde wieder frei;
kein Mann noch Jüngling hier auf Erd',
dem ich freundlich zusprechen werd.

Kein'n Trunk ich nehm' von keinem Mann,
weil sie kein Herz im Leibe ha'n;
stets soll mein Angesicht sauer sehn,
bis daß die Spanier untergehn!

Welcher dann hat das best' getan,
der soll mir sein der liebste Mann,
er sei gleich jung, er sei gleich alt,
er sei gleich arm und ungestalt.

Er ist wahrlich ein treuer Held,
den preisen soll die ganze Welt:
ein Kränzlein schenk ich ihm zum Lohn,
gewunden mit meinen Händen schon!

---

[1]) Nachdem Kaiser Karl V., der katholische Spanier, den Schmalkaldischen Bund mit Hilfe Moritzens von Sachsen, den er zum Kurfürsten machte, gesprengt hatte, zwang er dem Reichstag zu Augsburg 1548 das berüchtigte „Interim" auf, eine Glaubensformel, nach der sich die besiegten Protestanten „einstweilen" bis zur weiteren Regelung zu richten hatten und die sie zur Unterwerfung unter die alte, katholische Kirche bewegen sollte. Das Lied stellt den Aufschrei des gequälten protestantischen Volkes gegen diese Verordnung und Vergewaltigung dar.

VOLKSLIED

Auf Kurfürst Moritzens Tod[1]

Mit Schwarz tu dich bekleiden,

o deutsche Nation,

reu, klag und hab groß Leiden,

itz ist dein Held davon.

Dein's Reichs Schutz und Vater gut,

Moritz, der Fürst von Sachsen, der hat ein' starken Mut.

Oft kam er triumphierend

mit Fahnen aus dem Krieg,

da halfst du jubilieren,

denn dein Fried' war sein Sieg.

Nun sieh um's Grab die Fahnen an:

Weil er im Krieg ist blieben, so trauert jedermann.

Hätt' er noch sollen leben,

viel Freud' gewesen wär

im ganzen Reich, merk eben.

Nun kommt mit Trauern her

gen Freiberg in sein Vaterland

der Leib, zur Ruh begraben. Die Seel' hat Gottes Hand.

---

[1] Obwohl Moritz von Sachsen scheinbar auf Karls V. Seite stand, galt er doch als Verfechter der deutschen und der protestantischen Sache. Darum wurde sein Tod von den Protestanten als nationales Unglück empfunden. Er starb am 4. Juli 1553 an einer Verwundung, die er drei Tage vorher bei Sievershausen (zwischen Braunschweig und Hannover) davongetragen hatte, wo er Albrecht Alcibiades von Brandenburg-Kulmbach besiegt hatte. Im Dom zu Freiberg wurde er beigesetzt. — Die Anfangsbuchstaben der ersten vier Liedzeilen ergeben den Namen Moritz. Zuerst erschienen als Dresdener Druck, 1553.

MICHAEL LINDENER

Schwank von der gut angelegten Tugend

Einmal hielt ein guter Herr eine große Gasterei, bei fünfhundert Tische ohne die Köche, Köchinnen, Pfeifer und Trommelschläger, Geiger, Leirer, Sänger, Fechter und andrer Gaukelsleutlein mehr. Blieben die großen Herren mit ihren feisten Wänsten sitzen und ruhten aus, auf daß das Köstlein gut verdaut würde.

Nach vielfältigen Reden hebt man von der Frömmigkeit an zu schwatzen, wie, daß sie so fremd worden sei, daß schier die Deutschen in der Schalkheit alle Völker schier übertreffen möchten und den Spaniern nichts nachgeben. Da fängt einer ganz höflich an und saget: „Ach, meine lieben Herren und guten Gönner und Freund', man findet dennoch wohl fromme Leutlein in deutschen Landen, wer es nur glauben will. Wenn ich Frömmigkeit dahätte, wüßt' ich sie wohl anzulegen, daß sie über die Maßen gut angelegt wäre." Wie nun einer aus der Gesellschaft fraget, wo er sie hinlegen und wie er das tun wollte, sagt er, er wollt' sie hinter einen von ihnen legen, der hieß der Westermeier. Da man ihn aber fraget, warum, antwortet er, darum, daß man der Frömmigkeit viel bei demselbigen finden werde, denn der hätte ihrer sein Leben lang nicht viel gebraucht, also daß bei ihm wohl immer etwas von ihr vorhanden sein würde und überflüssig.

Aus dem Buch „Katzipori, darinnen neue Mucken, seltsame Grillen, unerhörte Tauben verfaßt und begriffen sind, durch einen guten Kumpanen (Gesellen) allen guten Schluckern zu Gefallen zusammengetragen", 1558.

VALENTIN SCHUMANN

Zwei Schwänke

1. Sechs Studenten

Es zogen einmal sechs gute fromme Studenten miteinander. Dieselben wollten hinab nach Ofen und das Ungarland besehen, was für ein Studium da wäre. Nun trug sich zu, daß sie alle sechs nur noch fünf Heller hatten und waren noch weit heroben im Bayerland.

Als sie gen Passau kamen, hätten sie gern zu Morgen gegessen, wußten aber nicht, wie sie das sollten anfangen. Sie gingen in ein Wirtshaus und sprachen zum Wirt, er sollt' ihnen zu Morgen zu essen geben. Der Wirt meinte, sie hätten Geld, und trug ihnen zu essen und zu trinken auf. Sie aßen und tranken, waren guter Ding' und ließen sich nichts anfechten: Gott gebe, wer das Gelag bezahle!

Als sie nun genug gegessen und getrunken hatten, da sprachen sie auch: „Wirt, machet uns die Zech'!" Der Wirt tat's, da hatten sie sieben Batzen verzecht. Da sah einer den andern an; doch frug zuletzt einer an und sprach: „Wirt, wir wollen Euch sagen, was die Meinung ist; wir haben alle sechs nicht mehr als fünf Heller, darum, so macht's mit uns, wie Ihr wollt; wir können Euch für diesmal nicht bezahlen." Der Wirt sprach: „Wo wollt ihr denn hin= ziehen?" Der eine sprach: „Wir wollen hinab ins Ungarland und ein Jahr da unten bleiben und sehn, was es da für ein Studium hab'." „Nun wohlan," sprach der Wirt, „wenn ihr übers Jahr wieder herauf kommt, so ziehet wieder bei mir zur Herberg ein, und welcher mir die größte Lüge sagt, die keiner Wahr= heit gleich ist, dem will ich die Zech' schenken und noch eine dazu." Des waren sie froh und verhießen ihm, wiederzukommen. Also zogen sie dahin nach dem Ungarland.

Als sie nun, über ein Jahr, wollten wieder auf die Heimat zu, wurden sie unterwegs einig, bei dem Wirt wieder einzukehren, und machten ihre Be= stellung wie folgt: Es zog der eine zuerst dahin, grüßt' den Wirt und bat ihn um Herberg. Der sagt' sie ihm zu und sprach: „Von wannen zieht Ihr her?", denn er kannte ihn nimmer. Antwortet der Student: „Ich zieh daher aus dem Ungarland." Sprach der Wirt: „Was sagt man dort Neues?" „Nicht sehr viel, als daß zu Ofen ein Vogel auf dem Kirchturm sitzt, der gibt Schatten bis Gran, an die drei Meilen." „Oho," sprach der Wirt, „das ist verlogen."

Indem sie also redeten, da kam der zweite und bat um Herberg. Die sagt' der Wirt ihm zu wie dem vorigen und fragt' ihn auch wie den vorigen. Der zweite sprach: „Ich weiß nichts Neues, als daß zu Ofen auf dem Kirchhof liegt ein Ei. Sind wohl dreihundert Bauern darüber, die können's weder heben noch wenden, und sind wohl hundert Steinmetzen darüber, die können kein Stücklein davon bringen." Sprach der Wirt: „Es darf wohl wahr sein, daß der Vogel so weit Schatten gibt."

Indem kam der dritte, den fragt' der Wirt wie die andern. Der sprach: „Ich weiß nichts Neues, als daß die Donau ist ausgebrannt von Preßburg bis zu Wien." Da sprach der Wirt aber und lacht' von Herzen: „Das kann nur eine Lüge sein!"

Und alsbald kam der vierte hinein, dem sagt' er auch Herberg zu wie den andern, ihn um neuer Zeitung willen fragend. Der antwortet: „Nicht viel, als daß zwischen Preßburg und Wien da liegen die allerschönsten Fisch' und sind alle gebraten." Da sprach der Wirt: „Es wird wahrlich wahr sein, daß die Donau ist ausgebrannt." Die vier taten aber, als gehörten sie nicht zusammen.

Über eine halbe Stund', so kam der fünft', dem sagt der Wirt Herberg zu wie den andern und sprach: „Von wannen zieht Ihr her?" Er sprach: „Aus dem Ungarland." „Lieber," sprach der Wirt, „was sagt man Neues; es sind ihrer vier da kommen, die melden seltsame neue Zeitung, und erzählte ihm ihre Red'. Da sprach er: „Ich habe nichts davon gehört, aber das hab ich wohl für eine ganze Wahrheit gehört, daß unser Herrgott soll gestorben sein." Da sprach der Wirt: „Das ist doch gar erlogen; wie kann unser Herrgott sterben?"

Nachdem, so kam der sechste auch und bat um Herberg. Sprach der Wirt zu ihm wie zu dem fünften. Er antwortet': „Ich habe nichts davon hören sagen, aber das hab ich zu Linz gesehen, daß eine Leiter ist an den Himmel gelehnt und steigen Weiber und Kinder auf und ab und trägt ein jedes Wurst und Semmel in der Hand." Der Wirt sprach: „Ach, es wird gewißlich wahr sein, daß unser Herrgott ist gestorben, und wird unsre liebe Frau den armen Leuten Spende geben, dieweil sie Wurst und Semmel herabtragen." Indem sie also im Gespräch waren, da wurde das Essen fertig. Sie saßen zu Tisch und waren guter Ding'.

Über eine Weile, so fing einer unter ihnen an und sprach zu dem Wirt: „Lieber Wirt, sind nicht vor einem Jahr sechs gute Schlucker bei euch gewesen, die konnten das Morgenmahl nicht bezahlen?" „Ja," sprach der Wirt, „ich wart' immer, daß sie wiederkommen und mich bezahlen." Der antwortet': „Habt Ihr nicht zu ihnen gesagt, wenn sie kommen, welcher die größte Lüge sagt, dem wollt Ihr das Mahl schenken?" Er sprach: „Ja." „Nu, so habt Ihr uns alle sechs beieinander; und welcher hat nun die größte Lüge getan?"

Da sprach der Wirt: „Ich kann nicht judizieren (urteilen), will euch aber die Zech' zu der andern schenken; laßt einen andern judizieren!"

Also gab jeder seine Lüge dem andern zu erkennen, und am Morgen zogen sie weiter.

Aus dem „N a ch t b ü ch l e i n".

2. Die verwechselten Füße

Es trug sich zu, daß Bauern zu Mittag aßen auf der Erden und hatten ihre Füße übereinandergeschlagen, wie man denn auf der Erden sitzen muß. Als sie hatten gegessen, wollten sie wieder aufstehen. Da konnt' keiner seine Füß' finden, ein jeglicher sprach: „Du hast meine Füß!" und dann der andere: „Du hast meine!" Und konnt' keiner des andern Füß' finden, zanketen also lang miteinander, bis ein Edelmann mit zweien Knechten vorüberritt und sprach: „Was zanket ihr viel mit einander?" Da sprachen die Bauern: „Lieber Junker, wir haben unsre Füß' untereinander verwechselt, daß keiner weiß, welcher sein Fuß ist. Könntet Ihr uns sagen, welcher Fuß einem jeden gehört, wollten wir Euch vier Gulden schenken."

Da sprach der Edelmann: „Das kann ich wohl," stieg von seinem Pferd, nahm einen guten starken Knüttel und schlug auf die Bauern. Da sprangen sie auf, und bekam ein jeglicher seine Füß' wieder. Des waren sie von Herzen froh und gaben dem Edelmann die vier Gulden. Der ritt davon und verzehret das Geld zu ihrem Gedächtnis.

Aus dem „N a ch t b ü ch l e i n".

VOLKSLIED

Die Schlacht bei Lützen[1])

Hört zu, ihr Christen allzugleich,
ihr seid jung, alt, arm oder reich,
wovon ich euch will singen:
wohl von der siegreichen Feldschlacht,
hilf Gott, daß mir's gelinge!

Wie sich's neulich begeben hat
bei Lützen, der wohlbekannten Stadt,
auch zu Merseburg desgleichen,
zwischen Ihr Königlich Majestät,
dem Wallnsteiner und Hulken[1]) zugleiche.

In diesem 1632. Jahr,
den 4. November, das ist wahr,
hat sich's gewiß zugetragen,
da hat der König in Schweden wohlgemut
den General Wallnstein geschlagen.

Es währte von Mittag bis in die Nacht;
sie schossen, daß die Erde kracht,
die Kartaunen hörte man klingen;
der König in Schweden, der kühne Held,
ließ seine Blutfahnen schwingen. —

Der König schoß des Wallnsteiners Pulver in Brand,
das stieß in die Luft Wagen, Roß und Mann,
den jungen Tyllen täts mitnehmen;
darum erschraken die Kaiserlichen sehr,
es donnert und war wie ein Erdbeben. —

---

[1]) In der Schlacht bei Lützen, westlich von Leipzig, besiegte bekanntlich der protestantische Schwedenkönig Gustav Adolf die katholischen Kaiserlichen unter dem Generalissimus Albrecht von Wallenstein und den Unterführern Holk, Merode und Pappenheim. Der Reitergeneral Pappenheim wurde dabei tödlich verwundet, aber auch Gustav Adolf fiel in dieser Schlacht, in der sich auf schwedischer Seite der junge Herzog Bernhard von Weimar besonders ausgezeichnet hatte.

Der General Wallnstein nach Böhmen fleucht,
die Königliche Armee ihm stark nachzeucht;
sie haben ihn an der Elbe angetroffen,
zwischen Dresden und Pirna wohlbekannt,
fünftausend sind erschossen und ersoffen.

Nun hört vom General Pappenheim
und dem Grafen Meroden ingemein;
die kamen auch gezogen
von Halle mit zwanzigtausend Mann,
ist wahr und nicht erlogen.

Der König zog ihm entgegen bald,
er griff den Pappenheim an mit Gewalt
bei Merseburg, ich sage;
am 5. November, den ganzen Tag
haben sie sich miteinander geschlagen. —

Der König war bald hinten, bald vorn,
er führte sein Volk mit bloßem Degen an,
seine Obersten hieß er frisch fechten.
Der Herzog Bernhard von Weimar zugleich
hat sich ritterlich gerechnet. —

Des Königs Stücke sausten und brausten,
unter des Pappenheimers Volk sie übel hausten;
sie schossen ohne Aufhören,
bis der Pappenheimer getroffen ward,
und kunnt sich nimmer wehren. —

Also, ihr lieben Christenleut,
habet ihr gehört zu dieser Zeit
von der Schlacht und blutigem Treffen,
welche der König erhalten hat
mit Gott und ritterlichen Waffen. —

PAUL FLEMING

Aus der Neujahrsode von 1633

O du zweimal wüstes Land
von der Feinde böser Hand,
ach, du liebes Meißen[1]) du,
wie bist du gerichtet zu!

Deine Felder liegen bloß.
Deine Flüsse werden groß,
groß von Kummertränen meist,
die als Strom man fließen heißt.

Deine Dörfer sind verbrannt,
deine Mauern umgerannt.
Deine Bürger sind verzagt,
deine Bauern ausgejagt.

Aller Vorrat ist verzehrt,
deine Kammern sind geleert,
alle Kasten ausgesucht,
unsre Schätze auf der Flucht.

Du an allem Gut so reich,
bist jetzt einer Witwe gleich.
Wir, die Waisen, sind erschreckt
und mit Kummer ganz bedeckt.

Unser Heiland, unser Held[2]),
dem wir alles heimgestellt,
der uns zweimal freigemacht,
den reibt auf die wilde Schlacht. —

Denket, daß der Friede nährt,
denket, daß der Krieg verzehrt,
denket, daß man doch nichts kriegt,
ob man schon auch lange siegt!

Stelle deine Schlachten ein,
Mars, und lerne milder sein,
tu die Waffen ab und sprich:
„Hin, Schwert! Was beschwerst du mich?"

Dieser Helm wird nütze sein,
daß die Schwalben nisten drein,
daß man, wenn der Frühling naht,
hör' Gezwitscher früh und spat.

Und der brachen Erde Bauch
braucht der Spieß' und Degen auch;
nur seht friedlicher mir aus:
Pflug und Spaten werden draus.

Tritt, was schädlich ist, beiseit!
Hin, verdammte Pest und Streit!
Weg, ihr Sorgen, weg, Gefahr!
Kommt doch jetzt ein neues Jahr!

---

[1]) Meißen hieß damals das ganze Land Sachsen. — [2]) Gustav Adolf. —

P a u l   F l e m i n g.   Zeichnung von Oswald Weise.

PAUL FLEMING

Geistliches Lied

Laß dich nur nichts nicht dauren
mit Trauren!
Sei stille!
Wie Gott es fügt,
so sei vergnügt,
mein Wille!

Was willst du heute sorgen
auf morgen?
Der eine
steht allem für;
der gibt auch dir
das Deine.

Sei nur in allem Handel
ohn' Wandel;
steh' feste!
Was Gott beschleußt,
das ist und heißt
das beste.

An Sich

Sei dennoch unverzagt! Gib dennoch unverloren!
  Weich keinem Schicksal nicht, steh höher als der Neid!
  Vergnüge dich an dir und acht' es für kein Leid,
  hat sich gleich wider dich Glück, Ort und Zeit verschworen!

Was dich betrübt und labt, halt alles für erkoren,
  nimm dein Verhängnis an! Laß alles unbereut!
  Tu, was getan muß sein, und eh man dir's gebeut:
  Was du noch hoffen kannst, das wird noch stets geboren.

Was klagt, was lobt man doch? Sein Unglück und sein Glücke
  ist ihm ein jeder selbst. Schau alle Sachen an:
  Dies alles ist in dir; laß deinen eitlen Wahn

und eh du förder gehst, so geh' in dich zurücke.
  Wer sein selbst Meister ist und sich beherrschen kann,
  dem ist die weite Welt und alles untertan.

Grabschrift

so er ihm selbst gemacht in Hamburg den 29. Tag des Märzen 1640 auf seinem Totenbette,
drei Tage vor seinem seligen Absterben

Ich war an Kunst und Gut, an Stande groß und reich,
  des Glückes lieber Sohn, von Eltern guter Ehren,
  frei, meine; konnte mich aus meinen Mitteln nähren;
  mein Schall floh überweit: kein Landsmann sang mir gleich;

von Reisen hochgepreist, vor keiner Mühe bleich,
  jung, wachsam, unbesorgt. Man wird mich nennen hören,
  bis daß die letzte Glut dies alles wird verstören.
  Dies, deutsche Klarien¹), dies ganze dank ich euch!

Verzeiht mir's, bin ich's wert, Gott, Vater, Liebste, Freunde!
  Ich sag' euch gute Nacht und trete willig ab:
  Sonst alles ist getan bis an das schwarze Grab.

Was frei dem Tode steht, das tu er seinem Feinde!
  Was bin ich viel besorgt, den Odem aufzugeben?
  An mir ist minder nichts, das lebet, als mein Leben.

---

¹) Musen.

34

MARTIN RINCKART

Lied zum Dankfest des westfälischen Friedens am 10. Dezember 1648

Nun danket alle Gott
mit Herzen, Mund und Händen,
der große Dinge tut
an uns und aller Enden,
der uns von Mutterleib
und Kindesbeinen an
unzählig viel zu gut
und noch jetzund getan.

Der ewig-reiche Gott
woll uns auf unser Leben
ein immer-fröhlich Herz
und edlen Frieden geben,
und uns in seiner Gnad'
erhalten fort und fort
und uns aus aller Not
erlösen hier und dort.

Lob, Ehr und Preis sei Gott,
dem Vater und dem Sohne
und dem, der beiden gleich
im höchsten Himmelsthrone,
dem dreimal-einen Gott,
als er ursprünglich war
und ist und bleiben wird
jetzund und immerdar.

PAUL GERHARDT

Danklied für die Verkündigung des Friedens 1648

Gottlob, nun ist erschollen
das edle Fried- und Freudenwort,
daß nunmehr ruhen sollen
die Spieß' und Schwerter und ihr Mord.
Wohlauf und nimm nun wieder
dein Saitenspiel hervor,
o Deutschland, und sing Lieder
im hohen vollen Chor!
Erhebe dein Gemüte,
und danke Gott und sprich:
Herr, deine Gnad und Güte
bleibt dennoch ewiglich!

Wir haben nichts verdienet,
als schwere Straf' und großen Zorn,
weil stets noch bei uns grünet
der freche, schnöde Sündendorn.
Wir sind fürwahr geschlagen
mit harter, scharfer Rut',
und dennoch muß man fragen:
Wer ist, der Buße tut?
Wir sind und bleiben böse,
Gott ist und bleibet treu,
hilft, daß sich bei uns löse
der Krieg und sein Geschrei.

Sei tausendmal willkommen,
du teure, werte Friedensgab'!
Jetzt sehn wir, was für Frommen
dein Beiunswohnen in sich hab'.
In dir hat Gott versenket
all unser Glück und Heil:
Wer dich betrübt und kränket,
der drückt ihm selbst den Pfeil
des Herzleids in das Herze
und löscht aus Unverstand
die güldne Freudenkerze
mit seiner eignen Hand!

Das drückt uns niemand besser
in unsre Seel' und Herz hinein
als ihr, zerstörten Schlösser
und Städte voller Schutt und Stein,
ihr vormals schönen Felder,
mit frischer Saat bestreut,
jetzt aber lauter Wälder
und dürre, wüste Heid',
ihr Gräber voller Leichen
und tapfrem Heldenschweiß,
der Helden, derer gleichen
auf Erden man nicht weiß.

Ach, laß dich doch erwecken,
wach auf, wach auf, du harte Welt,
eh als der letzte Schrecken
dich schnell und plötzlich überfällt!
Wer aber Christum liebet,
sei unerschrocknes Muts!
Der Friede, den er gibet,
bedeutet alles Guts:
Er will dir Lehre geben,
das Ende naht herzu,
da sollt ihr bei Gott leben
in ew'ger Fried und Ruh.

PAUL GERHARDT

Morgensegen

Die güldne Sonne, voll Freud' und Wonne,
bringt unsern Grenzen mit ihrem Glänzen
ein herzerquickendes, liebliches Licht.
Mein Haupt und Glieder, die lagen darnieder,
aber nun steh' ich, bin munter und fröhlich;
schaue den Himmel mit meinem Gesicht.

Mein Auge schauet, was Gott gebauet
zu seinen Ehren und uns zu lehren,
wie sein Vermögen sei mächtig und groß,
und wo die Frommen dann sollen hinkommen,
wann sie mit Frieden von hinnen geschieden
aus dieser Erden vergänglichem Schoß.

Lasset uns singen, dem Schöpfer bringen
Güter und Gaben; was wir nur haben,
alles sei Gotte zum Opfer gesetzt.
Die besten Güter sind unsre Gemüter;
dankbare Lieder sind Weihrauch und Widder,
an welchen er sich am meisten ergötzt.

Abend und Morgen sind seine Sorgen,
segnen und mehren, Unglück verwehren
sind seine Werke und Taten allein.
Wenn wir uns legen, so ist er zugegen;
wenn wir aufstehen, so läßt er aufgehen
über uns seiner Barmherzigkeit Schein.

Ich hab' erhoben zu dir hoch droben
all meine Sinnen! Laß mein Beginnen
ohn' allen Anstoß und glücklich ergehn.
Laster und Schande, des Lucifers Bande,
Fallen und Tücke treib fern zurücke,
laß mich auf deinen Geboten bestehn.

Laß mich mit Freuden ohn' alles Neiden
sehen den Segen, den du wirst legen
in meines Bruders und Nähesten Haus;
geistliches Brennen, unchristliches Rennen
nach Gut mit Sünde, das tilge geschwinde
von meinem Herzen und wirf es hinaus.

Menschliches Wesen, was ist's gewesen?
In einer Stunde geht es zugrunde,
sobald das Lüftlein des Todes drein bläst:
Alles in allem muß brechen und fallen;
Himmel und Erden, die müssen das werden,
was sie vor ihrer Erschöpfung gewest.

Alles vergehet, Gott aber stehet
ohn' alles Wanken; seine Gedanken,
sein Wort und Willen hat ewigen Grund:
Sein Heil und Gnaden, die nehmen nicht
                                  Schaden,
heilen im Herzen die tödlichen Schmerzen,
halten uns zeitlich und ewig gesund.

Gott, meine Krone, vergib und schone,
laß meine Schulden in Gnad und Hulden
aus deinen Augen sein abgewandt.
Sonsten regiere mich, lenke und führe,
wie dir's gefället: Ich habe gestellet
alles in deine Beliebung und Hand.

Willst du mir geben, womit mein Leben
ich kann ernähren, so laß mich hören
allzeit im Herzen dies heilige Wort:
Gott ist das Größte, das Schönste und Beste,
Gott ist das Süßste und Allergewißste,
aus allen Schätzen der edelste Hort.

Willst du mich kränken, mit Galle tränken,
und soll von Plagen ich auch was tragen,
wohlan, so mach es, wie dir es beliebt!
Was gut und tüchtig, was schädlich und nichtig
meinem Gebeine, das weißt du alleine;
hast niemals keinen zu sehre betrübt.

Kreuz und Elende, das nimmt ein Ende:
Nach Meeresbrausen und Windessausen
leuchtet der Sonnen gewünschtes Gesicht.
Freude die Fülle und selige Stille
hab' ich zu warten im himmlischen Garten:
Dahin sind meine Gedanken gericht'.

CHRISTIAN REUTER

Schelmuffsky schifft gen Indien zum Großen Mogul

Der erste oder der letzte April war's, wie ich und der Herr Bruder Graf in ein groß Orlogsschiff[1] stiegen und uns den wütenden Wellen doch wieder anvertraueten. Sapperment, wie lief das Schiff geschwinde! In 2 Stunden waren wir über 1000 Meilen schon von Amsterdam weg; denn wir hatten guten Wind; er kam gleich aus dem Morgen und ging uns entgegen. Wir mußten durch dasselbe Wasser fahren, wo es so viel Walfische gibt; da hätte man sehen sollen, was das für Fische waren, die Walfische. Es kamen wohl ihrer hundert an unser Schiff geschwommen, die lockte ich alle mit Brot so an und waren auch so kirre, daß ich sie bald bei den Schwänzen ergreifen konnte. Ich ließ mir von dem einen Bootsknecht eine Angel geben und dachte, ich wolle einen Walfisch ins Schiff häkeln; es wäre auch angegangen, wenn die Angel nicht wäre so schwach gewesen. Er biß zwar gut an, allein, wie ich im besten Rücken war, so riß die Angel, der Tebelholmer![2] entzwei; und der Angelhaken blieb ihm in der Schnauze stecken, woran er unfehlbar wird ge=storben sein. Damit so machte er ein Geklatscher in dem Wasser und fuhr unter das Schiff hinunter; wie die andern Walfische solches sahen, scheuten sie sich auch vor mir und waren wie ein Blitz weg. Von derselben Zeit an habe ich, der Tebelholmer! keinen Walfisch wieder gesehen.

Wir fuhren weiter fort, so kamen wir an das „gelübberte Meer"[3]. Da mußten wir nun ganz nahe vorbei. Sapperment, was sah ich und der Herr Graf in dem gelübberten Meer für Schiffe stehen, und war keine lebendige Seele droben. Die Mastbäume stunden dort in die Höhe; es war nicht anders,

---

[1] Kriegsschiff.
[2] Der Teufel hol mich!
[3] Ein sagenhaftes Meer aus Gallert, in dem angeblich alle Schiffe rettungslos stecken blieben.

38

als wenn man in einen dürren Wald sähe. Ich fragte den Schiffsmann, was die Schiffe dort machten? Der gab mir zur Antwort, daß etliche Schiffsleute den Weg nach Indien verloren, und hätte der manchmal große Sturm sie mit Gewalt an diesen Ort getrieben, da sie unmöglich hätten können wieder herauskommen; und also hätten alle miteinander verhungern und verderben müssen; man hieße dasselbe Wasser nur das lübberte Meer. Er erzählete mir eine Historie dabei, welche ich meistens vergessen habe, wer's doch gewesen wäre, der sich in eine Pferdehaut hätte nähen und oben auf den Mastbaum legen lassen; da wäre der Vogel Greif gekommen, hätte ihn weg geholet und ans Land gebracht. Wie nun der Vogel Greif gedacht, er hätte im Trüben gefischt, und will das Pferd anpacken, so schnitt er sich aus der Pferdehaut heraus, kriegt den Vogel Greif bei dem Halse und schnitt ihm zur Dankbarkeit, der Tebelholmer! die Kehle ab. Wo derselbe Kerl hernach wäre zukommen, hätte kein Mensch erfahren können.

Als er nun seine Historie von dem lübberten Meer auserzählet hatte, kamen wir unter die Linie[1]. Ei Sapperment, was war da für Hitze; ich wurde auch, der Tebelholmer! von der Sonne so schwarz, daß ich die Stunde noch nicht recht wiedersehe, wie ich dazumal sahe. Mein Herr Bruder Graf aber wurde von derselben Hitze so krank, daß er sich hinlegte, und soll, der Tebelholmer! noch heute wieder aufstehen. Wie sehr ich auch meinen Reisegefährten beweinete, kann ich wohl keinem sagen, und wenn ich die Stunde noch dran gedenke, gehen mir allezeit die Augen über, so ungerne verlor ich ihn. Ich bestattete ihn auch selbst zur Erden; sein Sarg war ein Brett, 2 Ducatens steckte ich ihm in seine schwarzsammtne Hosen, damit ließ ich ihn hinfahren.

Darnach begann die Hitze ein wenig nachzulassen, ob wir gleich noch unter der Linie schifften. Da wir nun ganz vor der Linie vorbei waren, hatten wir alle wieder guten Mut; denn wir waren nicht weit mehr von Indien. Es war gleich den andern Pfingsttag, als wir mit unserm Orlogsschiffe allda

[1] Äquator.

anlangeten. Ich erkundigte mich nun flugs, wo der Große Mogul wohnete. Ich fragte erstlich einen kleinen Jungen, der lief dort in der Kappe herum und hütete die jungen Gänse. Allein der arme Schelm konnte nicht viel reden; er sagte wohl „A, a", aber ich wußte nicht, was er damit haben wollte. Hernach begegnete mir ein Scherenschleifer, den fragte ich auch. Der mußte mir gleich Bescheid zu geben und sagte: Es wären zwar zwei Große Moguls in Indien; ob ich zu dem ältern oder zu dem jüngern wollte? Wie ich nun sagte: „Zu dem Vornehmsten", so fing er gleich drauf an: „Der wohnet noch 2 Meilen von hier, seine Residenz heißt Agra." Sapperment, dachte ich hernach: Der kleine Junge in der Kappe hat's wohl auch gewußt, weil er zu mir A, a sagte.

Damit so ging ich fort und immer nach Agra zu. Als ich nun vor des Großen Moguls Residenz kam, fragten die Trabanten, was ich haben wollte. Ich erzählte ihnen nun flugs meine Geburt, worauf sie trefflich horchten und gleich ihrer drei fortliefen und solches ihrem Allergnädigsten Könige oder vielmehr Kaiser hinterbrachten. Es währete hierauf nicht lange, so kamen die Trabanten und sagten, ob ich nicht wollte dort die Treppe hinaufspazieren, ich würde schon empfangen werden. Da ich dieses hörete, ging ich gleich durch die Wache weg. Es präsentierten wohl ihrer 200 das Gewehr vor mir und hatten alle die Hüte unter den Armen. Wie ich nun an dieselbe Treppe kam, wo ich war angewiesen worden, so kam der Große Mogul mir gleich entgegen, empfing mich aufs freundlichste, führete mich hinauf in sein Leibzimmer, schätzte sich glücklich, daß doch jemand noch in Deutschland wäre, der seine Residenz würdigte und bei ihm einspräche. Hierauf antwortete ich ihm nun wieder ganz artig und erzählte ihm kürzlich, wie ich so viel Schiffbruch erlitten und was ich für Händel hier und da gehabt. Daß er also gleich drauf sagte, er hätte genug und sehe auch schon an meinen Manieren, daß ich einer mit von den bravsten Kerlen von der Welt sein müßte. Er führete mich hinauf in ein ander Zimmer und sagte, ich sollte mich dessen bedienen und ich möchte so lange bei ihm bleiben, als ich wollte.

Aus „Schelmuffskys kurioser und sehr gefährlicher Reisebeschreibung zu Wasser und Land".

Titelholzschnitt der Schmähposse „L'Ho-
unéte Femme" oder die Ehrliche Frau
zu Plißine (= Pleißenstadt = Leipzig) in
einem Lust-Spiele vorgestellet von Hilario
(1695). Hilarius ist Christian
Reuter, der Verfasser des „Schelmuffsky". Schelmuffsky tritt in der
Posse selbst mit auf als ältester Sohn
der „Ehrlichen Frau" und Gastwirtin
„Zum Güldnen Maulaffen", die den
Ehrennamen „Frau Schlampampe" führt.

So wahr ich eine ehrliche Frau bin.

JOHANN KUHNAU

Das mißglückte Ständchen

Sein Advokat ließ den windigen Musikanten Caraffa, der eigentlich Teuer-
affe hieß, wegen fünf Talern und etlichen Groschen mahnen (er hatte ihm
aus dem Gefängnis geholfen). Und da sann der auf folgende Zahlung:

Er kriegte ein paar Kerle mit zwei Violinen; er für sich nahm die Baß-
geige und ging nebst ihnen nach des Advokaten Hause zu und zwar des Abends,

41

da dieser Herr gleich seine Abendmahlzeit hielt. Er ließ die Stubentüre auf=
machen und fing mit seinen beiden Kameraden an, haußen eine Sonate zu
spielen. Nun war der Advokat so taub, daß er, wenn man geladene Stücken
und Kartaunen vor seinen Ohren losgebrannt hätte, solches nicht würde ge=
hört haben. Drum meinte er, als er die Kerle vor der Stubentüre draußen
fiedeln sah, es geschähe ihm zum Possen. Er schickte gleich seinen Schreiber
hinaus und ließ ihnen sagen, sie sollten sich mit ihrer Musik wegpacken, wofern
er nicht kommen und mit dem Spanischen Rohre den Takt auf ihren Buckel
dazu schlagen sollte.

Weil aber die Musikanten des Schreibers Anbringen vor dem Geräusche
der Instrumente nicht recht verstehen mochten und sie gar der Meinung waren,
der Kerl wäre herausgeschickt, ihnen freundlich zuzusprechen und sie auf einen
guten Trunk zu vertrösten, den der Herr selber überbringen würde, so strichen
sie immer besser auf. Daher kam endlich der Advokat heraus. Die Musikanten
machten sich auf die Komplimente gefaßt, doch der Advokat brauchte wenig
Höflichkeit. „Ihr Bärenhäuter,“ sagte er, „wer heißt euch, daß ihr mich für
einen Narren halten müsset? Scheret euch fort, sonst sollen eure vermale=
deiten Köpfe meinen Unmut wegen solcher Beschimpfung nachdrücklich fühlen!“

Die Musikanten hatten sich eher des Einfalls des Himmels als dieses
unfreundlichen Zuspruches versehen. Caraffa wollte vor den andern das Wort
führen, auch seine gute Meinung vorschützen. Allein der Advokat fuhr nur
weiter zu poltern fort und sagte: „Heißt das Dank und Bezahlung für die
erwiesene Dienstfertigkeit, daß ich Euch aus dem Gefängnisse geholfen habe?“

Wie trotz dieser Reden die Musikanten noch nicht gingen, so ereiferte sich
der Advokat weiter und fing an: „Ich sage euch noch einmal: Packet euch mit
eurer Musik, oder ich will euch eine andere Musik vorlegen, dabei euch der
Kopf und die Ohren summen sollen!“ Hiermit hob er seinen Stab auf, den
er stets in der Hand trug, daß er sich darauf stemmen konnte.

Und als diese endlich sahen, daß die Musik allhier schlechten Beifall fand,
schwiegen sie stille mit der Fiedel und suchten also die Treppe. Indem sie
aber auch auf der Treppe eines zum Possen zscherpeten, lief ihnen der Advokat
nach und schlug mit dem Stock die ganze Treppe auf sie ein.

Aus dem komischen Roman „Der musikalische Quacksalber“.

VOLKSLIED

Die Romanze vom großen Bergbau der Welt[1]

Auf, richtet Augen, Herz und Sinn
zu jenen blauen Bergen hin,
da Gott, der Bergherr, thronet!
Fahrt von der Erde tiefen Bahn
in grünen Hoffnungskleidern an,
wo milder Segen wohnet:
Betet, tretet
im Gemüte,
zu der Güte,
die bescheret,
was den Leib und Geist ernähret.

Gott hat in diesem Erdenball
so mancher Erze reichen Fall
mit weiser Hand verborgen.
Gold, Silber, Kupfer auf sein Wort
streicht in den edlen Gängen fort[2],
die Menschen zu versorgen.
Mächtig, prächtig
durch die Flözen[3]
heißt es setzen
die Metallen,
daß sein Ruhm muß herrlich schallen.

Es streicht in diesem Erdenhaus
im Erz zu hellem Tage aus[4]
des großen Vaters Liebe,
die wittert vor bei Tag und Nacht
aus jedem Stollen, Kluft und Schacht:
Die weißen Quarzgeschiebe

geben eben
wie die Gänge
durch die Menge
zu erkennen,
was wir Vatergüte nennen.

Denn da sieht ihren milden Gott
die Armut nach dem herben Spott
und vielem Zährentriefen.
Wenn das Vermögen ist verwüst
und alle Mittel zugebüßt,
kommt aus den schwarzen Tiefen
letzlich plötzlich
reiche Beute
für die Leute,
die vertrauen
Gott und gläubig auf ihn bauen.

Drum rufen wir auch diesen an,
der fündige Gebirge kann
eröffnen und erhalten;
er wolle mit der Segenshand
auch über unser Sachsenland
forthin genädig walten;
hören, lehren,
wenn wir schürfen
und bedürfen
Hilf und Raten,
sonst ist nichts mit unsern Taten.

---

[1] Aus „Andächtigen Bergreihen" des Jahres 1712. Die Romanze geht im Ton des Chorals „Wie schön leuchtet der Morgenstern"; sie steht ungekürzt in „Des Knaben Wunderhorn".

[2] Lagerungen des Erzes.

[3] Gesteinschichten, die von den Bergleuten mit Schlägel und Eisen abgebaut werden.

[4] Das Erz kommt zum Vorschein.

O großer Grundherr aller Welt,
weil deine Vorsicht uns erhält
auch von der Erden Schätzen,
beschere gutes Erz allhier
und laß der Gänge Macht und Zier
in ew'ge Teufen[1]) setzen.
Klüglich, tüglich[2])
laß uns bauen
ohne Grauen,
Mittel finden
und den Mangel überwinden.

Zähl uns in Assers Stamm[3]) mit ein
und laß uns so gesegnet sein,
daß Erz an Schuhen klebe,
daß sich kein edler Gang abschneid'
und uns vergnüge jederzeit,

viel reichen Vorrat gebe.
Größre, bessre,
sieh aufs Gleiche,
daß der Reiche
dem nicht schade,
der bedürftig deiner Gnade.

Doch bitten wir dich, Herr, zugleich:
Mach uns zuerst am Geiste reich
mit himmlischer Genüge,
daß unser Gang zu dir gericht'.
Die Stunde ja verrücke nicht,
noch tausend Mittel kriege.
Handel, Wandel
sei gerichtig;
und vorsichtig
laß uns bleiben,
weil wir hier das Bergwerk treiben.

---

[1]) Tiefen.   [2]) geeignet.   [3]) Assers Stamm = Der Segen Mosis für den Stamm
Asser lautet: „Eisen und Erz sei dein Riegel" (5. Buch Mosis, 33. Kapitel, 25. Vers).

Wappen des Magisters J o h a n = n e s M a t h e = s i u s, Bergpredigers zu Joachimstal, Dichters und ersten Biographen Martin Luthers. Inschrift: Eile mit Weile.

FRIEDERIKE KAROLINE NEUBERIN

Aus dem „Deutschen Vorspiel"[1]),
aufgeführt auf dem Leipziger Schauplatz im Monat Juni 1734

Sedulius zur Thalia:

Ach hättest du dafür an deine Kunst gedacht
und dieses neidische, verlogene, böse Wesen
zu unserem Schaden nicht, zu deiner Lust erlesen.

Melpomene:

Du hättest Brot genug für dich, auch neben mir;
denn das, was dir gehört, gewiß, das gönn' ich dir.
Ich will dich noch darzu mit vielen Freuden lehren,
wie du dich rühmlich, wohl und redlich sollst ernähren;
alleine, wenn du blind in deiner Bosheit bist
und aller Menschen Pflicht aus Hochmut nur vergißt,
so kann ich nichts dafür. Ich suche dir zu raten,
und du verfolgest mich durch lauter Freveltaten.

Sedulius zur Thalia:

Du bist als wie ein Wolf, der an der Quelle stund
und reines Wasser trank. Ein Lamm hat seinen Mund
am Ende aus dem Fluß zur Notdurft kühlen wollen.
Jedoch der Wolf wollt' nicht: Drum hat das Lamm nicht sollen.
Er fuhr es ganz ergrimmt im vollen Eifer an:

---

[1]) Friederike Karoline Neuberin, die erste große deutsche Schauspielerin, hat dieses Stück geschrieben, den Streit ihrer eigenen Schauspieltruppe mit einer andern, der Truppe des Harlekins Müller, um die kurfürstlich sächsische und königlich polnische Spielerlaubnis sinnbildlich (allegorisch) darzustellen. Die Gestalten Melpomene, Sedulius vertreten die Neubersche Gesellschaft, in Thalia wird die Müllersche Gesellschaft gescholten, die der Neuberin durch ihre unkünstlerischen und gehässigen Umtriebe (sie wollte vor allem den verpönten Harlekin in ernsten Stücken nicht entbehren) viel zu schaffen machte. Melpomene, die griechische Muse der ernsten (tragischen) Dichtkunst. Sedulius, der Fleißige. Thalia, die griechische Muse des Schauspiels, besonders des Lustspiels.

„Du machst das Wasser trüb!" — „Das hab ich nicht getan;
der Fluß der läuft ja nicht zurück in deine Quelle!"
„Ja," sprach der Wolf, „du bist ein rechter Diebsgeselle;
vor einem Vierteljahr da redt'st du schlimm von mir!"
„Ach allerliebster Wolf, da war ich noch nicht hier
auf dieser Welt zu sehn," sprach dieses Lamm dagegen.
„Du willst dich," hieß es drauf, „nun gar aufs Leugnen legen:
Und wenn auch du von mir schon stillgeschwiegen hast,
so war's dein Vater doch. Ich hab dir aufgepaßt
und hab noch alte Schuld von deiner lieben Mutter
und Großemutter her! Vorjetzt bist du mein Futter!"
Es half kein Bitten nicht: der Wolf zerriß das Lamm.

Melpomene (zur Thalia):

Der Apfel fällt nicht weit von seinem alten Stamm:
Die Wölfe haben nichts als Wölfe noch gezeuget,
und Menschen böser Art, die bleiben bös geneiget.

Thalia:

Da sagst du nun das Ding so her vor allen Leuten.
Das sind ja Sachen noch von alten langen Zeiten.
Da war ich noch ein Kind und ehrte dich zu sehr,
mehr als du würdig bist. Jetzt aber fällt mir's schwer,
die Lektion von dir als wie ein Kind zu hören!

Melpomene:

Nun gut, ich will dich nicht durch mein Ermahnen stören.
Das soll das letzte sein. Jedoch damit du dich
erst besser kennen lernst und dann hernach auch mich,
uns beide aber auch die kluge Welt kann richten
und unsern Unterschied mit Wahrheit weislich schlichten,
so red ich dich nicht mehr in dem Verstande an,
als hättest du mir was damit zuleid getan. —

46

GOTTLIEB WILHELM RABENER

Aus dem „Versuch eines deutschen Wörterbuches".
Verstand.

Weil ich hier nicht willens bin, eine philosophische Abhandlung zu schreiben, so wird man mir nicht zumuten, von demjenigen Begriff etwas zu gedenken, welchen man sich auf dem Katheder von dem Worte Verstand macht. Ich schreibe nicht für den Pedanten, sondern für die große Welt, und in der großen Welt heißt Verstand soviel als Reichtum. — Ein Mensch ohne Verstand ist nichts anderes als ein armer. Er kann ehrlich, er kann gelehrt, er kann witzig, mit einem Worte: er kann der artigste und nützlichste Mann in der Stadt sein, das hilft ihm alles nichts: der Verstand fehlt ihm; denn er hat kein Geld. — „Es ist nicht für einen Dreier Verstand darinnen," spricht mein Wirt, wenn er ein vernünftiges Gedicht liest. Warum? Mein Wirt ist ein Wechsler, welcher in der Welt nichts gelernt hat als addieren, und er glaubt, wenn er die Ode auf die Börse trüge, so würde er doch nicht einen Dreier dafür bekommen.

„Das Mädchen hat Verstand," sagt ein Liebhaber, der nur aufs Geld sieht, wenngleich sein Mädchen nichts tut, als daß es Kaffee trinkt, L'hombre spielt, Knötchen macht, zum Fenster hinaussieht und, wenn es hoch kommt, über das Nachtzeug ihrer Nachbarin spottet. In Gesellschaften, wo sie keines von diesem allem tun kann, ist sie nicht imstande, etwas weiter zu sagen, als ein trockenes Ja und Nein; und spielte sie nicht mit ihrem Fächer, so würde man sie für eine Statue ansehen. Aber das tut alles nichts, für ihren Lieb= haber hat sie doch viel Verstand; denn ihre Mutter hat ihr ein sehr schönes Vermögen hinterlassen.

Der Mensch hat einen sehr guten natürlichen Verstand heißt so viel: er hat von seinen Eltern eine reiche Erbschaft überkommen und nicht nötig gehabt, selbst Geld zu verdienen.

Was also dieses heißt: Er wuchert mit seinem Verstande, das darf ich niemandem erklären, das versteht sich von selbst.

Ich bin der Dümmste eben nicht; denn ich habe auch etwas Weniges von Vermögen, und dieses hat mir Gelegenheit gegeben, durch eine dreißigjährige Erfahrung die verschiedenen Grade des Verstandes kennenzulernen. Nach gegenwärtigem Kurs kann ich von dem Verstande meiner Landsleute ungefähr folgenden Tarif machen:

1000 Taler, nicht ganz ohne Verstand; 6000 Taler, ein ziemlicher Verstand; 12 000 Taler, ein feiner Verstand; 30 000 Taler, ein großer Verstand; 50 000 Taler, ein durchdringender Verstand; 100 000 Taler, ein englischer Verstand; und auf solche Weise steigt es mit jedem Tausend Talern.

Ich habe den Sohn eines reichen Kaufmanns gekannt, welcher kaum so klug war als sein Reitpferd. Er besaß aber 400 000 Taler, und um deswillen versicherte mich mein Korrespondent, daß er in ganz Mecklenburg beinahe der Verständigste wäre.

Der Kerl hat seinen Verstand verloren! wird man also von einem bankerotten Kaufmanne sagen, und ich kenne einige davon, welche dieser Vorwurf weit mehr schmerzt, als wenn man sagen wollte, sie hätten ihren ehrlichen Namen verloren. Dieses ist noch der einzige Trost für dergleichen Männer, daß ihre Weiber, welche durch ihre üble Wirtschaft und durch ihren unsinnigen Staat an diesem Verluste gemeiniglich die meiste Ursache haben, dennoch ihren eingebrachten Verstand, daß ich mich kunstmäßig ausdrücke, oder deutlich zu reden: ihr eigenes Vermögen und daher noch allemal so viel übrig behalten, als nötig ist, sich und ihren unverständigen Mann auf das bequemlichste zu ernähren.

Komplimente.

Gehört unter die nichtsbedeutenden Wörter. Einem ein Kompliment machen, ist eine gleichgültige Bewegung eines Teiles des Körpers oder auch eine Krümmung des Rückens und Bewegung des einen Fußes; und ordentlicherweise hat weder Verstand noch Wille einigen Anteil daran.

Ein Gegenkompliment ist also eine höfliche Versicherung des andern, daß er den Rücken auch beugen könne, ohne etwas dabei zu denken. Aus der Krümme des Rückens kann man urteilen, wie vornehm diejenigen sind, welche einander begegnen, und dieses ist auch beinahe der einzige Nutzen, welchen die Komplimente haben. Ein Mensch ohne Geld, er mag so klug und geschickt sein, als er will, kann sich nicht tief genug bücken; denn er ist der geringste unter allen seinen Mitbürgern. Ein begüterter Mann aber, den der Himmel bloß dazu erschaffen hat, daß er so lange ißt und trinkt, bis er stirbt, der hat das Recht, nur mit den Lippen ein wenig zu wackeln, wenn ihm jener begegnet.

Christian Fürchtegott Gellert. Zeichnung von Oswald Weise.

CHRISTIAN FÜRCHTEGOTT GELLERT

Die Größe Gottes[1]

Die Himmel rühmen des Ewigen Ehre,
ihr Schall pflanzt seinen Namen fort;
ihn rühmt der Erdkreis, ihn preisen die Meere.
Vernimm, o Mensch, ihr göttlich Wort!

Wer trägt der Himmel unzählbare Sterne?
Wer führt die Sonn' aus ihrem Zelt?
Sie kommt und leuchtet und lacht uns von ferne
und läuft den Weg gleich als ein Held.

---

[1] Von Ludwig van Beethoven zugleich mit fünf anderen Gellertschen Liedern großartig vertont.

49

Vernimm's und siehe die Wunder der Werke,
die die Natur dir aufgestellt!
Verkündet Weisheit und Ordnung und Stärke
dir nicht den Herrn, den Herrn der Welt?

Kannst du der Wesen unzählbare Heere,
den kleinsten Staub fühllos beschau'n?
Durch wen ist alles? O gib ihm die Ehre!
Mir, ruft der Herr, sollst du vertrau'n.

Mein ist die Kraft, mein ist Himmel und Erde;
an meinen Werken kennst du mich.
Ich bin's und werde sein, der ich sein werde,
dein Gott und Vater ewiglich.

Ich bin dein Schöpfer, bin Weisheit und Güte,
ein Gott der Ordnung und dein Heil.
Ich bin's; mich liebe von ganzem Gemüte,
und nimm an meiner Gnade teil.

CHRISTIAN FÜRCHTEGOTT GELLERT

Das Gespenst

Ein Hauswirt, wie man mir erzählt,
ward lange Zeit durch ein Gespenst gequält.
Er ließ, des Geists sich zu erwehren,
sich heimlich das Verbannen lehren;
doch kraftlos blieb der Zauberspruch.
Der Geist entsetzte sich vor keinen Charakteren[1])
und gab in einem weißen Tuch
ihm alle Nächte den Besuch.
Ein Dichter zog in dieses Haus.
Der Wirt, der bei der Nacht nicht gern allein gewesen,
bat sich des Dichters Zuspruch aus
und ließ sich seine Verse lesen.
Der Dichter las ein frostig Trauerspiel,
das, wo nicht seinem Wirt, doch ihm sehr wohl gefiel.

---

[1]) Geheimnisvolle Zeichen, die bei Beschwörungen angewendet wurden.

50

Der Geift, den nur der Wirt, doch nicht der Dichter fah,
erschien und hörte zu: es fing ihn an zu schauern,
er konnt es länger nicht als einen Auftritt dauern[1]);
denn eh' der andre kam, so war er nicht mehr da.
 Der Wirt, von Hoffnung eingenommen,
ließ gleich die andre Nacht den Dichter wiederkommen.
Der Dichter las. Der Geift erschien,
doch ohne lange zu verziehn.
Gut, sprach der Wirt bei sich, dich will ich bald verjagen;
kannst du die Verse nicht vertragen?
 Die dritte Nacht blieb unser Wirt allein.
Sobald es zwölfe schlug, ließ das Gespenst sich blicken.
„Johann!" fing drauf der Wirt gewaltig an zu schrein,
„der Dichter (lauft geschwind!) soll von der Güte sein
und mir sein Trauerspiel auf eine Stunde schicken."
Der Geift erschrak und winkte mit der Hand,
der Diener sollte ja nicht gehen.
Und kurz, der weiße Geift verschwand
und ließ sich niemals wiederfehen.

*   *   *

 Ein jeder, der dies Wunder lieft,
zieh' sich daraus die gute Lehre,
daß kein Gedicht so elend ift,
das nicht zu etwas nützlich wäre.
Und wenn sich ein Gespenst vor schlechten Verfen scheut,
so kann uns dies zum Trofte dienen.
Gefetzt, daß sie zu unfrer Zeit
auch legionenweis erschienen,
so wird, um sich von allen zu befrein,
an Verfen doch kein Mangel sein.

CHRISTIAN FÜRCHTEGOTT GELLERT

Brief an das Fräulein Erdmuthe von Schönfeld

Leipzig, den 5. Dezember 1758.

 Den 18. November ließ sich ein Husarenleutenant von dem Gefolge des
Generals Malachowsky sehr ungeftüm bei mir melden. Der Gewalt, dachte

---

[1]) ertragen.

ich, kann niemand widerstehen, fasse dich und nimm den Besuch an, es begegne dir auch, was da will. Sogleich trat ein hagerer, schwarzer Mann mit drohenden Augen, kotigen Stiefeln und blutigen Sporen hastig auf mich zu. Sein gelbes Haar war in einen Knoten und sein Bart in etliche kleine geknüpft. Mit der linken Hand hielt er einen fürchterlichen Säbel und in der Rechten (den Arm mit dazu genommen) den Stock, ein Paar Pistolen, die Mütze und eine Karbatsche, mit Draht durchflochten. „Was ist zu Ihrem Befehle, Herr Leutenant?" fing ich mit Zittern an, „haben Sie Ordre, mich zu arretieren? Ich bin unschuldig." — „Nein, mein Herr. Sind Sie der berühmte Bücherschreiber und Professor Gellert?" — „Ja, ich bin Gellert." — „Nun, es freut mich, Sie zu sehen und zu umarmen (Oh, wie zitterte ich bei dieser Umarmung)! Ich bin ein großer Verehrer Ihrer Schriften; sie haben mir bei meinen Feldzügen große Dienste getan, und ich komme, Ihnen zu danken und Sie meiner Freundschaft zu versichern." — „Das ist zu viel Ehre für mich, Herr Leutenant. (Mehr konnte ich vor Schrecken noch nicht aus mir hervorbringen.) Haben Sie die Gnade und lassen Sie sich nieder." „Ja, das will ich gern tun. Sagen Sie mir nur, wie haben Sie's angefangen, daß Sie so viele schöne Bücher schreiben können?" — „Ob meine Bücher schön sind, Herr Leutenant, das weiß ich nicht; aber wie ich's mit meinen Büchern angefangen habe, das kann ich Ihnen sagen. Wenn ich Lust und Zeit zum Schreiben hatte, so dachte ich ein wenig nach, was ich schreiben wollte. Alsdann setzte ich mich hin, vergaß alles andre, dachte nur an meinen Gegenstand und schrieb, was mir dieser eingab, so gut ich konnte. War ich fertig, so fragte ich ehrliche Leute, ob sie das Werk für gut hielten und was sie zu erinnern hätten. Sagten sie, es wäre gut, ich sollte es hin und wieder verbessern und es alsdann drucken lassen, so besserte ich und ließ drucken. Dieses, Herr Leutenant, ist die Geburt meiner Schriften, die das Glück gehabt haben, Ihnen zu gefallen." — „Nun, das will ich mir merken," versetzte er, „ich habe oft Lust und Zeit zum Schreiben, und sobald die verteufelten Russen aus dem Lande sind, will ich einen Versuch nach Ihrer Weise machen. Jetzt aber biete ich Ihnen ein Andenken von meiner Beute an. Sie haben doch wohl keinen Rubel in Ihrer Schatulle, Herr Professor; lesen Sie sich also einen aus. Diese hier sind von einem Kosakenobersten, den ich bei Zorndorf vom Pferde hieb, und diese da von der Frau eines russischen Offiziers, die in der Flucht mit dem Pferde stürzte." — Es lief mir bei

52

diefem Präsente eiskalt über den Leib. „Das sei ferne, daß ich Ihnen einen Teil Ihrer Beute entziehen sollte. Nein, lieber Herr Leutenant, behalten Sie Ihre Rubel, ich habe genug an der Gewogenheit, aus der Sie mir dieselben anbieten." — „Aber Sie müssen ein Andenken von mir annehmen, Herr Professor. Gefallen Ihnen diese Pistolen? Es sind sibirische. Und diese Peitsche, das ist eine Knute. Beides ist zu Ihren Diensten. Ich habe noch treffliches Gewehr erbeutet, türkisches, tatarisches, es steht bei Eilenburg, und was Sie verlangen, will ich Ihnen schicken, ein Wort ein Mann! Der Soldat hat nichts Kostbareres als Beute, mit seinem Blute erfochten. Warum gefallen Ihnen diese Pistolen nicht? Es ist auserlesenes Gewehr." — Hier nahm ich ihn bei der Hand und führte ihn an meine Bücherschränke. „Dieses ist mein Gewehr, Herr Leutenant, mit dem ich umzugehen weiß. Wollen Sie sich ein Andenken von meiner gelehrten Beute auslesen?" — „Ja, geben Sie mir Ihre Trostgründe wider ein sieches Leben, wenn ich etwa von den Russen blessiert würde; denn, ach, die Russen, das ist ein schreckliches Volk! Sie stehen wie die Berge so fest; und man arbeitet sich müde und tot, ehe man sie zum Weichen bringt." Nunmehr wollte er mir die letzte Bataille erzählen, aber zu meinem Glücke schlug es; meine Zuhörer kamen haufenweise, und ich sagte dem Husarenleutenant, daß ich ein Kollegium hätte. Er bot mir noch einmal sein Gewehr an, umarmte mich herzlich, war unzufrieden, daß ich nichts annehmen wollte, besah meinen Katheder, wünschte mir viel Gutes und ging mit seinen Pistolen und seiner Knutpeitsche, die ihm ein Husar, der die Treppe nebst etlichen andern Kameraden besetzt hielt, abnahm. „Peter!" rief der Leutenant, „das ist der Herr, der die schönen Fabeln geschrieben hat." Peter sah mich starr an, griff ehrerbietig an die Mütze und lächelte mir seinen wilden Beifall zu. Die andern Husaren bückten sich auch sehr tief, und unter diesen Umständen begleitete ich den Leutenant die Treppe hinunter. — „Kann ich Ihnen," war sein letztes Wort, „noch bei dem General Malachowsky auf irgendeine Weise dienen?" — „Im geringsten nicht." — „Oder bei dem General Dohna?" — „Ich danke untertänig." — „Oder auch bei dem Könige?" „Nein, Herr Leutenant, empfehlen Sie ihm den Frieden in meinem Namen fußfällig." — Und schnell entfloh ich den Husaren.

ABRAHAM GOTTHELF KÄSTNER

Sinngedichte

Auf Kepler[1]

So hoch war noch kein Sterblicher gestiegen,
als Kepler stieg — und starb in Hungersnot.
Er wußte nur die Geister zu vergnügen,
drum ließen ihn die Körper ohne Brot.

Die Vorteile der Weisheit

Pracht, Reichtum, eitle Lust kann sie uns nicht gewähren.
Was gibt die Weisheit uns? — Den Geist, das zu entbehren.

An einen Virtuosen

Daß er durch mächtigen Gesang
der Löwen Grimm, der Felsen Härte zwang,
der Ruhm war einst dem Orpheus eigen:
Doch du tust mehr; du machst die Damen schweigen!

MAGNUS GOTTFRIED LICHTWER

Der kleine Töffel

In einem großen Dorf, das an die Mulde stieß,
starb Grolms, ein Bauersmann. Die Witwe freite wieder
und kam mit einem Knaben nieder,
den man den kleinen Töffel hieß.
Sechs Sommer sind vorbei, als es im Dorfe brannte;
der Knabe war damals gerade sechzehn Jahr,
da man, wiewohl er schon ein großer Junge war,
ihn noch den kleinen Töffel nannte.
Nunmehr drosch Töffel auch mit in der Scheune Korn,
fuhr selber in das Holz; da trat er einen Dorn
sich in den linken Fuß; man hörte von den Bauern
den kleinen Töffel sehr bedauern.

---

[1] Johannes Kepler, großer deutscher Sternforscher, Entdecker der Gesetze der Planeten-
bewegung, der 1630 in Not und Elend gestorben war.

Zuletzt verdroß es ihn; und als zur Kirchmeßzeit
des Schulzens Hadrian, ein Zimmermannsgeselle,
ihn „kleiner Töffel" hieß, hatt' er die Dreistigkeit
und gab ihm eine derbe Schelle.
Die Rache kam ihm zwar ein neues Schock zu stehn;
denn Schulzens Hadrian ging klagen,
und durch das ganze Dorf hört man die Rede gehn:
der kleine Töffel hat den Hadrian geschlagen.
O, das tat Töffeln weh, und er beschloß bei sich,
sich in die Fremde zu begeben.
„Was?" sprach er, „kann ich nicht ein Jahr wo anders leben?
Inmittelst ändert sich's, und man verkennet mich."
    Gleich ging er hin, und ward ein Reiter.
Das höret Nachbars Hans, die Sage gehet weiter,
und man erzählt von Haus zu Haus,
der kleine Töffel geht nach Böhmen mit hinaus.
Der Töffel will vor Wut ersticken.
Indessen kriegt der Sachsen Heer
Befehl, in Böhmen einzurücken.
Nunmehr ist Töffel fort, man spricht von ihm nicht mehr.
Die Sachsen dringen ein, gehn bis nach Mähren hinter,
und Töffel gehet mit. Es geht ein ganzer Winter,
ein halber Sommer hin, man senkt den Weinstock ein,
als man den Ruf vernimmt: es sollte Friede sein.
Da meint nun unser Held, daß man die Kinderpossen,
die ihn vordem so oft verdrossen,
vorlängst schon ausgeschwitzt. Er wirkt sich Urlaub aus
und suchet seines Vaters Haus.
Er hörte schon den Klang der nahen Bauernkühe;
ein altes Mütterchen, das an den Zäunen kroch,
ersah ihn ungefähr, und schriee:
„Je, kleiner Töffel, lebt Ihr noch?"

*   *   *

    Das Vorurteil der Landesleute
verändert nicht der Örter Weite,
tilgt weder Ehre, Zeit noch Glück.
Reist, geht zur See, kommt alt zurück;
der Eindruck siegt, da hilft kein Sträuben:
Ihr müßt der kleine Töffel bleiben.

Gotthold Ephraim Lessing. Zeichnung von Oswald Weise.

GOTTHOLD EPHRAIM LESSING

Fabeln

Fliege und Biene

Eine Fliege sprach einst zu einer Biene: „Auch wir wollen uns ein Ober= haupt erwählen und einen geordneten Staat bilden wie ihr." „Und wie lange," antwortete die Biene, „wird eine Genossenschaft dauern, in der jeder nur seinen eigenen Vorteil verfolgt?"

Der Esel und das Jagdpferd

Ein Esel vermaß sich, mit einem Jagdpferde um die Wette zu laufen. Die Probe fiel erbärmlich aus, und der Esel ward ausgelacht. „Ich merke nun wohl," sagte der Esel, „woran es gelegen hat. Ich trat vor einigen Monaten einen Dorn in den Fuß, und der schmerzt mich noch."

56

Der Dornenstrauch

„Aber sage mir doch," fragte die Weide den Dornenstrauch, „warum du nach den Kleidern der vorübergehenden Menschen so begierig bist! Was willst du damit? Was können sie dir helfen?"

„Nichts!" sagte der Dornenstrauch, „ich will sie ihnen auch nicht nehmen, ich will sie nur zerreißen."

Die Biene und der Mensch

„Hast du wohl einen größeren Wohltäter unter den Tieren als uns?" fragte die Biene den Menschen. — „Jawohl!" erwiderte dieser. — „Und wen?" — „Das Schaf! Denn seine Wolle ist mir notwendig, und dein Honig ist mir nur angenehm.

Und willst du noch einen Grund wissen, warum ich das Schaf für einen größeren Wohltäter halte als dich, Biene? Das Schaf schenkt mir seine Wolle ohne die geringste Schwierigkeit; aber wenn du mir deinen Honig gibst, muß ich mich noch immer vor deinem Stachel fürchten."

Der Besitzer des Bogens

Ein Mann hatte einen trefflichen Bogen von Ebenholz, mit dem er sehr weit und sehr sicher schoß und den er ungemein wert hielt. Einst aber, als er ihn aufmerksam betrachtete, sprach er: „Ein wenig plump bist du doch. Alle deine Zierde ist die Glätte. Schade! Doch dem ist abzuhelfen. Ich will hingehen und den besten Künstler Bilder in den Bogen schnitzen lassen."

Er ging hin, und der Künstler schnitzte eine ganze Jagd auf den Bogen. — Und was hätte sich besser auf einen Bogen geschickt als eine Jagd? — Der Mann war voller Freuden: „Du verdienst diese Zieraten, mein lieber Bogen!" Indem will er ihn versuchen; er spannt, und der Bogen zerbricht.

GOTTHOLD EPHRAIM LESSING

Sinngedichte

Die Sinngedichte an den Leser

Wer wird nicht einen Klopstock loben?
Doch wird ihn jeder lesen? — Nein!
Wir wollen weniger erhoben,
doch fleißiger gelesen sein.

An einen Lügner

Du magst so oft, so fein, als dir nur möglich, lügen:
Mich sollst du dennoch nicht betrügen.
Ein einzigmal nur hast du mich betrogen:
Das kam daher, du hattest nicht gelogen.

Hänschen Schlau

„Es ist doch sonderbar bestellt,"
sprach Hänschen Schlau zu Vetter Fritzen,
„daß nur die Reichen in der Welt
das meiste Geld besitzen!"

Auf die Galatee

Die gute Galatee! Man sagt, sie schwärz' ihr Haar,
da doch ihr Haar schon schwarz, als sie es kaufte, war!

Das schlimmste Tier

„Wie heißt das schlimme Tier mit Namen?"
so fragt ein König einen weisen Mann.
Der Weise sprach: „Von wilden heißt's Tyrann
und Schmeichler von den zahmen."

Auf einen unnützen Bedienten

Im Essen bist du schnell, im Gehen bist du faul.
Iß mit den Füßen, Freund, und nimm zum Gehn das Maul!

Die große Welt

Die Wage gleicht der großen Welt:
Das Leichte steigt, das Schwere fällt.

In eines Schauspielers Stammbuch

Kunst und Natur
sei auf der Bühne eines nur;
wenn Kunst sich in Natur verwandelt,
dann hat Natur mit Kunst gehandelt.

Grabschrift auf einen Gehängten

Hier ruht er, wenn der Wind nicht weht.

Wer Freunde ſucht, iſt ſie zu finden wert:
Wer keinen hat, hat keinen noch begehrt.

Abſchied an den Leſer
Wenn du von allem dem, was dieſe Blätter
füllt,
mein Leſer, nichts des Dankes wert gefunden,
ſo ſei mir wenigſtens für das verbunden,
was ich zurückbehielt.

GOTTH. EPHRAIM LESSING

Gedanken aus Aufſätzen

Wer aus den Büchern nichts
mehr lernt, als was in den Büchern
ſteht, der hat die Bücher nicht halb
genützt. Wen die Bücher nicht fähig
machen, daß er auch das verſtehen
und beurteilen lernt, was ſie nicht enthalten, weſſen Verſtand die Bücher
nicht überhaupt ſchärfen und aufklären,
der wäre ſchwerlich viel ſchlimmer
daran, wenn er auch gar keine Bücher geleſen hätte. —

Wenn Hinkende um die Wette laufen, ſo bleibt der, welcher von ihnen
zuerſt an das Ziel kommt, doch noch ein Hinkender. —

Die Verſchwiegenheit iſt eine der vornehmſten Tugenden eines ehrlichen
Mannes. —

Die edelſte Beſchäftigung des Menſchen iſt der Menſch. —

Nichts verdunkelt unſere Erkenntnis mehr als die Leidenſchaften. —

Alle großen Männer ſind beſcheiden. —

Der aus Büchern erworbene Reichtum fremder Erfahrung heißt Gelehr-
ſamkeit. Eigene Erfahrung iſt Weisheit. Das kleinſte Kapital von dieſer iſt
mehr wert als Millionen von jener. —

Minna von Barnhelm,

oder

das Soldatenglück.

Ein Luſtſpiel in fünf Aufzügen,

von

Gotthold Ephraim Leſſing.

Berlin,
bey Chriſtian Friederich Voß.
1767.

Titelblatt der erſten Ausgabe von
G. E. Leſſings „Minna von Barnhelm".

Seines Fleißes darf sich jedermann rühmen. —

Der Langsamste, der sein Ziel nur nicht aus den Augen verliert, geht noch immer geschwinder, als der ohne Ziel herumirrt. —

Nicht die Wahrheit, in deren Besitz irgendein Mensch ist oder zu sein vermeint, sondern die aufrichtige Mühe, die er angewandt hat, hinter die Wahrheit zu kommen, macht den Wert des Menschen. Denn nicht durch den Besitz, sondern durch die Nachforschung der Wahrheit erweitern sich seine Kräfte, worin allein seine immer wachsende Vollkommenheit besteht. Der Besitz macht träge, stolz. — Wenn Gott in seiner Rechten alle Wahrheit und in seiner Linken den einzigen, inneren, regen Trieb nach Wahrheit, obschon mit dem Zusatze, mich immer und ewig zu irren, verschlossen hielte, und spräche zu mir: „Wähle!" — ich fiele ihm mit Demut in seine Linke und sagte: „Vater, gib! Die reine Wahrheit ist ja doch nur für dich allein!"

GOTTHOLD EPHRAIM LESSING

Faust und die sieben Geister

(Aus dem Fragmente „Faust")

Faust. Ihr? Ihr seid die schnellsten Geister der Hölle?

Die Geister alle. Wir!

Faust. Seid ihr alle sieben gleich schnell?

Die Geister alle. Nein!

Faust. Und welcher von euch ist der schnellste?

Die Geister alle. Der bin ich!

Faust. Ein Wunder, daß unter sieben Teufeln nur sechs Lügner sind! — Ich muß euch näher kennenlernen.

Der erste Geist. Das wirst du einst!

Faust. Einst! Wie meinst du das? Predigen die Teufel auch Buße?

Der erste Geist. Ja wohl, den Verstockten. — Aber halte uns nicht auf!

Faust. Wie heißest du, und wie schnell bist du?

Der erste Geist. Du könntest eher eine Probe als eine Antwort haben.

Fauſt. Nun wohl. Sieh her! Was mache ich?

Der erſte Geiſt. Du fährſt mit deinen Fingern ſchnell durch die Flamme des Lichts —

Fauſt. Und verbrenne mich nicht. So geh auch du und fahre ſiebenmal ebenſo ſchnell durch die Flammen der Hölle und verbrenne dich nicht. — Du verſtummſt? Du bleibſt? — So prahlen auch die Teufel? Ja, ja, keine Sünde iſt ſo klein, daß ihr ſie euch nehmen ließet! — Zweiter, wie heißeſt du?

Der zweite Geiſt. Chil, das iſt in eurer langweiligen Sprache: Pfeil der Peſt.

Fauſt. Und wie ſchnell biſt du?

Der zweite Geiſt. Denkſt du, daß ich meinen Namen vergebens führe? — Wie die Pfeile der Peſt.

Fauſt. Nun, ſo geh und diene einem Arzte! Für mich biſt du viel zu langſam. — Du, dritter, wie heißeſt du?

Der dritte Geiſt. Ich heiße Dilla, denn mich tragen die Flügel der Winde.

Fauſt. Und du, vierter?

Der vierte Geiſt. Mein Name iſt Jutta, denn ich fahre auf den Strahlen des Lichts.

Fauſt. O ihr, deren Schnelligkeit in endlichen Zahlen auszudrücken, ihr Elenden! —

Der fünfte Geiſt. Würdige ſie deines Unwillens nicht. Sie ſind nur Satans Boten in der Körperwelt. Wir ſind es in der Welt der Geiſter; uns wirſt du ſchneller finden.

Fauſt. Und wie ſchnell biſt du?

Der fünfte Geiſt. So ſchnell als die Gedanken der Menſchen.

Fauſt. Das iſt etwas! — Aber nicht immer ſind die Gedanken des Menſchen ſchnell; nicht da, wenn Wahrheit und Tugend ſie auffordern. Wie träge ſind ſie alsdann! — Du kannſt ſchnell ſein, wenn du ſchnell ſein willſt; aber wer ſteht mir dafür, daß du es allzeit willſt? Nein! Dir werde ich ſo wenig trauen, als ich mir ſelbſt hätte trauen ſollen. Ach! — (Zum ſechſten Geiſt:) Sage du, wie ſchnell biſt du?

Der ſechſte Geiſt. So ſchnell als die Rache des Rächers.

Fauſt. Des Rächers? Welches Rächers?

Der sechste Geist. Des Gewaltigen, des Schrecklichen, der sich allein die Rache vorbehielt, weil ihn die Rache vergnügte. —

Faust. Teufel! Du lächelst, denn ich sehe, du zitterst. — Schnell, sagst du, wie die Rache des — — bald hätte ich ihn genannt! Nein, er werde nicht unter uns genannt! — Schnell wäre seine Rache? Schnell? Und ich lebe noch und ich sündige noch? —

Der sechste Geist. Daß er dich noch sündigen läßt, ist schon Rache!

Faust. Und daß ein Teufel mich dieses lehren muß! — Aber doch erst heute! Nein, seine Rache ist nicht schnell, und wenn du nicht schneller bist als seine Rache, so geh nur. (Zum siebenten Geist:) Wie schnell bist du?

Der siebente Geist. Unzugenügender Sterblicher, wo auch ich dir nicht schnell genug bin — —

Faust. So sage, wie schnell?

Der siebente Geist. Nicht mehr und nicht weniger als der Übergang vom Guten zum Bösen. —

Faust. Ha! Du bist mein Teufel! So schnell als der Übergang vom Guten zum Bösen! Ja, der ist schnell; schneller ist nichts als der! — Weg von hier, ihr Schrecken des Orkus! Weg! — Als der Übergang vom Guten zum Bösen! Ich habe es erfahren, wie schnell er ist! Ich habe es erfahren! ...

GOTTHOLD EPHRAIM LESSING

Brief an seine Schwester

Geliebte Schwester!

Ich habe zwar an Dich geschrieben, allein Du hast nicht geantwortet. Ich muß also denken, entweder Du kannst nicht schreiben, oder Du willst nicht schreiben. Und fast wollte ich das erste behaupten. Jedoch ich will auch das andre glauben; Du willst nicht schreiben. Beides ist strafbar. Ich kann zwar nicht einsehn, wie dieses beisammen stehen kann: ein vernünftiger Mensch zu sein, vernünftig reden können und gleichwohl nicht wissen, wie man einen Brief aufsetzen soll. Schreibe, wie Du redest, so schreibst Du schön. Jedoch, hätte auch das Gegenteil statt, man könnte vernünftig reden, dennoch aber nicht vernünftig schreiben, so wäre es für Dich eine noch größere Schande,

62

daß Du nicht einmal so viel gelernet. Du bist zwar Deinem Lehr=Meister sehr zeitig aus der Schule gelaufen, und schon in Deinem 12. Jahre hieltest Du es vor eine Schande, etwas mehres zu lernen; allein wer weiß, welches die größte Schande ist? In seinem 12. Jahre noch etwas zu lernen, als in seinem 18ten oder 19ten noch keinen Brief schreiben können. Schreibe ja und benimm mir diese falsche Meinung von Dir. Im Vorbeigehen muß ich doch auch an das neue Jahr gedenken. Fast jeder wünschet zu dieser Zeit Gutes. Was werde ich Dir aber wünschen? Ich muß wohl was besonders haben. Ich wünsche Dir, daß Dir Dein ganzer Mammon gestohlen würde. Vielleicht würde es Dir mehr nützen, als wenn jemand zum neuen Jahre Deinen Geld=Beutel mit einigen 100 Stück Dukaten vermehrte.

Lebe wohl! Ich bin   Dein treuer Bruder
Meißen, d. 30. Dezember 1743.   G. E. Lessing.

GOTTHOLD EPHRAIM LESSING

Brief an seinen Bruder Theophilus

Mein lieber Bruder!

Ich kam vorigen Montag von Braunschweig, wo ich mich einige Tage aufgehalten hatte, und wollte es mein erstes sein lassen, Dir auf Deinen Brief aus Pirna zu antworten, als ich einen zweiten von Deiner Hand hier vorfand. Das schwarze Siegel ließ mich gleich alles besorgen. — Ich denke, ich habe es bei Dir nicht nötig, viel klägliche Worte zu brauchen, um Dich zu ver=sichern, wie sehr mich die Nachricht von dem Tode unsers Vaters betrübt und niedergeschlagen hat. Ich kann noch kaum wieder zu mir selbst kommen. Seine Gesundheit, von der er mich noch in seinem letzten Schreiben versicherte, ließ mich nichts weniger als sein so nahes Ende besorgen. Was mich einigermaßen tröstet, ist, daß er nach seinem Wunsche gestorben. Laß uns, mein lieber Bruder, eben so rechtschaffen leben, als er gelebt hat, um wünschen zu dürfen, eben so plötzlich zu sterben, als er gestorben ist. Das wird die einzige beste Weise sein, sein Andenken zu ehren. — Mein nächster Kummer dabei geht auf unsere Mutter. Ich weiß, Du wirst alles anwenden, sie zu trösten. Mache besonders, daß weder sie, noch unsere Schwester sich wegen der Zukunft bekümmern.

Ich will hoffen, daß der selge Vater doch noch den Brief wird erhalten haben, den ich vor sechs oder acht Wochen an ihn geschrieben. Wenn sie daraus die Unmöglichkeit gesehen, ihnen bis anher beizustehen, so können sie doch gewiß versichert sein, daß diese Unmöglichkeit auf das Künftige wegfällt und sie auf meine äußerste Unterstützung unfehlbare Rechnung machen können. Schaffe Du nur, mein lieber Bruder, vor das erste Rat und glaube sicherlich, daß ich Dich nicht werde stecken lassen. Es kann nicht anders sein, es müssen sich Schulden finden. Ich nehme sie alle auf mich und will sie alle ehrlich bezahlen; nur muß man mir Zeit lassen. Schreibe mir, was man für Versicherung deshalb von mir verlangen kann, und ich will sie mit Vergnügen stellen. Nur muß unsere Mutter dadurch völlige Ruhe bekommen.

Auch bitte ich Dich, lieber Bruder, wegen des Leichensteines und der kupfernen Tafel in der Kirche alles nach Deinem Gutdünken zu besorgen. Es wird mir alles recht sein, und ich will die Kosten nicht allein m i t , sondern recht gern g a n z tragen.

Ich habe es höchst nötig, mich den traurigen Ideen, ohne die ich diesen Brief nicht habe schreiben können, zu entreißen. Nimm mir es also nicht übel, wenn ich schon abbreche. Versichere meine Mutter von meiner Wehmut und innigsten Zärtlichkeit gegen sie, die ich lieber durch die Tat als durch viele Worte beweisen will; und zugleich umarme für mich unsere Schwester, und sage ihr, daß ich meine Tränen mit den ihrigen verbinde und sie nicht vergessen soll, daß sie einen Bruder hat, der bereit ist, alles für sie zu tun, was ihm in der Welt nur möglich ist.

Lebt zusammen recht wohl, und gedenkt meiner im Besten!

Wolfenbüttel, d. 8. Septbr. 1770.   Dein treuer Bruder
                                                        Gotthold.

AUGUST LANGBEIN

Die Wachtel und ihre Kinder

Hoch wallte das goldene Weizenfeld
und baute der Wachtel ein Wohngezelt.
Sie flog einst früh in Geschäften aus
und kam erst am Abend wieder nach Haus.
Da rief der Kindlein zitternde Schar:

Ach, Mutter, wir schweben in großer Gefahr!
Der Herr dieses Feldes, der furchtbare Mann,
ging heut mit dem Sohn hier vorbei und begann:
Der Weizen ist reif, die Mahd muß geschehn,
geh, bitte die Nachbarn, ihn morgen zu mähn.

O, sagte die Wachtel, dann hat es noch Zeit!
Nicht flugs sind die Nachbarn zu Diensten bereit.
Drauf flog sie des folgenden Tages aus
und kam erst am Abend wieder nach Haus.
Da rief der Kindlein zitternde Schar:
Ach, Mutter, wir schweben in neuer Gefahr!
Der Herr dieses Feldes, der furchtbare Mann,
ging heut mit dem Sohn hier vorbei und begann:
Uns ließen die Nachbarn im Stich!
Geh rings nun zu unsern Verwandten und sprich:
Wollt ihr meinen Vater recht wohlgemut sehn,
so helfet ihm morgen sein Weizenfeld mähn!

O, sagte die Wachtel, dann hat es noch Zeit!
Nicht flugs ist die Sippschaft zur Hilfe bereit.
Drauf flog sie des folgenden Tages aus
und kam erst am Abend wieder nach Haus.
Da rief der Kindlein zitternde Schar:
Ach, Mutter, wir schweben in höchster Gefahr!
Der Herr dieses Feldes, der furchtbare Mann,
ging heut mit dem Sohn hier vorbei und begann:
Uns ließen auch unsre Verwandten im Stich;
ich rechne nun einzig auf dich und auf mich.
Wir wollen, wann morgen die Hähne krähn,
selbander uns rüsten, den Weizen zu mähn.

Ja, sagte die Wachtel, nun ist's an der Zeit!
Macht schnell euch, ihr Kinder, zum Abzug bereit.
Wer Nachbarn und Vettern die Arbeit vertraut,
dem wird nur ein Schloß in die Luft gebaut;
doch unter dem Streben der eigenen Hand
erblüht ihm des Werkes vollendeter Stand. —

Die Wachtel entfloh mit den Kleinen geschwind,
und über die Stoppeln ging Tags drauf der Wind.

JOHANN GOTTFRIED SEUME

Als Soldat nach Amerika verkauft

(Der Dichter Johann Gottfried Seume war auf einer Reise, die ihn von Leipzig nach Metz führen sollte, den Werbern des Landgrafen Friedrich von Hessen=Kassel in die Hände gefallen, der seit 1776 mehrere Jahre deutsche Söldner an die Engländer verkaufte. Die Engländer verwendeten diese billige „Masse Mensch" in ihren nordamerikanischen Kolonial= kriegen gegen Franzosen und Aufständische.)

In den englischen Transportschiffen wurden wir gedrückt, geschichtet und gepökelt wie die Heringe. Den Platz zu sparen, hatte man keine Hängematten, sondern Verschläge im Verdeck, das schon niedrig genug war; und nun lagen noch zwei Schichten übereinander. Im Verdeck konnte ein ausgewachsener Mann nicht gerade stehen und im Bettverschlage nicht gerade sitzen. Die Bett= kasten waren für sechs und sechs Mann; man bedenke die Wirtschaft. Wenn viere darin lagen, waren sie voll, und die beiden letzten mußten hineingezwängt werden. Das war bei warmem Wetter nicht kalt; es war für einen einzelnen gänzlich unmöglich, sich umzuwenden, und ebenso unmöglich, auf dem Rücken zu liegen. Die geradeste Richtung mit der schärfsten Kante war nötig. Wenn wir so auf einer Seite gehörig geschwitzt und gebraten hatten, rief der rechte Flügelmann: „Umgewendet!" und es wurde umgeschichtet; hatten wir nun auf der andern Seite quantum satis[1]) ausgehalten, rief das nämliche der linke Flügelmann, und wir zwängten uns wieder in die vorherige Quetsche. —

Es war mir doch ein sonderbares Gefühl, als ich den andern Morgen auf das Verdeck trat und zum erstenmal nichts als Himmel und Wasser um mich sah. Der Ozean wogte majestätisch, und die Schiffe tanzten magisch wie kleine Spielwerke auf der unbegrenzten, ungeheuren Fläche; der Himmel war be= wölkt und teilte dem Wasser seine tiefe, ernsthafte Farbe mit. Ich war wirk= lich in einer andern Welt und fühlte mich abwechselnd größer und kleiner, nachdem eine erhabene oder bange Empfindung eben in der Seele herrschte. So war es, als unter meinem Fuße Gewitter rollten und furchtbar schöne Zauberwelten bildeten, neben mir die schwarzroten Wolkensäulen des Aetna stürmten und über mir die milden Sonnenstrahlen Wärme umhergossen und weithin die ganze Insel mit ihrer Fabelwelt magisch färbten[2]). —

[1]) genug.

[2]) Seume ist einer der berühmten „sächsischen Reisenden"; er hatte u. a. eine Reise

Ich saß auf dem Deck und las eben Horazens „Angustam, amici, pau=
periem"[1]), als der dicke Steuermann mich sehr unfreundlich von der Bank
schleudern wollte. Ich brummte meine Unzufriedenheit in meinem bißchen
Englisch, so gut ich konnte, und wollte hinunter in meinen Kasten schleichen,
wo ich mich von niemand hudeln ließ. Der Kapitän kam dazu, guckte mir in
das Buch und hieß mich sitzen bleiben. Als er einige Anordnungen gemacht
hatte, kam er zurück und fing eine Art von Unterhaltung mit mir an: „You
read latin, my boy?" — „Yes, Sir." — „And you understand it?" —
„I believe, I do." — „Very well; it is a very good diversion in the situation,
you are in." — „So I find, Sir; indeed a great Consolation[2])." So ging
es freundlich und teilnehmend weiter. Er nahm mich mit in seine Kajüte
und zeigte mir seine Reisebibliothek, die aus guten Engländern und einigen
Klassikern bestand, und versprach mir, wenn ich die Bücher gut halten würde,
mir zuweilen eines daraus zu leihen. Durch seine Freundschaft erhielt ich
etwas mehr Freiheit auf dem Schiffe, zumal da ich etwas Vergnügen am
Seewesen zeigte und in wenigen Tagen mir die Benennung der Taue und
Segel merkte und sehr flink und sicher oben in dem Mastwerk mit herumlief.
Es war das Bedürfnis der Tätigkeit, die mir allerhand kleine Vorteile schaffte
und mich vorzüglich gesund erhielt. Da der Kapitän wohl merkte, daß die
Schiffsportion meinem Appetit nicht zureichend war, ließ er mir großmütig
heimlich zuweilen eine Nachtmütze voll Zwieback und Rindfleisch zukommen,
welches in der Tat im eigentlichen Verstande ein sehr wohltätiges Stipen=
dium war.

Die Kost war übrigens nicht sehr fein, so wie sie nicht sehr reichlich war.
Heute Speck und Erbsen und morgen Erbsen und Speck; übermorgen pease
and pork und sodann pork and pease[3]), das war fast die ganze Runde. Zu=
weilen Grütze und Graupen und zum Schmause Pudding, den wir aus muf=

---

z u F u ß von Grimma bei Leipzig nach Süditalien, die er seinen „Spaziergang nach Syra=
kus" nannte, unternommen und bei dieser Gelegenheit auch den Aetna bestiegen.

  [1]) „Armut und Mangel, Freunde, lernet bestehn —"
  [2]) „Du liesest Latein, mein Sohn?" — „Ja, Herr!" — „Und verstehst es?" — „Ich
glaube." — „Sehr gut: das ist eine sehr gute Zerstreuung in deiner Lage." — „Das finde ich
auch, mein Herr! Es ist in der Tat ein großer Trost für mich."
  [3]) Erbsen und Speck.

figem Mehl halb mit Seewasser, halb mit süßem Wasser und altem Schöpsen=
fett machen mußten. Der Speck mochte wohl vier oder fünf Jahre alt sein,
war von beiden Seiten am Rande schwarzstreifig, weiter hinein gelb und
hatte nur in der Mitte noch einen kleinen weißen Gang. Eben so war es mit
dem gesalzenen Rindfleische, das wir in beliebter Kürze oft roh als Schinken
aßen. In dem Schiffsbrote waren so viele Würmer, die wir als Schmalz
mitessen mußten, wenn wir nicht die schon kleine Portion noch mehr ver=
kleinern wollten; dabei war es so hart, daß wir nicht selten Kanonenkugeln
brauchten, es nur aus dem Gröbsten zu zerbrechen; und doch erlaubte uns
der Hunger selten, es einzuweichen; auch fehlte es oft an Wasser. Man sagte
uns, und nicht ganz unwahrscheinlich, der Zwieback sei französisch; die Eng=
länder hätten ihn im Siebenjährigen Kriege den Franzosen abgenommen, seit
der Zeit habe er in Portsmouth im Magazine gelegen, und nun füttere man
die Deutschen damit, um wieder die Franzosen, so Gott wolle, tot zu schlagen. —

Stürme hatten wir oft und einmal so stark, daß uns der Aufsatz des Border=
mastes und die große Raa zerbrach. Die Türmung der Wogen, das Heulen
der Winde durch die Segel, das Schlagen und Klirren der Taue, das Donnern
der Wellen an die Borde, das Geschrei und Lärmen des Schiffsvolks, der
ganze furchtbar empörte Ozean, alles ist dem Neuling schrecklich; aber bald
wird man es gewohnt und schläft ruhig unter dem Kampfe der Elemente.

Wir fuhren nicht durch den Canal und die spanische See, weil damals
noch die Spanier und Franzosen dort mit Flotten kreuzten und auf uns
lauerten, sondern segelten um die Inseln nördlich an den Orkaden weg. Der
Sturm trieb uns weit weit nordwärts; und der Sicherheit wegen gab man
vielleicht mehr nach als nötig war. Wir konnten mutmaßlich nicht weit von
Grönland sein; wir froren tief im Sommer, daß wir zitterten Tag und Nacht.
Alles ging schlecht genug; wir brachten über einer Fahrt, die sonst gewöhnlich
nur vier Wochen dauert, zweiundzwanzig zu. Die Portionen wurden knapper
an Brot und Fleisch und Wasser, und meine Bekanntschaft mit dem Kapitän
war mir noch wohltätiger. Krankheiten nahmen sehr überhand; doch starben
von ungefähr fünfhundert Mann nur siebenundzwanzig, wenn ich nicht irre.
Einige meiner näheren Bekannten waren darunter. —

68

Wenn ich nicht mit den Matrosen arbeitete, lag ich bei schönem Wetter mit dem Virgil oben im Mastkorbe und verglich unsern überstandenen Sturm mit dem seinigen und fand ihn nie so lebendig wahr als eben jetzt, wo ich an den vorigen dachte und den kommenden erwartete.

Man brachte uns nach Hallifar. Der Tag der Ausschiffung war einer der schönsten und einer der schlimmsten. Zweiundzwanzig Wochen waren wir herumgeschwommen, ohne das geringste Land gesehen zu haben. Alles sehnte sich ohne Ausnahme nach festem Fuße, zumal der Scharbock empfindlich zu werden anfing. Es war ein Hungertag, da uns die Schiffe an das Land wiesen und das Landkomissariat, zumal das Ausschiffen sich sehr spät ver= zögerte, noch nicht geliefert hatte. Doch vergaß jeder in der Freude gern die Forderung des Magens, wenn er nur den Boden begrüßen konnte.

Ich erinnere mich dabei eines sehr wehmütigen Auftritts. Ich war einer der ersten am Lande und hatte nebst einigen andern eine kleine Quelle herrlichen Wassers am Ufer im Sande entdeckt. Lange hatten wir diese köst= liche Erquickung entbehrt; wir tranken mit Wolluft und großen Zügen. Schnell erscholl die Entdeckung, und die Hungrigen und Durstigen stürzten in Haufen nach dem kleinen, spiegelhellen Wasserschatze, drängten sich, stießen sich, jeder wollte gierig der erste Teilnehmer sein. In dem Getümmel geriet der Sand des abschüssigen Ufers in Unordnung, gab nach, und in einem Augenblicke war die ganze kleine herrliche Quelle versandet. Sie brauchte Stunden, um sich wieder zu läutern, und die Menge stand traurig um sie herum und be= trachtete lechzend den Verlust.

Als ich vom Schiffskapitän Abschied nahm, drückte er mir mit herzlicher Freundlichkeit die Hand: „It is a pity, my boy," sagte er, „you do not stay with us; you would soon become a very good sailor." — „Heartily I would," sagte ich, „but you see, it is impossible." — „So it is," rief er, „god speed you well!"[1])

---

[1]) „Es tut mir leid, mein Sohn, daß du nicht bei uns bleibst. Du würdest bald ein guter Seemann geworden sein." — „Herzlich gern wollt' ich's; aber Sie sehen, daß es unmöglich ist." — „Das ist es, Gott sei mit dir!"

Aus dem Werk „Mein Leben".

69

AUGUST GOTTLIEB MEISSNER

Deutsches Schauspiel in Venedig[1]

Eine wahre Anekdote

Alexander, Erbprinz von W., hatte den Einfall, den schon mancher deutsche Prinz gehabt, Italien zu durchreisen; ob aus Begierde sich umzusehn oder gesehen zu werden, um die väterlichen Schätze allda auszustreuen oder neue Kenntnisse zu sammeln, das weiß ich nicht. Genug, er reiste; und das einzige, was ihn vom größten Teil seiner Vorgänger auszeichnete, war die Gesellschaft eines der einsichtsvollsten Deutschen, des Kammerherrn von E.

Man errät leicht, daß auch Venedig auf dieser Reise nicht unbesehn blieb; und diese prächtige, in mancherlei Betracht einzige Stadt gefiel dem Prinzen so wohl, daß er weit über die bestimmte Zeit in ihr verweilte. Freigebigkeit und Sanftmut machten ihn überall beliebt, und bald befand er sich mit den vornehmsten Familien in einem gesellschaftlichen Zirkel, der von mancherlei Annehmlichkeit begleitet ward.

Nur etwas war kränkend für ihn. So oft er sich zu einem der ersten Nobili eingeladen sah, so oft ward auch das Fest durch ein kleines italienisches Schauspiel beschlossen und in solchem dieser oder jener deutschen Sitte gespottet. — Der Prinz, der sich hier nicht der Macht, wie in seinem Vaterlande, erfreuen konnte, ertrug es unwillig, aber doch stillschweigend, und alle seine Begleiter, bis auf den einzigen Kammerherrn, folgten dem Beispiele. Dieser hingegen, bewußt seiner innern Würde und der Erhabenheit seines Volks, beteuerte oft gegen seine Freunde, daß er diesen Schimpf zu rächen gedenke und daß bloß der Gedanke an die rachsüchtige Gemütsart der Landesbewohner ihn bis jetzt von einem Anschlag, der schon zur Reife gediehen, zurückhalte.

---

[1] Fürst Otto von Bismarck erzählte 1877 einigen dem deutschen Buchhandel nahestehenden Reichstagsabgeordneten von einem Lesebuche, das er in seiner Jugend benutzt habe und aus dessen Inhalt ihm besonders ein Stück: „Deutsches Schauspiel in Venedig" wert gewesen sei. Diese Erzählung, äußerte der deutsche Reichskanzler, habe ihn zuerst sich mit Stolz als Deutschen fühlen lassen, und er würde froh sein, wenn man das Schulbuch, in welchem sie enthalten, ausfindig machen könne. Allerlei Ermittlungen wurden angestellt, und als endlich das gesuchte Buch gefunden war, äußerte der Fürst seine Freude, die betreffende Geschichte nachlesen zu können.

Indes nahte sich der Augenblick des Abschiedes, und der Prinz lud noch den Tag vor seiner Abreise all' die bisherigen Gesellschafter zu sich, um ihnen den Dank für ihre Gastfreiheit abzustatten. Sie fanden sich zahlreich ein; der ganze Tag floß in Wohlleben dahin; die Abendtafel war schon geendigt, und man war eben im Begriff, sich zu den Spieltischen zu lagern, als der Kammerherr von E. die ganze Gesellschaft aufs höflichste anredete.

Sie hätten, sagte er, so oft das Aug' und Ohr des Prinzen, seines Herrn, durch Schauspiele ergötzt, die nicht anders als gut hätten ausfallen können, da sie italienisch gewesen wären. Zwar sei's ihm unmöglich, mit gleich guter Münze Zahlung zu leisten; doch würd's ihm schmeicheln, wenn sie heut ein deutsches Stück, so gut es hier möglich zu machen, auf einige Augenblicke ihrer Aufmerksamkeit würdigten.

Alle, selbst der Prinz, staunten. Zwar erriet dieser etwas von dem, was folgen könnte; aber wenigstens folgt' er, mit nicht minderer Neugier, seinem Kammerherrn nach, der die Gesellschaft in den Hof des Hauses herunterführte.

Ganz in der Vertiefung desselben sahen sie eine Art von elender Bretterbude zusammengefügt, vor welcher rings umher Stühle standen. Man ließ sich höhnisch-lächelnd nieder, der Vorhang ging auf, und das spöttische Flüstern mehrte sich; denn der Schauplatz stellte eine ziemlich enge Straße vor, in welcher einige hin und wieder verstreute Lampen das Düster der Nacht schier mehr zeigten als erleuchteten. Endlich erschien ein deutscher Reisender, einfach, doch gut gekleidet, mit einem Gurt umschnallt, in welchem zwei Pistolen steckten; er sah sich nach allen Seiten neugiervoll um als ein Mann, der sich an einem fremden Ort befindet, und ein kleiner Monolog bewies es bald unumstößlich.

Er komme, sagte er, in tiefer Nacht hier zu Siena an und sei ungewiß, ob er noch irgendwo Einlaß finden würde. Müde von der weiten Reise verlang' er freilich nach Ruh, aber kaum würde sie ihm diesmal zu Teil werden. Je nun, besser sei freilich besser; doch ein kleines Übel ließe sich leicht erdulden, zumal wenn man ein Deutscher sei. Denn was sei wohl diesem Volke unerträglich! „Ha, geirrt!“ strafte er sich selbst, „es ist wahr, wir ertragen ziemlich viel: Hunger und Durst; Hitz' und Kälte; Gefährlichkeiten des Kriegs und der Reise. Nur etwas nicht, was doch sonst die Wollust mancher weichlichen Völkerschaft ausmacht, — ein Leben ohne Beschäftigung! — Möchte doch diese Nacht noch einmal so lange sein! — Möchte doch der Schlaf mein Auge noch einmal so schwer drücken! Beschäftigung her, und ich wache gern. — — — Aber hätt' ich denn gar keine? Ist hier nicht Licht? Hab' ich nicht ein Buch? Freilich ist der Ort nicht der bequemste; doch was tut das zur Sache!"

Sogleich zog er ein Buch aus der Tasche, trat unter die nächste Laterne und las. Er hatte kaum angefangen, so zog ein andres aus einem Quergäßchen hervorkommendes Wesen die Aufmerksamkeit der Zuschauer auf sich. Es war eine lange, weiße, gleichsam schwebende Figur, die den Deutschen sorgfältig von allen Seiten betrachtete, noch sorgfältiger von ihm gesehn zu werden vermied, sich endlich, da sie ihn emsig im Lesen vertieft sah, so nah als möglich zu ihm wagte, über seine Achsel mit ins Buch schaute und ihr Erstaunen über solches durch Mienen deutlich an Tag legte.

Der Deutsche hingegen fand bald, daß Lesen eine Beschäftigung sei, die unter freiem Himmel, in so schwüler Nacht und nach so weiter Reise nur noch mehr ermüde; seine Augen wurden immer schlaftrunkner, und er steckte mißvergnügt sein Buch wieder ein.

„Ist es denn aber wirklich so spät, daß niemand mehr zu ermuntern sein sollte!" brach er etwas ungeduldig heraus, zog seine Repetieruhr hervor, ließ sie schlagen, und es schlug zwölf Uhr.

Mit jedem Schlage wuchs das Erstaunen des dahinter stehenden Geschöpfes, und in seinem Blick sprach die bringendste Neubegier.

„Zwölf Uhr erst?" murmelte der Deutsche, „das ist so spät eben nicht in einem Lande, wo man nur allzugern die Nacht zum Tage macht. Vielleicht erweck' ich noch irgendwo eine mitleidige oder eigennützige Seele!" Er schlug an alle Haustüren; aber vergebens.

„Nun dann!" rief er zornig, „weckt Klopfen euch nicht, vielleicht tut's dies!" Hier zog er eine Pistole heraus und drückte sie ab. Die Totenstille der Nacht verstärkte den Schall. Das weiße Ding bebte zurück, und sein lauter Schrei machte, daß der Reisende sich umsah.

Zwar zeigte seine ernste Miene, daß eine Figur wie diese ihm kein ganz alltäglicher Anblick sei, aber doch faßt' er sich bald, winkte ihr näher zu kommen und fragte: Wer sie sei?

„Laß das jetzt noch!" erwiderte sie und nahte sich, „du sollst es bald hören; genug, daß ich dir nichts tun werde."

72

„Und wer befürchtet das?" antwortete der Deutsche lächelnd, „dein Ausruf hat deine Zaghaftigkeit deutlich genug charakterisiert, und ich wette, du bist nicht weit von hier zu Hause."

„Getroffen, wenn du von ehemals, und gefehlt, wenn du von jetzt sprichst! — Aber wenn du anders mit mir reden und erfahren willst, wer ich sei, so beantworte zuvor mir einige Fragen."

„Warum das nicht? Sag an!"

„Du lasest vorhin ein Heft, voll so krauser, sonderbarer Figuren, wie ich noch nie sie sah; geschrieben konnte das doch nicht sein!"

„Das war's auch nicht. Du wirst doch Gedrucktes kennen?"

„Gedrucktes? — Gedrucktes? — Nein, der Begriff ist mir ganz fremd. Sag mir doch, wodurch unterscheidet es sich denn vom Geschriebenen?"

„Dadurch, daß 150 Menschen kaum die Hälfte von dem schreiben, was ein einziger in gleicher Zeit druckt; daß es netter, sich gleicher und dauerhafter als jenes und doch der Preis davon kaum den sechsten Teil beträgt."

„Wichtige Vorteile, in der Tat sehr wichtige!" rief das fragende Ding und legte bedächtig den Spitzfinger der linken Hand über die gebogene Nase, „eine Erfindung, durch welche Literatur und Kunst an Mitteilbarkeit mächtig gewonnen haben müssen!"

„Allerdings!"

„Und der Erfinder dieser nützlichen Sache — ich hab' die möglichste Hoch= achtung für ihn — wer war er?"

„Ein Landsmann von mir, ein Deutscher."

„Du ein Deutscher? Er dein Landsmann? Fürwahr, er macht dir Ehre; es muß ein trefflicher Kopf gewesen sein! Ich wollt' viel darum schuldig sein, daß er der meinige gewesen. — Doch hiermit ist meine Neugier noch nicht gestillt. Du hattest da auch ein andres Ding, das zum Erstaunen richtig die Stunde angab. Was ist denn das?"

„Was sonst als eine Taschenuhr!"

„Taschenuhr? Hm, zu meiner Zeit kannte man nur Sonnen=, Sand= und Wasseruhren; aber trotz ihrer Größe, Unbequemlichkeit und Kostbarkeit waren sie noch höchst wandelbar und ungewiß. Ich dächte, ein Ding, so in der Tasche bei sich zu führen und so zuverlässig in seiner Anzeige, müßt' ein herrliches Hilfsmittel auf weiten Reisen abgeben und Wanderer und Handelsmann gleich nützlich sein."

„Es freut mich, daß du so schnell den Nutzen von Dingen errätst, die dir zu meinem Erstaunen ganz fremd sind. Wer bist du denn? Du sagtest vorhin: zu deiner Zeit. Was ist denn das für eine Zeit?"

„Ei was! Neugier steht einem Manne übel an! Sag' mir lieber, wer erfand das?"

„Auch ein Deutscher."

„Das brave Volk! Es verdient mein Lob. Wer sollte dies in diesen blau= äugigen Barbaren gesucht haben! Doch es sei! — Nun da ich einmal nach= zuforschen begonnen, besinn' ich mich auf meinen alten Wahlspruch: Nie auf halbem Wege wieder umkehren. Beantworte mir daher noch eine Frage, und ich geb' dir mein Wort, es ist die letzte vorjetzt. Du hattest da auch ein drittes Ding, das den Donner und Blitz im kleinen nachmachte. Wie nennt ihr denn das?"

„Eine Pistole."

„Und seine Natur? Die Art, wie es so heftige Wirkungen hervorbringt?"

Der Deutsche, einmal ins Reden gekommen, nahm hier das zweite Pistol hervor, wies es ihm, drückt' es wie das erste ab, erklärte seine Struktur, die Bestandteile des Pulvers, seine Macht im großen und kleinen, kurz, er verschaffte ihm, so viel sich's mit wenigen Worten tun ließ, einen hinläng= lichen Begriff davon.

Das Erstaunen des forschenden Dinges stieg hier aufs höchste. „Wie nützlich," rief es aus, „dies im Kriege sein muß! Wie dienlich zu Eroberung fester Städte! Wie schnell entscheidend in Schlachten! — O, ich beschwöre dich: wer erfand das?"

„Wer sonst als ein Deutscher!"

Der Geist — denn was verschweigen wir es länger, daß es ein Geist war?— bebte hier drei Schritte zurück.

„Immer Deutscher und wieder Deutscher! Woher in aller Welt ist euch die Weisheit zu Teil worden! Wisse, so wie ich hier vor dir stehe, war ich einst, ohne Eigenliebe gesprochen, der Geist des Cicero, des weisesten Mannes seiner Zeit, des Vaters seines Vaterlandes, des Besiegers der Parthen, des Beredtesten unter den Sterblichen, des — doch wer kennte mich nicht? Erlaube lieber, daß ich auch als Geist noch die Bescheidenheit beibehalte, die mich im Leben zierte. — Aber zu meiner Zeit waren, aufrichtig zu reden, deine Landsleute eines der unwissendsten Völker, das je die Sonne beschienen: rauh, wild, ohn' Ackerbau und Viehzucht, ganz den Wissenschaften und Künsten fremd, ewige Jäger, ewige Krieger, in Tierhäute eingenäht und selbst beinah unbezähmbare Tiere. — Doch allem Ansehen nach müßt ihr euch indes trefflich geändert haben. — Wenn ich mir nun vollends meine damaligen Mitbürger denke nach dem großen Vorsprunge, den sie vor euch hatten: im Krieg und Frieden unerreichbar, Redner, Dichter, Geschichtschreiber, Herren der halben Welt, das erste Volk unter der Sonne. O gewiß, sie müssen jetzt nah an die Gottheit grenzen! Daß ich sie sehen könnte! — Wenig Minuten noch, und das Nahen der ersten Stunde nötigt mich wieder zur Unterwelt hinab, von der ich vielleicht in den nächsten 1800 Jahren mich nicht entferne und nur in weiten Einöden mit mir selbst schwatzen darf, weil's dem Murrkopf Minos scheint, als hätt' ich hier oben ehmals dann und wann zu viel gesprochen."

Der Deutsche lächelte: „So", sagt' er, „wie ich bin, sind alle meine Landsleute oder könnten es wenigstens sein: Gefallen wir dir doch also, so wie wir zu euch kommen?"

„Allerdings."

„Und du möchtest gern sehen, wie die deinigen oder wenigstens deren größter Teil zu uns kommt?"

„O für mein Leben gern!"

„Nun so wart einige Augenblicke! Ich versteh ein wenig Magie. Dir zu gefallen, will ich sie nützen."

Er winkte, und sogleich erschien auf jeder Seite der Gasse ein Savoyard. „Kauft Hecheln, kauft!" — „Schön Schattenspiel an der Wand! Schöne Margaritha! Wer schaut!" So scholl es aus ihrem Munde.

„Sieh!" fuhr der Deutsche fort, „sieh, Cicero, so kommen deine Nachkommen, die ehemaligen Herrscher der Welt, die ersten unter den Menschen, das Volk mit dem mächtigen Vorsprunge, so kommen sie größtenteils zu uns. Gefallen sie dir?"

Der Geist verstummte. Denn eben schlug es 1 Uhr, und er schien mit Unwillen von dannen zu fliehn. —

Aber mit noch größerm standen die edlen Venezianer auf, beurlaubten sich mit kaltem Lächeln und hätten vielleicht bald sich tätig gerochen, wären nicht Prinz und Kammerherr schon des nächsten Tages verschwunden.

Theodor Körner.   Zeichnung von Oswald Weise.

THEODOR KÖRNER

Brief an seinen Vater
Wien, am 10. März 1813.

Liebster Vater! Ich schreibe Dir diesmal in einer Angelegenheit, die, wie ich das feste Vertrauen zu Dir habe, Dich weder befremden noch erschrecken wird. Neulich schon gab ich Dir einen Wink über mein Vorhaben, das jetzt zur Reife gediehen ist. — Deutschland steht auf; der preußische Adler erweckt in allen treuen Herzen durch seine kühnen Flügelschläge die große Hoffnung einer deutschen, wenigstens norddeutschen Freiheit. Meine Kunst seufzt nach ihrem Vaterlande —, laß mich ihr würdiger Jünger sein! — Ja, liebster Vater, ich will Soldat werden, will das hier gewonnene glückliche und sorgenfreie Leben mit Freuden hinwerfen, um, sei's auch mit meinem Blute, mir ein Vaterland zu erkämpfen. — Nenn's nicht Übermut, Leichtsinn, Wildheit! — Vor zwei Jahren hätte ich es so nennen lassen; jetzt, da ich weiß, welche Selig= keit in diesem Leben reifen kann, jetzt, da alle Sterne meines Glücks in schöner

76

Milde auf mich niederleuchten, jetzt ist es, bei Gott, ein würdiges Gefühl, das mich treibt, jetzt ist es die mächtige Überzeugung, daß kein Opfer zu groß sei für das höchste menschliche Gut, für seines Volkes Freiheit. Vielleicht sagt Dein bestochenes väterliches Herz: Theodor ist zu größeren Zwecken da, er hätte auf einem andern Felde Wichtigeres und Bedeutendes leisten können, er ist der Menschheit noch ein großes Pfund zu berechnen schuldig. Aber, Vater, meine Meinung ist die: Zum Opfertode für die Freiheit und für die Ehre seiner Nation ist keiner zu gut, wohl aber sind viele zu schlecht dazu! — Hat mir Gott wirklich etwas mehr als gewöhnlichen Geist eingehaucht, der unter Deiner Pflege denken lernte, wo ist der Augenblick, wo ich ihn mehr geltend machen kann? — Eine große Zeit will große Herzen, und ich fühl die Kraft in mir, eine Klippe sein zu können in dieser Völkerbrandung, ich muß hinaus und dem Wogensturme die mutige Brust entgegendrücken.

Soll ich in feiger Begeisterung meinen siegenden Brüdern meinen Jubel nachleiern? — Soll ich Komödien schreiben auf dem Spotttheater, wenn ich den Mut und die Kraft mir zutraue, auf dem Theater des Ernstes mitzusprechen? — Ich weiß, Du wirst manche Unruhe erleiden müssen, die Mutter wird weinen. Gott tröste sie! Ich kann's Euch nicht ersparen. Des Glückes Schoßkind rühmt' ich mich bis jetzt, es wird mich jetzo nicht verlassen. — Daß ich mein Leben wage, das gilt nicht viel; daß aber dies Leben mit allen Blütenkränzen der Liebe, der Freundschaft, der Freude geschmückt ist und daß ich es doch wage, daß ich die süße Empfindung hinwerfe, die nur in der Überzeugung lebte, Euch keine Unruhe, keine Angst zu bereiten, das ist ein Opfer, dem nur ein solcher Preis entgegengestellt werden darf. — Sonnabends oder Montags reise ich von hier ab, wahrscheinlich in freundlicher Gesellschaft. In Breslau, als dem Sammelplatze, treffe ich zu den freien Söhnen Preußens, die in schöner Begeisterung sich zu den Fahnen ihres Königs gesammelt haben. Ob zu Fuß oder zu Pferde, darüber bin ich noch nicht entschieden und kommt einzig auf die Summe Geldes an, die ich zusammenbringe. Toni[1]) hat mir auch bei dieser Gelegenheit ihre große, edle Seele bewiesen. Sie weint wohl, aber der geendigte Feldzug wird ihre Tränen schon trocknen. — Die Mutter soll mir ihren Schmerz vergeben; wer mich liebt, soll mich nicht verkennen, und Du wirst mich Deiner würdig finden.   Dein Theodor.

[1]) Toni Adamberger, eine junge schöne Schauspielerin in Wien, Theodor Körners Braut.

THEODOR KÖRNER

Lützows[1]) wilde Jagd

Was glänzt dort vom Walde im Sonnenschein?
Hör's näher und näher brausen.
Es zieht sich herunter in düsteren Reihn,
und gellende Hörner schallen darein
und erfüllen die Seele mit Grausen.
Und wenn ihr die schwarzen Gesellen fragt:
Das ist Lützows wilde, verwegene Jagd.

Was zieht dort rasch durch den finstern Wald
und streift von Bergen zu Bergen?
Es legt sich in nächtlichen Hinterhalt;
das Hurra jauchzt und die Büchse knallt,
es fallen die fränkischen Schergen.
Und wenn ihr die schwarzen Jäger fragt:
Das ist Lützows wilde, verwegene Jagd.

Wo die Reben dort glühen, dort braust der Rhein,
der Wütrich geborgen sich meinte.
Da naht es schnell mit Gewitterschein
und wirft sich mit rüst'gen Armen hinein
und springt ans Ufer der Feinde.
Und wenn ihr die schwarzen Schwimmer fragt:
Das ist Lützows wilde, verwegene Jagd.

Was braust dort im Tale die laute Schlacht,
was schlagen die Schwerter zusammen?
Wildherzige Reiter schlagen die Schlacht,
und der Funke der Freiheit ist glühend erwacht
und lodert in blutigen Flammen.
Und wenn ihr die schwarzen Reiter fragt:
Das ist Lützows wilde, verwegene Jagd.

---

[1]) Ludwig Adolf Wilhelm Freiherr von Lützow war im Februar 1813 vom preußischen König ermächtigt worden, eine Freischar gegen die Franzosen zu sammeln, der Theodor Körner vom 19. März bis zu seinem Heldentode (am 26. August 1813 bei Gadebusch) angehörte.

Brief Theodor Körners an die Baronin Henriette von Pereira, eine Wiener Freundin. Marianne (Saaling), ihre Base.
(Aus dem Körner=Museum zu Dresden.)

Wer scheidet dort röchelnd vom Sonnenlicht,
unter winselnde Feinde gebettet?
Es zuckt der Tod auf dem Angesicht,
doch die wackern Herzen erzittern nicht;
das Vaterland ist ja gerettet.
Und wenn ihr die schwarzen Gefallenen fragt:
Das war Lützows wilde, verwegene Jagd.

Die wilde Jagd und die deutsche Jagd
auf Henkersblut und Tyrannen!
Drum, die ihr uns liebt, nicht geweint und geklagt:
das Land ist ja frei, und der Morgen tagt,
wenn wir's auch nur sterbend gewannen!
Und von Enkeln zu Enkeln sei's nachgesagt:
Das war Lützows wilde, verwegene Jagd!

THEODOR KÖRNER
Abschied vom Leben

Als ich in der Nacht vom 17. zum 18. Juni 1813[1]) schwer verwundet
und hilflos in einem Holze lag und zu sterben meinte.

Die Wunde brennt; die bleichen Lippen beben.
Ich fühl's an meines Herzens matterm Schlage:
Hier steh' ich an den Marken meiner Tage.
Gott, wie du willst, dir hab' ich mich ergeben.

Viel goldne Bilder sah ich um mich schweben;
das schöne Traumlied wird zur Totenklage.
Mut! Mut! Was ich so treu im Herzen trage,
das muß ja doch dort ewig mit mir leben!

Und was ich hier als Heiligtum erkannte,
wofür ich rasch und jugendlich entbrannte,
ob ich's nun Freiheit, ob ich's Liebe nannte:

Als lichten Seraph seh' ich's vor mir stehen;
und wie die Sinne langsam mir vergehen,
trägt mich ein Hauch zu morgenroten Höhen.

---

[1]) Am 17. Juni 1813 war die Lützowsche Freischar in der Nähe des Dorfes Kitzen bei Leipzig von einer feindlichen Übermacht umstellt worden, mit der sie einen blutigen Kampf bestehen mußte. Theodor Körner wurde durch Säbelhiebe am Kopfe schwer verwundet.

FRIEDRICH VON HARDENBERG (NOVALIS)

Der Traum von der blauen Blume

Die Eltern lagen schon und schliefen, die Wanduhr schlug ihren einför=
migen Takt, vor den klappernden Fenstern sauste der Wind; abwechselnd
wurde die Stube hell von dem Schimmer des Mondes. Der Jüngling lag
unruhig auf seinem Lager und gedachte des Fremden und seiner Erzäh=
lungen.

„Nicht die Schätze sind es, die ein so unaussprechliches Verlangen in mir
geweckt haben," sagte er zu sich selbst, „fernab liegt mir alle Habsucht: aber
die blaue Blume sehn' ich mich zu erblicken. Sie liegt mir unaufhörlich im Sinn,
und ich kann nichts anderes dichten und denken. So ist mir noch nie zu Mute
gewesen: es ist, als hätt' ich vorhin geträumt oder ich wäre in eine andere
Welt hinübergeschlummert; denn in der Welt, in der ich sonst lebte, wer hätte
da sich um Blumen bekümmert, und gar von einer so seltsamen Leidenschaft
für eine Blume hab' ich damals nie gehört. Wo eigentlich nur der Fremde
herkam? Keiner von uns hat je einen ähnlichen Menschen gesehn; doch weiß
ich nicht, warum nur ich von seinen Reden so ergriffen worden bin; die andern
haben ja das nämliche gehört, und keinem ist so etwas begegnet. Daß ich auch
nicht einmal von meinem wunderlichen Zustande reden kann! Es ist mir oft
so entzückend wohl, und nur dann, wenn ich die Blume nicht recht gegenwärtig
habe, befällt mich so ein tiefes, inniges Treiben: das kann und wird keiner
verstehen. Ich glaubte, ich wäre wahnsinnig, wenn ich nicht so klar und hell
sähe und dächte, mir ist seitdem alles viel bekannter. Ich hörte einst von alten
Zeiten reden, wie da die Tiere und Bäume und Felsen mit den Menschen
gesprochen hätten. Mir ist grade so, als wollten sie allaugenblicklich anfangen
und als könnte ich es ihnen ansehen, was sie mir sagen wollten. Es muß noch
viel Worte geben, die ich nicht weiß: wüßte ich mehr, so könnte ich viel besser
alles begreifen. Sonst tanzte ich gern, jetzt denke ich lieber nach der
Musik."

Der Jüngling verlor sich allmählich in süßen Phantasien und entschlum=
merte. Da träumte ihm erst von unabsehlichen Fernen und wilden, unbekann=
ten Gegenden. Er wanderte über Meere mit unbegreiflicher Leichtigkeit;
wunderliche Tiere sah er; er lebte mit mannigfaltigen Menschen, bald im

Kriege, in wildem Getümmel, in stillen Hütten. Er geriet in Gefangenschaft
und die schmählichste Not. Alle Empfindungen stiegen bis zu einer nie gekannten Höhe in ihm. Er durchlebte ein unendlich buntes Leben, starb und kam
wieder, liebte bis zur höchsten Leidenschaft und war dann wieder auf ewig von
seiner Geliebten getrennt. Endlich gegen Morgen, wie draußen die Dämmerung anbrach, wurde es stiller in seiner Seele, klarer und bleibender wurden
die Bilder. Es kam ihm vor, als ginge er in einem dunkeln Walde allein.
Nur selten schimmerte der Tag durch das grüne Netz. Bald kam er vor eine
Felsenschlucht, die bergan stieg. Er mußte über bemooste Steine klettern,
die ein ehemaliger Strom heruntergerissen hatte. Je höher er kam, desto
lichter wurde der Wald. Endlich gelangte er zu einer kleinen Wiese, die am
Hange des Berges lag. Hinter der Wiese erhob sich eine hohe Klippe, an
deren Fuß er eine Öffnung erblickte, die der Anfang eines in den Felsen ge-
hauenen Ganges zu sein schien. Der Gang führte ihn gemächlich eine Zeitlang
eben fort bis zu einer großen Weitung, aus der ihm schon von fern ein helles
Licht entgegenglänzte. Wie er hineintrat, ward er einen mächtigen Strahl
gewahr, der wie aus einem Springquell bis an die Decke des Gewölbes stieg
und oben in unzählige Funken zerstäubte, die sich unten in einem großen Becken
sammelten; der Strahl glänzte wie entzündetes Gold; nicht das mindeste
Geräusch war zu hören, eine heilige Stille umgab das herrliche Schauspiel.
Er näherte sich dem Becken, das mit unendlichen Farben wogte und zitterte.
Die Wände der Höhle waren mit dieser Flüssigkeit überzogen, die nicht heiß,
sondern kühl war und an den Wänden nur ein mattes, bläuliches Licht von
sich warf. Er tauchte seine Hand in das Becken und benetzte seine Lippen.
Es war, als durchdränge ihn ein geistiger Hauch, und er fühlte sich innigst
gestärkt und erfrischt. Ein unwiderstehliches Verlangen ergriff ihn, sich zu
baden; er entkleidete sich und stieg in das Becken. Es dünkte ihn, als umflöße
ihn eine Wolke des Abendrots; eine himmlische Empfindung überströmte sein
Inneres; mit inniger Wollust strebten unzählbare Gedanken in ihm, sich zu
vermischen. Berauscht von Entzücken und doch jedes Eindrucks bewußt, schwamm
er gemach dem leuchtenden Strome nach, der aus dem Becken in den Felsen
hineinfloß. Eine Art von süßem Schlummer befiel ihn, in welchem er un-
beschreibliche Begebenheiten träumte und woraus ihn eine andere Erleuchtung
weckte.

Er fand sich auf einem weichen Rasen am Rande einer Quelle, die in die Luft hinausquoll und sich darin zu verzehren schien. Dunkelblaue Felsen mit bunten Adern erhoben sich in einiger Entfernung; das Tageslicht, das ihn umgab, war heller und milder als das gewöhnliche, der Himmel schwarzblau und völlig rein. Was ihn aber mit voller Macht anzog, war eine hohe, lichtblaue Blume, die zunächst an der Quelle stand und ihn mit ihren breiten, glänzenden Blättern berührte. Rund um sie her standen unzählige Blumen von allen Farben, und der köstlichste Geruch erfüllte die Luft. Er sah nichts als die blaue Blume und betrachtete sie lange mit unnennbarer Zärtlichkeit. Endlich wollte er sich ihr nähern, als sie auf einmal sich zu bewegen und zu verändern anfing; die Blätter wurden glänzender und schmiegten sich an den wachsenden Stengel, die Blume neigte sich nach ihm zu, und die Blütenblätter zeigten einen blauen, ausgebreiteten Kragen, in welchem ein zartes Gesicht schwebte.

Sein süßes Staunen wuchs mit der sonderbaren Verwandlung, als ihn plötzlich die Stimme seiner Mutter weckte und er sich in der elterlichen Stube fand, die schon die Morgensonne vergoldete. Er war zu entzückt, um unwillig über diese Störung zu sein; vielmehr bot er seiner Mutter freundlich guten Morgen und erwiderte ihre herzliche Umarmung.

„Du Langschläfer," sagte der Vater, „wie lange sitze ich schon hier und feile. Ich habe deinetwegen nichts hämmern dürfen; die Mutter wollte den lieben Sohn schlafen lassen. Aufs Frühstück habe ich auch warten müssen."

„Lieber Vater," antwortete Heinrich, „werdet nicht unwillig über meinen langen Schlaf, den Ihr sonst nicht an mir gewohnt seid. Ich schlief erst spät ein und habe viele unruhige Träume gehabt, bis zuletzt ein anmutiger Traum mir erschien, den ich lange nicht vergessen werde und von dem mich dünkt, als sei es mehr als bloßer Traum gewesen."

„Lieber Heinrich," sprach die Mutter, „du hast dich gewiß auf den Rücken gelegt oder beim Abendsegen fremde Gedanken gehabt. Du siehst auch noch ganz wunderlich aus. Iß und trink, daß du munter wirst."

Die Mutter ging hinaus, der Vater arbeitete emsig fort und sagte: „Träume sind Schäume, mögen auch die hochgelahrten Herren davon denken, was sie wollen, und du tust wohl, wenn du dein Gemüt von dergleichen unnützen und schädlichen Betrachtungen abwendest."

„Aber, lieber Vater, aus welchem Grunde seid Ihr so den Träumen ent=

gegen? Mich dünkt der Traum eine Schutzwehr gegen die Regelmäßigkeit und Gewöhnlichkeit des Lebens, eine freie Erholung der gebundenen Phantasie, wo sie alle Bilder des Lebens durcheinanderwirft und die beständige Ernsthaftigkeit des erwachsenen Menschen durch ein fröhliches Kinderspiel unterbricht. Ohne die Träume würden wir gewiß früher alt, und so kann man den Traum, wenn auch nicht als unmittelbar von oben gegeben, doch als eine göttliche Mitgabe, einen freundlichen Begleiter auf der Wallfahrt zum heiligen Grabe betrachten. Gewiß ist der Traum, den ich heute Nacht träumte, kein unwirksamer Zufall in meinem Leben gewesen, denn ich fühle es, daß er in meine Seele wie ein weites Rad hineingreift und sie in mächtigem Schwunge forttreibt."   Anfang des Romans „Heinrich von Ofterdingen".

FRIEDRICH VON HARDENBERG (NOVALIS)

Geistliche Lieder

I.

Wenn ich i h n nur habe,
wenn er mein nur ist,
wenn mein Herz bis hin zum Grabe
seine Treue nie vergißt,
weiß ich nichts von Leide,
fühle nichts als Andacht, Lieb' und Freude.

Wenn ich i h n nur habe,
laß ich alles gern,
folg' an meinem Wanderstabe
treugesinnt nur meinem Herrn,
lasse still die andern
breite, lichte, volle Straßen wandern.

Wenn ich i h n nur habe,
schlaf' ich fröhlich ein,
ewig wird zu süßer Labe
seines Herzens Flut mir sein,
die mit sanftem Zwingen
alles wird erweichen und durchdringen.

Wenn ich i h n nur habe,
hab' ich auch die Welt,
selig wie ein Himmelsknabe
der der Jungfrau Schleier hält.
Hingesenkt im Schauen,
kann mir vor dem Irdischen nicht grauen.

Wo ich i h n nur habe,
ist mein Vaterland,
und es fällt mir jede Gabe
wie ein Erbteil in die Hand.
Längst vermißte Brüder
find' ich nun in seinen Jüngern wieder.

84

II.

Wenn alle untreu werden,
so bleib' ich dir doch treu,
daß Dankbarkeit auf Erden
nicht ausgestorben sei.
Für mich umfing dich Leiden,
vergingst für mich in Schmerz,
drum geb' ich dir mit Freuden
auf ewig dieses Herz.

Oft muß ich bitter weinen,
daß du gestorben bist
und mancher von den Deinen
dich lebenslang vergißt.
Von Liebe nur durchdrungen,
hast du so viel getan,
und doch bist du verklungen,
und keiner denkt daran.

Du stehst voll treuer Liebe
noch immer jedem bei,
und wenn dir keiner bliebe,
so bleibst du dennoch treu.
Die treuste Liebe sieget,
am Ende fühlt man sie,
weint bitterlich und schmieget
sich kindlich an dein Knie.

Ich habe dich empfunden,
o, lasse nicht von mir!
Laß innig mich verbunden
auf ewig sein mit dir!
Einst schauen meine Brüder
auch wieder himmelwärts
und sinken liebend nieder
und fallen dir ans Herz.

FERDINAND STOLLE

Aus einer sächsischen Kleinstadt

Die Rathausuhr, die nicht sieben schlägt

Vor alten Zeiten soll zu Neukirchen das Rathaus mit einem stattlichen Turme verziert gewesen sein. Dermalen ist leider nichts mehr davon zu erblicken. Die vorsichtigen Neukirchner trugen ihn ab, als er alt und schwach geworden. Sie wollten lieber auf eine Zierde ihrer Stadt verzichten, als sich dieselbe unversehens auf den Kopf fallen lassen. Die Turmuhr, welche etwas tiefer angebracht ist, besteht zwar heutigen Tages noch, entspricht aber durchaus nicht den Anforderungen, die man heutzutage an eine Turmuhr zu machen berechtigt ist. Erstens ist der Zeiger mit dem Schlagwerke trotz aller deshalb angestellten Bemühungen der städtischen Behörden nie in Einklang zu bringen. Sind die beiden nur eine Viertelstunde auseinander, so können die Neukirchner von Glück erzählen. In der Regel schlägt diese höchst sonderbare Rathausuhr Dreiviertel, während der Zeiger unbekümmert auf Einviertel steht, und umgekehrt. Das Schlagwerk leidet außerdem an der Untugend, daß ihm schon seit langen Jahren ein Zahn abhanden gekommen ist. Bis

85

sechs Uhr geht alles gut. Weiter hinaus tritt jedoch eine schmerzliche Pause ein, weil gerade derjenige Zahn seit dem Siebenjährigen Kriege in Hinwegfall gekommen, der für den siebenten Glockenschlag bestimmt war. So schlägt es auf dem Neukirchner Rathause alle Morgen und Abende, die Gott werden läßt, zwei Stunden hintereinander sechs Uhr; ist es acht, so ertönen abermals sechs Schläge, dann folgt eine Pause, wo man sich den siebenten Schlag hinein= denken muß, und hierauf erst erfolgt der achte Schlag. Solange die Neu= kirchner zu denken vermögen, die ältesten Leute nicht ausgenommen, kann niemand sich erinnern, es auf dem Neukirchner Rathause je sieben Uhr haben schlagen zu hören. Erfahrung und Gewohnheit tun indes viel im Leben. Die Bewohner von Neukirchen wissen sich recht gut in die Launen ihrer Rathaus= uhr zu finden; sie sind damit aufgewachsen und groß geworden, sie wissen trotz des ausgebrochenen Zahnes und der mangelhaften Schelle aufs genaueste, wie sie in der Zeit leben.

Die dicke Türmerin

Einige Chronikenschreiber von Neukirchen behaupten, mit dem Abtragen des Rathausturmes habe es eine andere Bewandtnis gehabt. Nicht die Bau= fälligkeit des Turmes sei schuld gewesen, sondern die ehrsame Frau Beata Süßmilch, welche auf den Turm geheiratet. Nach einer glücklich überstandenen Krankheit soll die Türmerin ganz unversehens außerordentlich stark geworden sein und am Leibe zugenommen haben, so daß, als sie eines Tages habe hinab= steigen wollen zu der menschenbelebten Stadt, um einige Einkäufe zu besorgen, der Turmschlot plötzlich zu enge gewesen. Von dieser Zeit an habe Frau Beata Süßmilch nicht weniger denn zehn Jahre auf dem Turme gesessen, in beschaulicher Einsamkeit, hoch über dem Leben der Menschen. Schon oft war von den menschenfreundlichen Bewohnern von Neukirchen der Wunsch ausgesprochen worden, den Turmschlot zu erweitern und die Frau herab= zuholen; aber die Operation war mit zuviel Gefahr für die architektonischen Stützen des Turmes verbunden, als daß der damalige Bürgermeister George Kienmayer, ein gar gestrenger Herr, seine Einwilligung hätte geben sollen. Nun wurden Stimmen laut für gänzliche Abtragung des Turmes, aber auch davon wollte Herr Kienmayer nichts wissen. Erst nach seinem Tode drang der allgemeine Wunsch der Stadt wegen der Befreiung der Frau Beata Süß= milch in der Ratsversammlung durch, und der stolze Turm mußte sein Haupt neigen als ehrend Zeugnis für die menschenfreundlichen Gesinnungen der alten Neukirchner.

Aus dem komischen Roman „Die deutschen Pickwickier".

ROBERT SCHUMANN

Brief an seine Mutter

Leipzig, den 25. November 1828.

Es ist das erste Mal, meine geliebte Mutter, wo ich Dir zu Deinem Ge=
burtstage nicht selbst die Hand drücken kann, und doch feiere ich ihn so heilig
wie sonst, als ich noch als Kind Dir einen Blumenstrauß gab und schüchtern
meine kindlichen Wünsche vorbrachte. Schlimm ist es, daß ich gerade diesen
Tag nicht anders als mit Bitten um Verzeihung anfangen kann, ich meine,
weil ich kein Gedicht gemacht habe. — — — — — — — — — — —
Und nichtsdestoweniger schicke ich Dir doch ein Gedicht, einen Traum, eine Vi=
sion oder wie Du es sonst nennen magst.

Ich schlummerte tief=betrübt; Träume kamen und flohen wieder; endlich
gestaltete sich ein Traum fest, weil mein Genius mir zurief: Der Geburtstag
der Mutter ist nahe —, und das Paradies der Herzen lag blühend vor mir da.
Zerrissene und zerknirschte Seelen flogen hin und her, und die geretteten und
geheilten zitterten um sie und trösteten sanft ihre Klagen. Da erscholl aus
dem Osten eine tiefe Stimme, aber sie war sanft wie eine Harmonikaglocke
und floß von den Herzen zu den Herzen, und sie fragte: „Welche Liebe liebt
am tiefsten?" — — O da bebten alle Seelen vor der süßen Frage zusammen,
und alle drängten sich heran und alle sprachen: „Meine!" — Aeolsharfen
begleiteten die Stimmen, und die Morgenröte der Seligkeit ruhte über allen
Blüten. Es klang noch einmal: „Welche Liebe liebt am tiefsten?" — Da traten
die Herzen der F r e u n d s c h a f t hinzu und sagten: „Die Liebe der Freund=
schaft; denn sie liebt mild und unerkünstelt." Da flog eine zerrissene Seele aus
dem Westen hervor und sprach gedämpft, wie ihr eignes Echo: „Ach! aber
mich hat die Liebe der Freundschaft doch betrogen: denn sie war eigennützig."
Da bebten alle Herzen weinend auf und flohen vor der Antwort der zerrissenen
Seele zurück. Die Stimme im Osten tönte noch einmal: „O welche Liebe liebt
am tiefsten?" Da kamen die Herzen der j u g e n d l i c h e n L i e b e und
sagten: „Das Herz der Geliebten: denn es liebt am innigsten!" Und wie
sie freudig so ausriefen und die bebenden Jugendherzen weiter an die schöne
Erde und den leuchtenden Frühling der Jugendliebe dachten, da drängte sich
ein zertretnes Herz aus dem Westen und klagte leise: „Auch diese nicht; denn

die Geliebte gab mir nur Tränen des Schmerzes und dann ging sie und ließ mich mit meinen Seufzern allein, und mein Jugendherz verwelkte." Da bebte es noch einmal im Osten auf, aber wie zürnend oder weinend, und die große Frage flog noch einmal durch das Paradies: „O liebt denn keine Liebe am tiefsten?"— Da sprach ein einmal gesunkenes Herz, das wieder gerettet war: „Die Mutterliebe; denn sie liebt uneigennützig." O da trat keine Seele herzu, die sagte: mich liebte auch diese nicht. — Und die Herzen kämpften einen sanften Streit, und alle riefen: Ja! das Mutterherz liebt am tiefsten, und sie waren wieder froh und gedachten aller Muttertränen, die einst auf der Welt liebend, warnend und tröstend für sie geweint wurden. — Und die Blüten und die Blumen wogten dazu und die Aeolsharfen klangen und alle Harmo= nikas der Herzen tönten freudig: „Das Mutterherz liebt am tiefsten." — —

Mein Traum war aus, und wie ich erwachte, rief mein Herz getröstet aus: Ja, das Mutterherz liebt am tiefsten —, und ich fühlte noch halb im Traume, wie eine andre Stimme in mir antwortete: Und das Kinderherz liebt ja so warm und innig wieder. — — — — — — — — — — —
— — — — — — — — — — — — — — —

ROBERT SCHUMANN

Aus Meister Raros, Florestans und Eusebius' [1) Denk= und Dicht=Büchlein

Als sie (die Symphonie Beethovens) beendigt hatten, sagte der Meister fast mit gerührter Stimme: „Und nun kein Wort darüber! Und so laßt uns denn jenen hohen Geist lieben, der mit unaussprechlicher Liebe herabsieht auf das Leben, das ihm so wenig gab. Ich fühle, wir sind ihm heute näher gewesen als sonst. Jünglinge, ihr habt einen langen, schweren Gang vor euch.

[1) Der junge Robert Schumann hatte für drei Seiten und Strahlungen seines Wesens drei Gestalten erfunden: für die schwärmerische Schwermut seines Herzens den Eusebius, für die jäh auffahrende Leidenschaft seines Jünglingsblutes den Florestan, für den zwischen beiden vermittelnden Verstand den Meister Raro. Sie spielten als Kritiker, die einander ab= wechselten, eine große Rolle in der von ihm gegründeten „Neuen Zeitschrift für Musik" in Leipzig, die heute noch besteht.

Es schwebt eine seltsame Röte am Himmel, ob Abend= oder Morgenröte, weiß ich nicht. Schafft fürs Licht!" —

Die Quellen werden im großen Umlauf der Zeit immer näher aneinander gerückt. Beethoven brauchte beispielsweise nicht alles zu studieren, was Mozart —, Mozart nicht, was Händel —, Händel nicht, was Palestrina —, weil sie schon die Vorgänger in sich aufgenommen hatten. Nur aus Einem wäre von allen immer von neuem zu schöpfen, — aus Johann Sebastian Bach!

(Florestan.)

Es gibt auch Talentlose, die recht viel gelernt haben, die durch Umstände zur Musik angehalten worden sind — die Handwerker. (Florestan.)

Was hilft's, wenn ihr einen Jüngling in einen Großvaterschlafpelz und eine lange Pfeife in seinen Mund steckt, damit er gesetzter werde und ordentlicher. Laßt ihm die fliegende Locke und sein luftiges Gewand!

(Florestan.)

Ich mag die nicht, deren Leben mit ihren Werken nicht im Einklang steht.

(Florestan.)

(Über einen komponierenden Jüngling.) Man warne ihn. Es fällt die frühreife Frucht. Der Jüngling muß das Theoretische oft verlernen, ehe er es praktisch anwenden kann. (Raro.)

Es ist nicht genug, daß ich etwas weiß, bekommt nicht das Gelernte dadurch, daß es sich im Leben von selbst anwendet, Halt und Sicherheit.

(Eusebius.)

(Jugendreichtum.) Was ich weiß, werf' ich weg, was ich hab', verschenk' ich.

(Florestan.)

Die Musik reizt Nachtigallen zum Liebesruf, Möpse zum Kläffen.

Es kann einem nichts Schlimmeres passieren, als von einem Halunken gelobt zu werden.

Musik redet die allgemeine Sprache, durch welche die Seele frei, unbestimmt angeregt wird; aber sie fühlt sich in ihrer Heimat.

Der Künstler sollte freundlich, wie ein griechischer Gott, mit den Menschen und dem Leben verkehren; nur wenn es ihn zu berühren wagte, möge er verschwinden und nichts als Wolken zurücklassen. (Florestan.)

89

Es ist mit der Musik wie mit dem Schachspiel. Die Königin (Melodie) hat die höchste Gewalt, aber den Ausschlag gibt immer der König (Harmonie).

(Florestan.)

Der Künstler halte sich im Gleichgewicht mit dem Leben, sonst hat er einen schweren Stand.

In jedem Kinde liegt eine wunderbare Tiefe.

Die Perle schwimmt nicht auf der Fläche; sie muß in der Tiefe gesucht werden, selbst mit Gefahr.

(Florestan.)

Es ist nicht gut, wenn der Mensch in einer Sache zu viel Leichtigkeit erworben hat.

(Raro.)

Allen neuen Erscheinungen ist Geist eigen.

(Eusebius.)

ROBERT SCHUMANN

Konzert von Klara Wieck[1]
(Traumbild am 9. September 1838 abends)

Von oben gekommen ein Engelskind
am Flügel sitzt und auf Lieder sinnt.
Und wie es in die Tasten greift,
im Zauberringe vorüberschweift
Gestalt an Gestalt
und Bild nach Bild:
Erlkönig alt
und Mignon mild
und trotziger Ritter

im Waffenflitter
und kniende Nonne
in Andachtswonne —

— — — — — — —

Die Menschen, die's hörten, die haben getobt,
als wär's eine Sängerin hochgelobt;
das Engelskind aber unverweilt
zurück in seine Heimat eilt.

Florestan und Eusebius.

ROBERT SCHUMANN

Aphoristisches

Niemand kann mehr, als er weiß. Niemand weiß mehr, als er kann.
Neue, kühne Melodien mußt du erfinden!
Licht senden in die Tiefe des menschlichen Herzens, — des Künstlers Beruf!

[1] Die von ihrer Zeit vergötterte Pianistin Clara Wieck aus Leipzig wurde später, nach langen Kämpfen gegen den Widerstand ihres Vaters Friedrich Wieck, Robert Schumanns geliebte Frau.

90

Julius Mofen. Zeichnung von Oswald Weise.

JULIUS MOSEN

Der Dichter

Der Dichter wurzle tief in seinem Volke
und steig' empor frisch wie ein Tannenbaum.
Mag dann er brausen mit der Wetterwolke
und auch sich wiegen in des Lenzes Traum;
denn mit dem Weltgeist eins in jeder Regung
fühl er des Daseins leiseste Bewegung.

Der träumende See

Der See ruht tief im blauen Traum,
von Wasserblumen zugedeckt.
Ihr Vöglein hoch im Fichtenbaum,
daß ihr mir nicht den Schläfer weckt!

Doch leise weht das Schilf und wiegt
das Haupt mit leichtem Sinn.
Ein blauer Falter aber fliegt
darüber einsam hin — — —

JULIUS MOSEN

Aus der Fremde

Wo auf hohen Tannenspitzen,
die so dunkel und so grün,
Drosseln gern verstohlen sitzen,
weiß und rot die Moose blühn,
zu der Heimat in der Ferne
zög' ich heute noch so gerne.

Wo ins Silber frischer Wellen
schaut die Sonne hoch hinein,
spielen heimliche Forellen
in der Erlen grünem Schein,
zu der Heimat in der Ferne
zög' ich heute noch so gerne.

Wo tief unten aus der Erde
Eisenerz der Bergmann bricht
und die Zither spielt am Herde
in der kurzen Tagesschicht,
zu der Heimat in der Ferne
zög' ich heute noch so gerne.

Wo die Hirtenfeuer brennen,
durch den Wald die Herde zieht,
wo mich alle Berge kennen,
drüberhin die Wolke flieht.
zu der Heimat in der Ferne
zög' ich heute noch so gerne.

Wo so hell die Glocken schallen
Sonntags früh in's Land hinaus,
alle in die Kirche wallen,
in der Hand den Blumenstrauß,
zu der Heimat in der Ferne
zög' ich heute noch so gerne.

Doch mein Leid ist nicht zu ändern;
zieht das Heimweh mich zurück,
treibt mich doch nach fremden Ländern
unerbittlich das Geschick.
Zu der Heimat in der Ferne
zög' ich heute noch so gerne.

Der Rehschädel

Einsam lag ich im Walde
in tiefem Schatten da,
als eines Rehes Schädel
im Moos ich liegen sah.

Das zarteste Gehörne
stieg bleich und weiß empor;
der Efeu hielt's umsponnen,
wuchs überall hervor.

Es brachen große Blumen
aus diesem kleinen Haus,
und aus den Augenhöhlen
sahn freundlich sie heraus.

So schienen aus dem Schädel
zwei blaue Augen klar.
Nicht wußt ich, ob er lebend,
ob wirklich tot er war.

Ich sprach: Wird Tod zum Leben,
das Leben so zum Tod?
Seid ihr so eng verschwistert,
was hat es dann für Not!

Ob nun, wann ich gestorben,
im hellen Jugendgrün
auf meinem Totenschädel
noch meine Lieder blühn?

LOUISE VON FRANÇOIS

Himmelskunde

Ja, was suchte der Dezem (Dezimus), wenn er im Sommer stundenlang auf dem Hünengrab hinter dem Pfarrgarten saß und — unverwendet wie ungeblendet — der Sonne nachstarrte, ohne etwas zu sagen als: „Nun steht sie über dem Turm," oder: „Nun ist sie am Zornberg — über den Fluß weg — in der Stadt?" Was suchte er, wenn er an langen Winterabenden oder in stiller Morgenfrühe den aufgehenden Mond erwartete, sich verwunderte über seine wechselnde Gestalt und, ohne den Namen eines einzigen zu wissen, sämtliche größere Sternbilder kannte, die er am Horizonte auf- und niedersteigen sah? Ehe er noch einen Blick in einen gedruckten Kalender getan, hatte er sich auf eigene Hand einen Familienkalender gebildet, hatte herausgebracht, um welche Stunde zu Vaters Geburtstag, im Dezember, die Sonne aus ihrem Nebelbette stieg und um welche sie sich zu Mutters Geburtstag, im August, in ihr Flußbett niederlegte. Wie vor Jahrtausenden vielleicht auch schon ein Hirtensohn, sah er in den Sternen des Himmelswagens eine Freundesgruppe und taufte sie, der Größe nach, auf die Namen seiner sieben Schwestern; seinen Liebling aber, Winters den letzten im Morgendämmer, also den ersten, welchen er beim Erwachen gewahr ward, den nannte er noch seinen Röschenstern.

Dem ruhigen, kräftigen Knaben durfte frühzeitig mancher Botenweg in Stadt und Umgegend anvertraut werden. Als er eines Tages mit seinem gefüllten Henkelkorbe von einem solchen außer Atem zurückkehrte, schalt ihn die Mutter ob seiner Hast. Er aber sprach, und seine runden, stillen Augen sprühten dabei von heller Lust: „Ich bin mit der Sonne um die Wette gelaufen, Mutter, und früher angekommen als sie."

„Die Sonne läuft nicht, Mus," versetzte die Mutter lächelnd, „unsere Erde ist es, die mit den lieben Sternchen ringelrund um sie tanzt wie ihr Kinder um eure alte Mame."

Das war das erste Problem in Dezimus Freys kindlichem Hirn, und es erregte in ihm einen Aufruhr wie kaum ein zweites in späteren Tagen. Die Sonne, die er laufen sah, sollte stillstehen, und die Erde, die er feststehend unter seinen Füßen fühlte, sollte sich drehen, hatte die kluge Mutter gesagt, war also wahr.

Die kluge Mutter bereute ihre Übereilung; sie wußte, daß ihr Konstantin derlei vorzeitige Aufklärung nicht billigte, und sie war eine gehorsame Ehefrau, wenn sie auch dann und wann auf schlängelnden Wegen das Ziel zu erreichen suchte, das sie ihn auf geradem Wege verfehlen sah. Wer aber A sagt, muß B sagen, und so half sie sich am Abend aus der Verlegenheit mit einem Kunststückchen, dessen sie sich aus ihrer Gouvernantenzeit erinnerte. Sie steckte eine Stricknadel durch ihr Wollknäuel und drehte es als Mutter Erde im Kreise um sich selbst und gleichzeitig auf halbschiefer Bahn um die leuchtende Astrallampe, die als Großmutter Sonne präsentiert worden war, während Schwester Riekchen mit einem Zwirnknäuel, Enkelchen Mond genannt, eine ähnliche Bahn um die Erdmutter beschreiben mußte.

Die lustige Ma (Septima) lachte hell auf, nicht über das Experiment, nach welchem sie gar nicht geguckt hatte, sondern über ihren dummen Mus, der mit gläsernen Augen und offnem Munde, starr wie ein Götzenbild, den Wunderbeweis anstarrte. Der Mutter aber war es, als ob sie das Herz des Versteinerten hämmern hörte.

Er saß die ganze Nacht aufrecht in seinem Bett, die Blicke an den Vollmondshimmel geheftet, am anderen Tage aß und trank er kaum, schlich gleich einem Nachtwandler achtlos auf seine Umgebungen umher; nach Sonnenuntergang aber kam er jubelnd vom Hünengrabe gesprungen, fiel der Mutter um den Hals und rief: „Jetzt hab ich's weg!"

Ähnliche Probleme folgten sich: nach einem starken Gewitter ein Doppelregenbogen, ein Sternschnuppenfall und noch mehrere; alle aber waren weniger packend oder leichter zu lösen als jenes erste und ihre mähliche Enträtselung im Herzen dieses glücklichen Kindes vielleicht das am stärksten empfundene Glück, ein Glück, wie es so rein und freudig ja immer nur in der Kindheit, die nicht nach dem Zusammenhange forscht, empfunden werden kann. —

Es war in der Morgenfrühe nach einem gestrigen Unwetter, dem der erwähnte Regenbogen folgte, nicht der erste, welcher vor Dezems Augen, aber der erste, welcher vor seiner Seele sich als neues Himmelswunder aufbaute.

„Was ist das?" hatte er staunend gefragt, als er, nachdem gegen Abend die Sonne sich durch das chaotische Gewölk gerungen, eine bunte Brücke, über den Fluß hinweg, sich vom Zornberge bis zum Hünengrabe spannen sah.

Der Vater, welcher, bis die herrliche Erscheinung sich verzogen, schweigend mit gefalteten Händen am Fenster gestanden hatte, schlug die Heilige Schrift auf und las das Kapitel von der Sintflut und dem Friedensbunde Gottes mit der geretteten Menschheit.

„Und wenn es kommt, daß ich Wolken über die Erde führe, soll man meinen Bogen sehen über den Wolken." Das war die Antwort auf des Dezem Frage.

Und gewiß eine herzbewegliche Antwort! Der närrische Dezem hätte nun aber gern auch noch gewußt, wie der liebe Vater im Himmel es anfange, seinen Friedensbogen zwischen den schwarzen Wolken in aller Geschwindigkeit ohne Farbenspur wieder auszulöschen? Und auf diese Fragen blieb Vater Blümel die Antwort schuldig. Als er aber nach dem Abendsegen sich an das Klavier setzte — Vater Blümel war bis an sein Lebensende ein eifriger Musikant — und das alte Gellert=Lied von der Ehre Gottes in der Natur zum Vortrag brachte, da geschah es zum ersten Male, daß der arme Dezem an aller Menschenweisheit irre ward. Denn nun sah er die Sonne, die nach der Mutter Sagen sich nicht rühren sollte, in des Vaters Sang aus ihrem Zelte geführt werden und ihren Weg laufen gleich als ein Held. Daß dem Hirtenjungen für eine Sonne solch ein Heldenlauf weit schicklicher als das Stillestehen dünkte, wird jedes Kind begreiflich finden.

Er hatte wiederum eine ruhelose Nacht, und da der andere Tag ein Sonntag, also keine Schule war, der Himmel aber so rein, als hätte niemals ein schwarzes Wolkenheer auf ihm gelagert, rannte er, den letzten Bissen des Morgenbrotes noch im Munde, hinaus auf das Hünengrab.

Das Hünengrab, hart an der Pfarrgartenmauer, wurde ein Erdaufwurf genannt, wie die Gegend unter gleichem Titel verschiedentlich aufzuweisen hat. Ob wirklich Heldengebeine darunter eingescharrt waren, hatte bis dato niemand untersucht. Unmöglich wäre es just nicht, da diese Landschaft seit grauer Vorzeit der Tummelplatz wilder Entscheidungen gewesen ist. Pastor Blümel achtete indessen dafür, daß lediglich alte Steinbruchreste auf diesen Punkten zusammengehäuft worden seien. Weil das Hünengrab aber in die nördliche Ebene hinein eine noch weitere Aussicht als selbst das Pfarrhaus bot, hatte der Pastor seinen schmalen Gipfel geebnet, ein paar Ebereschenbäume darauf gepflanzt und eine Ruhebank unter ihnen angebracht, auf welcher jeder, der fremd des Weges kam, gern eine Umschau hielt.

Auf diesem Hügel, der ihm gestern wie ein Pfeiler der wundersamen Wolkenbrücke vorgekommen war, dachte der arme Dezem nun allen Ernstes irgendein geheimnisvolles Überbleibsel aus Gottvaters Bau= oder Malkasten aufzufinden; da jedoch ringsumher nichts zu entdecken war als allbekanntes Himmelblau und Erdengrün, setzte er sich auf die Bank mit dem löblichen Entschluß, auf seiner Schiefertafel, die er zu diesem Zwecke mitgebracht, Kantor Beyfußens Exempel für die nächste Rechenstunde zu lösen. Zuvörderst aber galt es, auf der leeren Tafel das Phänomen, das ihm so gewaltig im Kopfe rumorte, sich durch eine Illustration zu vergegenwärtigen und zu verdeut=lichen. Das aber machte er so:

Quer über die Tafel zog er einen doppelten Strich, auf denselben schrieb er „Fluß"; zwischen krausen Schnörkeln über dem Flusse stand zu lesen: „Wol=ken". Hart am Fluß, in dessen Mitte, trug ein Haus die Inschrift „Pfarre" und in einem ihrer Fenster ein dicker Punkt das Wörtchen „Ich". Am äußersten Tafelende war der städtische Kirchturm nicht zu verkennen; ob aber das Gesicht, welches mit einer Strahlenglorie umstrichelt, Gottvater oder Mutter Sonne zu benennen sei, darüber grübelte der Künstler eine Weile und entschied sich endlich, die Frage offenzulassen, wie er demgemäß auch auf die Brücke, welche am entgegengesetzten Ende hoch oben den Fluß überspannte, mit lateinischen Lettern malte: „Regenbogen oder Friedensbogen". Trotz dieses Entweder=Oders, so viel hatte er über seiner Arbeit doch glücklich ausgeklügelt, daß das zweideutige Strahlenantlitz über dem Turm das Farbengebilde hervorgezaubert haben müsse und daß dieses mit der Glorie jener Strahlen erloschen sei. Und das war für den Anfang genug.

„Was ist das?" fragte er, selber strahlend vor Freude, indem er seiner Schwester, die im rosakattunenen Sonntagskleid einhergetänzelt kam, sein stol=zes Kunstwerk vor die Augen hielt.

„Dummes Zeug!" antwortete Röschen lachend und beachtete das Nachbild so wenig, wie sie gestern das Vorbild beachtet hatte.

Aus dem Roman „Stufenjahre eines Glücklichen".

JULIUS STURM

Die Rebe und der Gärtner

„Was tat ich dir?" hört' ich bekümmert fragen
die Rebe, die am niedern Stabe weint,
„o Gärtner, daß du grausam wie ein Feind
so schmerzlich tiefe Wunden mir geschlagen?

Nun muß ich trauern in den goldnen Tagen,
wo Erd' und Himmel sich zum Fest vereint,
und hab' es doch so treu mit dir gemeint
und wollte dir die schönsten Trauben tragen!"

Der Gärtner sprach: „Du mußt dich still bescheiden
und auch im Schmerz vertrauen meiner Pflege;
denn, was zum Heil dir dient, weiß ich allein.

Ich mußte deinen üpp'gen Wuchs beschneiden,
damit in dir gedrängte Kraft sich rege,
und um so reicher mög' die Frucht gedeihn!"

Trost

Über Nacht, über Nacht kommt still das Leid,
und bist du erwacht, o traurige Zeit!
du grüßest den dämmernden Morgen
mit Weinen und Sorgen.

Über Nacht, über Nacht kommt still das Glück,
und bist du erwacht, o selig Geschick!
der düstere Traum ist zerronnen
und Freude gewonnen.

Über Nacht, über Nacht kommt Freud' und Leid,
und eh du's gedacht, verlassen dich beid'
und gehen, dem Herrn zu sagen,
wie du sie getragen.

RICHARD VON VOLKMANN-LEANDER

Die künstliche Orgel

Ein Märchen

Vor langen, langen Jahren lebte einmal ein sehr geschickter junger Orgel=
bauer, der hatte schon viele Orgeln gebaut, und die letzte war immer besser als
die vorhergehende. Zuletzt machte er eine Orgel, die war so künstlich, daß sie
von selbst zu spielen anfing, wenn ein Brautpaar in die Kirche trat, an dem
Gott sein Wohlgefallen hatte. Als er auch diese Orgel vollendet hatte, besah
er sich die Mädchen des Landes, wählte sich die frömmste und schönste und
ließ seine eigene Hochzeit zurichten. Wie er aber mit der Braut über die Kirch=
schwelle trat und Freunde und Verwandte in langem Zuge folgten, jeder einen
Strauß in der Hand oder im Knopfloch, war sein Herz voller Stolzes und
Ehrgeizes. Er dachte nicht an seine Braut und nicht an Gott, sondern nur dar=
an, was er für ein geschickter Meister sei, dem niemand es gleichtun könne,
und wie alle Leute staunen und ihn bewundern würden, wenn die Orgel von
selbst zu spielen begönne. So trat er mit seiner schönen Braut in die Kirche ein,
— aber die Orgel blieb stumm.

Das nahm sich der Orgelbaumeister sehr zu Herzen, denn er meinte in seinem
stolzen Sinne, daß die Schuld nur an der Braut liegen könne und daß sie ihm
nicht treu sei. Er sprach den ganzen Tag über kein Wort mit ihr, schnürte dann
nachts heimlich sein Bündel und verließ sie. Nachdem er viele hundert Meilen
weit gewandert war, ließ er sich endlich in einem fremden Lande nieder, wo
niemand ihn kannte und keiner nach ihm fragte. Dort lebte er still und einsam
zehn Jahre lang. Da überfiel ihn eine namenlose Angst nach der Heimat und
nach der verlassenen Braut. Er mußte immer wieder daran denken, wie sie
so fromm und schön gewesen sei und wie er sie so böslich verlassen. Nachdem
er vergeblich alles getan, um seine Sehnsucht niederzukämpfen, entschloß er
sich, zurückzukehren und sie um Verzeihung zu bitten. Er wanderte Tag und
Nacht, daß ihm die Fußsohlen wund wurden, und je mehr er sich der Heimat
näherte, desto stärker wurde seine Sehnsucht und desto größer seine Angst, ob
sie wohl wieder so gut und freundlich zu ihm sein werde wie in der Zeit, wo
sie noch seine Braut war.

Endlich sah er die Türme seiner Vaterstadt von fern in der Sonne blitzen. Da fing er an zu laufen, was er laufen konnte, so daß die Leute hinter ihm her den Kopf schüttelten und sagten: „Entweder ist's ein Narr oder er hat gestohlen." Wie er aber in das Tor der Stadt eintrat, begegnete ihm ein langer Leichenzug. Hinter dem Sarge her gingen eine Menge Leute, welche weinten. „Wen begrabt ihr hier, ihr guten Leute, daß ihr so weint?" „Es ist die schöne Frau des Orgelbaumeisters, die ihr böser Mann verlassen hat. Sie hat uns allen so viel Gutes und Liebes getan, daß wir sie in der Kirche bei= setzen wollen." Als er dies hörte, entgegnete er kein Wort, sondern ging still gebeugten Hauptes neben dem Sarge her und half ihn tragen. Niemand er= kannte ihn; weil sie ihn aber fortwährend schluchzen und weinen hörten, störte ihn keiner, denn sie dachten: das wird wohl auch einer von den vielen armen Leuten sein, denen die Tote bei Lebzeiten Gutes erwiesen hat.

So kam der Zug zur Kirche, und wie die Träger die Kirchschwelle über= schritten, fing die Orgel von selbst zu spielen an, so herrlich, wie noch niemand eine Orgel hat spielen hören. Sie setzten den Sarg vor dem Altare nieder. Der Orgelbaumeister lehnte sich still an eine Säule daneben und lauschte den Tönen, die immer gewaltiger anschwollen, so gewaltig, daß die Kirche in ihren Grund= pfeilern bebte. Die Augen fielen ihm zu, er war sehr müde von der weiten Reise; aber sein Herz war freudig, denn er wußte, daß ihm Gott verziehen habe, und als der letzte Ton der Orgel verklang, fiel er tot auf das steinerne Pflaster nieder. Da hoben die Leute die Leiche auf, und wie sie inne wurden, wer es sei, öffneten sie den Sarg und legten ihn zu seiner Braut. Und wie sie den Sarg wieder schlossen, begann die Orgel noch einmal ganz leise zu tönen. Dann wurde sie still und hat seitdem nie wieder von selbst geklungen.

Aus den „Träumereien an französischen Kaminen".

WILHELM VON POLENZ

Zittelgusts Anna

Die Hochzeit hatte stattgefunden. Die Rötschken, die Handelsfrau, hieß nun Frau Zittel, und ihr Mann war mit der kleinen Anna zu ihr gezogen.

Das Haus lag als letztes des Dorfes oben am Waldrande. Den Kirch=
turm und die Fabrikesse sah man ganz aus der Ferne. Es war wirklich, als
sei man in eine andere Welt versetzt. Hier gab es keine Dorfstraße, nur ein
schmaler Feldweg verband das Häuschen mit der übrigen Welt. Zum Schul=
weg brauchte Anna jetzt eine halbe Stunde Zeit, während sie früher nur über
die Straße gesprungen war.

Und gar verändert war das Leben, das sie hier oben führten. Wenn
der Tag kaum graute, mußte aufgestanden werden. Die Hausfrau trieb ihre
Leute zeitig aus den Federn und stellte sie zur Arbeit an.

Jede Minute war da ausgefüllt. Die Ziegen wollten gefüttert sein, die
Eier mußte man zusammensuchen aus den Verstecken, wohin die eigensinnigen
Tiere sie gelegt hatten. Und war man in Haus und Hof fertig, dann ging's
hinaus aufs Feld. Zittelgust, der niemals Hacke und Spaten in der Hand
gehabt hatte, sollte bei seinen Jahren noch lernen, Feldarbeit verrichten. Er
stellte sich dabei so hoffnungslos ungeschickt an, daß es die Frau bald aufgab,
ihn vor die Egge zu spannen, ihn das Gras mähen oder das Getreide dreschen
zu lassen. Nichtmal einen Schubkarren mit dem Jauchenzuber konnte er
hinausfahren, ohne umzuwerfen. Schließlich richtete er nur Schaden an.
Da war er noch besser hinter dem Webstuhl untergebracht.

Um so mehr wurde die kleine Anna von der Stiefmutter nützlich gemacht.
Zu Arbeiten wie: Unkraut jäten, Gießen, Rechen, Heuwenden, Pflanzen,
Kartoffelhacken und dergleichen war sie ganz gut zu verwenden. Auch das Be=
sorgen des Kleinviehs hatte sie sehr bald erlernt. Im stillen wunderte sich
Frau Zittel, wie geschickt und gelehrig das Kind sei. Nur aus dem Schlaf
war sie so sehr schwer zu wecken. Ordentlich angefaßt wollte sie sein, um sie
früh wach zu bekommen. Nun, daran ließ es die Stiefmutter nicht fehlen.
Eine Dienstmagd konnte nicht schärfer zur Arbeit angehalten werden als das
schwache Kind.

Zittelgust saß also auch im neuen Heim tagein tagaus am Webstuhl. Er
war sehr fleißig. Hinter ihm stand seine Frau, die es nicht an aufmunternden
Bemerkungen fehlen ließ, wie: wer essen wolle, müsse auch arbeiten, und
sie habe keine Lust, einen faulen Mann auf ihrem Buckel durchzuschleppen.

Das Feld lag dicht am Hause. Selbst wenn sie draußen war, konnte die
Gattin daher feststellen, ob der Mann daheim auch schön fleißig sei. Wenn

100

dort der Webstuhl mal aussetzte, dann kam sie herbeigeeilt und fragte durchs Fenster, warum er nicht wirke.

Zittelgust fand, daß zwischen seiner ehemaligen Freundin, der Rötschken, und seiner jetzigen Frau ein gewaltiger Unterschied bestehe. Manchmal beschlich ihn ein Ahnen, daß er, als er den Witwerstand aufgegeben, die größte Dummheit seines Lebens begangen habe. Aber er hütete sich wohl, die Gattin von solchen Anwandlungen etwas merken zu lassen. Schlecht genug würde ihm das bekommen sein.

Die besten Zeiten für ihn waren die, wenn seine Frau verreiste. Dann kochte Anna für ihn, und er webte; das erinnerte beide an die schönen Zeiten, wo sie allein miteinander gehaust hatten. Aber selbst aus der Ferne übte die Gestrenge ein unsichtbares Regiment aus über die beiden Menschenkinder. Zittelgust sowohl wie Anna wußten, daß sie, zurückgekehrt, mit scharfem Auge feststellen würde, was in ihrer Abwesenheit im Hause vor sich gegangen sei; ob Anna die Tiere gut versorgt und die aufgetragene Arbeit in Garten und Feld richtig ausgeführt habe. Wehe den beiden, wenn sie nach Ansicht der Hausfrau müßig gewesen waren. Dann gab es harte Worte. Und es blieb nicht immer beim Schelten allein. Frau Zittel hatte ein recht leichtes Handgelenk, das sie nicht gern aus der Übung kommen ließ.

Der Herbst kam heran. Die Äpfel und Birnen im Garten reiften. Aber Zittelgust und Anna, die vordem viel davon zu hören bekommen hatten, wie wohlschmeckend solcher Fruchtsegen sei, fanden sich betrogen in ihrer Hoffnung, hiervon etwas zu genießen. Das Obst wanderte zum Händler. Auch die Gänse und Hühner, die man mit so viel Mühe aufgezogen hatte, wurden zu Geld gemacht, statt daß man sie, wie Zittelgust allzu kühn geträumt, in der eigenen Pfanne gesehen hätte.

Mit dem Herbst kam die kühlere Witterung, die kurzen Tage und langen Nächte. Ganz anders pfiff der Sturmwind hier oben um den Giebel als unten im warmen Dorf, wo ein Haus das andere schützte. Anna lag manchmal des Nachts wach in ihrer Kammer und hörte mit Grauen, wie der Wind hohl tönend über das freie Feld gestrichen kam und wie es im nahen Walde brauste, knackte, heulte und ächzte. Furchtbare Geräusche waren das für das Weberkind, das nur das gemütliche Klappern und Brummen des Webstuhls gewöhnt war. Die freie Natur flößte ihr Bangen ein. Der Wald, in den sie nie den Fuß gesetzt hatte, stellte sich ihrer Phantasie dar als der düstere Sitz einer Horde böser Geister, die es auf sie abgesehen hatten.

Noch Schlimmeres brachte der Winter. Hohe Schneemauern umgaben das kleine Haus, daß man kaum aus den niederen Fenstern blicken konnte. Da mußte die kleine Anna Besen und Schaufel zur Hand nehmen, um Weg und Steg frei zu machen.

Und dabei war sie so furchtbar müde, alle Glieder taten ihr weh. Am liebsten wäre sie früh gar nicht mehr aufgewacht. Es kam vor, daß Anna in der Schule einschlief vor Ermattung. Schon lange gehörte sie nicht mehr zu den besten Schülerinnen. Sie, die Strebsame, Wißbegierige, war laß geworden, träge und gleichgültig. Selbst der Konfirmationsunterricht, der nunmehr begonnen hatte, und die Aussicht, zu Ostern aus der Schule zu kommen, änderten nichts daran. Für sie gab's ja keine Hoffnung auf Besserung; ihr Leben würde nach wie vor elend und qualvoll bleiben. Viel besser wäre es gewesen, wenn der Tod sie mitgenommen hätte, als er damals die Mutter und die älteren Geschwister holte.

Wenn sie auf dem Wege zur Schule an dem Hause vorbeischlich, in dem sie vordem gewohnt hatte, dann kam ihr alles, was gewesen war, wie ein Traum vor. Kaum daß sie begreifen konnte, daß sie und die Anna von damals ein und dieselbe Person seien. Wie hatte sich in dem kleinen, einfachen Hause, das ihrer Erinnerung dennoch wie ein Paradies erschien, alles verändert. Hier wohnten jetzt Leute, die aus der Fremde zugezogen waren. Eine Familie mit einem Haufen halberwachsener Kinder, die in die nahe Fabrik auf Arbeit gingen. Laute, wilde Gesellschaft war's. Kein Webstuhl klapperte mehr in der Ecke. Wüst und schmuddelig sahen Wände, Fenster und Gerät aus, wie Anna feststellte, als sie von Neugier getrieben einen Blick in das alte, traute Stübchen warf.

Eines Morgens, als die Stiefmutter sie wie gewöhnlich frühzeitig weckte, vermochte Anna sich nicht vom Lager zu erheben. Es ging nicht, beim besten Willen ging's nicht. Ihr Rücken war wie gebrochen.

Die robuste Frau hielt das für Verstellung. Sie wollte Anna mit Gewalt antreiben, riß sie aus dem Bett empor. Aber das hatte nur zum Erfolg, daß sich das Kind mühsam bis zur Tür schleppte und dort ohnmächtig zusammen-

Umfchlagzeichnung von Hanns Anker
zu Wilhelm von Polenz' Roman „Der Büttnerbauer".

brach. Nun mußte Frau Zittel doch einfehen, daß es fich hier nicht bloß um
Verftellung handle.

Anna konnte von da ab den weiten Schulweg nicht mehr zu Fuß zurück=
legen. Man kam auf folgendes Aushilfsmittel: die Kinder der nächften Nach=
barn fpannten fich vor einen Handwagen. Dahinein wurde Anna gefetzt.
Leicht war fie ja! So ging es im Galopp, mit menfchlichen Pferden, erft
den fchmalen Feldweg hinab und dann auf der Dorfftraße fort zur Schule.
Mit gelblichem Geficht, verlegen lächelnd, faß Anna in dem kleinen Fahrzeuge.
Sie fchämte fich, daß ihr Zuftand auf diefe Weife vor aller Welt offenbar werde.

Aber nach einiger Zeit ging das auch nicht mehr. Anna war zu fchwach,
das Bett zu verlaffen. Lange wurde darüber hin und her beraten, ob man
den Doktor holen folle. Wenn's nach Zittelguft allein gegangen wäre, hätte
man ihn gerufen; der Vater wollte die kleine Anna nicht gern hergeben. Aber
er hatte ja nichts zu beftimmen; die Hausfrau regierte, und die war der Anficht,
daß der Arzt zu koftfpielig fei. Es wurde verfucht, Anna mit allerhand Kräu=
tern, Einreibungen und Mixturen wieder auf die Beine zu bringen.

Frau Zittel war durchaus keine böfe Frau; im Grunde ihres Herzens
lebte eine gewiffe Gutmütigkeit. Sie war gefund und kräftig von Natur,
und wie es bei folchen Menfchen manchmal der Fall ift, war fie graufam aus

reiner Naivität. Die Krankheit der anderen kam ihr wie Unrecht, zum mindesten wie Dummheit vor.

Die Kraft hat eben keine Geduld mit der Schwäche. Munter und leichten Sinnes schreitet der Starke über den Schwächling hinweg und empfindet dessen Gebrechen womöglich noch als Beleidigung. Frau Zittel klagte oft ganz ernsthaft, daß sie schön hereingefallen sei bei ihrer zweiten Heirat. Ein Mann, der zu nichts tauge als zum Weben, und dazu ein siechesKind, das, statt Arbeit zu verrichten, welche verursache. Ihr war wirklich ein schweres Kreuz auferlegt vom lieben Gott! —

Schließlich mußte sie sich doch entschließen, den Doktor kommen zu lassen. Es geschah mehr, um das Gerede der Leute zum Schweigen zu bringen, als um Annas willen. Das Dorf sollte kein Recht haben, sie eine böse Stiefmutter zu nennen.

Der Arzt bezeichnete Annas Leiden als ein schweres. Er gab keine Hoffnung, daß das Kind jemals wiederhergestellt werden könne.

Von dem Augenblicke ab, wo feststand, daß es mit der Stieftochter zu Ende gehe, war Frau Zittel die Gutherzigkeit in Person gegen die Kranke. Während man die Lebende hatte verkommen lassen, mußte der Sterbenden jeder Wunsch erfüllt werden und wäre er noch so unvernünftig gewesen.

Die kleine Anna, deren Bedürfnisse früher die bescheidensten gewesen waren, äußerte mit einem Male Gelüste nach allerhand Leckerbissen. Beim Landvolke sind solche Wünsche eines vom Tode gezeichneten Menschenkindes geheiligt. Die Stiefmutter scheute keinen Weg, keine Kosten, zu schaffen, was Anna heischte.

Für einige Wochen tyrannisierte die Sterbende so das ganze Haus. Ihr Bett war hinuntergeschafft worden in die große Stube, damit sie warm liegen solle. Der Vater mußte nach ihrem Kommando springen, ihr dies und jenes herbeiholen, an ihrem Bette sitzen und ihr vorlesen. Es war, als sei die gute Zeit zurückgekehrt, wo die beiden allein gewesen waren und Anna unumschränkt über ihn geherrscht hatte.

Einmal kam auch der Pastor und betete mit ihr. Von da ab wurde sie stiller, teilnahmloser scheinbar. Es war ihr wohl nun zum Bewußtsein gekommen, daß der liebe Gott ihren Wunsch erfüllen wolle, sie zu sich zu nehmen.

Eines Nachts wurde das Ehepaar Zittel durch anhaltendes Klopfen von der großen Stube her geweckt. Das war das verabredete Zeichen, durch welches die Kranke sich meldete. Die Frau eilte aus der Schlafkammer hinunter. Aber Anna wehrte sie mit ungeduldiger Gebärde ab. Sie wollte den Vater haben.

Mit kundigem Blicke sah die Stiefmutter, daß es hier zu Ende gehe. Das waren die starr in weite Ferne gerichteten Augen, das verlängerte Gesicht, die unruhig arbeitenden Hände, welche die haben, die sich zur letzten Reise anschicken.

Sie eilte in die Kammer zurück und zerrte ihren Mann, der sich eines festen Schlummers erfreute, am Arme: „Gust, wach uff! 's Madel will sterben."

Zittelgust dehnte und reckte sich. Gähnend fragte er, warum man ihn mitten in der Nacht wecke. Als er endlich begriffen hatte, um was es sich handle, fuhr er hastig in die Hosen und eilte hinab.

Der ungewohnt vergeistigte Ausdruck im Gesicht seines Kindes machte ihm alles klar. Er ließ sich an Annas Lager nieder und fing an zu weinen. Eine Ahnung überkam ihn, daß das Beste, was er auf der Welt besitze, nunmehr unwiederbringlich von ihm genommen werden solle. Er dachte an seine erste Frau und die beiden Kinder, die er schon verloren. Gerade so hatten die auch drein geschaut in ihrem letzten Kampfe.

Doch weinte er eigentlich mehr über sein eigenes trauriges Geschick als über Anna. Daran, die Sterbende aufzurichten und zu trösten, dachte er nicht. Das Kind war selbst in seiner Schwäche noch mutiger und klüger als er. „Weent ack nich, Vater!" sagte sie, „wenn'ch nuff kumma und 'ch sah de Mutter, hernachen wer'ch 'r alles derzahlen." —

Nach einer Weile fragte sie mit hoher, pfeifender, kaum noch verständlicher Stimme, ob eine Leinewand auf dem Stuhle sei. Zittelgust bejahte; er hatte vor kurzem erst aufgebäumt. Anna bat ihn durch Zeichen — sprechen konnte sie schon nicht mehr —, daß er sich an den Webstuhl setzen möge. Er tat es und fing an zu wirken.

Der Stuhl ließ seine bekannte Melodie erklingen. Da ratzte das Trittschemelgeschlinge, der Schützen sauste geschäftig hin und her und schlug schütternd in die Kammer, die Lade brummte und dröhnte.

Das Weberkind lauschte den vertrauten Tönen wie einer herrlichen Melodie. Ein beseligtes Lächeln huschte leicht über das schneeweiße Gesicht. Allmählich wich alle Spannung aus den Zügen. Das Köpfchen lag nach der Ecke gewandt, wo der Vater saß und webte.

Vom Rhythmus des alten Webstuhls wie von Engelsflügeln emporgehoben, so entfloh die junge Seele aus ihrem ärmlichen Gefängnis.

Schluß der Dorfgeschichte „Zittelgusts Anna".

WILHELM VON POLENZ

Die Eltern

Um Mitternacht. Es schläft das Haus,
vom hohen Dache sicher zugedeckt.
Es schlummern alle, die darinnen sind,
und ahnen nicht, daß, wenn das Leben schläft,
der Toten Stunde anhebt. —
Mitternacht!
Die steile Treppe kommt ein Zug herauf,
paarweise gehn sie, einzeln, auch zu dritt,
der Bruder und die Schwester Hand in Hand,
manch trotz'ger Held, manch krummes Mütterlein
und Kinder, die der Eltern Schritte folgen.

Dort eine Mutter, die der Glucke ähnlich
ein ganzes Häuflein deckt mit ihrem Fittich.
Im Schmuck der Myrte jugendliche Bräute
und Knaben schlank und flink wie Edelwild.
Die langen Gänge eilen sie hinab.
Der sucht dies Zimmer auf, die jene Kammer;
sie kennen jeden Winkel ja des Hauses.
Es zieht der Ahnen Geisterzug vorbei.
Sie schaun mich an mit großen, stillen Augen,
die tief nach innen blickend nichts erkennen.
Ein jeder ganz vom langen Traum umfangen,
doch wie im Leben schreitend, blickend, lächelnd.

Dort noch ein Paar: Der Mann im grauen Bart,
er schreitet langsam, träumerisch, bequem;

sie aber treibt ihn sanft, reicht ihm den Arm,
trägt ihre Jahre und die seinen, scheint's.
Das junge Auge spricht den Runzeln Hohn,
wie eine Braut blickt sie voll Zärtlichkeit
und lächelt gütig unterm weißen Haar.
Da plötzlich angezogen faßt ihr Blick
die Spinngewebe dort an jenem Spiegel.
Behende eilt sie hin und fegt ihn blank.
Dann greift sie wieder des Gefährten Hand,
der ihrem Tun geduldig zugeschaut.

Und langsam sah ich nun das alte Paar
den Weg zum Schlafgemach hinunterschreiten.
Ich stehe zitternd, steh' und wag es nicht
der Eltern heil'gen Spuren nachzugehen.

AUGUST STURM

Weltliebe

Ich liebe dich, o du mein Stern!
Du trägst des Glückes güldnen Kern
und was ich ward und werde;
du bist mir aller Welten Zier,
mein lichtes Leben dank ich dir:
du dunkle, kleine Erde.

Hier ist mein Heim und hier mein Haus,
hier gehn Geschwister ein und aus,
daß uns das Herz erwarme;
und alle Tiere groß und klein,
all deine Wesen schließ' ich ein
in meine Liebesarme!

Welt und Ich

Die Welt ist weit! Mein ist die weite Welt,
es schafft mein Ich das weite Himmelszelt!

Die Welt ist schön! Die Schönheit gab ich ihr,
denn ihrer Schönheit Ruhm verdankt sie mir.

Nur mit dem Geiste war sie da im All,
und schließt das Auge sich, kommt sie zu Fall.

Sie ist mit mir, kann ohne mich nicht sein:
es schließt mein Geist die weiten Welten ein!

Zeichnung von Oswald Weise.

RICHARD WAGNER

Wie ein armer Musiker in Paris umkam

„Mein Grausen vor diesem Gespenst von Engländer" (erzählte mein tod=
kranker deutscher Freund) „verwandelte sich in namenlose Angst; von ihr ge=
trieben, gelang es mir, mich zu befreien und dem Boulevard zuzufliehen;
mein Hund sprang mir bellend nach. In einem Nu war aber der Engländer
wieder bei mir, hielt mich an, und mit aufgeregter Stimme frug er: „Sir,
ist der schöne Hund der Ihrige?" — Ja. — „O, der ist vortrefflich! Herr,
ich zahle Ihnen für diesen Hund fünfzig Guineen. Wissen Sie, daß es sich
für Gentlemans schickt, dergleichen Hunde zu haben, und auch ich habe deren
eine Unzahl bereits besessen. Leider aber waren die Bestien alle unmusikalisch;
sie konnten nicht vertragen, wenn ich Horn oder Flöte blies, und sind mir
deshalb immer entlaufen. Nun muß ich aber annehmen, daß, da Sie das
Glück haben, ein Musiker zu sein, auch Ihr Hund musikalisch ist; ich muß hoffen,

108

daß er daher auch bei mir aushalten wird. Ich biete Ihnen deshalb fünfzig Guineen für das Tier!" — Erbärmlicher! rief ich, nicht für ganz Britannien ist mein Freund mir feil!

Damit lief ich hastig davon, mein Hund mir voran. Ich bog in diejenigen Seitenstraßen ein, die mich dahin führten, wo ich gewöhnlich übernachtete. — Es war heller Mondschein; dann und wann blickte ich mich furchtsam um: — zu meinem Entsetzen glaubte ich zu bemerken, wie die lange Gestalt des Engländers mich verfolgte. Ich verdoppelte meine Schritte und blickte mich noch angstvoller um; bald sah ich das Gespenst, bald nicht mehr. Keuchend erreichte ich mein Asyl, gab meinem Hunde zu essen und streckte mich hungrig auf mein hartes Lager. — Ich schlief lange und träumte fürchterlich. Als ich erwachte, — war mein schöner Hund verschwunden. Wie er mir entlaufen oder wie er durch die allerdings schlecht verschlossene Tür entlockt worden, ist mir noch heute unbegreiflich. Ich rief, ich suchte ihn, bis ich stöhnend zusammensank. —

— Du entsinnst dich, daß ich den Treulosen eines Tages in den Champs élysées wieder sah, du weißt, welche Anstrengungen ich machte, um seiner wieder habhaft zu werden, du weißt aber nicht, daß dies Tier mich erkannte, mich aber floh und vor meinem Rufe wich wie eine scheue Bestie der Wildnis! Nichtsdestoweniger verfolgte ich ihn und den satanischen Reiter, bis dieser in einen Torweg hineinsprengte, der sich krachend hinter ihm und dem Hunde schloß. In meiner Wut donnerte ich an die Pforte: ein wütendes Bellen war die Antwort. — Dumpf, wie vernichtet, lehnte ich mich an, — bis mich endlich eine auf dem Waldhorn ausgeführte gräuliche Skala aus der Betäubung weckte, die aus dem Grunde des vornehmen Hotels zu meinen Ohren drang und der ein dumpfes, klägliches Hundegeheul folgte. Da lachte ich laut auf, und ging meiner Wege —"

Tief ergriffen hielt hier mein Freund inne; war ihm auch das Sprechen leicht geworden, so strengte ihn doch seine innere Aufregung furchtbar an. Es war ihm nicht möglich, sich im Bette aufrecht zu erhalten; mit einem leisen Stöhnen sank er zurück. Eine lange Pause trat ein; ich betrachtete den Ärmsten mit peinlicher Empfindung: jenes leichte Rot war auf seine Wangen getreten, das nur den Schwindsüchtigen eigen ist. Er hatte seine Augen geschlossen und lag wie schlummernd da; sein Atem war in leichter, fast ätherischer Bewegung.

Ich erwartete ängstlich den Augenblick, wo ich zu ihm sprechen dürfte, um zu erfragen, womit irgend in der Welt ich ihm dienlich sein könnte. Endlich schlug er seine Augen wieder auf; ein matter, wunderbarer Glanz lag in dem Blicke, den er sogleich unverwandt auf mich richtete.

„Mein ärmster Freund," begann ich, „du siehst mich hier mit dem schmerzlichen Verlangen, dir in irgend etwas dienen zu können. Hast du einen Wunsch, o, so sprich ihn aus!"

Der Gefragte entgegnete lächelnd: „So ungeduldig, mein Freund, nach meinem Testamente? O, sei außer Sorgen, auch du bist dabei bedacht. — Willst du aber nicht erst noch erfahren, wie es geschah, daß dein armer Bruder zum Sterben kam? Sieh, ich wünschte, daß meine Geschichte wenigstens e i n e r Seele bekannt sei; nun kenne ich aber keine einzige, von der ich glauben dürfte, daß sie sich um mich bekümmere, wenn es nicht du bist. — — Fürchte nicht, daß ich mich anstrenge! Es ist mir wohl und leicht, — kein schweres Atmen bedrängt mich — die Sprache geht willig vonstatten. — Im übrigen, sieh', habe ich nur noch wenig zu erzählen. Du kannst dir denken, daß von da ab, wo ich in meiner Geschichte stehen blieb, ich mit keinen äußeren Erlebnissen mehr zu tun hatte. Von da ab beginnt die Geschichte meines Innern, denn von da an wußte ich, daß ich bald sterben würde. Jene entsetzliche Skala auf dem Waldhorn im Hotel des Engländers erfüllte mich mit so unwiderstehlichem Lebensüberdrusse, daß ich schnell zu sterben beschloß. Ich sollte mich eigentlich dieses Entschlusses nicht rühmen, denn ich muß gestehen, es stand nicht mehr ganz in meinem freien Willen, ob ich leben oder sterben wollte. Im Innern meiner Brust war etwas gesprungen, das wie einen langen, schwirrenden Klang zurückließ; — als dieser verhallte, war mir leicht und wohl, wie mir nie gewesen, und ich wußte, daß mein Ende nahe sei. O, wie beglückte mich diese Überzeugung! Wie begeisterte mich das Vorgefühl einer nahen Auflösung, das ich plötzlich in allen Teilen dieses verwüsteten Körpers wahrnahm! — Für alle äußern Umstände unempfänglich, war ich, unbewußt, wohin mich mein schwankender Schritt trug, auf der Anhöhe des Montmartre angelangt. Willkommen hieß ich den Berg der Märtyrer und beschloß, auf ihm zu sterben. Auch ich starb ja für die Einfalt meines Glaubens, auch ich konnte mich daher einen Märtyrer nennen, wenngleich dieser mein Glaube von niemand weiter — als vom Hunger bestritten worden war.

110

Hier nahm ich Obdachloser diese Wohnung, verlangte nichts weiter als dieses Bett und daß man mir die Partituren und Papiere holen ließe, die ich in einem ärmlichen Winkel der Stadt niedergelegt hatte, denn leider war es mir nicht gelungen, sie irgendwo als Pfand zu versetzen. Sieh', hier liege ich und habe beschlossen, in Gott und der reinen Musik zu verscheiden. Ein Freund wird mir die Augen zudrücken, meine Hinterlassenschaft wird hinreichen, meine Schulden zu bezahlen, und an einem ehrlichen Grabe wird es nicht fehlen. — Sag', was sollte ich weiter wünschen?"

Ich machte endlich meinen bedrängenden Gefühlen Luft. „Wie," rief ich, „nur für diesen letzten traurigen Dienst konntest du mich gebrauchen? Dein Freund, sei er auch noch so unmächtig, hätte dir in nichts anderem dienlich sein können? Ich beschwöre dich, zu meiner Beruhigung sage mir dies: war es Mißtrauen in meine Freundschaft, was dich abhielt, mich zu erfragen und dein Schicksal mir früher mitzuteilen?"

„O, zürne mir nicht", entgegnete er besänftigend, „zürne mir nicht, wenn ich dir gestehe, daß ich in den halsstarrigen Wahn verfallen war, du seiest mein Feind! Als ich erkannte, daß du dies nicht warst, geriet mein Kopf in den Zustand, der mir die Verantwortlichkeit meines Willens benahm. Ich fühlte, daß ich nicht mehr mit klugen Menschen verkehren dürfte. Verzeihe mir und sei freundlicher gegen mich, als ich es gegen dich war! — Reiche mir die Hand und laß diese Schuld meines Lebens abgeschlossen sein!"

Ich konnte nicht widerstehen, ergriff seine Hand und zerfloß in Tränen. Dennoch erkannte ich, wie meines Freundes Kräfte merklich abnahmen. Er war nicht mehr imstande, sich vom Bette zu erheben; jene fliegende Röte wechselte immer matter auf seinen bleichen Wangen ab. —

„Ein kleines Geschäft, mein Teurer," begann er von neuem, „nenne es meinen letzten Willen! Denn ich will erstlich: daß meine Schulden bezahlt werden. Die armen Leute, die mich aufnahmen, haben mich willig gepflegt und nur wenig gemahnt; sie müssen bezahlt werden. Ingleichen einige andere Gläubiger, die du auf jenem Papiere verzeichnet findest. Ich zediere zur Bezahlung all' mein Eigentum, dort meine Kompositionen und hier mein Tagebuch, in das ich meine musikalischen Notizen und Grillen eintrug. Ich überlasse es deiner Geschicklichkeit, mein geübter Freund, soviel wie möglich von diesem Nachlasse zum Verkauf zu bringen und den Ertrag zur Entrichtung meiner irdischen Schulden zu verwenden. — Ich will zweitens, daß du meinen Hund nicht schlägst, wenn du ihm einmal begegnen solltest; ich nehme an, daß er zur Strafe seiner Treulosigkeit durch das Waldhorn des Engländers bereits furchtbar gelitten hat. Ich vergebe ihm! — Drittens will ich, daß meine Pariser Leidensgeschichte mit Unterdrückung meines Namens bekannt gemacht werde, damit sie allen Narren meinesgleichen zur heilsamen Warnung diene. — Viertens wünsche ich ein ehrliches Grab, jedoch ohne Prunk und großes Gepränge, wenige Personen genügen mir als Begleitung; du findest ihre Namen und ihre Adressen in meinem Tagebuche. Die Kosten zum Begräbnisse sollen von dir und ihnen zusammengeschossen werden. — Amen!"

„Jetzt" — so fuhr der Sterbende nach einer Unterbrechung, die durch seine immer zunehmende Schwäche hervorgebracht wurde, fort, — „jetzt ein letztes Wort über meinen Glauben. — Ich glaube an Gott, Mozart und Beethoven, ingleichen an ihre Jünger und Apostel; — ich glaube an den heiligen Geist und an die Wahrheit der einen, unteilbaren Kunst; — ich glaube, daß diese Kunst von Gott ausgeht und in den Herzen aller erleuchteten Menschen lebt; — ich glaube, daß, wer nur einmal in den erhabenen Genüssen dieser hohen Kunst schwelgte, für ewig ihr ergeben sein muß und sie nie verleugnen kann; — ich glaube, daß alle durch diese Kunst selig werden, und daß es daher jedem erlaubt sei, für sie Hungers zu sterben; — ich glaube, daß ich durch den Tod hochbeglückt sein werde; — ich glaube, daß ich auf Erden ein dissonierender Akkord war, der sogleich durch den Tod herrlich und rein aufgelöst werden wird. Ich glaube an ein jüngstes Gericht, das alle diejenigen furchtbar verdammen wird, die es wagten, in dieser Welt Wucher mit der hohen keuschen Kunst zu treiben, die sie schändeten und entehrten aus Schlechtigkeit des Herzens und schnöder Gier nach Sinnenlust; — ich glaube, daß diese verurteilt sein werden, in Ewigkeit ihre e i g n e Musik zu hören. Ich glaube, daß dagegen die treuen Jünger der hohen Kunst in einem himmlischen Gewebe von sonnendurchstrahlten, duftenden Wohlklängen verklärt und mit dem göttlichen Quell aller Harmonie in Ewigkeit vereint sein werden. — Möge mir ein gnädig Los beschieden sein! — Amen!"

Fast glaubte ich, daß die inbrünstige Bitte meines Freundes bereits erfüllt worden, so himmlisch verklärt glänzte sein Auge, so entzückt verblieb er in atemloser Stille. Sein überaus leichter, fast unfühlbarer Atem überzeugte

112

mich jedoch, daß er noch lebe. Leise, aber deutlich vernehmbar flüsterte er: „Freuet euch, ihr Gläubigen, die Wonne ist groß, der ihr entgegengeht!"

Jetzt verstummte er. Der Glanz seines Blickes verlosch; anmutig lächelte sein Mund. Ich schloß seine Augen und bat Gott um einen ähnlichen Tod. — —

Wer weiß, was in diesem Menschenkinde spurlos dahin starb? War es ein Mozart, ein Beethoven? Wer kann es wissen und wer kann es mir bestreiten, wenn ich behaupte, daß ein Künstler in ihm zugrunde ging, der die Welt mit seinen Schöpfungen beglückt haben würde, wenn er nicht zuvor hätte Hungers sterben müssen? Ich frage, wer beweist mir das Gegenteil? —

Keiner von denjenigen, die seiner Leiche folgten, wagte es zu bestreiten. Es waren außer mir nur zwei, ein Philolog und ein Maler; ein anderer ward vom Schnupfen verhindert, noch andere hatten keine Zeit. Als wir uns bescheiden dem Kirchhofe des Montmartre näherten, bemerkten wir einen schönen Hund, der ängstlich die Bahre und den Sarg beschnupperte. Ich erkannte das Tier und blickte mich um. Stolz zu Pferde gewahrte ich den Engländer. Er schien das angstvolle Benehmen seines Hundes, der dem Sarge auf den Kirchhof nachfolgte, nicht begreifen zu können, stieg ab, übergab seinem Bedienten sein Roß und erreichte uns auf dem Kirchhofe.

„Wen begraben Sie, mein Herr?" frug er mich.

„Den Herrn jenes Hundes," gab ich zur Antwort.

„Goddam!" rief er aus, „es ist mir sehr unlieb, daß dieser Gentleman gestorben, ohne das Geld für die Bestie erhalten zu haben. Ich habe es ihm bestimmt und eine Gelegenheit gesucht, es ihm zukommen zu lassen, trotzdem auch dieses Tier bei meinen musikalischen Übungen heult. Ich werde aber meinen Fehler gutmachen und die fünfzig Guineen für den Hund zu einem Denkstein bestimmen, der auf das Grab des ehrenwerten Gentleman gesetzt werden soll!"

Er ging und bestieg sein Pferd.

Der Hund blieb an dem Grabe. Der Brite ritt davon.

Schluß der Novelle „Ein Ende in Paris". Der für das hier abgedruckte Bruchstück gewählte Titel stammt aus den Notizen der Mathilde Wesendonk, der Züricher Freundin Richard Wagners.

RICHARD WAGNER

Der Freischütz[1]

O, mein herrliches deutsches Vaterland, wie muß ich dich lieben, wie muß ich für dich schwärmen, wäre es nur, weil auf deinem Boden der „Freischütz" entstand! Wie muß ich das deutsche Volk lieben, das den „Freischütz" liebt, das noch heute an die Wunder der kindlichsten Sage glaubt, das noch heute, im Mannesalter, die süßen, geheimnisvollen Schauer empfindet, die in seiner Jugend ihm das Herz durchbebten! Ach, du liebenswürdige deutsche Träumerei! Du Schwärmerei vom Walde, vom Abend, von den Sternen, vom Monde, von der Dorfturmglocke, wenn sie sieben Uhr schlägt! Wie ist der glücklich, der euch versteht, der mit euch glauben, fühlen, träumen und schwärmen kann! Wie ist mir wohl, daß ich ein Deutscher bin!

Aus der Schrift „Der Freischütz in Paris" (Bericht nach Deutschland).

Wolfram von Eschenbachs Lied an den Abendstern

Wie Todesahnung Dämm'rung deckt die Lande,
umhüllt das Tal mit schwärzlichem Gewande.
Der Seele, die nach jenen Höh'n verlangt,
auf ihrem Weg durch Nacht und Grausen bangt.
Da scheinest du, o lieblichster der Sterne,
dein sanftes Licht entsendest du der Ferne;
die nächt'ge Dämm'rung teilt dein lieber Strahl,
und freundlich zeigst den Weg du aus dem Tal.

Aus der Oper „Tannhäuser".

---

[1] Romantische Oper Karl Maria von Webers, die 1820 in Dresden komponiert wurde. Der Stoff des „Freischütz" entstammte dem „Gespensterbuch", das der sächsische Dichter August Apel (geb. 1771, gest. 1816 in Leipzig) zusammen mit einem ebenfalls dichtenden Landsmann Friedrich Laun (geb. 1770, gest. 1849 in Dresden), der eigentlich Friedrich August Schulze hieß, verfaßt hatte. Den Text des Freischütz, wie ihn Weber komponierte, schrieb der sächsische Dichter Johann Friedrich Kind (geb. 1768 zu Leipzig, gest. 1843 zu Dresden).

RICHARD WAGNER

Was ist deutsch?

Will man die wunderbare Eigentümlichkeit, Kraft und Bedeutung des deutschen Geistes in einem unvergleichlich beredten Bilde erfassen, so blicke man scharf und sinnvoll auf die sonst fast unerklärlich rätselhafte Erscheinung des musikalischen Wundermannes Johann Sebastian Bach. Er ist die Geschichte des innerlichsten Lebens des deutschen Geistes während des grauenvollen Jahrhunderts der gänzlichen Erloschenheit des deutschen Volkes. Da seht diesen Kopf, in der wahnsinnigen französischen Allongenperücke versteckt, diesen Meister — als elenden Kantor und Organisten zwischen kleinen thüringischen Ortschaften, die man kaum dem Namen nach kennt, mit nahrungslosen Anstellungen sich hinschleppend, so unbeachtet bleibend, daß es eines ganzen Jahrhunderts wiederum bedurfte, um seine Werke der Vergessenheit zu entziehen; selbst in der Musik eine Kunstform vorfindend, welche äußerlich das ganze Abbild seiner Zeit war, trocken, steif, pedantisch, wie Perücke und Zopf in Noten dargestellt: und nun sehe man, welche Welt der unbegreiflich große Sebastian aus diesen Elementen aufbaute! Auf diese Schöpfung weise ich nur hin; denn es ist unmöglich, ihren Reichtum, ihre Erhabenheit, und alles in sich fassende Bedeutung durch irgendeinen Vergleich zu bezeichnen. Wollen wir uns jetzt aber die überraschende Wiedergeburt des deutschen Geistes auch auf dem Felde der poetischen und philosophischen Literatur erklären, so können wir dies deutlich nur, wenn wir an Bach begreifen lernen, was der deutsche Geist in Wahrheit ist, wo er weilte und wie er rastlos sich neu gestaltete, während er gänzlich aus der Welt entschwunden schien.

Von diesem Manne ist eine Biographie erschienen, über welche die Allgemeine Zeitung berichtete. Ich kann mich nicht entwehren, aus diesem Berichte folgende Stellen anzuführen: „Mit Mühe und seltener Willenskraft ringt er sich aus Armut und Not zu höchster Kunsthöhe empor, streut mit vollen Händen eine fast unübersehbare Fülle der herrlichsten Meisterwerke seiner Zeit hin, die ihn nicht begreifen und schätzen kann, und stirbt bedrückt von schweren Sorgen einsam und vergessen, seine Familie in Armut und Entbehrung zurücklassend. Das Grab des Sangesreichen schließt sich über dem müden Heimgegangenen ohne Sang und Klang, weil die Not des Hauses eine Ausgabe für den Grabgesang nicht zuläßt."

Und während sich dies mit dem großen Bach begab, wimmelten die großen und kleinen Höfe der deutschen Fürsten von italienischen Opern= komponisten und Virtuosen, die man mit ungeheuren Opfern dazu er= kaufte, dem verachteten Deutschland den Abfall einer Kunst zum Besten zu geben, welcher heutzutage nicht die mindeste Beachtung mehr geschenkt werden kann.

Doch Bachs Geist, der deutsche Geist, trat aus dem Mysterium der wun= derbarsten Musik, seiner Neugeburtstätte, hervor. Als Goethes „Götz" er= schien, jubelte es auf: „Das ist deutsch!" Und der sich erkennende Deutsche verstand es nun auch, sich und der Welt zu zeigen, was Shakespeare sei, den sein eigenes Volk nicht verstand; er entdeckte der Welt, was die Antike sei, er zeigte dem menschlichen Geiste, was die Natur und die Welt sei. Diese Taten vollbrachte der deutsche Geist aus sich, aus seinem innersten Verlangen, sich seiner bewußt zu werden. Und dieses Bewußtsein sagte ihm, was er zum ersten Male der Welt verkünden konnte, daß das Schöne und Edle nicht um des Vorteils, ja selbst nicht um des Ruhmes und der Anerkennung willen in die Welt tritt; und alles, was im Sinne dieser Lehre gewirkt wird, ist „d e u t s ch", und deshalb ist der Deutsche groß; und nur, was in diesem Sinne gewirkt wird, kann zur Größe Deutschlands führen.

Aus der Schrift „Was ist deutsch?"

Hans Sachsens Preis der deutschen Meister

Ehrt eure deutschen Meister,
dann bannt ihr gute Geister!
Und gebt ihr ihrem Wirken Gunst,
zerging in Dunst
das heil'ge röm'sche Reich:
uns bliebe gleich
die heil'ge deutsche Kunst!

Aus dem Musikdrama „Die Meistersinger von Nürnberg".

FRIEDRICH NIETZSCHE

Mitleid Hin und Her

1. Vereinſamt.

Die Krähen ſchrein
und ziehen ſchwirren Flugs zur Stadt:
Bald wird es ſchnein. —
Wohl dem, der jetzt noch — Heimat hat!

Nun ſtehſt du ſtarr,
ſchauſt rückwärts, ach! wie lange ſchon!
Was biſt du Narr
vor Winters in die Welt entflohn?

Die Welt — ein Tor
zu tauſend Wüſten ſtumm und kalt!
Wer das verlor,
was du verlorſt, macht nirgends halt.

Nun ſtehſt du bleich,
zur Winter-Wanderſchaft verflucht,
dem Rauche gleich,
der ſtets nach kältern Himmeln ſucht.

Flieg, Vogel, ſchnarr
dein Lied im Wüſtenvogel-Ton!
Verſteck, du Narr,
dein blutend Herz in Eis und Hohn!

Die Krähen ſchrein
und ziehen ſchwirren Flugs zur Stadt:
Bald wird es ſchnein. —
Weh dem, der keine Heimat hat!

2. Antwort.

Daß Gott erbarm!
Der meint, ich ſehnte mich zurück
ins deutſche Warm,
ins dumpfe deutſche Stuben-Glück!

Mein Freund, was hier
mich hemmt und hält, iſt d e i n Verſtand,
Mitleid mit d i r ,
Mitleid mit deutſchem Quer-Verſtand!

Ecce homo[1])

Ja! Ich weiß, woher ich ſtamme!
Ungeſättigt gleich der Flamme
glühe und verzehr ich mich.
Licht wird alles, was ich faſſe,
Kohle alles, was ich laſſe:
Flamme bin ich ſicherlich!

---

[1]) „Siehe, welch ein Menſch." Die Worte des Pilatus, als er den leidenden Jeſus
dem Volke vorführte.

Sternenmoral

Vorausbestimmt zur Sternenbahn,
was geht dich, Stern, das Dunkel an?

Roll selig hin durch diese Zeit!
Ihr Elend sei dir fremd und weit!

Der fernsten Welt gehört dein Schein!
Mitleid soll Sünde für dich sein!

Nur e i n Gebot gilt dir: sei rein!

Wer viel einst zu verkünden hat...

Wer viel einst zu verkünden hat,
schweigt viel in sich hinein.
Wer einst den Blitz zu zünden hat,
muß lange — Wolke sein.

Der Weise spricht

Dem Volke fremd und nützlich doch dem Volke,
zieh ich des Weges, Sonne bald, bald Wolke —
und immer ü b e r diesem Volke!

Nach neuen Meeren

Dorthin — w i l l ich; und ich traue
mir fortan und meinem Griff.
Offen liegt das Meer, ins Blaue
treibt mein Genueser Schiff.

Alles glänzt mir neu und neuer,
Mittag schläft auf Raum und Zeit —:
Nur d e i n Auge, — ungeheuer
blickt mich's an, Unendlichkeit.

Sils-Maria[1])

Hier saß ich wartend, wartend, — doch auf nichts,
jenseits von Gut und Böse, bald des Lichts

---

[1]) Ort im schweizerischen Konton Graubünden, wo Friedrich Nietzsche, der Unstete, eine Zeit gelebt und Teile seines berühmtesten Werkes „Also sprach Zarathustra" geschrieben hatte. Die ersten drei, vor Nietzsches geistiger Umnachtung veröffentlichten Teile wurden in Leipzig gedruckt und erschienen in einem Chemnitzer Verlag.

genießend, bald des Schattens, ganz nur Spiel,
ganz See, ganz Mittag, ganz Zeit ohne Ziel.

Da, plötzlich, Freundin, wurde Eins zu Zwei:
Und Zarathustra ging an mir vorbei. . . .

Das Trunkne Lied

O Mensch! Gib acht!
Was spricht die tiefe Mitternacht?
„Ich schlief, ich schlief —,
aus tiefem Traum bin ich erwacht: —
Die Welt ist tief,
und tiefer als der Tag gedacht.
Tief ist ihr Weh —,
Lust — tiefer noch als Herzeleid:
Weh spricht: Vergeh!
Doch alle Lust will Ewigkeit —,
will tiefe, tiefe Ewigkeit!"

Aus „Also sprach Zarathustra".

FRIEDRICH NIETZSCHE

(Vom Kinder-Land)

Ach, wohin soll ich nun noch steigen mit meiner Sehnsucht! Von allen Bergen schaue ich aus nach Vater- und Mutterländern.

Aber Heimat fand ich nirgends: unstät bin ich in allen Städten und ein Aufbruch an allen Toren.

Fremd sind mir und ein Spott die Gegenwärtigen, zu denen mich jüngst das Herz trieb; und vertrieben bin ich aus Vater- und Mutterländern.

So liebe ich allein noch meiner Kinder Land, das unentdeckte, im fernsten Meere: nach ihm heiße ich meine Segel suchen und suchen.

An meinen Kindern will ich es gut machen, daß ich meiner Väter Kind bin, und an aller Zukunft — diese Gegenwart! —

Also sprach Zarathustra.

Aus „Also sprach Zarathustra".

Friedrich Nietzsche.
Radierung von Karl Bauer.

121

FRIDA SCHANZ

Spruchstrophen

Ein Glück, wie wir's uns in der Jugend träumen,
gibt es im Leben kaum.
Du eben bist das höchste Glück, du Überschäumen,
du goldner Jugendtraum!

Die Jahre wandern, die Wolken wandern.
Das Leben vergeht, wie Gras vergeht.
Kein Mensch steht höher über dem andern,
als ein Grashalm über dem andern steht.

Wie klug ist der, der auf der Lebensfahrt
des Glückes schöne, raschverwehte Spenden
erinnernd sich zusammenspart!
Denn auch Vergessen ist Verschwenden.

Betrifft dich wehe Kränkung schwer,
denk: das ist hundert Jahre her.
Bei allem, was dich heimlich freut,
denk innig-fröhlich: das ist heut!

Wie man wohl richtig
sich selber ehrt?
Nimm dich nicht wichtig,
doch halte dich wert!

Wie schön ein Lachen, kerngesund!
Wie schön ein Wort, klug über alle!
Wie schön ein feiner stummer Mund
im allgemeinen Redeschwalle!

Sei gütig auch in Schmerzen
und nicht, daß man's bestaune.
Sei gut aus gutem Herzen
und nicht aus guter Laune!

Margaret

„Margaret!
Nun versprich mir und reich' mir dein Händchen,
daß ihr nicht aus der Stube geht!
Hier ist Brot und ein Rauchwurstendchen!

Wieg', wenn's dämmert, den Plumpsack ein!
Bist mein tapferes Mütterlein!" —

Der so sprach, war ein sächsischer Reiter,
kommandiert gegen Friedrichs Schar.
Margarete, die war nichts weiter
als ein Kind, noch nicht ganz sechs Jahr.
Aber wenn ihr Händlein am Morgen
in des Reiters Reiterfaust lag,
wußte der: ich brauch nicht zu sorgen
für die Würmer den langen Tag!

* * *

Februartag. Eiswettergrausen!
Gegen den Lenz hin der Winter rast.
Alle Büsche und Bäume verglast
und darüber Wildsturmes Brausen.
Alle Waldwege tief verweht.
„Eia Popeia!" sang Margaret.
Doch der Plumpsack wollte nicht schlafen.
Von einer Weide mit goldenen Schafen,
von einem Silberschlosse im Mond,
drin das gestorbene Mütterlein wohnt,
von dem Nix, der sein Goldhaar strählt,
von dem Alb hat sie ihm erzählt.

Mit ihrem Fingerlein spielte sie Spiele,
baute ihm Städte auf holpriger Diele
von Kastanien und Eicheln und Moos,
band ihm sein Röckchen, nahm's auf den Schoß,
führte den Stolper vom Fenster zur Türe,
spielte mit ihm, daß die Mutter ihn führe,
die gekommen in gleißendem Glast
himmelsschön, als ein hoher Gast.
Kochte ihm dann auf dem Herde sein Süppchen,
machte das Holzscheit zum stattlichen Püppchen,
saß, als die Dämmerung gruselig sank,
singend bei ihm auf der Ofenbank.

Samtenes Dunkel floß in die Stube.
Nicht ins Bettchen wollte der Bube,
zeigte draußen auf Mond und Stern.

„Feurio!" scholl es da laut von fern.
All die Dunkelheit rollte zusammen.

Winziges Mütterlein, sieh mal die Flammen!
Überm Nachbarhaus gegen das Dach
des hohen Münsters lodert es jach.
Lohende Flammen, Rauch, der sich ringelt,
schwarz ist der Marktplatz von Menschen umzingelt.
Mit einem Grausen, das keiner nennt,
sagte das Mütterlein: „Lutz, — es brennt!“ —

Als sie die Flamme sah, wollte sie fliehen,
rasch das Plumpsäcklein mit sich ziehen,
aber, — — o Schreck —: des Vaters Gebot!
Glutrot ist die Stube durchloht.
Alles rennt, was im Städtchen gehaust,
glühender Atem das Mädchen umgraust.
Und des Fensterleins Scheibe zerspringt.
Margaretlein zittert und singt.

Leise sang sie: „Eia Popeia,
Schlafe, Jungchen! Was raschelt im Stroh?“
Und der Sturm sang: Eia juchheia!
Und das Feuer sang: Furio!

* * *

Mitternacht. — — Fast kein Bett mehr, kein Bettchen
und keine Glocke, die's sagen kann!
In das veräscherte, qualmende Städtchen
jagte spornstreichs der Reitersmann.
Rasender Nachtsturm. Rauchwolken schaukeln.
O die Bilder, die ihn umgaukeln,
o die grausige Angst und Pein —:
Margaret, — armes Mütterlein!
War zu stolz, um einen zu fragen.
Erste Reiterfurcht hat ihn am Kragen.
„Ach du mein Herrgott, mein Häuslein steht!“
Alles verbrannt rings! — — — Margaret
lag wie ein Leichlein im wüsten Grauen,
nein, wie ein Englein anzuschauen,
lebend, lieblich, nur still wie nie.
Der verängstigte Plumpsack schrie.
„Herzkind, sprich, wer hat Euch gerettet?“
„Weiß nicht!“ klang's.
         ‚Der die Sterne kettet
in die strenge, ewige Bahn‘,
dachte der Reiter, — — ‚der hat's getan!‘

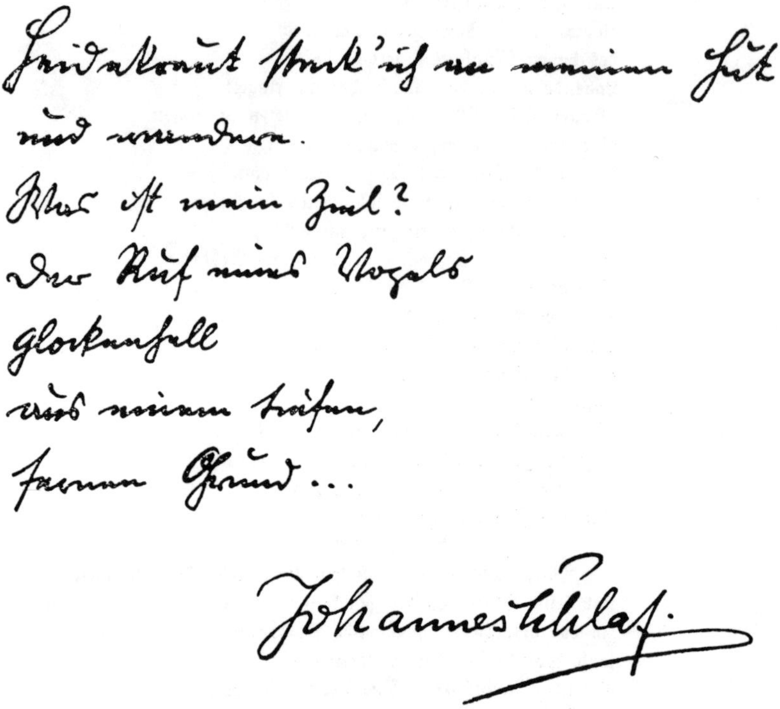
Heidekraut steck' ich an meinen Hut
und wandere.
Wo ist mein Ziel?
Der Ruf eines Vogels
Glockenschall
aus einem tiefen,
fernen Grund ...

Johannes Schlaf

JOHANNES SCHLAF

In Dingsda

Ich beschloß, eine Sekundärbahn zu benutzen und meinem Heimatorte einen Besuch abzustatten.

Das war eine halbwegs sentimentale Anwandlung. Aber, lieber Gott, so ein Stückener fünfzehn Jahre mochte es her sein, daß ich das Nest nicht gesehen hatte. —

Am Vormittag kam ich an. Der Zug — halb Güter-, halb Personenzug — entlud sich seiner sechs Passagiere; der Bahnhofsinspektor kroch aus

seinem Bureau hervor, preßte sich die rote Mütze auf den Kopf und trug lang=
sam seinen dicken Bauch am Zuge entlang. Ein paar italienische Hühner,
die vor dem kleinen, neuen Backsteingebäude umherpickten, stoben gackernd
auseinander. Die beiden Schaffner traten zusammen und staunten meinen
Hut und Überrock an, der ihnen vielleicht außergewöhnlich neumodisch vorkam.

Kaum hab ich ein paar Schritte getan, da regt sich mein Lokalpatriotismus.
Nun haben wir hier auch eine Bahn! . . .

Aber ein Wetter? Köstlich!

Da liegt das Nest. Die roten Dächer im Gartengrün den Berghang hin=
auf übereinandergestapelt, übereinanderhinweglugend. Vögel drüber in der
blauen, goldigen Luft. Die drei Kirchtürme, die hohen grauen Schloßtürme
vom höchsten Gipfel herab und die kerzengeraden Rauchsäulen in der blen=
denden Sonne.

Alles genau so wie früher. Nur nach dem Bahnhof zu ein paar Bau=
plätze und ein paar neue Häuser. Nur da, ganz neu: ein paar längliche rote
Backsteingebäude und ein weißblendender „Palast". Ein Großhändler. Ein
wirklicher, richtiger Großhändler. Ich lese das Firmenschild: H. Windesheim
& Co. Glückauf! —

Und nun trat ich durch das Tor, durch das „damals" noch der gelbe Post=
kutschkasten abends zwischen den blühenden Fliederbüschen auf der staubgrauen
Chaussee gemütlich hereinhumpelte. Wie schön der Postkutscher immer geblasen
hatte, wenn wir so neben der alten Karre hersprangen! . . .

Da sind die Gartenmauern mit dem übernickenden Grün, und da ist der
„Goldene Bär" und der „Schwarze Adler". Herrgott! Fünfzehn Jahre?
Wirklich fünfzehn Jahre? Ich . . . Hm! Kann man sich hier nicht irgendwo
ein paar Zigarren kaufen? . . .

So! Freilich: ländlich, schändlich! Aber . . . Ja! Warum man nur
heutzutage so über den Tabak räsoniert? . . . So! — Der schöne blaue Rauch!
Und nun um Gottes willen nicht sentimental werden! Denn „das hat gar
keinen Zweck!" —

Ich stolpere, mit schweifenden Blicken, rauchend über das bucklige Pflaster
mitten über den Fahrweg. Immer weiter und weiter.

Wenn mir jetzt ein alter Freund, ein Jugendbekannter, ein ehemaliger
Schulkamerad, nun biederer Schuster, Zimmermeister oder Schlosser, begegnete

und mich fragte, was ich für ein „Metier ergriffen" hätte? Das Herz klopft mir ein wenig.

Hm! Peinlicher Gedanke! Wie sollte ich mich ihm, unbeschadet meiner Reputation, verständlich machen?

Nein, ich will ganz allein so ein Stündchen, sozusagen inkognito, hier umherbummeln, ganz mutterseelenallein, mir still alles ansehen und mich dann wieder fortschleichen, hinaus zum Bahnhof.

Ich lese die Firmenschilder. Ja, nun merke ich doch: die Generationen haben sich ein wenig verschoben. Es kann aber auch sein, daß ich viele Namen vergessen habe.

Ein paar Leute gehen an mir vorüber. Ob Bekannte darunter sind? Niemand redet mich an, nur fremde Gesichter.

Wie lächerlich klein die Häuser geworden sind! Richtig eingeschrumpft sind sie.

Ach, die kleinen Straßen! Hinauf und hinunter! Die Schwalben schießen zwitschernd an den grauen, gelben, weißen und blauen Häuserchen hin. Ein paar gelbflaumige Gänseküchelchen piepen auf dem Pflaster umher. Dort drüben sehen die weiten, grünen Felder in die Stadt herein; über die Dächer hinweg die blaue, sonnendunstige Ferne.

Ach, und so still! Wie still hier die Welt geblieben ist! Nur fernher rattert langsam, schläfrig ein Lastwagen. Unten schwatzen ein paar Nachbarn über die Gasse hinüber. Ich höre ganz deutlich, was sie sprechen; Wort für Wort. Weiter. —

Hier haben wir Ball gespielt. Hier hab ich einmal einen Silbergroschen gefunden und ihn sträflich in Johannisbrot und Kirschen vergeudet. Hier haben wir gewohnt, und hier, hier wurde ich geboren . . . Ach, ach, ach! — In dem kleinen Häuschen da noch der alte Buchbinderladen mit der schön waschblau gestrichenen Tür. Hier habe ich mir Neuruppiner Bilderbogen und Bleistifte gekauft. Ich trete ein. Eine alte Frau. Ich kenne sie sofort wieder. Ordentlich Herzklopfen bekomm ich. Ich mache einen kleinen Einkauf. Sie kennt mich nicht mehr. Natürlich . . . Nein, anreden will ich sie nicht. Still weiter! — Und nun den alten Marktplatz hinauf. Da, der mittelalterliche Rathausturm mit der blauen Sonnenuhr. Dort oben wohnt noch der Türmer, der die ent=

ſetzliche Brandglocke läutete, wenn Feuer ausgebrochen war, der Türmer, der abends immer ſo ſchöne Choräle über die ſtillen roten Dächer beruhigend in den Feierabend hineinblies. Die Falken ſchrillten dazwiſchen, und die Schwalben ſchoſſen in langen, weiten Bogen um das ſpitze Schieferdach des Turmes, auf dem die Abendſonne lag.

Hier auf dem Markt verſammelten ſich in ihren grünen Röcken und ſteifen Tſchakos mit den ſchwarzen Hahnfederbüſchen — nur die Muſik hatte rote — die Stadtſchützen, wenn draußen vor der Stadt im Schützengarten hinter dem alten Schloß Mannſchießen war. Das dauerte immer acht Tage. Jeden Tag zogen ſie hinaus, und es war ein ſchönes, aufregendes Feſt.

Wie ſpät? Was! In einem kleinen Stündchen hab ich das ganze Neſt durchſtreift und ſtehe vor dem anderen Tor. Da iſt die alte Grabenbrücke. Durch Brenneſſeln und Scherben krochen wir Jungens hindurch in ein enges, altes Gewölbe, das wir unter einem Garten aufgeſtöbert hatten. Hinten konnten ſich gerade noch ein paar Sonnenſtrahlen durch eine vergitterte Luke zwängen, die ein bläuliches Dämmerlicht gaben. Wir machten hier Rauch= verſuche mit Pfennigzigarren, laſen grellbunt illuſtrierte Räuber= und In= bianergeſchichten und unternahmen, von ihnen begeiſtert, allerlei Raubzüge in die Gärten und Schotenfelder der Umgegend. —

Und jetzt ſteh ich draußen auf den grünen Bergen. Die Wolfsmilch blüht wie früher zwiſchen den Kalkſteinen, und die friſche Luft weht immer noch über die Gräſerchen und Hungerblümchen, die ſich zwiſchen dem Geröll her= vorzwängen. Immer noch taumeln die weißen und gelben Schmetterlinge drüberhin, und unten im Tale fließt der Bach zwiſchen Wieſen und Gärten und ſtürzt über die brauſenden Mühlwehre.

Und dort auf der Anhöhe das Schloß. Der Marterturm, der alte, rieſige graue Wachtturm, die hohe Schloßkirche. Die dicken, ungeheuren, unver= wüſtlichen Wallmauern, zwiſchen denen Ebereſchen und Vogelbeeren hervor= brechen. Weit, weit dehnen ſie ſich in die Runde. Tief der alte Wallgraben mit Gras und Gebüſch, hier und da voll Geröll und Mauerſtücken. Die tiefen ſchwarzen Schießſcharten. Die Brücke und das Tor mit den Wappen und Kruzifixen und den ſteinernen, knienden Rittern davor.

Da oben zwiſchen dem alten Mauerwerk kletterten und ſpielten wir umher.

Hab ich keinen Bekannten, keinen Freund mehr hier? Nein, nicht einen einzigen. Nur Erinnerungen und ein paar Gräber. —

Und wieder streif ich durch das Nest, bis ich zu einem Gäßchen komme. Zwischen alten Scheunen und halbzerfallenen, gelbbraunen Lehmhütten mit verwitterten Strohdächern schlendere ich hinauf, auf die Friedhofskapelle zu. Oben im Dachstuhl, frei in der Frühlingsluft, die alte grünspanige Friedhofsglocke, umspielt von Sonnenschein und Schmetterlingen im Gebälk. Und unten davor die uralte mächtige Linde, die mit ihrem zerklüfteten Wipfel das Ziegeldach überragt.

Jetzt bin ich oben. Rechts und links zweigt sich die Scheunengasse weiter, und rechts und links von der Kapelle aus auf der anderen Seite, lang, weit die hohe Friedhofsmauer. — — — — — —

Gegen Abend saß ich wieder auf der Bahn. Vor mir, in der Richtung, in welcher der Zug fuhr, lag bereits das Abendrot am Horizont hin über den Feldern.

Ich saß ganz allein im Abteil. Ich lehnte mich zurück, drückte mich in die Ecke und kniff die Lippen und Augen zusammen, um die Empfindungen im Zaum zu halten, die in mir umherrumorten.

Ich sah ein anderes Abendrot. Breit, qualmig von Kohlendunst, sich in den blaßblauen Himmel verlierend, und hohe blaugraue Häusermassen schieben und zacken sich breit hinein, und ich höre ein Rauschen und Brausen, rastlos lockend wie Meeresbrandung. Weiße elektrische Monde seh ich, breite Straßen mit der Pracht zahlloser Schauläden, wie aus Licht gewebt, rollende Wagen und alle die Menschen, diese sonderbaren, unruhigen, hastenden, hoffenden Menschen . . .

Noch eine Weile will ich mich hier draußen im Lande herumtreiben, wo die Welt so still und langsam geht.

Wie lange aber wird es dauern und ich muß wieder hin. Ich muß, und sollt ich ersticken in diesem rastlosen, unbarmherzig vorwärtstreibenden Strudel. Ich muß. — Die Sehnsucht wird mich treiben. Die Sehnsucht? Wonach? . . .

Aus dem Buche „In Dingsda".

PAUL GROTOWSKY

Nach dem Kriege

Wenn die tote Mutter heute käme,
meine Hand in ihre Hände nähme,
ihre Augen starrten voller Grauen
in die Höhlen unter meinen Brauen.
„Mutter," sprach ich, „hat das Reich der Toten
dich in u n s e r Schattenreich entboten?
Mutter, was der Väter Blut geschichtet,
irrer Enkel Faust hat es vernichtet.
Mutter, komm, das Feuer losch im Herde;
Mutter, nimm mich mit in deine Erde."

_ _ _ _ _ _ _ _ _ _ _ _ _ _ _ _ _

Hand in Hand über die braunen Matten
glitten stumm ins Abendrot zwei Schatten,
wenn die tote Mutter heute käme,
meine Hand in ihre Hände nähme.

Wandlung

Ist der graue Tag zu Ende,
drin ich pflichtbeladen ging,
heb ich zu der Nacht die Hände,
tret' ich in der Sterne Ring.

Und ich halte stille Feier:
Habe Dank, du Zauberin,
daß ich unter deinem Schleier
wieder i ch geworden bin!

KURT GEUCKE

Der Steiger Michel Mattheis vom David-Richtschacht sucht seinen Sohn!

Über und unter ihnen gähnte der Schacht. Nicht der Hauptschacht für die Seilfahrung und Förderung, sondern das Nebentrumm[1]) für die Kunst, die noch im Gange war, und die sie jetzt, nach der fünften Sohle hinunter, benutzen wollten.

Die Fahrkunst im David=Richtschacht war damals noch eine eintrümmige nach der alten Harzer Art. Sie bestand aus einem mächtigen Schacht= gestänge von immer je zwei gefährtig[2]) stehenden Bäumen, die zwischen festen Bühnen in Wasser= gezeugen hingen. Mit dem Gange des Gezeuges hob und senkte sich auch das Gestänge abwechselnd auf und nieder im Schacht. Wenn der eine Baum zur nächstoberen Bühne einen Ruck hochgezogen wurde, so sank der Nebenbaum um ebensoviel hin= unter zur tieferen Bühne. Der kurze Augenblick nun, wo die Bewegung rückläufig wurde und das Ge= stänge stillstand, mußte immer wahrgenommen werden, um von dem einen Schachtbaume auf den anderen hinüberzutreten und so allmählich, wie man gerade wollte, tiefer oder höher zu kommen. Wer einen der Handgriffe oder Tritte verfehlte, die in den entsprechenden Abständen an dem Gestänge angebracht waren, und deren von der Bergnässe schlüpfrige Sicherheit nicht immer Vertrauen erweckte, der konnte leicht die Fahrt verlieren und hinunter in den Schacht stürzen, der ihn von allen Seiten umgähnte. Mattheis aber war schwindel= frei. Seine Hand faßte fest die wettermorsche Klammer, die ihm Halt geben sollte, und sein Fuß hatte kaum den schmalen Tritt gefunden, als ihn auch schon der erste Hub um einige Klafter hinabförderte. Schnell trat er auf den Gegen= baum über, der eben rückläufig wurde und ihn wiederum — während der

---

[1]) Schachtabteilung. [2]) parallel, gleichlaufend.

erstere Baum nunmehr nach oben ging — um eine klafternde Hublänge zum nächsten Tritte tiefer trug. So kam er, mitten im Schachte auf Hölzern gehend, die nicht größer waren, als gerade seine Füße bedeckten, nach und nach hundert Klafter in die Tiefe hinab. Als er einmal aufschaute, sah er hoch über sich ein gelbes Sternchen flimmern, so winzig wie ein weltenfernes Himmelsgestirn. Es war das Grubenlicht von Rasmus, der einige Male den Augenblick der Rückbewegung versäumt hatte und nun so weit zurückgeblieben war. Nach einer Zeit, die tatsächlich vielleicht kaum eine Viertelstunde betrug, die in der Wirklichkeit ihres Empfindens aber die Gefahren dieses Weges um Unendlichkeiten dehnte, hatten beide Männer endlich die fünfte Sohle erreicht.

Hier oder wenig tiefer mußten die Verschütteten gefunden werden. Die Luft war wieder atembar, nur daß hier unten eine furchtbare Hitze drückte.

Sie achteten auf alle Wetterlutten und Wettertüren, damit der Zug der Wetter richtig abgeblendet und geführt werde. In der Nähe eines blinden Schachtes, der zwischen den beiden Tiefsohlen in einen Mittenbau durchfuhr, stießen sie auf einen zertrümmerten Hund[1]). Nun konnte die Unheilstätte nicht mehr fernab liegen. Entlang den Rieselröhren, die immer mehr verbogen, immer mehr zersplissen lagen, ging die Richtung der Gewalt. Dicht bei einem alten Verhau, der wieder mit Bergen[2]) versetzt und hinterfüttert war, traten sie in einen Strossenbau[3]) ein, der ein Bild der entsetzlichsten Verwüstung bot. Gebälk und Werk aus Grund und Boden gesetzt, die Fördergefäße ineinander, übereinander, vertürmt und verfahren, die Querschläge verschüttet und selbst die Felsenwände auseinandergespalten und zerrissen, als wären sie schwimmendes Gebirge gewesen! Ein Anblick der letzten Zerrüttung, grauenhaft!

Zwischen Geblöck und Geklüfte gähnte ihnen ein Schlund entgegen, aus dem noch leichte, fast unsichtbare Wölkchen stiegen. Hier wohl war die Höhle des Roten Todes! Sein Wappen flammte rot und fahlblau in schwarzem, unergründlichem Felde. Und hier, hinter einer weißglühenden Türe, lag auch sein Tanzgemach! Als sie die Tür, eine eiserne Wetterblende, mit ihrem Gezäh öffneten, bot sich ihnen das Höllenfest eines brennenden Berges dar. In

[1]) Karren.
[2]) unhaltiges Gestein.
[3]) treppenartiger Abbau, von oben nach unten getrieben.

Kammern und Klüften brandete ein Flammenmeer und tanzte die Weise des Todes. Wolkenwülste von rotdurchfeuertem Qualm wälzten sich an den Firsten entlang von einem Bau in den anderen hinein und suchten einen Ausgang, den sie nicht finden konnten. In verlorenen Gängen, die durch Querschläge mit Gefährtengängen verbunden, doch alle feuerfest verblendet waren, jagte die rote Wut ihre Ohnmacht und fraß sich selber.

Die beiden Männer stießen die glühende Tür in ihr Schloß zurück und wendeten sich zu einem Durchschlag hin, wo sie das Entsetzen anrühren sollte... Da, in einem Wetterkessel, da ... da lag was — sah wie ein menschlicher Körper aus — das Angesicht, wie im Krampf, in die Erde gewühlt, in die Erde verbissen ... ihr Fuß hatte an einen Leichnam getroffen, das erste Opfer des Todes!

— — — — — — — — — — — — — — — —

Als Mattheis wieder aufstand und sein Grubenlicht in den Gürtel hing und die Sprache zurückfand, da war sie von einer seltsamen Ruhe.

„Bin ich nicht ein Fundgrübner, der Glück hat?" sagte er, „siehe — es ist mein Sohn!" — — — — — — „Lieber Junge, du, deiner Mutter Ebenbild, ich weiß einen Gesellenbau für uns beide und will uns eine Stätte erbbereiten, daraus uns kein Schleicher treibt! — Glaub mir, Rasmus, sie ist bauwürdig!"

Der Angerufene, erschüttert bis in die Fugen des Lebens hinein, konnte nur stammeln: „Noch bist du nicht einsam auf Erden!" — Er setzte sich wieder auf einen zertrümmerten Laufkarren; er konnte nicht weiter: er sah in seiner Einbildung Hunderte schwarzgedunsener Leichen, die Leiber zu Knäueln ineinanderverschlungen und die sturen Häupter mit gequollenen, lebensgierig herausgetriebenen Augen. ... Entsetzen schüttelte ihn, und ein Zittern durchlief seinen Körper. Mattheis aber, der den Leichnam auf einen Schleppwagen gebettet hatte, war unerbittlich und sagte nur noch das eine Wort: „Komm!"

Wiederum ging es Treppen hoch und Treppen nieder, Leitern hinauf, Leitern herunter, Strecken hin und Strecken her, ohne daß ihnen begegnet wäre, was sie suchten. Von Menschen, lebenden weder noch gewesenen, keine Spur zu finden!

134

„Doch — Rasmus — was ist d a s?!" . . .

Durch einen langen, langen Gang herunter, der in eine Felsenkammer fuhr, hörten sie ein unendlich feines Stimmchen, das fast wie das Zirpen eines Vögleins klang. Und, gütiger Himmel, wahrhaftig, als der Hall ihrer Schritte in das Gewölbe hineinschlug, da hub ein Vöglein in seiner Freude wirklich zu singen an! Der erste Lebenslaut in der Gruft des Todes! . . . In einem kleinen Holzkäfig ein blindes Rotkehlchen war es, das schon in hundert= undfünfzig Wochen hier seine Weise gesungen hatte, und hatte doch nicht mehr das Licht der Sonne gesehen.

Es war der kleine Kamerad eines Althäuers, der es als seiner Tage Freude vor drei Jahren einmal miteingefahren hatte. Ein singendes kleines Seelchen, fünfhundert Klafter unter der Erde und bergblind geworden. Fröhlich aber, wenn es Menschen vernahm. In diesen Irrgewinden und Gekämmern der Verlassenheit eines Wesens Herzkämmerchen, darin die Liebe sang und das Leben tickte. So irdisch=unirdisch, wie alle Lust und Schmerzen sind. Und dieses Tierchen, das nur ein Hauch des Lebens war, hatte der große Würger Tod vergessen hier! Oder hatte er es nicht gefunden? . . .

Hier war es, wo Mattheis sein Angesicht in Händen barg.

Sie waren wieder auf der Wanderung, als sie in einen tiefstreichenden Stollen gelangten, der der Dichter= oder Kortumsgang heißt, und der, recht= fallend unter der Sohle, auf eine Nachbargrube richtet, die Zeche Nina.

In diesem Gange wurde das Dürsten ihrer Seelen gestillt. Was keine Förderkunst hätte löschen können, das tat hier ein Menschenlaut. Ihr Ohr sog ihn ein und schlürfte ihn wie betrunken vor Freude. Sie eilten, als trügen sie geflügelte Winde. Aber Schall und Widerhall mußten sie getäuscht haben: der Ton war weiterhin zu Haus. Sie fanden ihn, wo sie ihn nicht vermutet hatten, in der tiefsten Teufe der Grube. In einer Grotte, die ihnen wie der Kessel der Hölle erschien. Von den Firsten sinterte Sickerwasser und tropfte jeden Tropfen der rinnenden Zeit auf die nackten, glühenden Leiber der Ver= schütteten herab. Sekunden um Sekunden, Minuten um Minuten, Ewigkeit um Ewigkeiten. Die Unglücklichen, die in dumpfem Brüten hier lagen, hatten das Gefühl für die Zeit verloren, denn jeder Blick, der ihre Verzweiflung ansah, währte für sie die Unendlichkeit. Sie wußten nicht, ob sie in Tages= oder Nacht=

schicht lagen, und wie Süchtige nach dem wechselnden Monde, harrten sie nur und hofften auf die letzte, große Wechselstunde, die sie von ihrer Qual erlösen werde. In der dumpfen Erwartung des Todes erkannten sie auch nicht, daß jene, die gekommen, ihre Retter waren. Und sie lebten alle . . . bis auf Mattheisens Sohn! — — —

Aus dem Roman „Rust".

KURT GEUCKE

Schollengesang

Dich grüß ich, nährende Mutter,
Urmutter Erde,
ich, die Geringe,
die ich nur Scholle bin unter den Schollen
und doch teilhaftig der Kraft,
der quellenden,
deiner Fülle,
Urmutter Erde!

Den Elementen vermählt und den Kräften,
den brausenden Kräften des Lebens,
bin ich dem Sturme verwandt,
        dem Feuer aller Gestirne:
Empfange und wecke
und singe das ewige Sein.

Von Erde bin ich und Erde zeug ich:
ein Grab ohne Grund und ein Bronnen.
Ich lösche die Wolke, ich tränke den Wind;
und wie die Gewässer, so schöpf ich aus Höhen,
aus Klüften der Allnacht
das stürzende Licht!

Geheimnisvoller Stoff,
tag- und nachtgewaltiges Etwas,
weltalldurchdunkelndes,
erdaufblitzendes ewiges Licht,
bist du nicht das weiße Blut der Welt?
Komm,
laß dich saugen!

Komm mit den Regenschauern des Lenzsturms
und lasse dich trinken!
Trinken vom Keime, dem goldnen
Erqueller in meinem Schoße,
bis er kühner wird, schwellend von Säften,
ein Riegelsprenger,
und Pforten findet zurück
in den Glanz, in leuchtendes Leben.

O Frühlingswunder der Heimat,
wo in Fruchtgefilden die Wachtel lockt
und in der Grüntrift der schnarrende
        Wiesenknarrer
durch flammenden Mohn stelzt
und gelbe Dotterblumen! —

136

Und hörtest du niemals die Weidenflöte
zur Sommersonnenwende
die Mondnacht durchklingen?
Niemals den Silberwind
in den Kämmen säuseln des Kornmeers?
Siehe, die grannenstrahlenden Ähren
blitzen in der Nacht!
Bald mag die Sichel klingen
am Mittag in Sonne
zum goldenen Liebe blonder Schnitterinnen!

Ich sehe den Wind sich verstecken
in den Sommerkleidern der Mädchen,
die, wie das wogende Korn,
erntebiegsam und rank
aus den Miedern atmen im Tanze,
federnd in allen Gelenken,
knisternd von heimlichem Feuer,
glühend von Duft
und Lust . . .

Also, vom heimlichen Feuer
aus dem Mutterschoße der Erde,
glühe auch ich.

Und der fruchtbare Dampf,
Atemduft der Erde,
bringt mir aus allen Narben,
wirbelt, quillt aus Ackerfurchen,
ergreift das weiße Land mit Armen,
steigt in das Brausen der Nacht hinauf, —
gärende Feuchte!

Milch der Erhaltung!
Brodem der Fruchtbarkeit!
Ewiger Feuchte Tau!
Schweiß der Gebärung:
Schollendampf!
Wie schimmert die Lichterstadt
durch die Schleier deiner Nebelseen!
Wie rauchen der Schlote Geschlechter,
schmiedende Werke und Öfen
im durchbluteten Dunst deiner Schwaden,
flackern die Feuer der Ewigkeit,
Orions Fackeln,
durch das Donnergewölk
deines blitzdurchleuteten Dämmers!

Berstet, ihr Wolken!
Brechet, ihr Quellen!
Ströme, nährende Mutter,
Urmutter Erde,
ström über dein jauchzendes Leben!
Jedem Kindlein einer Mutter,
jedem Krümlein einer Scholle,
ströme aus allen Brüsten,
allen Brunnenbrüsten der Nacht
das lebenerhaltende köstliche Naß!

Strömet Unsterblichkeit, Brunnen der Tiefe,
Urborn der Liebe, ströme dein Lied!
Ströme . . . ströme . . .
Mutter Erde . . .

PAUL QUENSEL

Die Sonnenschar auf dem Rotenberger Vogelschießen

Die „Sonnenschar" fühlte mit Recht, es dürfe beim Spielen, Tanzen und Singen auf den Straßen und Plätzen der Stadt nicht bleiben, falls ihre ganze mit großen Worten gepriesene Bewegung nicht zur öden Lungen= und Beingymnastik werden solle. Innerliche Reinigung und Erneuerung des Volkskörpers müsse das letzte Ziel der Unternehmung sein, und so kam die schöne Liselott auf den Gedanken, zunächst einmal hergebrachte Volksbelusti= gungen, die, wie die Schützenfeste, mit der Zeit mißfarbige Blüten und giftige Früchte angesetzt hatten, zu veredeln. Mit der ganzen Leidenschaftlichkeit ihrer Natur warb sie für ihren Plan, und an ihrer flackernden Beredsamkeit mußten alle Bedenken verbrennen. So wurde es bald beschlossene Sache, man wolle das Vogelschießen zu Rotenberg „schmeißen", und zwar gleich am ersten Tage, wo alles Volk aus weitem Umkreis zusammenströmte, um sich an den Genüssen des Festes zu erlaben. Eine Sprengung erschien um so aus= sichtsgewisser, als mancherlei Zeugen wissen wollten, daß in dem weit größeren Westhausen ein ähnlicher Versuch glänzend geglückt war.

So fand die nächste Sonntagssonne einen unternehmungslustigen Sturm= trupp unterwegs. Sie war in freundlichster, wenn auch etwas ironischer Laune und beschien deshalb den gewollt ungezwungenen Aufputz und die prahlerischen Kochkessel so rücksichtslos und hell, daß dem ehrlichen Franz Rucktäschel die ganze Aufmachung nun doch ein wenig komödiantenhaft erschien. Er verschloß seine Empfindungen zwar im innersten Herzen, mußte sie aber bald danach aus dem wortkargen Zwiegespräch vorübergehender Bauern von außen her vernehmen.

„Zigeiner?" sagte der eine, und kopfschüttelnd der andre: „Spieler."

„Was wolln denn die sehn lassen aufm Vogelschießen?"

„Viel nich: weiße Meise oder Meerschweinichen."

Es war gut für Franz Rucktäschels Standhaftigkeit, daß sich gleich da= nach die schöne Liselott zu ihm gesellte und eingehenkelt mit männlichen Schrit= ten an seiner Seite blieb. Sie plauderte von gemeinsamer, aber durch blöde Standesschichtung getrenntgebliebener Kindheit; sie jubelte über die durch=

brochenen Schranken und prophezeite die nahe Menschheitsverbrüderung. Er
richtete sich an ihrer strahlenden Zuversicht empor, ja schämte sich seines bürger=
lichen Kleinmuts. Und je länger sie redete, in all den lockenden und heldischen
Registern, die einer schwärmerischen Mädchenseele gegeben sind, desto üppiger
schossen seine Hoffnungsstrahlen zu einem rosichten Nebel zusammen, in dem
tausend Märchenblüten zu duften anhoben und ein Chor lieblicher Stimmen
immer verheißender sang. Und also umwoben, wanderte er an ihrer Seite
in die Zukunft hinein, zum Altar der alten Peterskirche und weiter, in ein
reiches, glückliches Leben voll Aufstieg und neidloser Erhöhung.

Als die Sonnenschar mit ihrem blauen Wimpel auf dem Schießplatz an=
rückte, kam das Fest eben in Schwung. Elektrisch betriebene Orgeln knatterten
zwischen den Schiffen, Pferden und Elefanten der Karusselle hindurch; in
irgendeiner Bude brüllte ein fremdes Tier; der Inhaber des Affentheaters
bearbeitete in höchster Geschäftsbegeisterung eine große Trommel; Schieß=
budendamen lockten mit lauten Bierstimmen vorüberdrängende Kavaliere,
und aus der Bayrischen Bierbude kam bereits einer in Schrägstellung, den
neuesten Schlager versuchend, den er beim Frühschoppenkonzert von einer
tingeltangelnden Muse vernommen hatte: „Menschen — Menschen — Men=
schen sein mr alle!" Die Luft über dem ganzen Platze war mit Staub ge=
schwängert, der brenzlig roch; denn von den Bratwurstrosten und der türkischen
Schmalzbäckerei her kamen starke Schwaden von angesengtem Roßfett. Und
immer stärker wurde das Stäuben und Stinken, das Schieben und Durch=
einanderfluten, da auf allen Zugängen neue Festteilnehmer heranwalzten,
mit Regenschirmen, Rucksäcken und Kinderwagen.

Die Sonnenschar bildete in dem Getümmel ein versprengtes Häuflein,
das man begaffte wie andre Sehenswürdigkeiten auch. Mancher, der auf
dem Marsche hohe Töne geredet hatte, schwieg nun beklommen, da niemand
recht wußte, wie und wo anzugreifen sei. Da war es wieder die schöne Liselott,
die allen Zagemut abwarf und in gläubigem Eifer den Kampf begann. Sie
hatte ein Häuflein armer Kinder ausgespäht, das sich, etwas verschüchtert
und bar von Mitteln, nicht ins Gedränge wagte. Die machte sie mit natür=
licher Gütigkeit in Augenblicken zutraulich, führte sie abseits und übergab sie
mit anfeuernden Worten der Führung Franz Rucktäschels. Sie selber wand
sich in behender Weise wieder dahin und dorthin, um nach neuem Fang aus=

zuschauen. Wirklich glückte es in kurzer Zeit, einen Kinderschwarm nach einer Lichtung am nahen Gehölz zu locken und dort festzuhalten. Etliche Mütter, die eine mit einem Säugling im Mantel, folgten neugierig und beobachteten nun, wie die Kleinen in einem der einfachsten und lustigsten Tanzspiele unterwiesen wurden. Die Hingebung und ungesuchte Fröhlichkeit, mit der dies geschah, schien Zutrauen zu wecken; an Stelle halben Zwangs trat sichtlicher Anteil. Daher kam der Ringelreihen bald in natürlichen Fluß, neue Teilnehmer kamen hinzu, von der rastlosen Liselott und ihren Helfern herangeführt, die nunmehr sogar vor Schaubuden und Verkaufsständen ihr Werbenetz auswarfen. Schon kämpfte der Gesang der Spielgemeinde mutig gegen das Geschrei der Karussellorgeln; denn eins der Kinder erwärmte sich am andern, die Alten nickten Zustimmung, und der ungeahnte Erfolg füllte die Sonnenschar mit Stolz und Zuversicht, daß sie alle Hingabe aufbot, einen vollen Sieg zu erringen.

Da war es eine kannibalische Musik, die plötzlich die singenden und tanzenden Kinder aufhorchen machte: eine greuliche Tuba schrie, als ob der Jüngste Tag gekommen sei, und erweckte ein Gebraus von Schellen, Tamtams, Trompeten und Trommeln. „Der Zirkus Schakalini!" rief erregt ein Knabe, und man merkte, wie seine Seele aus dem Spielbann hinüber in das Getümmel des Vogelschießens flog. Der Ruf war wie eine heimtückische Zauberformel: die meisten Kinder tanzten nur noch mit geteilter Seele ihr hübsches Spiel, und je lauter es zinkte und paukte und brüllte, desto stärker wurde ihre Begierde nach den grellen Wundern der Schützenwiese. Umsonst bemühte sich die Sonnenschar mit mahnender und verheißender Beredsamkeit, die Kindergeister zurückzugewinnen. „Dir sind sie anvertraut, Franz Rucktäschel! Hab acht!" hatte die schöne Liselott gerufen, ehe sie das letztemal davongeeilt war. Das Wort lag ihm wie ein Alb auf dem Herzen, daß er besonders heftig um die jungen Seelen rang und versuchte, einen Deich aufzuwerfen gegen die anstürmenden Wellen der Verführung. Einen Augenblick schien es, als ob es ihm wirklich gelänge; aber da erschien ein Vieh vor den Budenreihen: wiegend, höckerig, langbeinig, den dürftigen Kopf stolz-gleichgültig über alles Volk gereckt. „Ein Kamel!" schrie es in bebender Bewunderung unter den Kindern. „Ein Kamel! Und ein Affe sitzt darauf! Sie machen den Gala-Umzug!"

Jetzt gab es kein Zureden mehr und kein Zurückdämmen, zumal die eine der Frauen anfing zu laufen, daß man fürchten mußte, sie werde ihren Säugling verlieren. Die entschiedenen Knaben lösten sich, schnöder Schaulust erliegend, mit Gewalt aus dem Spielverband und sausten an der schönen Liselott vorüber, die, im letzten Augenblick hinzukommend, die Meineidigen beschwören wollte. Die unentschiedenen machten bedauernde Gesichter, um der Sonnenschar zu gefallen; aber dann setzten sie sich ebenfalls in Lauf, immer schneller. Bald kam auch in die Mädchen Fluß, und zuletzt sprengte der ganze Schwarm wie eine durchgehende Schafherde dem Schießplatz zu.

Die Sonnenschar zog langsam hinter den Abtrünnigen her, betreten von der jämmerlichen Tatsache, daß es einem Kamel gelungen war, über die große Veredlungsidee zu siegen. Manche beklagten die Unzuverlässigkeit der menschlichen Natur; andre wetterten auf die Verwilderung der Kinderstuben. Die schöne Liselott sprühte von Vorwürfen: man habe nicht den vollen Glauben an die große Sache eingesetzt und solle nun nicht über die Folgen der eignen Halbheit jammern. Dabei blitzte sie mit zornigen Augen Franz Rucktäschel an, der niedergeschlagen hinter ihr herschlich. Er fühlte deutlich, daß er sie auf immer verlieren werde, wenn er nicht durch eine besondere Tat aller Augen auf sich zu lenken vermöge. Alle seine Gedanken kamen in Wirbel, die eine Frage fieberhaft umkreisend: Was kann ich tun, damit ich selig bleibe? Etwa ein ertrinkendes Kind retten? Aber der reißende Strom, von dem er in Erzählungen gelesen hatte, war nicht da. Oder das durchgehende Pferd aufhalten? Auch das zeigte sich nirgends; denn der Klepper, auf dem der Zirkusdirektor seine Bande anführte, offenbarte keinerlei Wildheit. Oder der ganzen verkommenen Menschheit mit flammenden Worten die Meinung sagen? Stehende Redensarten, wie sie im Kreise seiner Genossen umliefen, schossen ihm durch den Sinn, ermutigten ihn und kamen ihm im Augenblick danach wieder brockenhaft und abgegriffen vor.

Als die Sonnenschar in die Nähe des Zirkus kam, war dessen großer Umzug eben beendet. Das Personal stellte sich in schäbigem Flitterstaat auf der Rampe auf, darunter die weltbekannte Schlangenkönigin Carola Serpentini, der Südsee=Insulaner und Hamsterfresser Jumbo, sowie der Zirkusathlet Fredi Scharrnagel aus Zwenkau in Sachsen. Die kannibalische Kapelle gab „das letzte Pläs oder Zeichen", worauf der befrackte Direktor in einer Ansprache das Programm seines einzigartigen Unternehmens entwickelte. Die seltensten

Tiere fremder Zonen, edelstes Pferdematerial, die ersten Schulreiterinnen aller Kontinente, Schlangenmenschen, Akrobaten und Parterregymnastiker hatte er mit unsagbaren Opfern in seinem Institut vereinigt, um ein hochverehrtes Publikum von Stadt und Land mit neuen Bildungswerten zu bereichern.

„Lügner!" rief die schöne Liselott mit zornentstelltem Gesicht, da sie die ganze Vorführung nicht komisch, sondern tragisch empfand, „widerwärtige Gaukler! Arbeitsscheue Vagabunden! Pestkranke, von denen der Volkskörper vollends verseucht wird!"

Die Furchtsamen der Sonnenschar erbebten bei solcher Herausforderung der öffentlichen Meinung; die Mutigen stimmten ergänzend zu: „Kulturschande! Kulturschande!"

Nun riß sie wütend ihren verwelkten Kranz vom Kopfe und fuhr mit schriller Stimme fort: „Kulturschande — ganz recht! Aber wo ist einer Manns genug, dies allen Leuten zu sagen? Wo ist einer, dem ein starkes, freies Herz in der Brust schlägt? Dem man sich anvertrauen könnte fürs ganze Leben? Wo? Wo?"

Die Verzweiflung über den Mißerfolg hatte sich mit jeder Frage des leidenschaftlichen Mädchens gesteigert. Nun irrte sie mit dem unsteten Blick über ihre Gefolgschaft hin, blieb an Franz Rucktäschel hängen und fragte schneidend: „Wagst du es etwa? Du? Der biedere Schulhammel?"

Der höhnische Zweifel an seiner hingebenden Kraft brachte ihn um den Rest klarer Besinnung. Er starrte ein paar Augenblicke mit aufgerissenen Augen ins Weite, warf wild die Mähne zurück und brach dann wie ein Besessener durch die Menge. Auf der untersten Stufe der Zirkustreppe nahm er Aufstellung und sah nun nichts mehr vor sich als ein wirres Kreisen von glotzenden Augen und geöffneten Mäulern. Zuerst schien es, als ob er völlig geistesabwesend sei und selbst nicht wisse, was er an dieser Stelle suche; denn er schnappte wie ein Karpfen und focht mit den Händen, als wolle er Ruhe gebieten. Dann aber fing er stockend, mit überschnappender Stimme zu reden an: Phrasen über die Abkehr der Menschen von entwürdigenden Schaustellungen und ihre Erneuerung im Geist und in der Wahrheit.

Aber er kam nicht weit; denn plötzlich langte der Zirkusathlet Fredi Scharrnagel nach ihm hinunter, packte ihn an beiden Oberarmen, schüttelte ihn wie

einen Pflaumenbaum und hielt ihn zur Geschäftsempfehlung wie in einem
Schraubstock frei hinaus. Da bot nun allerdings Franz Rucktäschel keinen
heldischen Anblick: das lange Haar hing ihm über das schweißtriefende Gesicht,
und die verstörten Augen starrten hilflos zwischen den Strähnen hindurch.
„Nu glotzt er wie ein Affe durchs Gitter!" schrie es aus der Menge, die durch
die Leistung des Athleten beifallsfreudig gestimmt wurde, und ein dankbares
Gelächter über den faßlichen Witz brauste den Platz entlang. Der Direktor
benützte geistesgegenwärtig die Lage, indem er mit voller Lungenkraft be-
eidigte, daß die Leistungen der übrigen Künstler und Künstlerinnen denen
des Athleten kongenial seien, worauf Leben in die zähe Menge kam: erst einzelne, dann ganze Ketten stiegen die Bretterstufen hinauf, zahlten und ver-
schwanden hinter den bunten Lappen, mit denen der Eingang verhängt war.
Es ward ein großer Tag für den Zirkus Schakalini . .

Aus der Geschichte „Das Kamel auf dem Rotenberger Vogelschießen".

FRANZ LANGHEINRICH   Max Klinger[1])

I.

Atelierfest

Froh, wie die Weinglut in die Gläser floß,
im hellen Raume fliegen helle Worte;
die Sommernacht lehnt an der dunklen Pforte,
und ihre Sternenaugen leuchten groß.

Da harft ein Ton. Und Glas und Lippen schweigen.
Ein sehnlicher Akkord steigt sanft empor
und schwillt und mischt sich zu verschmolznem Chor
von Cello, Bratsche und verhaltnen Geigen.

Und aus der Leinwand an den Wänden steigen
und fassen sich zu schön geschlossenem Reigen
die Götter und die lichten Götterfrauen.
Ernst blickt der Nazarener auf sie nieder;
und Psyche beugt vor ihm die holden Glieder,
sich seiner Milde gläubig zu vertrauen.

[1]) Max Klinger (geb. 1857 zu Leipzig, gest. 1920 zu Großjena bei Naumburg), bedeutender Maler und Bildhauer. Hauptwerke des Malers: Radierungen, Gemälde „Christus
im Olymp", des Bildhauers: Marmorfigur Beethovens mit einem Adler.

143

Die Geiger in der weißbestrahlten Ecke,
vier kleine, kaum bewegte schwarze Flecke,
sind ganz verloren in dem hohen Raum.
Braungolden schimmern ihre Instrumente.
Und über ihnen wie am Firmamente
Gebild der Sterne, glänzt ein Göttertraum,

Beethovens Steinbild. Reich fließt das Gewand
in starrer Pracht um des Olympiers Glieder.
Der Adler schmiegt sich ihm zu Füßen nieder.
Da plötzlich, sieh, löst sich die Marmorhand
zu weicher Regung, kost des Adlers Flügel;
der Meister lächelt. Wundersamer Glanz
umwettert mächtig den olympischen Hügel,
und stumm ergriffen steht der Götter Tanz.

II.

Die Heimkehr des Prometheus.

In Tau und Dämmern schlug das Herz der Erde;
scheu aus den Schatten stieg der Tag empor,
und wehmutvoll, mit schmerzlicher Gebärde,
trat er einher durchs heitre Sonnentor.

Der Schiffer, der am grauen Ufer träumte
und sich versonnen auf die Fähre bog,
schrak auf, als leiser Glanz die Welle säumte,
die zögernd nur am Himmel weiterzog.

Und zögernd nur, mit lichtdurchglühten Händen,
rührte die Scheiben dort der junge Tag,
wo in des Nebenhauses stillen Wänden
ein hoher Meister auf der Bahre lag.

Entwölkt die Stirn, das Angesicht voll Frieden,
der Augen Feuer tief in sich gesenkt,
ist ein Titan von dieser Welt geschieden,
der aller Himmel Schönheit ihr geschenkt,

und eine Hand zwang hier der Allbezwinger,
die ihn doch selbst in Blumenketten schlug
und schöner als des Morgens Rosenfinger
der Gottheit Fackel aus den Wolken trug. —

Hell fließt die Zeit, und zitternd fließt die Stunde
vom fernen Dome durch die Mittagluft:
ein andrer Meister, der mit frommem Munde
dem Bruder aus den Ewigkeiten ruft.

Da wird zur Unrast das bedrängte Schweigen!
Pan ist im Feld, grün glüht sein Auge her;
und sieh, aus Mittag und von Abend steigen
und jetzt von Morgen graue Wetter schwer,

Gewölbe auf Gewölbe formt sich mächtig
und ragend häuft sich hoch der Quaderbau,
und Turm um Turm erhebt sich kühn und prächtig
und stürzt und baut sich kühner in das Blau,

und Nachtgeleucht und Tagnacht rasch im Tausche,
Azur und Schwarz im überstürzten Schwall,
Allvaters Auge rollt im Schöpfungsrausche,
Posaunenchöre künden ihn im All,

aus seinen Händen rasen goldne Flammen,
sein Donnerwort schreckt sie zurück in Nacht,
wildleuchend sinkt die Welt in sich zusammen
und plötzlich lodern, Opfer seiner Macht,

steil aus dem Erdental drei Schreckensfeuer,
Wohnsitze, die der Mensch sich auserkor,
drei Dächer, seinem flüchtgen Dasein teuer,
in Flammendampf und roter Glut empor. —

Da sänftigt sich der Elemente Feier,
der Tuben-Chor verhallt im Himmelsraum;
doch lange wehen noch die dunklen Schleier
schwelender Brände um den Hügelsaum.

Und wehen nach der letzten bangen Stunde,
dem Abendleuchten vor der kühlen Nacht,
als sie den Sarg im dunklen Erdengrunde
mit Blumen und mit Tränen heimgebracht. —

Ein Sternlicht glüht. Aus dem verrauschten Wetter,
das ihm sein Fell bis auf die Haut zerschliß,
taucht Pan: „Habt ihr ihn heimgeholt, ihr Götter,
der euch das Feuer aus den Himmeln riß?"

RUDOLF HEUBNER

Das tote Dorf

Sie sagen, daß hier oben im Walde einst ein Dorf gestanden habe und daß es im Dreißigjährigen Kriege untergegangen sei. Mehr wissen sie nicht davon.

Vor längerer Zeit sind Waldarbeiter, die auf der Blöße beschäftigt waren, noch auf Grundmauern und eine verfallene Kelleröffnung gestoßen. Aber was liegt an den alten Steinen, — niemand bekümmert sich um sie.

Es ist schön und still hier oben, weit ab vom Lärm, weit ab vom Leben. Die Täler liegen tief drunten, und ein paar hundert Schritte hinaus, wo der Forst aufhört, geht der Wind über die Hochebene, über leere Felder und sumpfige Wiesen. Eine wenig benutzte Fahrstraße zieht sich dort vorüber; die Bäumchen, mit denen sie eingefaßt ist, hat der Gebirgssturm alle nach derselben Seite gebeugt. Sie sind schwach und krüppelhaft geblieben.

Aber hier auf der Blöße ist es schön. Der Wald schließt sie mit einem schwarzen Gürtel ein. Die großen, alten Fichten lassen die Zweige hängen, nur ihre Kronen wiegen sich leise und knarren und seufzen im Wind; es ist das einzige Geräusch, das sich vernehmen läßt, — die Vögel nisten hier nicht, sie bauen tiefer drunten in den Senkungen, wo unter wirrem Dickicht das Wasser in raschen Rinnsalen abfließt.

Es ist ein grauer, naßkalter Spätsommertag, der Himmel über der Lichtung bewölkt und düster, die Erde feucht von Tau und Dunst. Der feine Nebel, der aus dem Boden steigt und schwer und langsam zwischen den Stämmen emporzieht, bleibt in den grünen Zweigen hängen, und die Tropfen fallen leise und gleichmäßig von den glatten Nadeln nieder in Gras und Moos.

Dieses schwermütige Stück Welt zeigt die ganze Rauheit und Herbheit des armen, kalten Gebirgs und seine ganze düstre Schönheit. Wer hier genießen will, muß eine starke und einsame Seele haben, sonst bedrückt und verstört ihn die finstre Ruhe, die durch nichts gemilderte strenge Hoheit der Landschaft.

Aus einem kleinen, undurchsichtigen Tümpel quillt das Wasser lautlos und trüb und rinnt dann in dem weichen, filzigen Boden fort, wie es den Weg findet, zögernd, ohne gewisse Richtung, ohne Bett und Strömung. Es ist, als ob hier ein Brunnen gewesen sei — irgendwann einmal, vor langer, langer Zeit.

Der Fuß stößt an Schutt= und Steinhügel, deren Herkunft nicht mehr zu erkennen ist, die überwuchert sind von Zittergras, Disteln und Farnkraut; am Waldsaum laufen die Brombeerranken um große, von Regen und Schnee= massen glattgewaschene Steine.

Hier ist gut zu ruhen, wo keine Stimme geht, kein Laut mächtig wird. Es ist ein Schweigen ohne Erwartung, eine große Verschwiegenheit; es ist, als wollte die ernste Natur erst alles Leben, das sich von draußen zu ihr ver= irrt, ganz in sich einschließen, und dann würde sie mit einer andren Sprache reden, von dunklen Erinnerungen und schweren, seltsamen Träumen — — —

*   *   *

Gestern war die erste Beunruhigung in das Walddorf gekommen. Holz= fäller aus dem Dorf, die ein paar Stunden weit vom Schlag herüberwan= derten, hatten im Forst einen flackernden Schein gesehen, wie von roten Lager= feuern, und aus einer Bachschlucht plötzlich laute Stimmen gehört, Singen und Gelächter, dazu das Klirren von Waffen und das Klappern von Feld= gerät. Doch das war fernab vom Dorf gewesen, in einer andern Gegend, drüben über dem Flußtal.

Heute aber kam ein Trupp Kinder vom Beerenlesen bestürzt nach Hause; ein Reiter mit Harnisch und Eisenhaube war ihnen begegnet, hatte sie in einer fremdklingenden Sprache nach dem Wege gefragt und ihnen, da sie furchtsam davonliefen, böse Worte nachgerufen und mit seiner gewappneten Hand ge= droht. Und am Nachmittag hatten Frauen, die ihre Ziegen hereintrieben, eine feine blaue Rauchsäule hinter dem nächsten Bergrücken aufsteigen sehen.

Nun bangten und sorgten sie alle, so arm sie waren und so wenig sie zu verlieren hatten. Ihr Dorf war nur ein Häuflein grauer Hütten, kein Gehöft darunter, kein Gut; hier lebten nur Rußbrenner, Köhler, Holzhauer und Löffel= macher, ein dürftiges und verkümmertes Geschlecht — mit Weibern und Kin= dern alles in allem hundert Köpfe, nicht einmal eine Gemeinde bildeten sie.

Fünf, sechs Männer, hager, fahl und rußig, standen in ihren verfärbten und zerrissenen Kitteln zusammen, zuckten die Achseln und tauschten ihre Mei= nungen aus, indem sie die Worte mit unbeholfenen Bewegungen ihrer rauhen Hände unterstützten.

147

Ein Weib kam den Steig herüber und ging nach der nächsten niedren Hütte zu, langsam und vorsichtig, um das Wasser in den beiden vollen Eimern nicht zu verschütten.

Sie war blutjung, kraftvoll und geschmeidig, ihre Haut war weiß, die lockern roten Zöpfe fielen ihr schwer ins Genick. In ihrem groben Hemd und ihrem verblichenen Rocke ging sie stolz und trotzig.

Als sie an die Männer herangekommen war, blieb sie stehen und setzte die Eimer nieder. Sie verschränkte die blanken Arme unter der Brust. „Fürchtet ihr euch?" sagte sie. Und lachte.

Die Männer schwiegen und sandten ihr finstere Blicke zu.

„Es wird sein wie vor sieben Jahren —" sagte endlich der eine schwerfällig und gedehnt, „es schwärmt im Wald . . . "

Sie lachte wieder. „Ei hört doch, sie sind gekommen von der Elbe und von der Donau und tun einen Heereszug mit reisigen Völkern, um euch zu bekriegen. Denn nach Schätzen gelüstet es sie. Sie werden da sein und finden und nehmen — bei dem dürren Hans Ketten und Spangen, bei dem Brenner Gold und Steine, bei dem Meister Jobst aber ein zerbrochenes Sieb, ein verschimmeltes Brot und einen schlechten Pfennig!"

Die Verspotteten murrten, und einer hob ingrimmig die Faust. Aber er sprach nicht, als er sah, wie sie die Brauen zusammenzog und wie es in ihren Augen sprühte.

„Narren!" rief sie unwillig, indem sie den Arm gegen sie ausstreckte, „glaubt ihr, die Fürsten ziehen zu Feld, euern Acker Rodland zu teilen; glaubt ihr, es gelüste den Kaiser nach eurem Hausrat? Hoffärtig seid ihr, wenn ihr meint, daß auch nur ein Troßbub um euretwillen einen Umweg macht."

Die Kleinmütigen vergaßen die Verhöhnung; sie ließen sich gern beschwichtigen.

„Aber wenn sie der böse Wind heraufführt, wie sollen wir uns ihrer erwehren?" sprach noch einer, der ein Zweifler war.

Sie kreuzte die Arme wieder und sah ihn mitleidig an: „Laßt euch sagen, daß es ein Märchen ist, — daß sie keinen anfallen, der ihnen nicht zuvor Schlimmes tat. Ich weiß es."

Die Männer lachten. „Woher weißt du das?"

„Weil ich bei ihnen war," sagte sie gelassen, „als ich im Wolfsgraben

148

Holz las. Ich bin nicht fortgelaufen wie die Kinder und die Männer. Ich fürchte mich nicht. Es sind euch tüchtige Leute darunter, feine und mutige Knaben; sie wissen artig und lustig zu sein, scheuen nicht Himmel und Hölle. Aber ihr denkt, das Walddorf, das ist die Welt, und so hinbrüten, das ist so ein menschlich Leben. Schlaft wohl, Nachbarn!"

Sie ging, die schweren Eimer wiegend, auf das Häuschen zu, stieß die Zauntür mit dem Fuße auf und verschwand im Schuppen. Die Männer standen noch zusammen und sahen ihr nach.

„Das Hexenkind!" knurrte einer und ballte die Hand gegen das Haus. —

Es wurde dunkel im Dorf und still in den Hütten. Zwischen den hohen Stämmen und durch die schwarzen Wipfel glühte das tiefe Abendrot. Lange stand es in feuriger, stummer Glut, während die Erde schon in der Finsternis lag. Dann löste es sich am hohen Himmel in ein warmes Bernsteingelb, in Rosa, Lila und Blaugrün, bis die graue Nacht über das Gebirge sank. Nun erhob sich der kühle Bergwind und strich über die Lichtung und bewegte die Wipfel.

Aus dem kleinen Hause kam eine junge Gestalt. Das morsche Gatter kreischte ein wenig, und eine Katze, die am Zaun gesessen, sprang zur Seite. Die trotzige Sibylle stand einen Augenblick still und trank die frische Nachtluft gierig in tiefen Zügen. Dann trat sie in den starren, drohenden Wald und ging eilend den rauhen Fußsteig hinab, sicher und kühn wie am lichten Mittag.

*   *   *

Drei Tage blieb sie fort — —

Sie haßten und fürchteten sie im Dorfe. Es war in diesem Gefühl der ganze Abscheu und Widerwille der Andersgearteten, der Engen, Stumpfen und Häßlichen gegen ihr Wesen. Darum wurde sie auch von ihnen das Hexenkind genannt. Sie meinten, das wäre das Grausamste, was sie ihr sagen könnten. Sie wähnten ihr damit bitter wehe zu tun, und nun hatten sie einen Stolz vor ihr, den Stolz der heimlichen Rache. Sie glaubten auch an den Namen; was sie nicht begriffen, konnte nur Hexentum sein, Unmenschlichkeit. Aber sie fragte nicht danach und wurde nicht einmal zornig, sie zog nur die Lippen kraus, als sie das Wort zum erstenmal hinter sich hörte, — kaum daß sie den Kopf drehte. Da haßten und fürchteten sie alle noch mehr.

Am meisten der Mann, mit dem sie die Hütte teilte und den sie Vater hieß. — Als er noch jung war und seine rohgeschnitzten Erzeugnisse weit ins Land hinuntertrug, hatte er einst in einer Herberge ein heimatloses Weib gefunden, dem der Mann unterwegs gestorben war, — beinahe eine Bettlerin, noch ärmer als er. Sie war in ärgster Not, und sie war schön und klug. Er nahm sie mit heim und machte sie zu seinem Weibe. Das Kind, das damals noch in den Linnen lag, brachte sie ihm als einzige Heiratsgabe zu. — Die Frau, die ein Wanderleben gewöhnt war, starb in der Einsamkeit des Wald= dorfes, als der zweite harte Bergwinter kam. Sie war die Fremde gewesen, und darum war sie nun die Hexe. Die Köhlerfrauen erzählten von ihr schauer= liche Märchen und schreckten die Kinder mit ihr. Dann vergaßen sie die Mutter, als die Tochter heranwuchs und wild und fremd unter ihnen lebte.

— Am dritten Morgen, als der Tau niederging und die Kälte der Ge= birgsnacht noch in den grauen Tälern lag, kam das Mädchen zurück. Es war so früh, daß auch das Walddorf noch schlief.

Sie trug eine Kette von aufgereihten blutroten Vogelbeeren um den Hals und einen gläsernen Ring daran, den sie vorher noch nicht besessen; in ihren losen Flechten hingen ein paar dunkle Blätter. Sie war schöner als je.

Der struppige, ungeschlachte Hund umkroch sie jaulend, als sie durch das Gatter trat, er ruhte nicht, bis sie ihm den Kopf streichelte und das Fell kraute.

Der Alte war wach und saß mit dem Schnitzmesser vor dem Schuppen. Sie bot ihm einen guten Morgen; es war ein so schöner Morgen, und der Gruß kam ihr vom Herzen, sie war fröhlich. Der Mann sah sie mürrisch unter seinen buschigen grauen Haaren herauf an. Wo sie gewesen wäre! — Sie warf den Kopf ins Genick und ging ins Haus. Ein Lied summte sie drinnen, ein neues, wunderliches Lied, das zugleich keck und schwermütig war in seiner springenden und schleppenden Melodie. Es klang wie ein Jauchzen daraus, auch wenn sie die klagenden Töne sang . . .

Am Nachmittag war das Dorf in hellem Aufruhr. Draußen, einen Büchsen= schuß vor dem Wald, lag ein Trupp bewaffneten Volks. Kein geordneter Kriegshaufe, — Marode, Spielleute, Knechte, dazu Weiber und Kinder, — aber furchtbar genug in den Augen der Dorfgenossen, die vom Waldsaum, im Gebüsch versteckt, hinaussahen, ob die schlimmen Gäste nicht weiterziehen wollten.

150

Aber die hatten wenig Eile. Sie kampierten neben der Straße drüben, schlugen ihr Nachtlager auf, schrieen und lachten. Es waren auch einige junge Musketiere darunter, die den Schwarm in Zucht hielten.

Für einen Furchtlosen war das Volk eher lustig als schrecklich zu schauen. Da waren beleibte Figuren, die in zu engen und zu kurzen Beutelkleidern jämmerlich einhergingen, pfiffige Gesichter mit kleinen Augen und neugierigen Nasen, hagre Musikanten von einem wehmütigen Ansehn, Reisläufer, die sich in die Brust warfen und doch lieber beim Trosse waren als bei der Truppe. Ein Invalid, der die Gicht hatte, saß im Graben und besah sich traurig sein umwickeltes Bein, ein Tambour, der eine zerrissene Trommel ausbesserte, suchte ihn zu erheitern, Profoß und Waibel gingen würdevoll umher. Es war eine erlesene Gesellschaft verdächtiger, komischer und grotesker Gestalten.

Als sie nicht wichen, kamen die Waldleute mißmutig und verstört in das Dorf zurück.

Sibylle trat mit einem Bündel auf die Gasse.

„Wohin?" sagte der Alte.

„Brot hinaustragen," antwortete sie kurz.

„Nichts da!" rief er, „daß uns das Gesindel herausspürt und selber kommt!"

„Ich tu's doch," sagte sie.

Männer und Weiber liefen vor der Hütte zusammen.

„Du hast uns die Teufel auf den Hals gezogen!" schrie der Alte erbost.

„Nein!" antwortete sie frei, „ich tät' es sagen —. Sie m ü s s e n die Straße ziehn. Der Haufe, zu dem sie zählen, hat sie hinter sich gelassen und ist durch den Hohlweg in die Berge hinein. Morgen rückt der Hauptzug über die Straße nach und nimmt sie auf. Darauf warten sie. Rüstet auch ihr euch drauf."

Und sie ging unbeirrt durch die Murrenden und hinaus aus dem Dorf und aus dem Wald.

Die an der Straße empfingen sie mit Geschrei und ergötzlichen Begrüßungen. Sie dachten nicht daran, in das Dorf zu gehen. Der abendliche und düstre Wald, der allerlei verbergen konnte, lockte sie nicht. Sie blieben in sicherer Ferne und rasteten im Freien. Noch waren sie mit Proviant versehen und brauchten nichts. Ein paar einzelne schlenderten bis an den Waldsaum herüber, dürre Äste zu sammeln; sie kamen bis nahe an das Dorf, aber sie kehrten um und zogen schwatzend zurück.

Als es Nacht wurde, flammte draußen ein Feuer auf. Das Getöse der Lärmenden drang durch die Stille herüber. Sie hatten ein kleines Faß angeschlagen, tranken, schmausten und sangen. Die Querpfeife klang, und die schattenhaften, seltsamen Gestalten hüpften mit zierlichen und lächerlichen Gebärden um das Feuer. Dann saßen sie im Kreise, während die Soldaten und Knechte das kreischende Weibervolk im Tanze fortrissen.

Und wenn der Nachtwind in die Brände fuhr, daß die Flammen aufloderten und die Funken wirbelten, und ein wildes Paar in dem Widerschein der Glut leuchtete, sagten die Waldleute, die auf der Wache standen, mit Groll und Grauen zueinander: „Seht, wie das Hexenkind tanzt!"

* * *

Es war hoher Tag, als die Schelme draußen ihr Lager abbrachen. Sie warfen Gerät und Stangen auf die Karren, standen auf der Straße und winkten mit den Händen in die Ferne, wo eine Kriegsmannschaft mit blinkenden Waffen über den Bergrücken zog, Fußvolk und wenige Reiter, der Vorschub einer größeren Abteilung.

Nicht lange darauf vereinigten sie sich an der Raststätte. Die Ankömmlinge saßen ab, stellten Piken und Feuerrohre zusammen, lagerten sich. Die Troßleute sollten den Proviant austeilen. Aber da war nur ein Geringes geblieben, sie hatten alles selber verschmaust und vertan im Jubel der letzten Nacht.

Wo es zu fouragieren gebe, fragte der Anführer des Zugs. Dort drüben im Walddorf. Er schickte ein halb Dutzend von seiner Mannschaft hinüber. Da erhob sich der Troß und zog tapfer und voll fröhlicher Laune mit ihnen, Männer und Weiber, Lahme und Gesunde, Knechte und Buben. Sie hinkten und hüpften und drehten die leeren Taschen um ... Schweglerpfeifen voraus, das bunte Volk hinterdrein, Körbe und Säcke am Arm, mit schiefen Kappen und zerschleiften Schuh'n.

So hielten sie Einzug im stillen Walddorf. Da gab es unter den Heimischen Geschrei und Gezeter, und der heimatlose Schwarm schuf sich Lust und Vergnüglichkeit daraus, wie wenig auch zu erhaschen war.

Einer jagte einen schwarzen Hahn über alle Zäune, bis er ihn fing. Ein Musikant drehte dem Kater, der schnurrend an ihm vorbeistrich, den Hals um

152

und hängte sich das Tier am Schwanz über die Schulter, zur Nacht beim Feuer einen Braten daraus zu bereiten. Die Ziegen wurden herausgezogen, Heu und Stroh von dannen geführt. Um ein halbes Brot rauften zwei Lagerbuben. Darüberhin Geheul und Gelächter; ein Treiben um die Hütten, wie es im Dorf noch nicht gesehen worden.

Ein brauner Troßknecht mit kühnen Augen schlich nach dem hintersten Häuschen. Sibylle lief ihm aus dem Flur entgegen und stand unter der Tür, stemmte die Hände ein, wiegte sich und lachte.

„Heisa, Schätzchen," sagte der Knecht, „kamst du gestern zu mir, komm ich heute zu dir!"

Sie nickte ihm zu. „Kommst zu spät," rief sie, „das Haus ist schon leer. Da hast du dein Teil." Und sie warf sich ihm an die Brust.

„Solches ist mir genug," lachte er und erwehrte sich ihrer; „wir finden unsern Bissen. Komm mit."

Der Alte lief mit einem Haufen verzweifelter Dorfleute den Steig hinauf.

„Da seht sie, das Hexenkind," schrien die Verstörten, „sie ist im Vertrauen mit ihnen. Reißt sie weg, werft sie nieder!"

Der Alte streckte die zitternde Hand nach ihr aus, bleich und blind vor Erregung.

„Rühr' das Mädel nicht an —" drohte der Knecht.

„Ist sie dein?" keuchte der Bauer.

„Ja, mein," rief der andere keck und lachte auf.

„Mein ist sie," kreischte der Alte ohne Besinnung, „und ich will dir's zeigen!"

Er hatte einen derben Pfahl vom Zaun gerissen und hieb ihn mit wilder Kraft auf das Haupt des Mädchens nieder. Sie sah es und bog schreiend aus, aber der schwere Schlag traf sie noch wuchtig auf die Hüfte. Es war ein dumpfer Schall, das junge Weib taumelte mit mattem Wehlaut zur Seite, strauchelte . . .

„Satan!" tobte der Troßknecht in heller Wut. Und fuhr dem Alten an die Kehle, schleuderte ihn zu Boden.

Derweil hatten die ergrimmten Waldleute die halb Ohnmächtige emporgerissen und gepackt, Männer und Weiber.

„Schlagt sie tot, schlagt sie tot," heulte die Rotte, „schlagt das Hexenkind tot." Der ganze alte Haß wütete gegen sie, Mordgier und Grausamkeit.

153

Sie warf sich zitternd dem Gesellen in den Arm. „Ich will nicht sterben!" schrie sie entsetzt.

Der legte die hohle Hand an den Mund und stieß einen Notruf aus.

Schon hatte der Lärm Soldaten und Knechte herbeigelockt, die den Bedrängten zu Hilfe eilten und die Dorfleute zurücktrieben. Aber das Waldvolk, das sich verloren glaubte, setzte sich zur Wehr, drang mit Knütteln auf die Fremden ein und hieb ein paar nieder.

Da schoß einer die Muskete ab zum Zeichen, daß der Trupp in Gefahr sei; und alsbald brachen die Reiter durch das Gehölz und die Pikenträger und Schützen im Lauf hinter ihnen her.

Der Hauptmann trieb seinen friesischen Schecken mitten unter die Menge. „Beiseit, Mädel!"

Was es gebe?! — Widersetzung, Aufruhr und Wunden.

„Blut? Treibt die Waldmänner aus dem Nest und räuchert ihnen die Höhlen aus —"

Die Klingen blank, Feuerbrände vom Herd . . . Kampf und Gewalt, Jammern und Ächzen. In einer Viertelstunde war es vorüber. Was von den Dorfleuten am Leben blieb, ging flüchtig die Täler hinunter, Weiber und Kinder schreiend voraus.

Noch die ganze Nacht zuckten die Flammen auf der Brandstatt, stieg der graue Qualm aus der Waldblöße auf. Und noch viele Tage lang zog der scharfe Brandgeruch von der wüsten Stelle weit in den Forst.

* * *

In einem langen, gewundenen Bachgrund tief im innern Gebirg bewegte sich der Heerhaufen; südwärts, Böhmen zu. Es war ein enger Weg, oft hatte das Wasser ein Stück davon losgerissen; und nur wenige konnten nebeneinander schreiten.

Sibylle ging im Trosse unter dem kläglichen Volk, bei dem braunen Knaben. Aber das Marschieren in Zwang und Ordnung gefiel ihr nicht; wenn der Waibel vorüberkam und scheltend seinen Stab über Säumige schwang, verzog sie den Mund, halb spöttisch, halb zornig.

„Gideon," sagte sie.

„Da bin ich."

„Was sprichst du nicht?"

„Soll ich schwatzen wie ein Wasser? Sprich du lieber, ich hör dich gern."

„Ich mag nicht. — Sing', wenn du nicht schwatzen kannst."

Er hob an mit rauher Stimme: „Und da der Kauz zu sterben kam . . . "

„Das nicht," rief sie ärgerlich und hielt sich die Ohren zu, „ich will nicht von Eulen und Käuzen hören und keine Eulenstimme."

„Ich weiß heut nichts Besseres," sagte er betrübt und schwieg.

Von der Spitze des Zugs klang ein Trompetensignal.

Halt! Rastpause. — Alles machte Halt. Sie setzten sich an die Wald=böschung und auf die Steine am Bach, schöpften Wasser, aßen und tranken. Da lachte auch Sybille mit den andern.

Der Hauptmann ritt auf seinem schweren gescheckten Hengst langsam die Reihe auf und nieder. Gerade vor den beiden hielt er an und tränkte das Pferd aus dem Bache. Er warf die Zügel über den Hals des Tieres und sah vom Sattel herunter zu, wie der Hengst behaglich das kalte Wasser schlürfte.

Das Tier wandte sich herum, seiner Freiheit bewußt, und legte den mäch=tigen Kopf zutraulich schnuppernd über die Schulter der jungen Dirne.

„Schau', er schmeichelt dir," sagte der Hauptmann leise, „er weiß nicht, was du für ein Hexenkind bist, — sieht nur, wie du lecker und schön bist."

Sie tat, als hörte sie es nicht, und zeigte nur die Zähne ein wenig unter den vollen Lippen.

Der Knecht gab dem Hengste heimlich einen Rutenschlag über die weiche Schnauze. Da warf das Tier den Kopf empor und lief weiter. Und der Reiter lachte.

Dann ging es wieder vorwärts. Die Mittagssonne schien heiß in die Schlucht. Die hohen Fichten und Tannen zur Seite standen reglos unter dem blauen Himmel und gaben keinen Schatten.

Sibylle ging schweigend mit dem Gesellen. Sie vernahm ein Stück hinter sich schweren, gleichmäßigen Huftritt, lange Zeit.

Da trieb der Reiter plötzlich das Tier an und drängte es dicht neben sie.

„Sitz' zu mir auf den Gaul, Sibylle. Hexe, Teufelskind! Reiß' dir deine Füße nicht blutig."

Sie hob langsam die Lider mit den langen, dichten Wimpern und sah ihn so von drunten mit einem sonderbar kühlen Blick an.

„Sei gescheit," sagte er halblaut, „er trägt gut unser zwei." Sie lachte. Und schon bog er sich tief vom Sattel, umfaßte ihren Leib und hob sie vor sich quer auf den breiten Rücken des Gauls. Sie hielt sich mit beiden Händen an seinem Arme fest.

Und wie er sie so aufhob, riß die Schnur, die sie um den Nacken trug, daß die roten Beeren weit über den Boden tanzten und der gläserne Schmuck in die Steine rollte.

Sie hörte, wie dicht hinter ihr der Knecht Gideon einen leisen Fluch ausstieß.

„Laß ihn," sagte der Hauptmann, „nun halt' ich dich und gebe dich nicht mehr frei."

Er rührte die Sporen, und das starke Roß trottete wiehernd dahin, mitten auf dem knappen Steig, daß der Schwarm auseinanderstob, den Waldhang hinauf, in den Bach hinein. Sie aber ließ sich auf dem hohen Sitze schaukeln und sah voll Vergnügen auf die Besorgten, wie sie kletterten und krochen.

Und als sie um die Felsecke trabten, wo Heckenrosen und Schlehdorn in der Sonnenglut nickten, ersah sich der Reiter sein Glück, faßte sie und küßte sie auf den Mund. Und weil sie sich lachend wand, noch einmal auf Mund und Nacken.

„Kriegsbeute," rief der Begehrliche, „jetzt reiten wir nach Siebenbürgen gegen den Fürsten Gabor und erraffen uns ein neues Herzogtum, daß ich dir's schenke und du Kronen trägst . . ."

Da lachte sie hell auf und küßte ihn wieder — — —

* * *

Es ist ein Wind aufgestanden, der den Dunst droben in der Höhe eilig vor sich hintreibt und einen leichten Sprühregen über die Waldblöße jagt. Aus dem feuchten Boden hebt sich ein voller, stärkender Geruch; die Gräser und Ranken auf den Steinhügeln schütteln sich und bewegen sich gegeneinander, als hätten sie ein bewußtes Leben und gerieten auf einmal in zitternde Aufregung. Aus dem Dämmer des Forstes weit, weit herauf schlägt der Schrei eines Hähers.

Und nun regen sich die Kronen der Fichten und Kiefern stärker und rauschen lauter. Eintönig geht das große, heimliche Brausen über den Wald, schwillt und verweht und erwacht und schwillt von neuem. Bis ein einziges, mächtiges und ruhiges Rauschen in der endlosen Einsamkeit des Nadelwaldes ist, jenes Rauschen und Raunen, unter dem alle andere Sprache verstummt, das zugleich von allen verschollenen und künftigen Dingen redet als von einem Gleichgültigen und Zufälligen und von der Auflösung alles einzelnen und kleinen Lebens in die große Einheit der Natur.

Inschriften

von

Walter Harlan

In die Klasse des a = b = c

Danach der Mensch geraten,
wird ihm die Wurst gebraten.

In ein Obergymna

Auch Schmetterling, vergiß geht im nächsten Jahr
nicht lang das heiße Schweren zügeln —
Es kommt ein Tag, da wir ins freie Blau
entfaltern mit gerichten Flügeln.

In das Lehrerzimmer

Das Beste, was Du wissen magst,
des eignen Drangers höchster Flug,
das ist mir eben gut genug,
daß Du's den Mädels und Buben sagst.

WALTER HARLAN

Die Werkstatt
Inschriften

Wer was kann,
dränge sich nicht heran!
Irgendwo irgendwann
stellt uns das Leben an.

*

Die Hand, die eine Perle fand
in Einfalt, — eine glückliche Hand!
Glücklicher aber ist die Hand,
die suchte und ihr Geschäft verstand.

*

Laß Narren sich winden und drehen
und sich katzbalgen, — schaffe still!
Was eine gute Seele will,
das muß zuletzt, das muß geschehen.

*

Seit ich die liebe Logik fand:
Wer schafft, ist Schöpfers Hand,
ward ich trunken von Gottes Verstand,
ward ich aus einem Funken ein Brand.

*

Die einen Hirschen begehren zu erlegen,
dürfen nicht pürschen auf Beeren
                    an den Wegen.

Ist mein Leben früh und spat
fröhliche, selige Selbertat,
kann es mir nichts weiter schaden,
wenn ich hoff' auf himmlische Gnaden.

*

Vergeblich schmeichelst du dem Mob,
vergeblich streichelst du den Snob:
Des Herrgotts Freude sei dein Ziel,
und gleich wird rein dein Glockenspiel.

*

Sperling in der Hand?
Sprichwort ist des Pöbels Verstand.
Aber Nektarzechern
ziemen Tauben auf den Dächern.

*

So rief Dionysos mir zu:
Was dir gelang, lebt länger als du,
und was — mißlang, sei ohne Sorgen,
vergessen ist es übermorgen.

*

Mach dir aus Lust und Leide
zwei Hände, sie helfen beide.

Des Fliegers Mutter

Den ganzen Tag hatte Frau Rosenhag in ihrer Mansarde verbracht, am offenen Fenster hatte sie über Beethovens Symphonien ein kluges, bis in den Himmel vorsichtig ansteigendes Buch studiert und hatte nur durch ihr einsames Mittagessen sich unterbrechen lassen. Nun band sie eben die Schleife ihrer Konzertkapuze. Die Eroika sollte an diesem Abend gespielt werden.

Anna, die treue Köchin, Stubenbesorgerin und Kammerzofe, brachte das Abendblatt, es befand sich in einem aufgelösten und schon sehr gelesenen Zustand — wie alltäglich, denn in den letzten zwei Jahren, seit der Professor am Matterhorn abgestürzt war, hatte sich der Brauch herausgebildet, daß Anna diese Zeitung zuerst durchsah. Frau Rosenhag hatte es ihr Lebtag niemals eilig gehabt, die Stadtverordnetenwahlen und den übrigen Kleinkram des Weltwerdens zu verfolgen.

Mit Geräusch legte Anna die Hand auf ihre Brust, sie schien nach Worten zu suchen, und Frau Rosenhag merkte gar wohl ihre Aufregung, — vielleicht war wieder ein Wickelkind von einer Ratte gebissen worden, fortwährend stehen ja die entsetzlichsten Sachen in der Zeitung. Doch hoheitsvoll legte die Freundin Beethovens das Abendblatt beiseite, sie wird es morgen lesen; in diese Stunden wird sie keinerlei Alltag hereinlassen, in ihr seligahnendes Instrumentestimmen.

Da brachte Anna folgendes über die Lippen, anklagend und stoßweise, und immer wieder zeigte die kleine Keule ihres Zeigefingers auf das Abendblatt: „Er will nach Dresden fliegen! Auf einer künstlichen Maschine! Er ist in Chemnitz! Der junge Herr! Und es steht in der Zeitung! Und ist schon heute morgen geflogen! Um vier Uhr achtundzwanzig!"

Nun las die Frau Professor den schwungvollen Hymnus, den das Tageblatt in dieser Nummer den „Sachsenfliegern" darbrachte. — Es muß ein anderer „Wolfgang Rosenhag" sein!

Trotz dieser Selbstbeschwichtigung aber hatte die arme Frau und Mutter eine gräßliche, gräßlich deutliche Vorstellung: Bleich wie ein Toter wurde ihr Junge in dieses Zimmer gebracht, mit Lehm beschmiert und mit geronnenem Blut, ein fremder Arzt stand neben der Bahre und sagte, daß beide Beine mehrmals gebrochen wären, ob aber innere Verletzungen vorlägen, könne man jetzt nicht untersuchen . . .

Das ist ja Unsinn! Der Wolfgang Rosenhag, der sie was angeht, Student des Maschinenbaues zu Charlottenburg bei Berlin, zeichnet wohl jetzt auf seinem Reißbrett . . .

Da plötzlich, auf einen Augenblick, stellten der jungen Studentenmutter Herz und Lunge ihren Dienst ein. Schrieb Wolfgang nicht am Anfang des vorigen Semesters in seiner lieben, weltstürmenden Weise von einem Kolleg „über Drachenflieger", das er zu hören begonnen hätte? Dann freilich hat er nie wieder von solchen Luftsachen geschrieben oder geredet. Hat er etwa nur darum geschwiegen, weil die Mutter in Chemnitz ein solches Frevelspiel mit seinem Leben selbstverständlich verhüten würde? Ah, das würde sie freilich! Und müßte sie sich solch einer entsetzlichen Flugmaschine vor allen Leuten an den Schwanz hängen!

Frau Rosenhag verließ ihre Wohnung so eilig, daß Anna alle Mühe hatte, für die weite Fahrt nach dem Exerzierplatz der Angstgejagten die wärmende Jacke noch anzuziehen.

Dem Droschkenkutscher setzte Frau Rosenhag doppelten Lohn aus, so daß die Peitsche den armen, sehr erschrockenen Gaul zu wiederholten Galopp= sprüngen veranlaßte.

Die Türme schlugen. Halb sieben!

Frau Rosenhag blickte nochmals ins Abendblatt, das ihr glücklicherweise in Händen geblieben war. Richtig: „Der Start zum Überlandfluge nach Dresden beginnt um sechs Uhr." Schon abgeflogen! Wenn dieser „Wolfgang Rosenhag auf Fallschirm" nun überhaupt ihr Junge ist! Ihr lieber, tollkühner, unglückseliger Junge!

Als aber der Gaul erst vor der Stadt war und nun ins leere Freie hinaus= zackeln sollte, schien er dies Ansinnen für einen vernunftlosen Irrtum seines Herrn zu halten und war nur durch fortwährende knallende Schläge vorwärts= zubringen.

Endlich eilte der Schnellfüßige auf jene Menschenmauer zu, die heute den Exerzierplatz umsäumte. Sumste nicht in ängstlicher Nähe ein Brummer, es — knattert!

Da sah Frau Rosenhag einen fliegenden Menschen. Den ersten in ihrem Leben. Einen riesigen Adler. In der Sphäre über den alten Kirchtürmen schwebt er, ganz ruhig. Und so warm pulste der vorwärtsdrängende Mensch= heitwille in Frau Rosenhags Blut, daß sie auf sieben Atemzüge selbst ihren Jungen vergaß: singen hätte sie mögen! Zu dem Triumphgesang des riesen= haften Himmelsbrummers, der in der Abendsonne kreiste und gleißte, in einer rotgoldenen Gloriole . . .

Aber die Angst strömte ins Mutterherz zurück, mit aufgestauter Kraft; die Unglückliche lief weiter. Dort vorn stand etwas Breites, sehr Großes aus Segeltuch oder woraus es nun sein mochte: ein Doppeldecker. Zwei Gestalten saßen schon auf der unteren Tragfläche, wollten wohl eben abfliegen. Wunder= lich: gerade dort, wo man doch sicher am besten dem Abflug zusehen konnte, war in der Menschenmauer eine breite Lücke . . .

Frau Rosenhag trat an die Schranke. Die beiden Flieger sprachen mit den Männern, die hinter ihnen an den Schrauben noch mit einer Ölkanne hantierten; doch Gott sei Dank: keines der beiden halbverkappten Gesichter war Wolfgangs rotbäckiges, liebes!

Da fuhr ein Wirbelwind voll Kies an Frau Rosenhags Brust und Ant= litz, atembenehmend. Sie mußte sich bücken, mußte die Augen mit ihrer Hand schützen; also darum war dieser Platz frei gewesen!

Glücklicherweise ließ der Sandsturm bald wieder nach, aber da schwebte auch schon der Doppeldecker beinahe drüben über dem Tannenhügel, wurde kleiner und uninteressant . . .

Von links her schoben Herren und Männer ein weiteres Flugzeug auf den Anfang des Abfahrtweges, und noch drei Apparate standen zur Linken, die wohl ebenfalls abfliegen wollten.

Da sah Frau Rosenhag ihren Jungen. Er stand an einem Eindecker, hatte die Arme verschränkt; der Herr an seiner Seite mit den vielen Klub= zeichen am Riemen seines Feldstechers wies mit der Hand auf den rosigen Abendhimmel, wozu Wolfgang auf eine getroste Weise nickte. Er trug einen Helm aus Filz und Leder, eine ruhige Gespanntheit glänzte in seinen Augen, und . . . kein Zweifel: er denkt mit keinem Atem an seine Mutter.

Ohne Zögern kroch Frau Rosenhag unter der Schranke durch; einer mit weißer Armbinde versuchte vergeblich, sie zurückzubringen. Sie stand vor Wolfgang.

„Mutting!"

Die nahe Militärkapelle blies eben das Menuett aus „Don Juan".

Da nahm der Sohn den Arm seiner Mutter und führte sie querfeldein in den weiten, menschenumrahmten Platz, er flüsterte: „Ich habe bestimmt gehofft, diesen Schrecken dir zu ersparen! Ich bin total unschuldig! Nicht i ch habe bestimmt, daß der Sächsische Rundflug ausgerechnet in Chemnitz anfangen mußte!"

Zornbebend antwortete die Mutter: „Du hast gesagt, du willst Maschinenbau studieren!"

Wolfgang lächelte listig. „Die Flugmaschine", erklärte er, „gehört in diese Abteilung." Und hielt einen ausführlichen Vortrag über den Drachenflieger, in seinem zwanzigjährigen, feuertrunkenen Allegro. Mühsam beherrscht rief er: „Mutting, es gibt nichts Kolossaleres als die Flugsache, in unserer wundervollen Zeit gibt es nichts . . . Kolossaleres! Die Krämer freilich . . . ich will dir eine wahre, kostbare Geschichte erzählen. Unser weltberühmter Poststephan, als das Telephon ihm vorgeführt wurde, daß er es einführen sollte für die Reichspost, hat er gesagt: „Es ist eine Spielerei für Millionäre." Wörtlich! Und ich sehe ihn lächeln, ich sehe dieses Lächeln der wohlwollenden Untätigkeit . . . Es gibt eben, es gibt einen Grad der Krämerei, den spätere Zeiten ganz einfach mit Gefängnis bestrafen werden, reifere Zeiten. Und ich sage dir, Mutting: in zwanzig Jahren fällt es keiner Marktfrau mehr ein, wenn sie von Chemnitz nach Dresden will, auf Rädern am Boden hinzurutschen! Mit einer lächerlichen Reibung! Auf einer blödsinnigen Zickzacklinie, und außerdem d o c h n o c h bergauf, bergab! . . . Welchen Platz aber, welche ungeheure Bodenfläche verschlingen diese acht Meter breiten, Milliarden Meilen langen Bahnwege, Landstraßen und so weiter. Überall könnten Kornfelder . . . wogen . . . Weißt du auch, daß ich heute morgen einen Preis geholt habe, immerhin sechstausend Mark? Wovon zweitausend auf meine Kappe kommen? Ohne Unkosten? Und ich werde mir noch ganz andere Preise holen. Also wir flogen über ein Panzerschiff, das mit Schlemmkreide an den

162

Boden markiert war, warfen Scheinbomben. Die meine ist dem Panzerschiff am allernächsten gekommen!"

Die Mutter klagte: „Und wenn du zehnmal recht hast mit deinen wogenden Kornfeldern, mit all deinen Zukunftsträumen: die Tollkühnen, die jetzt als Erste das Fliegen ausprobieren, die o p f e r n sich! Beim dritten Fluge stürzen sie ab oder meinetwegen bei ihrem sechsten! Mein Einziger! Es ist unmöglich!! Hörst du: du bist mein Einziger!!!"

Doch auf die überlegene Weise der jungen Studenten lächelte Wolfgang. Er kehrte um und wies mit der Hand auf seinen weiß schimmernden Fallschirm, er sagte: „Auf jeder andern Maschine ist es auch meiner Meinung nach ent= schiedener Leichtsinn, Fallschirm aber ist schlechthin gefahrlos, sturmsicher. Überlege doch bloß: Ich und mein Kartenleser, das sind beinahe drei Zentner! Wir sitzen mit unserm gemeinsamen Schwerpunkt zweiundvierzig Zentimeter unter dem Druckmittelpunkt! Daher der vortreffliche Name „Fallschirm"! Wenn du mit einem Fallschirm aus einem Ballon springst, mit einem Fallschirm von der Größe meines Flugzeuges, legst du dich auf den Boden wie eine Flaum= feder! Selbstverständlich gibt es Gefahren; zum Beispiel ist es vorgekommen, daß eine Maschine in der Luft anbrannte. Du siehst Mutting, daß ich die Sache kaltblütig und absolut objektiv durchdacht habe, aber es gibt auch zum Beispiel Eisenbahnunglücke! Wo man hilflos zwischen zwei Sitzbänken zerquetscht wird! Und weiß Gott, Mutting, ich fühle mich sicherer, wenn ich mit Fallschirm reise, als im Eilzuge! Einfach sicherer! Kann ich denn wissen, ob so'n Zug= führer vielleicht bezecht ist? Den Fallschirm aber — hab ich in meiner Hand, in meiner Hand!"

Das Mutterherz flüsterte immer wieder: „Sie werden ihn dir ins Haus bringen als einen unförmigen, blutigen Klumpen!" Und schließlich, feierlich und verzweifelt, erklärte Frau Rosenhag: „Kannst du deinen tollkühnen, dum= men Sportkitzel nicht beherrschen, ich meine: steigst du auf dieses Dings, vor allen Leuten häng ich mich an den Schwanz oder ans Steuer, oder wie es nun heißt! Und wenn der Wirbelwind aus Kies mich blutig peitscht! Ich lasse nicht los!"

— —

Der Kinomann, der neben dem Startplatz bei seinem verhängten Kasten stand und augenblicklich keine dankbare Aufgabe hatte, war in der Zeit seiner Blütenträume Bildnismaler gewesen; mit einer tiefen koloristischen Wonne betrachtete er Frau Rosenhags Anzug: der gute Wollstoff, daraus ihr Kleid, ihre Jacke und ihre Kapuze gemacht waren, hatte die Farbe trockener Erde; ein fast valeurloses, absolut stilles Graubraun war es, das diese ganze zierliche Frauengestalt umhüllte; das handbreite Seidenband der Kapuze aber, das unter dem Kinn eine mächtige Schleife bildete, war sattblau, nicht kornblumenblau, sondern noch satter, vielleicht hätte ein großer Armkorb voll eben gepflückter Enzianblüten so prachtvoll blau sein können. Brustbild müßte man machen! Alle Madonnenrätsel strahlen aus diesem ganz modernen Gesicht! Das um Gott weiß was so wundervoll sich aufregt!

Man braucht bloß die Natur zu kopieren! Und könnte dreitausend Mark für dieses Bild verlangen, fünftausend!

. . . Ob sie denn mitfliegt? Der unten geschnürte Rock wird wahrscheinlich den Zweck haben, daß der Wind nicht hineinkam!

Also der Kinomann fragte den jungen Direktor der Fallschirmwerke — es war der Herr mit den Klubzeichen —, ob diese Dame mitflöge.

„Rosenhag fliegt mit Leutnant Steffen.“

„Schade!“ bedauerte der Kinomann, „eigenartiges Paar! Wär' eine sehr hübsche Aufnahme geworden.“

Und in dem Herzen des wagemutigen jungen Kaufmanns echote dieses Schade: Wär' eine prachtvolle Reklame für Fallschirm! Auf Fallschirm kann einer . . . seine jüngere Tante mitnehmen oder auch seine Liebste . . .

Als aber Mutter und Sohn in ihrer schmerzensreichen Unterhaltung nachher bei den wartenden Apparaten vorbeikamen, ging der Direktor auf das „eigenartige Paar“ zu, und nach der gegenseitigen Vorstellung fragte er in seiner umschweiflosen, treuherzigen Weise, ob die Frau Mutter nicht mitfliegen wollte. Sehr viele beherztere Damen seien in letzter Zeit geflogen.

Da mußte Frau Rosenhag einen wunderlichen Gedanken denken: „Wenn du mit ihm fliegst, ist es unmöglich, daß ihn die Leute dir ins Haus bringen auf einer Bahre! Auf jeden Fall unmöglich!“

164

In ihrem Blut und Herzen aber fing ein Flüstern und Streiten an: „Agnes Rosenhag, bist du etwa zu alt, um noch zu fliegen? Um diesen großen Menschheitsschritt mitzutun? Bist du zu alt? . . ." „Freilich: morgen vormittag sind zwei Klavierstunden zu geben, und keinesfalls würde man rechtzeitig wieder da sein, um neun Uhr . . ." „Andererseits ist es ja wohl fast windstill, ein vorzügliches Flugwetter, ein rosenroter Frühlingsabend: sehr möglich ist es, daß man gesund nach Dresden kommt und etwas Wunderschönes erlebt hat! . . ." „Andererseits: soll man es denn ganz aufgeben, den Jungen von seiner Tollheit abzubringen?" „O keineswegs! Wenn dieser Flug nach Dresden getan ist, Wolfgangs letzter, dann wird man ihn, dann wird man . . . seine Vernunft aufrufen, in aller Ruhe des Redens und Briefschreibens, mit List und Liebe." Und nun abermals dachte Frau Rosenhag jenen unwiderleglichen Gedanken: „Wenn du mit ihm fliegst, ist es unmöglich, daß ihn die Menschen auf einer Bahre dir ins Haus bringen, unmöglich!"

„Mutting, du — überlegst! Also fährst du mit!"

Der Direktor, welcher mehrere Schwestern hatte, auch noch aus andersartigen Erfahrungen die Frauenseele ein wenig kannte, gab den Monteuren ein Zeichen: Maschine vorschieben!

Frau Rosenhag aber knöpfte die Jacke zu.

Und Leutnant Steffen erklärte galant, er wolle die Strecke Chemnitz— Dresden in einem bequemen Abteil zweiter Klasse zurücklegen. Rosenhag habe ja diese höchst simple Strecke mit ihm durchgearbeitet. „Über die Zschopau, Freiberg links lassen, über die Mulde! Dann der Weißeritz nach! Dresden, Vogelwiese!"

Die Herren traten an das Flugzeug, und eine unbegreifliche, unwiderstehliche Macht zwang Frau Rosenhag, ihnen zu folgen. —

Da, auf diesem kurzen, unfreiwilligen Weg, fühlte sie plötzlich ein starkes inneres Hemmnis, fühlte den ungestorbenen, neunzehn Jahre lang in ihre Seele eingegangenen Willen des Professors, der in den Primen des Stadtgymnasiums Deutsch und Griechisch gelehrt hatte. „Agnes," rief dieser Wille, „laß dich doch nicht verrückt machen! Laß doch Rennradler und Chauffeure diese unfertigen Dinger ausprobieren! Oder Schlosserlehrlinge!

Die auf Pöbelruhm Wert legen! Oder auf Geldpreise! Schon um Wolfgang ist es zu schade, er hat immerhin seinen Maturus bestanden, wenn auch nur mit einem Genügend — leider, leider. Um dich aber ... Agnes, um dich ist es ein Jammer!"

Und als Frau Rosenhag dicht vor dem Flugzeug stand, trat ihr der hinübergegangene Gatte als ein ganz richtiges, durchsichtiges Gespenst in den Weg: „Ich verbiete es, Agnes, ich verbiete!"

Da schritt Frau Rosenhag durch das große Gespenst hindurch, was auf dem Kinobild ja nur in ihren trotzigen Augen erschienen ist, und setzte sich an ihres Jungen linke Seite. Irgendwer schnallte ihr einen pelzgefütterten Sack um, bis unter die Arme. Die Musik setzte mit dem Hohenfriedberger Marsch ein, hellschmetternd. Und ehe Frau Rosenhag den nächsten notdürftigen Gedanken zustande brachte, schwebte sie schon über des Tannenhügels Wipfeln, grausig eilend.

Ein Druck preßte die Brust, als müßte man schneller als der eiligste Eilzug durch ein eiskaltes Gallert — aber ein weiches Wiegen war es, unmöglich können die Altwienerinnen in ihren Sänften so weich gesessen haben!

Ein Flußlauf glitt unter den Füßen rückwärts, wie alles. Die zarten, unter dem Wildleder frierenden Hände umklammerten die Armlehnen, ein Schiffsbrüchiger hätte sich an seine Planke nicht fester klammern können. Wie aber die beiden Kolben eines doppelten Dampfhammers auf ihren Amboß schlagen, so hart klopften und klopften die Pulse der zarten Frau.

Sie sehnte sich, mal in das Antlitz ihres Jungen zu blicken, ihres Nachbars, sie wird — ihren Kopf drehen müssen. Aber ... das Gleichgewicht! Ob das Kopfdrehen gefährlich ist?

Ganz wenig nur bewegte Frau Rosenhag ihre Nase, hauptsächlich drehte sie ihre Pupillen. „Ich bin ganz ruhig," sagte sie, „es ist sehr schön."

Aber der Junge hatte wohl keine Zeit, auf sie zu hören. Seine Augen suchten etwas weit vorn in der Landschaft.

Ein Windstoß, der von rechts unten heraufkam, hob die rechte Tragfläche, wie es schon mehrmals seit dem Abfliegen geschehen war; ruhig trat der Pilot auf das rechte Pedal, es war, als könnte er diese ganze weithinlangende Tragfläche hinuntertreten mit seines Fußes Kraft.

Wie eine Wage benahm sich Fallschirm, die sich beruhigt.

Nun stand er wieder.

Nur vorwärts rasend.

Selten und wenig drehte der Steuermann an seinem Rad.

Noch einmal blickte Frau Rosenhag in Wolfgangs Antlitz, die höchste Menschenschönheit glühte in diesen Augen: Wille, der eine Seele vollkommen ausfüllt.

Ob der Pilot wohl gar nicht hört, wenn man bei diesem unablässigen Knattern spricht? Ein Vorteil! Denn sonst würde der Junge merken, daß man doch eben nervös ist.

Viele Dörfer waren schon überflogen, auch gleich im Anfang eine größere Stadt, die Frau Rosenhag nicht erkannt hatte, da plötzlich trat an Stelle des bisher unablässigen Motorknatterns eine Stille; die Schraube, die bei der ganzen bisherigen Fahrt, einer gläsernen Scheibe ähnlich, ihren Dienst getan hatte, drehte sich langsamer, war deutlich zu erkennen: ein schweres braun= hölzernes Doppelruder.

Ärgerlich sagte Wolfgang in das tiefe, plötzliche, ungeheuerliche Schweigen: „Der Vergaser will uns vereisen, scheußlich!" Und ruckte an einem Hebel.

Da war die gläserne Scheibe gleich wieder da. Nun merkte Frau Rosen= hag: Wahrlich, dieses eintönige Motorknattern, es war doch auch — Gesang!

Und nach einer Weile, ganz da vorn, blinkte der Horizont, blinkte an mehreren Stellen — die Elbe?

Aber das ist ja Meißen!

In dieser krebsroten Stadt mit ihrer Felsenburg hatte Frau Rosenhag die ersten neunzehn Jahre ihres Lebens verbracht, auch aus einem Himmels= fenster würde sie Meißen erkannt haben. Es liegt nicht auf der Luftlinie zwi= schen Chemnitz und Dresden. Wolfgang fliegt in der Irre!

Und über Wald und Weinberg lag schon des Abends erster grauer Schleier.

Sie blickte wieder in des Piloten Antlitz; diesmal bemerkte Wolfgang ihre Kopfbewegung, er hatte soeben selbst feststellen müssen, daß er der Trie= bisch nachgeflogen war, anstatt der Weißeritz, und hatte auf dies bange Ver= wundern der Fluggenossin schon seit einer Viertelminute gewartet. Doch gar getroſt ſchaute er drein, zuckte nur mit den Achſeln, wie um Entſchuldigung bittend wegen des unbedeutenden Verſehens. Juſt über der Stadt machte er einen ſchönen weiten Bogen; da wurde die Schraube wieder langſam, die ungeheuerliche Stille war wieder da. Aus den Gaſſen und Gäßchen klang ein Hurra herauf, ein Jungenſopran aus düſterer Tiefe.

Der brave Hebel machte nochmals das Eis unſchädlich, diesmal freilich erſt nach mehrmaligem Ziehen und Rucken. Und nun ging es ſtromaufwärts.

Unbegreiflich bald ſah Frau Roſenhag die Stadt im breiten Tal: Dresden.

Wie im Fluge war dieſe ganze Zeit vergangen.

. . . Wie im Fluge? Ein ſchöner Unſinn! . . . Auch an die Zackeldroſchke von vorhin dachte Frau Roſenhag, und plötzlich liefen die großen Tränen aus ihren Augen, Tränen des Mutterſtolzes und Menſchenſtolzes. Hier oben weinte ſie. Schwebend. Und es fragte in ihr: Ob wohl auch . . . ſchwebende Engel manchmal weinen, vor Freude über die Nähe Gottes?

Wenn bloß dies Gallert nicht ſo grauenhaft kalt wäre! . . .

Und abermals, auch hier oben, redete der Wille des Profeſſors, der in Frau Roſenhags Willen eingeſtrömt war, neunzehn Jahre lang, beinahe von morgens bis abends, drohend redete der Profeſſor: „Du biſt brutal durch mich hindurchgegangen! Du legſt keinen Wert auf meine Überzeugungen! Die ich in lebenslangem Denken mir erkämpft habe! Was? Keine Zeit hätteſt du jetzt, auf mich zu hören? Gut, Agnes! Es iſt gut, Agnes! Aber ich werde wiederkommen." — — —

Über den erſten Vororten der großen Stadt benahm ſich der Propeller wie ein ſtößiger Bock.

„Füße anſtemmen!" ermahnte Wolfgang; auf ſeiner Stirn ſtand eine tiefe Falte. Und ein wenig neigte ſich Fallſchirm, als ſuche er einen Landungs= platz weit vor ſich auf dem Strom oder auf jenen Dächern oder dort auf der Bahnlinie.

Da zitterten Frau Roſenhags Kniee, auch ihre Arme machten Be= wegungen, die ſie nicht hindern konnte.

Indeſſen aber hatte der Steuermann das Doppelruder doch wieder in die gläſerne Scheibe verwandelt. Wagrecht knatterte Fallſchirm weiter, wag= recht und alſo ſelig.

Da hörte die Freundin Beethovens das allerherrlichste Geigen und Schmettern, — nur mit ihrem inneren Ohr, lauter aber war dieses Geigen und Schmettern, als das Knattern vor ihren Füßen, als das Knattern unabläßiger Explosionen: Jenes Motiv der Eroika geigte und schmetterte, darin der Held, der überlegene Mensch, über die tausend hämischen Stimmen der Philister und aller übrigen Kobolde obsiegt, durch seiner Seele reine Flamme obsiegt, die nun auflodert bis zu den Sternen und Sonnen. — —

Alsbald landeten Sohn und Mutter vor der Tribüne zu Dresden, wo sie zu landen gewünscht hatten, von viel tausend Menschenstimmen umjubelt. — —

Am folgenden Abend aber saß Agnes Rosenhag, die Klavierlehrerin, wieder in Chemnitz am offenen Fenster ihrer Mansarde. Sanft strahlte die Petroleumlampe; die brave Anna war längst schlafen gegangen. Ganz still war es draußen über den Dächern — „Silberwölkchen flogen". Es raunte in der Mutterseele: Entschieden besser, daß er mit seinem Kartenleser weiterfährt, anstatt mit einem wertlosen, nur dasitzenden und störenden Fahrgast . . . Da sah Frau Rosenhag den Professor wieder.

Durchsichtig und lastlos, genau wie gestern auf dem Exerzierplatz, stand er nun mitten in der sanft erleuchteten Stube. Die Uhr auf der Kommode tickte laut.

Der Durchsichtige zuckte die Achseln, er disputierte: „In jedem Tal, wo etwa zwischen Farnkräutern ein Bach über die Steine rauscht, ist Mutter Erde schöner als oben in ihrem Luftmantel, in dieser eiskalten Öde! Wo weniger los ist als in der Wüste Sahara.

„Und wenn die Land- und Seeschlächtereien erst mal endgültig vorbei sind, dann werden diese Flugstühle nichts andres sein als eben . . . als ein neuer, recht komfortabler Droschkentyp, als Wolkendroschken."

Mit geschlossenen Lippen bat Frau Rosenhag das Gespenst, solche herabziehende Worte doch für sich zu behalten. Da nahm das Gespenst einen ernsten Ton an, einen metaphysischen Ton: „Warest du gestern abend . . . warst du etwa — im Himmel? Ach, liebe Agnes, warum ließest du dein Billett verfallen, dein schönes Billett in die „Eroika"! Ich sage dir: wenn wir n i c h t fliegen, fliegen wir viel höher."

Und im silbernen Glanze draußen schlug Mitternacht.

Aber Frau Rosenhag hörte nichts, sie suchte nach der notwendigen Antwort.

Indessen pendelte das Gespenst fortwährend durch die Stube, die Hände auf dem Rücken gefaltet, nach alter Gewohnheit, und auf eine triumphierende Weise schweigend. Auf eine höhnische Weise.

Und wie manchmal Nachtschmetterlinge an einer Stubendecke flattern, so flatterten im obersten Drittel dieser Mansarde, vor allem aber in der Nähe der Lampe, unzählige Menschenseelen: Schulmeister, Tragödiendichter, Erkenntnistheoretiker, Hofprediger und andere Geisteshelden, die natürlich noch viel leichter waren als Schmetterlinge. All diese Nachtschmetterlinge nahmen des Ehemanns und Professors Partei, riefen und jubilierten: „Wenn wir nicht fliegen, fliegen wir viel höher." Und hatten recht! Und hatten recht!

Es schlug halb eins.

Bald nachher aber, plötzlich, ward es ganz hell um das Madonnenantlitz, und von Seele zu Seele antwortete die Witwe dem Gatten: „Ich hab's, Bruno: Auch mit dem Fleische will die Menschheit fliegen. Das ist es: Auch! Einerseits mit der Seele, andererseits mit Fleisch und Knochen. Denn die Menschheit will alles. Will eben alles!"

Der Pendelnde war stehen geblieben, deutliche Eifersucht auf den eignen Sohn rollte in seinen Augen, er höhnte laut: „Wir tauften unsern Jungen mit dem Namen Mozarts und Goethes, er ist kein Goethe und auch kein Mozart! Ein Techniker ist ein Mensch, der seinem eigentlichsten, allertiefsten Wesen nach an der Materie klebt! Wenn er ans Fliegen denkt, denkt er an eine Drachenfläche aus Kontinentalstoff und an einen Propeller — der göttliche Funke lebt nicht in der Seele eines Technikers, das Feuer des Prometheus! Ein Techniker ist niemals ein Gott."

Da ließ des Fliegers Mutter diesen einseitig geistigen, mitleidswürdigen Sprecher wieder in leere Luft sich auflösen, samt all den übrigen Nachtschmetterlingen, in leere, sanft erleuchtete Luft.

Und schloß das Fenster.

Wolfgang — „kein Gott?" Ah, dies wußte Frau Rosenhag besser!

ADOLF HOLST

Vom Leide

Was soll ich euch noch viel vom Leide sagen?
Es ist dies e i n e wohl genug:
Wem je das Leben scharfe Wunde schlug,
der soll die Narbe wie ein König seine Krone tragen
und ungebeugt mit heil'gen Geberhänden
der Welt den Segen seiner Schmerzen spenden
wie einen kühlen Wein aus einem goldnen Krug.
Doch sollte niemand merken, was du littest!
Daß nicht des eignen Grames bittere Gebärde
dem, dem du gibst, zum Wermutstrunke werde,
die süße Labung ihm mit Herbigkeit zu kränken;
gib l ä c h e l n d , Freund! Sie müssen immer denken,
daß du ihr Haus mit Rosen überschüttest
aus einem Garten, der dir unerschöpflich ist.
Das soll der Balsam deiner Nächte sein
und deiner Tage heimliches Beglücken,
daß staunend du gewahrst, wie r e i c h du selber bist!
So gehst du doch noch in das Tor der Freuden ein,
und linder wird dir Haupt und Schläfe drücken
der Reif der Schmerzen, den die Dulder tragen.
Dies e i n e wollt' ich euch noch von dem Leide sagen.

Wahlspruch

Mit festen Füßen auf der Erde stehn
und doch sich nicht im Drang der Welt verlieren,
in Schönheit wandeln und doch Wege gehn,
die über Lärm und Lust des Tags zum Himmel führen,
des Zorns der Feinde lachend sich erwehren,
in Arbeit adlig, untergehn in Ehren,
vor Menschen hochgemut, vor Gott in Demut klein —
das soll mein Feldpanier und fröhlich Beten sein!

GEORG VON DER GABELENTZ

Das Haus der Rosen

Der alte Maler hatte mich eingeladen, mit ihm hinaufzuwandern in die fruchttragenden Hügel, die die südliche Stadt umhegen und auf denen ewiger Frühling, ewiger Sonnenschein und Vogelgesang zu wohnen scheinen.

Die Stadt blieb hinter uns zurück, die Kuppel des Domes, die Türme der Kirchen, die steinernen Stirnen der Paläste sanken tiefer.

Schon hoben die hohen Berge ihre Häupter, und um die höchsten von ihnen waren die weißen Priesterbinden frisch gefallenen Schnees geschlungen. Unsere Straße ging steil bergauf, Staub deckte sie, und die Sonne glühte.

Wir begannen müde zu werden und suchten nach einem Orte, an dem wir rasten könnten, wo wir eine schattenspendende Laube fänden und ein Glas Wein, den Durst zu löschen.

Da gewahrte ich über uns auf dem Gipfel eines Hügels etwas Entzückendes: ein weißes Haus, inmitten blühender Rosen gelagert, wie geschaffen zur Rast.

„Sehen Sie das Haus?" wandte ich mich fragend meinem Begleiter zu, „droben auf der Kuppe? Wir müssen eine herrliche Aussicht von dort haben und werden wohl auch ein Glas Wein finden."

Der alte Maler nickte: „Wohlan! Suchen wir's auf, wenn Sie wollen. Freilich ist's noch ein ganzes Ende bis zu ihm empor, denn der Weg schlängelt sich recht launenhaft da hinan. Doch ein Stückchen Paradies ist die Villa der Rosen dort oben wohl." Er fügte nach einer Weile hinzu: „Freilich nur ein Stückchen Paradies."

Der Maler führte mich auf einen Pfad, der von der Landstraße zur Seite bog und über steile Stufen, zwischen dornigen Hecken mühsam emporleitete. Aber ich vergaß die sengende Mittagssonne, vergaß meinen Durst über der freudigen Aussicht, bald das rosenumblühte Haus zu erreichen, in seinem Schatten zu ruhen, von seiner Terrasse aus rings das weite Land und den durchmessenen Weg genießend zu überschauen.

Jetzt bogen wir um einen Vorsprung des Hügels und standen vor dem Tore. Ach, die Villa lag nicht auf dem Gipfel, dicht hinter ihr und seitwärts stiegen neue Kuppen empor und hemmten die Fernsicht. Und das Haus war verfallen. Die weißen Mauern umhegten unheimlich stille, leere Räume. An rissigen Wänden kletterten die Rosen empor. Unkraut wucherte auf den Gartenpfaden. In die Brunnenschale am Hause tropfte kein Wasser.

Ich blieb enttäuscht stehen. Indessen warf der alte Maler gelassen seinen Mantel auf die zerbrochene Marmorstufe der Treppe und ließ sich nieder.

„Ja," meinte er lächelnd, „so sieht sie aus, die Villa der Rosen. Sollten Sie dies Haus wirklich noch nicht gekannt haben?"

„Nein," entgegnete ich.

„Jeder Mensch", meinte er, „kennt solch ein Haus der Rosen. Wir wähnen es in unsern Träumen auf einem Gipfel stehen, wir glauben, in ihm rasten zu können, auf alles ringsum in befriedetem Glück herabzuschauen, und unsere Sehnsucht lockt uns ihm zu, so mühsam auch zuweilen der Weg ist. Aber wenn wir es erreicht haben, dann sehen wir, ach, wie oft, daß das Wunschhaus auf keinem Gipfel steht, daß sein Dach morsch ist, seine Wände zerspalten und daß wir ausruhen auf geborstenen Stufen. Freund, das Haus der Rosen, ist es nicht ein Gleichnis unseres Daseins?"

173

KURT MARTENS

Das Osterlied

Es war zu Weißenfels an einem trüben Abend des März 1801. Da ließ sich der sterbenskranke Dichter Novalis seinen Lehnstuhl vors Fenster rücken, um, wie er sagte, die vertrauteste Gasse seiner kleinen Stadt still in den Schlummer zu singen.

Die Mutter, deren pflegende Hand ihn sonst nie allein ließ, küßte ihn zärtlich auf die Stirn und versprach, sich in einer Stunde wieder nach ihm umzusehen. Der Arzt musterte ihn verstohlen mit besorgter Miene. Dann verließen sie ihn.

Der Dichter blickte sinnend durch die beschlagenen Scheiben, an denen vereinzelte letzte Schneeflocken zu rinnenden Tränen zerschmolzen, hinab auf den um diese Stunde bereits verödeten Bürgersteig, auf die gegenüberliegende kahle Häuserfront, auf den schmalen Streifen eines wolkenverhangenen Himmels über hochgiebligen Dächern: „So müde auch du schon, liebe alte Stadt? Du freilich wirst morgen früh frischer und tatenfreudiger erwachen als dein leidender Sohn."

Vom Nebenzimmer drang gedämpftes Gespräch an sein Ohr. Nur die Stimme des Arztes vernahm er und nur die wenigen Worte: „Vielleicht daß er vor Ostern noch . . . "

„Vielleicht daß er vor Ostern noch . . . ?" wiederholte der Kranke leise für sich, „nun, wie denn weiter? Wie soll ich mir den Satz ergänzen?" Es kam ihm nicht in den Sinn, daß man sein Todesurteil gesprochen haben könnte. Denn obwohl er keineswegs an seinem irdischen Dasein hing, in Nacht und Jenseits stets heimischer gewesen war als in Lebenslust und Sonnenglanz und selbst den tödlichen Charakter seines Leidens kannte, fühlte er schon all die Wochen der diesjährigen Passionszeit sein Gemüt freudig erhoben, den Geist beflügelt zum Aufschwung in unendliche Fernen. Sein Körper litt; das Fieber, das ihn allabendlich um diese Stunde überfiel, zermürbte seine letzten Kräfte. Dennoch erging sich seine Seele in seligen Verjüngungsträumen.

Keine Passion, der nicht ein Ostern folgt! Nacht nur ein Übergang zu neuem, strahlendem Morgen. Sündige Erdgebundenheit mündend in himm-

lische Erlösung. Den Leidensweg vom Abend zu Gethsemane bis zum Oster=
morgen wandelte der Dichter Novalis in den Spuren und im Angedenken
seines Herrn, glaubte, wußte und erlebte im voraus das königliche Fest. Oster=
liche Andacht erwachte und vertiefte sich in ihm, und als Lied, mit dem er
die Vaterstadt in Schlummer singen wollte, drängten sich ihm die Strophen
seines Osterchorals auf die Lippen:

> „Ich sag es jedem, daß Er lebt
> und auferstanden ist,
> daß Er in unsrer Mitte schwebt
> und ewig bei uns ist."

Liebende, menschlich mitfühlende Gedanken schweiften weiter hinaus
ins Land, versenkten sich in die Sorgen seines vom westlichen Eroberer be=
drängten Volkes, hafteten an dem jüngst zu Lunéville geschlossenen Frieden,
der den Keim zu neuen Kriegen barg, und warfen auch hier alle Hoffnung
auf Christus den Erlöser und Einiger aller Völker:

> „Jetzt scheint die Welt dem neuen Sinn
> erst wie ein Vaterland,
> und neuen Frieden nimmt man hin
> beglückt aus Seiner Hand."

Noch flüsterte nebenan die Mutter bekümmert mit dem Arzt, und es
entging ihm nicht, daß sie ein Schluchzen unterdrückte. „Ach, Mutter, geliebte,
warum diese Tränen? Doch nicht um mich, der dir in Gottes Obhut nie ver=
lorengehen kann?"

> „Es weine keine mehr allhie,
> wenn eins die Augen schließt:
> Vom Wiedersehn, spät oder früh,
> wird dieser Schmerz versüßt."

Demütig legte er sich Rechenschaft ab von seinem Schaffen auf kurzem,
jäh abgebrochenem Lebensweg. Nicht immer vollkommen, doch mit redlichem

Willen hatte er seine Pflicht im Dienste des Staates erfüllt und in seinen
Mußestunden einige Lieder verfaßt zu Gottes Ehre, in zagen Elegieen dem
grellen Tag sich unterworfen, in ekstatischen Hymnen seine Trösterin, die Nacht,
gefeiert. Er fand, daß dies allzuwenig sei selbst für einen Jüngling. Andere
aber würden mit besseren Kräften vollenden, was er begann, zum Werke
gestalten, was er nur geträumt. Und zuversichtlich klang es in ihm wider:

> „Es kann zu jeder guten Tat
> ein jeder frischer glühn;
> denn herrlich wird ihm diese Saat
> in schönern Fluren blühn.“

Gläubiges Vertrauen zum Erlöser und selige Zuversicht auf innigste Vereinigung mit Ihm glühten in des Dichters sehnsüchtigem Herzen auf. Am
Heiland würde er von allem Siechtum genesen, die irrende Menschheit würde
zu Ihm sich zurückfinden, die alternde Welt durch Ihn sich immer wieder
verjüngen:

> „Er lebt und wird nun bei uns sein,
> wenn alles uns verläßt.
> Und so soll dieser Tag uns sein
> ein Weltverjüngungsfest.“

Schon fühlte er, wie der Auferstandene leibhaftig ihm entgegenschritt.
An seiner Seite sah er sich, gleich den Jüngern auf dem Wege nach Emmaus,
lauschte der göttlichen Stimme und flehte zu ihm: „Bleibe bei mir, Herr,
denn es will Abend werden, und der Tag hat sich geneigt . . . “ — —

Auf der Gasse vor dem Krankenzimmer herrschte Dunkelheit und Totenstille. Regungslos, das fiebernde Auge auf den schmalen, blassen Himmels-
streif gerichtet, lehnte der Sterbende in den Kissen. Er lächelte im Traum
und formte phantasierende Worte: „ . . . vielleicht daß er vor Ostern noch . . . “
Jetzt fiel der Schluß des Satzes von vorhin ihm ein. Im Rhythmus seines
Liedes sprach er kindlich dankbar, leise und heiter vor sich hin:

„Vielleicht daß er vor Ostern noch — das Osterfest erlebt.“

176

ARTHUR SCHURIG

Von Eltern, Vorfahren, Vaterhaus, Leben

Sich seine Eltern zu wählen, ist keinem vergönnt. In ihren Charakteren, Leibern und Schicksalen wurzelt unser ganzes Ich. Alles ist Erbe, nicht zum wenigsten die geheimnisvolle Kraft, die dem höheren Menschen gegeben ist, im endlosen Kampfe mit den anderen sich über das Mittelmaß emporzubringen.

* * *

Ich habe zuweilen das Gefühl, daß meine Vorfahren in mir leben. Manchmal erinnere ich mich an Landschaften, Dinge, Umstände, Personen, die ich gewiß nicht selber gesehen habe, sondern jene vor mir. Dann schaue ich mich bei einer mir fremden Beschäftigung, in mir fremdem Rang, zu mir fremder Zeit. Es ist mir, als hätte ich Karl dem Großen in die Augen gesehen oder Cäsar; ich sehe mich als Ritter des Heiligen Grabes im Jahre 1465; ich schlendre durch Pavia, wo Vorfahren von mir studiert haben und wo ich niemals war. Es ist mir, als hätte ich mit Luther Briefe gewechselt; als wäre mir Friedrich der Große in unserm Görlitzer Hause 1757 als Quartiergast begegnet. In mir denken und handeln verstorbene Persönlichkeiten; ich bin das Ergebnis aller, denen ich mein Dasein verdanke.

* * *

Vorfahren von Bedeutung zu haben, ihre Vorzüge und ihre Fehler im wesentlichen zu kennen, zu wissen, wie sie gelebt, was sie gewollt, geschaffen, erreicht und nicht erreicht haben, ist für einen jungen Mann, der Vertrauen zu sich selber sucht, wichtig. Er muß sich klar darüber sein, auf welchem Feld und in welchen Schranken sein Ich das Schicksal herausfordern darf.

* * *

Was gibt es für wahre Güter? Schopenhauer[1]) zählt sie auf: ein edler Charakter, ein fähiger Kopf, ein glückliches Temperament, ein heiterer Sinn, ein völlig gesunder Leib. Man muß sich mit achtzehn Jahren, am Start des

---

[1]) Artur Schopenhauer, berühmter deutscher Philosoph. Sein Hauptwerk, „Die Welt als Wille und Vorstellung" schrieb er zum größten Teil in Dresden; es erschien zuerst in einem Leipziger Verlag 1819.

Lebens, ernstlich fragen: Wieviel besitze ich von dem allem? Wie weit wird mich meine Natur tragen? Wo schimmern die mir erreichbaren Ziele?

*   *   *

Die Sonne, die im Vaterhaus geschienen hat, wärmt dich noch in deiner letzten Stunde.

*   *   *

Nicht früh genug kann dem Menschen sein guter Stern den schweren Augenblick erleben lassen, in dem er urplötzlich erkennt, daß jedermann ein Einsamer ist, zumeist schon als Kind.

*   *   *

Sobald ein junger Mann zur Einsicht kommt, daß die Welt voller Teufel wider ihn ist, beginnt seine Selbsterziehung.

*   *   *

Die Wegstrecke zwischen Geburt und Tod ist kurz. Dem Lebenskünstler ist es unverständlich, warum die meisten Menschen schnurgerade dem Ziel alles Lebens zurennen. Solange ihm die Beine nicht wehtun, geht der Weise an keinem Nebenpfade vorüber, der ihm, je nachdem, Waldschatten oder Höhensonne verheißt.

FRIEDRICH KURT BENNDORF

Heimkunft

(Venusberg im Erzgebirge)

I

Wiesenbegrüntes Tal und du Vaterhaus!
Knabenlustig hüpft noch der Bach vorbei.
Längs der Berge wallt noch der Wipfelbraus,
und die Bläue zerreißt der Bussardschrei.

Hier die Steinbank unter bejahrter Linde,
wo ich so oft dem Geschmetter der Drossel lauschte,
Grüße bestellte der Wolke, dem Abendwinde,
an alles Ferne, das mich wie Sage berauschte.

Was ich als Schatz seitdem im Innern bewahre,
wortlose Heimlichkeiten, Träume und Klänge,
hat sich zum Worte geprägt im Wandel der Jahre:
Heimat, nimm sie zu Dank, meine Bilder und Sänge!

II

Das ist der Talgrund, der waldige Bergzug,
dasselbe Bachgeplauder durch die Wiesen,
dieselbe Straße mit den Ebereschen,
das ist der alte Friede noch!

Das Wachtglöcklein am Kalkwerk droben
zählt noch die Viertelstunden ab.
Am Teiche dröhnt wie damals die Fabrik
unter dem Gange der Spinnmaschinen.
Im Dorfe noch derselbe Krämerladen
und ein paar alte Leute,
die von den alten Zeiten wissen.

Die altgeliebte Waldnacht such ich auf,
darin sich erloschener Kinderblick wieder entzündet,
den Fichtenforst, wo wieder der Sommer webt,
die mächtige Buche im Forst
mit verwitterten Namenszügen in ihrer Rinde.

Aufrauschen der Wipfel!
Als ob mich wiedererkännte und grüßte der Wald.
Wie einst schlägt aus der Höhe der Sperberschrei,
steht mittaghoch im heißen Blau
eine weiße Wolke, wie gebannt
vom stillen goldenen Jubel des Lichts.

Heimkehren möcht ich
in die geräumigen Tage der Jugend,
in das Geheimnis der Kindesseele!
Ich möchte einschlummern zum Kindheitstraum.

FRIEDRICH KURT BENNDORF

In der Heide

An einem Stamme ruhend in der Kiefernheide
bei sonnenwarmer Mittagzeit des Herbstes,
hab ich gelauscht der Lüfte großem Rauschen
und grüblerisch gehorcht in meinen Geist.

Es ging ein Wehen durch den weiten stillen Wald,
ein Raunen, muscheltönig, — Werken vieler Lüfte,
die ihre Wellen über Wipfel spülten,
und mit dem Heidekraut und Gräsern spielten
im Säufeln über braunem Nadelboden.

Ich hörte kreischen einen Eichelhäher.
Er schoß durch das Gegitter grauer Stämme
— tief leuchtendes Lasurblau seiner Flügel —
und saß dann seltsam nahe mir, bei Farnen,
die einen Tümpel säumten (— schwarzes Wasser:
verwunschen still, brandroter Pilz am Rand —),
und äugte fragend nach dem Fremden hin,
der eingedrungen in sein Herrscherreich.

Du Vogel, atemnahe meinem Dasein:
Vielleicht mein Vorfahr aus Jahrhunderten
auf seinem Wege der Verwandlungen?
Kein Leben stirbt.

Ich blickte aufwärts in die Kiefernkronen,
die sich den Lüften beugten wie Gesetzen.
Das Rauschen kam und ging, schwoll auf und ab unendlich,
im grenzenlosen Raume meines Seins.

Ausklang

Seit jungen Tagen
hör' ich die stillen Töne einer Flöte:
Sie bläst sich selber wohl,
jenseit des Oceans,
hoch über einem Urgebirge.
Ich lausche ihr,
ich lausche andachtsvoll,
und kling' ihr nach
auf meinem Saitenspiel.

Berndisch

181

FRIEDRICH KURT BENNDORF

Grube Himmelfahrt bei Freiberg

Wir steigen im schwärzlichen Knappengewand
die steile Leiter hinab in den Schacht.
Der großen Öllampen ärmlicher Brand
leiht Augen der gähnenden Stollennacht.

Wir schreiten gebückt an nässender Wand
jahrhundertalte Gezeugstrecken sacht
schrägein in das unterirdische Land,
zu der Bleierz=Adern glimmender Pracht.

Ein reißendes Grubengewässer rauscht
dicht hinter dem narbigen Gneisgestein.
Vor Ort im Querschlag ein Häuer tauscht

den Bergmannsgruß mit uns: Glückauf!
Glückauf, und führe uns, Steiger, hinauf
aus den lichtlosen Tiefen zum Tagesschein!

FRANZ ADAM BEYERLEIN

Freiheit

Trüb und grau stieg der Sonntagmorgen des 17. Oktober über dem Blach=feld von Leipzig empor. Mit dem zunehmenden Licht ballten sich die Wolken dichter, und den ganzen Tag über sprühte ein feiner kalter Regen herab. Es war, als graue es der Sonne vor der blutgetränkten schwelenden Stätte des noch unentschiedenen Riesenkampfes und als beweinten die Tränen des Him=mels die zahllosen Opfer der Völkerschlacht, für deren frohe Wiederkehr an allen Enden des neu sich gestaltenden Europa noch die Gebete der Mütter und Schwestern, der Gattinnen und Kinder inbrünstig und schöner Hoffnung voll flehten.

Stumm, untätig lauerten an diesem Sonntag die Heere einander gegen=über. Nur im Norden trieb Blücher, der barsche, unermüdliche Draufgänger, seine Scharen bis an das Rosental und das Pfaffendorf heran.

In der Frühe des 18. Oktober entschleierte sich der Himmel, und die helle Sonne strahlte auf die Walstatt herab. Nicht auf einen Schlag, sondern nach=

einander von der Pleiße an sich ostwärts fortpflanzend, flammte der Angriff der Verbündeten auf. Erst um die zweite Nachmittagsstunde, nachdem der Zauberer aus dem Norden wohl oder übel das entscheidende Schneckenschritt= chen hatte tun müssen, setzte sich auch die Armeeabteilung des Generals von Bennigsen in Bewegung. Den linken Flügel bildend, warf sich die preußische Brigade Ziethen auf die wenigen Gehöfte des Dorfes Zuckelhausen. Ein heißer Kampf wogte hin und wider. Aber Jammer über Jammer! Die Gegner, die sich in Gassen und Gärten mit zäher Wut schlugen, waren Kinder desselben Volkes. Hüben und drüben, wenn eine Kugel ins lebendige Fleisch drang oder wenn ein Bajonett seinen mörderischen Weg nahm, klang der Wehruf in deutscher Sprache, und hüben und drüben, wenn Kolben gegen Kolben splitterte oder wenn man sich im letzten Ringen mit den blanken Fäusten krallte, fluchte, schrie und stöhnte es auf deutsch. Die Schlesier der Brigade Ziethen stritten wider die Badener und Hessen der Division Marchand, Deutsche wider Deutsche. Eher noch betete einer der Preußen ersterbend im heimat= lichen Wasserpolackisch zur Himmelskönigin Maria.

Zu Beginn dieses erbitterten Treffens geschah es, daß in einem Gehöft am Südrande des Dorfes zwei deutsche Jünglinge einander dermaßen mit Kolben und Bajonett zusetzten, daß sie, beide bereits tödlich getroffen, zuletzt nur von einer Ohnmacht gehindert wurden, sich gegenseitig auf dem Fleck den Garaus zu machen. Als nämlich der badische Linieninfanterist von einem letzten verzweifelten Kolbenschlag niedergestreckt zusammengebrochen war, hatte es auch dem Preußen, einem Korporal vom Füsilierbataillon des Majors von Lettow, vor den Augen zu nebeln begonnen, und er war wenige Fuß von seinem Gegner zu Boden gesunken.

Das Gehöft, in dessen Bezirk der Kampf sich abgespielt hatte, lag etwa hundert Schritt abseits vom Dorfe und bestand nur aus einigem Gartenland und einem niederen einstöckigen Häuschen, dessen Lehmwände nicht mehr als zwei enge Räume beschlossen. Vordem mochte etwa der Schäfer oder gar der Schinder darin gehaust haben, nun gehörte das Anwesen seit Jahren Herrn Heinrich, dem letzten Sprossen einer einst weithin gekannten und geachteten Leipziger Patrizierfamilie, der durch widrige Schicksale aus dem lebhaften Getriebe der Handelsstadt in die dörfliche Einsamkeit gescheucht worden war. Die unerklärliche Untreue eines Freundes hatte ihn zugleich des Vermögens und der Frau, die er in jahrelanger Ehe geliebt und gehegt hatte, beraubt. Auch die Kinder, die er mit jener gezeugt hatte, waren übel geraten: die Tochter war verdorben, der Sohn nach einem wüsten Leben verschollen. Nach so bitteren Erfahrungen hatte Herr Heinrich den Umgang der Menschen verschworen und sein bekümmertes Antlitz vor ihren verhaßten Blicken im barmherzigen Schoß der Natur verborgen, die kleine Fläche seines Gartens selbst bestellend und von ihren Früchten sich nährend, zufrieden damit, seine Beete und Blumen zu pflegen, im übrigen auf die Gesellschaft der Schwalben unter seinem Dache beschränkt und bis auf die besten Bücher der Zeit, die ihm jeweils ein Vetter, einer der großen Buchhändler Leipzigs, zusandte, ohne jegliche Verbindung mit der Welt.

Herr Heinrich hatte die unruhigen Tage dieses Oktobers mit Gelassenheit überstanden. Er war so arm, daß ihm nichts mehr geraubt werden konnte, und als ihm dennoch seine armselige Lagerstatt zertrümmert, sein kärglicher Hausrat zerbrochen wurde, lächelte er in seiner Bedürfnislosigkeit auch darüber. Nur seine Bücher rettete er an einen sicheren Ort, in das Kellerloch, das, von einer Falltür verschlossen, unterm Hausgang lag. In diesem Versteck barg er sich auch, als das Getümmel über Zuckelhausen hereinbrach, nicht eigentlich aus Sorge um sein Leben, sondern wie vor jeder Berührung mit den Menschen, so auch vor diesem lauten kriegerischen Ereignis sich scheu zurückziehend.

Als das Toben sich gemach entfernte, hob Herr Heinrich die Falltür wieder empor. Es gelang ihm nur mit Mühe, denn eine Stückkugel hatte ein großes Loch durch die Wände gerissen und einen Teil der Lehmfüllung auf die Tür geschleudert.

Der Lärm der Schlacht war verstummt, und die Nacht begann bereits die Walstatt gnädig mit ihrem Dunkel zu verhüllen. In der Ferne nur stieg ein leises ungewisses Getöse von der weiten Ebene auf, und bisweilen erschütterten einige Schüsse aus grobem Geschütz die Luft. In ununterbrochener Linie flammten die Wachtfeuer. Voraus auf der Höhe glühte die Feuersbrunst von Probstheida, auch weiterhin gegen Norden huschte es rot am nächtlichen Himmel, und nahebei brannte der Rest eines Getreidefeimens langsam nieder. Halb schon erlöschend irrten die bläulichen Flämmchen auf und ab im feuchten Stroh.

Im unsicheren Lichte dieses Geflackers betrat Herr Heinrich den ver=

wüsteten Garten. Er war barhaupt und trug einen langen Kittel aus haus=
gewebtem blauen Drillich. In der Abgeschiedenheit hatte er seinen Bart
wachsen lassen, der ihm nun breit und silberweiß über die Brust wallte.
Sein Gesicht war von Sonne und Wind braun gebeizt. Seine vom freien
Schauen wieder hell und scharf gewordenen Augen spähten ernsthaft nach
den zerstampften Beeten und den zertretenen Pflanzen.

Da, wo die niedrige Feldmauer eine Ecke bildete, fand er die beiden Tod=
wunden. Er beugte sich zu ihnen hinab, entdeckte noch Leben in den Körpern
und trug sie auf seinen kräftigen Armen in sein Haus, sofern man dem einzigen
übergebliebenen Raum, dessen eine Wand weggerissen und dessen Decke durch=
löchert war, diese Bezeichnung noch gönnen wollte.

Seltsamerweise war ein kleiner Brunnen, den sich der einsiedlerische
Gärtner selbst gegraben hatte, von den zahllosen Truppen ringsum, obwohl
bei ihnen Mann und Roß nach Wasser lechzten, nicht bemerkt worden, wie
denn das abgelegene kleine Gehöft auch im übrigen außerhalb der Grenzen
der Lagerplätze und Biwaks geblieben war. Herr Heinrich wusch also seinen
Schützlingen Schweiß und Pulverstaub aus den Augenhöhlen, von Stirn
und Wangen und netzte ihre Lippen. Beide kehrten langsam aus den Vor=
höfen des Todes wieder ins Leben zurück, verwunderten sich gar sehr über
ihr Erwachen und vermochten nur eben ihren leisen Dank zu stammeln, —
dann umfing sie von neuem eine dumpfe Ohnmacht.

Erstaunt horchte Herr Heinrich auf, als er von beider Munde deutsche
Laute vernahm, denn als Gegner erkannte er sie nach ihren Uniformen. Es
kam ihm in den Sinn und fast auch auf die Zunge: „Kain, warum hast du
deinen Bruder Abel erschlagen?" Aber er hatte sich daran gewöhnt, mit seinem
Urteil zurückzuhalten.

Einander gegenüber bettete er sie an die heilen Wände des Zimmers
und ließ sich zwischen ihnen auf dem Hackklotz nieder, da alles sonstige Haus=
gerät zerbrochen war. Der Stumpf einer Unschlittkerze gab aus einer draht=
umsponnenen Laterne heraus ein kümmerliches Licht. Aufmerksam betrach=
tete er die beiden Soldaten. Sie schienen aus gutem Hause zu sein, und ihre
Züge verrieten die Gewohnheit der Beschäftigung mit geistigen Dingen.

Just schlug der Rheinbündler die Augen auf. „Haben wir gesiegt?" war
sein Erstes.

Herr Heinrich zuckte die Achseln. „Ich weiß es nicht," versetzte er. Darauf, nach einem langen Besinnen, fuhr er fort und fragte seinerseits: „Wofür hast du heute gestritten?"

Eine starke Erregung jagte den Wunden vom Lager empor. „Für die Freiheit!" stieß er hervor.

Herr Heinrich war den Welthändeln kaum weniger abgekehrt gewesen als den täglich=menschlichen, aber dies dünkte ihn ungereimt. „Unter Napoleons Fahnen?" erwiderte er mit einigem Hohn.

Der Badener wollte antworten, seine Augen leuchteten vor Begier, zu reden, seine Hände zitterten ungeduldig, — aber nur leise Seufzer drangen ihm über die Lippen.

Da neigte sich der Silberbärtige zu ihm, und aus dem Stammeln und Stöhnen, das nur ein übermächtiges Wollen dem Körper zu entpressen imstande war, glaubte er richtig zu vernehmen, daß jener keineswegs vom Genius des Franzosenkaisers sich hatte verblenden lassen, vielmehr schien der Jüngling, trotz der napoleonischen Tyrannis, allein von Frankreich, dem Mutterland der Revolution, das ersehnte Heil der gesamten Menschheit, die politische Freiheit, zu erwarten. Dafür, für dieses Ideal, hatte er gekämpft und geblutet.

Herr Heinrich begriff, und dieses Verstehen las ihm der Wunde vom Antlitz ab. Es flammte noch einmal auf in seinem Blick, dann fiel er ohnmächtig aufs Lager zurück.

In der Tat verhielt es sich so, wie Herr Heinrich annahm. Der Badener war der Sohn eines reichen Weinbauern von Staufen, vom Fuß des Schwarzwald=Belchens. Der Vater schon, ein unruhiger Kopf, dem die Glut der Markgräfler Reben in Hirn und Herz brannte, hatte den Staub der engen Heimat von den Füßen geschüttelt und in Paris seinem wilden Lebensdrang unter der Guillotine den letzten Zoll gezahlt. Der Sohn hatte Sinn und Mut des Vaters geerbt, aber die veränderten Verhältnisse führten ihn andere Wege. Von der Straßburger Universität trieb es ihn zur Armee, nicht um dem Kaiser, sondern um der Sache der Revolution gegen den Zarismus und Barbarismus der Kosaken zu dienen. Nun lag er todwund auf einer Schütte feuchten Strohs, aber das köstliche Gut der Freiheit hielt er immer noch zuhöchst in seinem Herzen.

Nach einiger Zeit regte sich ächzend der Preuße. „Trinken!" bat er, „Wasser! Einen Tropfen Wasser!"

Herr Heinrich hielt ihm den irdenen Scherben an den Mund.

Dahinter drängte sich aber auch hier sogleich die sorgenvolle Frage: „Haben wir gesiegt?"

Wiederum zuckte Herr Heinrich die Achseln, und wiederum fragte er nach einem Besinnen seinerseits: „Wofür hast du heute gestritten?"

Der Preuße lag einen Augenblick stumm. Dann versetzte er ernst: „Für die Freiheit!" Und er fuhr fast feierlich fort: „Ja, mit Gott für die Freiheit des großen einigen deutschen Vaterlandes, daß es ledig werde des schmählichen welschen Jochs!"

Er schlug die Augen voll auf, sah empor zur Decke, durch deren Lücke vielleicht ein Stern herniederfunkelte, und schien bei offenen Lidern ein schönes Traumgesicht zu haben. Dann überfiel ihn ein Krampf und warf ihn zurück in die schwere Betäubung. Er war, wie aus seinen wirren Reden hervorging, ein Breslauer Student, eines Pfarrers Sohn und als einer der Ersten im großen erhabenen Maimond des Jahres dem Ruf des Königs gefolgt.

Ihn verstand Herr Heinrich geschwinder. Die Bücher, die einzigen Freunde, mit denen er noch Umgang pflog, hatten ihn seit langem über die Not und Sehnsucht Deutschlands unterrichtet. Er nickte bedächtig. Sinnend schaute er danach auf den bewußtlosen Jüngling zu seiner Rechten und auf den zu seiner Linken und hielt die gleichen Antworten der beiden nebeneinander. Er verglich sie und wog sie. Aber er konnte und wollte nicht entscheiden.

Er war ein welterfahrener Mann und hatte gern neben seinen weithin reichenden Handelsgeschäften das politische Werden der Nationen im Auge gehabt. Der großen Revolution war auch sein Herz gleich dem vieler Zeitgenossen zugewandt gewesen, und alle Greuel hatten ihn nicht vermocht, die Hoffnung auf reine edle Früchte des welterschütternden Ereignisses aufzugeben. Ebensogut aber war ihm das Wesen des benachbarten preußischen Staates vertraut: immer noch und trotz allem war er vom Geiste des großen Friedrich beherrscht; jetzt eben aber hatte sich mit dem junkerlichen Militarismus, der ureigensten Schöpfung Friedrichs, die unmittelbar entfesselte Volkskraft gepaart, und die Heldentaten und den Berserkerzorn von Großgörschen, von der Katzbach, von Großbeeren, Dennewitz und Wartenburg gezeitigt, von denen selbst der einsiedlerische Greis hatte sagen hören.

Und nach „Freiheit" dürstete es auf beiden Lagern, von links und von rechts?

Herr Heinrich wandte den Begriff hin und her. Er sah die Ziele der Zu=
kunft, aber die Wege, die zu ihnen hinführten, waren im Dunkeln. Zwei
Gewalten waren es, die sich beharrlich befehdeten: Freiheit und Ordnung,
und ohne Aufhören schwankten die Schalen der Wage. Aber das war tröstlich:
er wußte, es gab ein gutes Ende von all diesem Auf und Ab. Oder wenigstens
gab es den Glauben daran.

Über diesen Erwägungen war er sacht eingeschlummert auf seinem Hack=
klotz zwischen den Schmerzenslagern der verwundeten Krieger. Als er wieder
die Augen aufschlug, schien eine heitere, herrliche Sonne durch das Sparren=
werk des Daches und umfloß warmgolden die bleichen Wangen zweier Toten.
Die Jünglinge waren in der Nacht verschieden. Aber auf beider Stirnen
strahlte eine verklärte Hoffnung.

Herr Heinrich grub ihnen auf der Stelle, wo sie sich die tödlichen Wunden
geschlagen hatten, ein gemeinsames Grab und bettete sie nebeneinander.
Ein Laken, das ihm die Verwüstung durch einen Zufall gelassen hatte,
breitete er ihnen übers junge Antlitz, dann deckte er sie zu mit der mütterlichen
Erde. —

Es war Mittag geworden, als er den Hügel geschichtet hatte. Ausruhend
stützte er sich auf das Grabscheit. Rings war es heilig still in der klaren Sonne.
Nur vom Norden, von Leipzig her, hallten immer noch Lärm und Schüsse
herüber.

Im Kasten fand er einen Brotrest. Er schöpfte sich einen Trunk Wasser
dazu von seiner Quelle und hielt seine bescheidene Mahlzeit. Zum Beschluß
griff er aufs Geratewohl ein Buch aus dem Kellerversteck. Es war ein Band
der Selbstbiographie des Herrn von Goethe, die ihm erst jüngst der freundliche
Leipziger Vetter gesandt hatte.

Herr Heinrich schlug wahllos auf und las: „Die Freiheit ist etwas so Men=
schengemäßes, daß wir sie verehren müßten, selbst wenn ihr Gedanke einen
Irrtum bezeichnete."

Nachdenklich schaute er auf den frischen Hügel in der Ecke seines Gartens,
und es flog ihm durch den Sinn, daß dieser Satz wohl ein gemeinsamer Grab=
spruch für die beiden deutschen Jünglinge sei, die „für die Freiheit" gefallen
waren.

Opferung

Im Golde steht die ganze Welt.
Vom Fels in goldnen Tropfen fällt
der Bach und wallt, wird still und ruht
und liegt im Glanz der Abendglut.
Und übers grüne Wipfelmeer
fließt es wie goldnes Fluten her.
Vom Blachfeld funkelt es herauf,
als wäre dort der Sterne Lauf.

Die Sonne sinkt und sinkt, sie liegt
auf leichter Wolke Saum, es schmiegt
der Wolke wallendes Gewand
sich an die Erde, und das Land
erbebt und tut sich auf, und weiß
erhebt sich's auch vom kleinsten Reis;
und um mich her wird zum Altar,
was hold verklärt im Goldglanz war.

Ich steh' in großer Hoffnung Glanz,
und meine Seele löst sich ganz.
Umflossen von dem Opferhauch,
tut sie sich auf und opfert auch.

Glück

Blaue Veilchen, lila Flieder,
rosa Mandelblust,
Finkenschlag und Amsellieder
aus der frohsten Brust. —
Mir am Herzen frühlingsfroh
mein beglücktes Kind;
und ich frage nicht mehr, wo
Gottes Himmel sind.

189

OTTO ERLER

Aus der Komödie „Der Galgenstrick"

I. Aufzug.

Ort: Frühlingsmorgen am Galgenberg. Im Hintergrunde ein kleines Lärchengehölz, auf das hin das Gelände mit einer Bodenwelle ansteigt. Zeit: Unmittelbar nach dem Dreißigjährigen Kriege.

Hertel (von links, in äußerst verbrauchter, geflickter Kleidung, barfuß, auf einen Natur-stock mit gebogener Krücke gestützt, am Gesichtsausdruck noch als Pfarrer zu erkennen. Er sieht zurück, setzt sich dann erschöpft auf eine Rasenerhöhung und untersucht seine Füße):

Du mein Thüringer Land! Du liebe Erde!
Da denkt man nun, man kennt dich, doch heut nacht erst
erkannt' ich, was es heißt, dich abzulaufen
und das in Angst um mehr als bloß das Leben.
Nicht wahr, ihr Zeh'n? Seid ihr denn auch noch zehn?
        (Er macht Zehenbewegungen).
Ihr nickt mit Müh'. Ich fühl's. Ja, ja, die Zeiten,
als jeder Fuß da einen aestivalis,
rindsledern fest und nicht nur für den Sommer,
sein eigen nannte, sind dahin. Der Frieden
ging, Gott wie lang, in guten Schuh'n auf Reisen,
und barfuß kam die Kriegsnot ins Quartier,
und hungrig und wie hungrig! Nach dem Letzten,
das noch den Ärmsten blieb, streckt dieser Teufel,
der tausendfach verkappte, seine Krallen.
        (Nach rechts.)
Doch diesmal haben wir dich! (Hinaussprechend:) Bindet ihn
vorerst mal unten an den Baum, bis wir
erst Recht gesprochen haben, ob der Schelm
es auch nicht wert ist. (Er späht, unwillkürlich die
Stimme dämpfend, nach links.) Na und unser Kind?
Die schläft noch, so wie ich sie hingelegt
und zugedeckt hab'. Gott sei Lob, die hat

den jungen Schlaf, aus dem wir sänftlich sie
dann ohne all Getümmel wecken wollen,
zuredend, daß sie alles nur geträumt.
Vielleicht glaubt sie's. Ich wollt', ich könnt' es auch.
(Nach rechts.)
Doch da seh' ich den Kerl herüberblinzeln
und fühl' nun, doppelt wach, um was es ging.
(Zuwinkend nach rechts.)
Gut so. Nun her.
(Von rechts kommen fünf Männer, teilweise und kümmerlich bewaffnet, ungefähr in Hertels
Alter, abgerissen in der Kleidung, einer um den andern hat noch einen Schuh.)
Nur sachte, sacht! (Er steht vorsichtig auf.)
Da ist sie auf den Beinen,
die ganze Bürgerschaft, die siebenmal
verbrannte unsres Fleckens oder was man
ehmals so nennen durfte.

Urbich: Aber sagt nur,
Ehrwürden, sagt doch nur, wie ging das zu!

Hertel: Da setzt euch her um mich, mir zittern doch,
das merk' ich jetzt, die Knie. Wie's zuging? Nun,
ihr schlieft, wie meistens.

Nebel: Wir verschliefen nur
den Hunger.

Hertel: Freilich! Und wenn Gott mich nicht
erweckte, seine Nacht mir anzuseh'n,
so wär's gescheh'n, was, wag' ich nicht zu sagen,
nicht mal zu denken.

Grundhold (nach rechts, drohend): Der . . . !

Hertel (mit Gebärde, ihn dämpfend): . . . Das laß nur jetzt.
Ich steh' an weiland Schneider Wiefels Haus,
da kommt ein Kerl, 'nen Packen auf der Schulter.

Gartbruder, wie, ist hier noch was zu holen,
denk' ich, oder bist einer, der bei Nacht
sicherer zu reisen hofft und schleich' ihm nach.
Ich seh', er steigt dem Galgenwäldchen zu.
Ich renn' zurück, ruf's mit Alarm hinunter
in unsre Höhlen und bin kürzern Wegs
bald gar im Vorsprung noch vor ihm, duck' nieder
im Busch, er kommt, ich angle vor, zieh' jach
mit meinem Schäferstock das Bein ihm weg
und rufe: Freund, stehst du auch fest im Glauben?
Da lag er schon. Der Packen rollte seitwärts,
ich knie auf dem Rücken ihm, bind' ihm
die Hände rücklings fest, ja, darin hab' ich,
verzeih' mir Gott, mehr Übung wie im Predigen.
So, sag' ich, und steh' auf, mich dünkt, die Diebe
sind gut geraten dieses Jahr, doch dafür
hat unser Gott durch seinen Knecht
auch um so schärfer acht auf sie und bücke
mich nach dem Packen. Da . . . ich fühl' . . . Herr Gott . . .
ein Arm und da der Kopf, den Lappen 'runter,
ich seh' in ein Gesicht, verzerrt vom Knebel,
den lös' ich. (Mit der Faust sich auf die Brust hämmernd.)
                    . . . Unser Kind ist's, 's ist die Ermt!
Die andern (wollen auffahren): Gleich an den Ast mit dem . . .
    Hertel (eindringlich): St! St! Sie schläft
        und braucht den Schlaf, denn sie war in der Ohnmacht.
        Jetzt ist's auch leichter, bramsig aufzufahren.
        Dankt Gott mit mir, der unser Kind durch mich
        errettet hat. Wenn sie uns nicht mehr blieb,
        was blieb uns noch. Aber nun sagt, wie war
        es möglich, daß man sie entdeckte, sie,
        die wir mit solcher List und Sorge bei uns
        verborgen halten all die Jahre? . . .

MARTE SORGE

Drei Fragen

Wo möcht' ich stehn?
Nicht abseits vom Kampfgetriebe,
nicht abseits von Licht und Liebe,
nicht abseits von Schaffen und Weben,
nicht abseits vom lachenden Leben.
Nicht jenseits von Fragen der Zeit,
nicht jenseits von Sehnen und — Leid;
nicht wo die Stillen sind, will ich stehn;
brausendes Leben soll mich umwehn;
und so will ich einst untergehn!

Was möcht' ich sein?
Eines Helden Mutter möcht ich sein!
Und wär ich selbst auch dürftig und klein,
mein Sohn trüg all meine Kraft in die Welt hinein
und riß hinauf zum Sonnenlicht,
was in mir gärt und sehnt und spricht,
weit der Zeit vorausgestellt:
Heros einem Volk, der Welt!
Und säß ich allein auch, und er ging mir verloren,
jubelnd wüßt ich: ich hab ihn geboren!

Wo aber möcht' ich begraben sein?
Nicht unter prunkvollem Marmelstein.
Wo die Heimaterde liebend des Waldes Wurzel umhüllt,
wo der Quelle vertraute Sprache schwillt,
wo die heiteren Lerchen aus braunen Furchen steigen,
wo im Abendschein, wenn die Winde schweigen,
nur die Glocken noch über den Tälern singen,
wo durchs Kinderland meine Füße gingen
über Heimatboden und grünes Moos, —
dort laßt mich schlafen, dort ward ich groß!

Ein Zug von Frauen —
(Morgenröte)

Ein Zug von Frauen wandert durch die Nacht;
nur wenige hatten zuerst sich aufgemacht,
doch je tiefer sich dehnen die Weiten,
je mehr sind ihrer, die schreiten

dem Licht, dem Morgen entgegen.
Ihre Augen voll Sehnsucht, ihr Hände gebreitet zum Segen,
und ein Hoffen, ein Glauben wartet in allen,
als müßte ein Wunder vom Himmel fallen.
Und sie singen: „Unser Weg ist weit,
wir wandern in eine neue Zeit.
Unsre Füße sind über Kämpfer geschritten,
die für uns gelebt, die für uns gelitten.
Wir kommen aus Bedrückung und Leid,
aber nun sind wir erwacht und bereit!
Wir dürsten nach Wissen, wir werben um Kraft;
gesprengt nun die Wände der langen Haft,
gehn wir die gleiche Lebensstraße
der Geister, der Helden nach neuem Maße!"
Und der Zug wird breiter im Morgengrauen,
endlos, nicht mehr zu überschauen.
Ihr Lied klingt wie Lenzwehn, wie Siegeston:
„Wir harrten und harrten Jahrtausende schon,
nun aber hat sich uns erfüllt
ein neues, höheres Menschheitsbild!"

— — — — — — — — — — — — — — — —

Und Kette auf Kette schließt sich im Reigen.
Des Liedes brausende Wellen steigen.

MARTE SORGE

Der Brunnen

Ich bin ein Brunnen, der im Dunkeln quillt
und überschäumt in einem wilden Sehnen,
bin eine Kraft, die kein Erlösen stillt,
die Ewigkeiten weit sich möchte dehnen.

An meinen Wassern steht ein Eschenbaum,
und seine Wurzeln fassen meine Quelle;
ich singe, springe, wiege ihn in Traum,
es wird zu einem Kuß ihm jede Welle.

Und schäumt und braust in mir der Erde Sang,
dann lauscht der Baum und läßt die Blätter schweigen
und dehnt die Zweige nieder lange, lang
und rührt doch meinen Spiegel nicht im Reigen.

Denn himmelhoch ragt seine Wipfelzier,
als müsse sie der Sonne Schild bedecken,
als harrte sie vor Gottes Gnadentür
und wolle sich im Himmelsgarten recken.

Und schöß ich meine Wasser bergehoch,
ich könnte seine Krone nicht bespülen. — —
Ich bin ein Brunnen, der im Dunkeln quillt,
an dem nur Farne ihre Wedel kühlen.

FRANCISCUS NAGLER
Heitere Geschichten aus der Dorfheimat
Der König hält Schule

König Johann[1]) war nie längere Zeit in Jahnishausen, ohne daß er unsere Schule besuchte. Alt und jung kannte den königlichen Herrn, wenn er wie ein schlichter Mann in langem, braunem Leibrock und schwarzseidener Schirm=mütze daherkam, die Hände mit dem Stock auf dem Rücken, den Blick meist sinnend vor sich hin gerichtet, stets begleitet von einem schwarzen Pudel.

Es war wieder einmal Frühling geworden. Nach rauhen Sturmtagen und frostigen Nächten war ein Lenzmorgen angebrochen, so warm und wonnig, daß es eine Lust war.

In der Frühstückspause des Vormittagsunterrichts trieb es den Vater in den Garten. Als er zu den Rosen kam, wurde ihm plötzlich klar, daß heute der einzige richtige Tag sei, sie freizulegen, aufzurichten und anzubinden. Er zog den Rock aus und machte sich unverzüglich an die Arbeit.

Die Pause war längst vorüber, aber der Vater war noch nicht fertig. Durch das offene Schulstubenfenster rief er den Kindern eine Aufgabe hinein, die sie genügend beschäftigte, und wandte sich wieder den Bäumchen zu.

Da klirrt plötzlich das Gittertor an der Heiße (Hecke). Der Vater schaut auf. Wer kommt? Majestät!

Dem hemdsärmligen Schulmeister stockt das Herzblut. Er wirft hastig das Bündel Deckreisig, das er im Arme hat, weg und läuft hinüber zum Garten=zaun, um wenigstens seinen Rock anzuziehen.

---

[1]) König Johann von Sachsen (geb. 1801 in Dresden, gest. 1873 in Pillnitz), unter dem Namen Philalethes (= Wahrheitsfreund) bekannt als Schöpfer einer weitverbreiteten Übersetzung von Dantes „Göttlicher Komödie".

„Bleiben Sie nur, Herr Lehrer, bleiben Sie nur! Guten Morgen! Sie sind bei den Rosen. Ja, die müssen heute hoch! Ich geh' indessen zu den Schulkindern."

Der Vater mußte bleiben, und der König hielt für ihn Schule. Das tat er sehr gern. Mit Vorliebe beschäftigte er sich mit den ABC=Schützen. Zum Schluß mußten ihm die Kinder regelmäßig etwas vorsingen.

Die waren natürlich stolz und glücklich, besonders, wenn sie mit Fragen drangekommen waren. Der Tag des königlichen Besuches war ein Festtag für das ganze Dorf.

„Bloß eens war ungemütlich" — erzählte mir einmal ein Bauer, der damals unter den Schülern gewesen war —, „wenn der Keenig Johann in die Schule kam, saßen wir alle mit hochgezog'nen Beenen da. Warum? Wir gingen doch alle barbs (barfuß), und 'n Keenig sei ahler schwarzer Pudel, der leckte een' egal an die nack'chen Fieße. Das kitzelt nämlich."

Nach dem Unterricht ließ sich der König durch den Garten führen und zeigte großes Interesse und feines Verständnis für des Vaters Obstbaumzucht und vor allem für seine Imkerei. Ehe er ging, nahm er von der Mutter einen Imbiß an.

Die Bienen schwärmen

Am liebsten beschäftigte sich der Vater mit Bienenzucht und legte dabei eine Liebe, Sorgfalt und Begeisterung an den Tag, die bewundernswert waren. In den Ferien gab es Tage, wo er von früh bis abends in seinem Bienenhaus steckte. Er zimmerte und baute, räucherte und schnitt; er stellte die Stöcke bei befreundeten Imkern im Dorfe oder in Nachbardörfern auf, damit sie gutes Futter fanden. Ich bin einmal mit ihm in ein Dorf hinter Zeithain an der preußischen Grenze gefahren, wo er um des Buchweizens willen ein paar Stöcke stehen hatte. Den Bienen zuliebe wurde nicht selten die Hausordnung abgeändert, nötigenfalls sogar die Schulordnung.

Wenn im Frühling die Zeit kam, da die jungen Weisel „tüten" und die Bienen „schwärmen" wollen, guckte der Vater an warmen Tagen während des Unterrichts immer ängstlich zum Bienenhaus hinüber. Hatte sein scharfes Auge und das geübte Ohr einen „Schwarm" entdeckt, dann stürzte er, alles vergessend, zur Tür hinaus durch den Hof in den Garten, und die Schulkinder hinter ihm her.

Damals bestand noch die kuriose Meinung, daß das schwärmende Bienen= volk sich durch gellende Geräusche von einem weiten Flug abschrecken lasse.

Wir Kinder wußten, was wir zu tun hatten; wir errafften eilig irgendwoher etwas Blechernes oder Eisernes, Kehrichtschaufel, Feuerhaken, Sichel, Gießkanne, und trommelten mit Messern, Schüsseln, Steinen oder irgend etwas Hartem darauf. Aus der Küche kamen noch Mutter und Schwestern mit Stürzen und Pfannen gelaufen. Das gab ein Orchester von lauter Schlagzeug und eine wahre Kannibalenmusik.

Der Bienenvater spritzte indessen eifrig mit einem immer in einem Holzfäßchen bereitliegenden Strohwisch Wasser nach den Bienen, damit ihnen das Weiterfliegen vergehe, zwang sie so, sich in einem großen Klumpen an einen nahen Baumast zu hängen und fing dann den Schwarm ein.

Im Dorfe hatte man den Lärm natürlich gehört, und wer nicht kam, um beim Einfangen behilflich zu sein, der rief wenigstens schmunzelnd zum Nachbar hinüber: „Beim Kanter schwärm'n se!"

In der Schulstube

Hinter dem Ofen an der Wand über der Strafbank hing die große Trommersche Karte von Sachsen. Auf der bin ich gern herumgereist, weil sie bei den Städten die Erzeugnisse ihres Fleißes oder die wichtigsten und schönsten Gebäude in kleinen Bildern zeigte. Bei Annaberg war der Klöppelsack, bei Markneukirchen eine Trompete, bei Pulsnitz ein Pfefferkuchen, bei Weesenstein das Schloß hingemalt. Das an vielen Stellen die Haut der alten Karte arg gelitten hatte und zwischen Zwickau und Chemnitz und zwischen Zittau und Bautzen nur Leinewandwüsten zu sehen waren, störte mich nicht, sondern reizte vielmehr meine Phantasie. Ich dachte mir diese Gegenden durch große Erdbeben und Überschwemmungen vernichtet.

Die beiden Schränke im Schulzimmer fingen bald an, mich zu interessieren. Der eine enthielt die Schülerbibliothek. Lieber, alter, guter Gustav Nieritz[1])! Was für Freude hast du mir mit deinen Jugendschriften gemacht! Mit Rolffs bin ich „Quer durch Afrika" gereist! Und die Fröschweiler Chronik[2])! — — —

In dem andern Schranke wurden die „guten Hefte" aufgehoben. Was ihn mir aber besonders reizvoll machte, war der Schatz wunderbarer Gegen-

---

[1]) Karl Gustav Nieritz (geb. 1795 in Dresden, gest. daselbst 1876), einst vielgeliebter Volks- und Jugendschriftsteller. — [2]) Bekannte Kriegsberichte von 1870/71.

ſtände, die oben hinter Glastüren zu ſehen waren: Ein Magnet, eine Glas=
ſtange mit Siegellackgriff, eine Leydener Flaſche, deren Geheimnis ſich mir
nie geoffenbart hat, ein Pappkäſtchen mit einem Totenkopfſchmetterling, ein
paar Steine in grünen Käſtchen und im Hintergrunde ein „Tellurium“, das ſich
mit ſeinem verfilzten Drahtgeſtänge und mit Kugeln verſchiedener Größe
beim Drehen Mühe gab, unſer Sonnenſyſtem zu veranſchaulichen: Das „Phyſi=
kaliſche Kabinett“, die „Naturwiſſenſchaftliche Sammlung“ und die „Aſtro=
nomiſchen Apparate“ der Dorfſchule auf einem Brett vereinigt! —

Die jährliche Aufnahme der fünf bis ſechs Kinder bedeutete natürlich
eine Wichtigkeit für das Dorf. Die Mütter brachten die Kleinen ſelbſt in die
Schulſtube, um der Eintopfung ihrer Pflänzchen beizuwohnen, und mein
Vater wußte der Feier dadurch einen fröhlichen Abſchluß zu geben, daß er
ſich mit den Neulingen unterhielt.

Einmal wurde ein Junge aufgenommen, der im Dorfe als drolliger Frech=
dachs bekannt war. Alles ſpannte nun, was der wohl „rausſtecken“ werde,
wenn der Lehrer mit ihm redete. Mein Vater freute ſich geradezu auf den Jungen.
Er begrüßte und fragte ihn, womit er ſich denn zu Hauſe die Zeit vertreibe!

„Spiel'n tu'ch.“

„Womit ſpielſt du denn?“

„Mit meiner Zecke (Ziege).“

„Was iſt denn das für ein Ding, eine Zecke, das kenn ich doch gar nicht?“

„Nu, das is ahm (eben) enne Zecke.“

„Na, weißt du was, bringe mir doch morgen mal deine Zecke mit.“

Der Junge lacht: „Neee — das gitt (geht) nich!“

„O ja, das geht ſchon. Bringe ſie nur mal mit.“

Mittlerweile klopft es an der Tür. Der Vater geht hin, ſieht zu, was
es gibt, und kommt dann wieder zu dem Kleinen.

„Wer wor dn (denn) draußen?“ fragt der.

„Ei, ei! Du biſt aber neugierig!“

„J, ſoi (ſag) m'rſch nur!“

„Nein, nein. So ein kleiner Junge muß nicht alles wiſſen.“

„Breng'ch d'r ooch meine Zecke nich mit!“

Aus dem Buch „Dorfheimat, Bilder aus der Knabenzeit“.

OTTO THÖRNER

Mutterhaus

Aus einem Häuserzug, der nie erfreute,
ja, der an Fadheit Ekel fast erregt,
ragt eines auf, ein nüchternes Gebäude,
das meinem Blicke gold'ne Zinnen trägt.

Im vierten Stock, wie alle armen Leute,
wohnt meine Mutter, abendwindumfegt,
doch jung genug, besorgt zu sein bis heute. —
Hier sind die Anker meiner Fahrt gelegt!

Denn unterm Giebel dieser Mietkaserne
sind zwar nicht Schätze Indiens gehäuft,
doch eine Schale schwebt, die Segen träuft.

Aus welkem Mund klingt noch ein Kinderreim,
und Frühlingstag und Glück und Gottessterne
sind hier mit allem Feierglanz daheim.

Hingebung

Ich schenke mich an dich, du Weite,
du goldnes Feld, du bunter Rain!
Ich will ein Blumenkind der Heide,
ein Halm im großen Meere sein!

Und will den Tau wie Güte trinken,
von einer Mutterhand gereicht;
ich will in Sonne untersinken
daß sie mein Grün zu Golde bleicht.

Ich will im Festgewande wogen,
von schönen Faltern überschwebt,
und, kommt der Mäher angezogen,
so fruchten, daß er groß im Bogen
den Sensenarm zum Schwunge hebt.

HORST SCHÖTTLER

Von unscheinbarer Lebenskunst

Wie gern tretet ihr an eine ehrwürdige Truhe heran und laßt die lieben, alten Sachen durch die Hand gleiten. Es ist unnützer Tand, zu fein und zart gebildet, um in unsere Zeit zu passen; aber aus den Spitzen und Bändern steigt ein köstlicher Erinnerungsduft empor, und die leuchtenden Goldfransen singen leise tönend eine längst vergessene Melodie. Jedes Stück, das von Urväterzeiten her aufbewahrt ist, erzählt euch ein Märchen, und ihr hört so gern das geheimnisvolle „Es war einmal".

Wer keine Truhe mit kostbaren alten Stücken sein eigen nennt, der lausche den Worten der Greise. Großvater und Großmutter sitzen still in der Ofenecke und hüten ihre Erinnerungen. Sie können die neue Zeit nicht mehr verstehen; sie haben nur liebe, alte Sachen aufgespeichert und warten, ob jemand wieder Freude daran haben wird. Es ist Tand, zu fein und zart für unsere Zeit. Aber an manchen Stellen leuchtet Gold hervor, herrlichstes Altgold, das nie seinen Wert verliert. Sammelt dies edle Metall! Es liegt aufgespeichert dort, wo tiefe Falten im Gesicht von langer, segensreicher Arbeit erzählen.

* * *

Auf dem Bahnhof bot mir ein zerlumptes Kind Streichhölzer an. Ich dankte. Nicht barsch, aber ich gedachte, die Streichhölzer im Laden wohl billiger oder bequemer zu kaufen.

Dann fiel mir das Kind jedoch wieder ein. In allen Winkeln des Bahnhofs hielt ich Ausschau nach dem Kinde mit Streichhölzern. Und fand's nicht mehr.

Ich habe meine Reise sehr mißgestimmt angetreten. Dem Kinde wäre geholfen gewesen. Und mir auch.

* * *

Wenn ich mal viel Zeit haben werde, will ich eine Geschichte schreiben: Was das Herz alles erträgt. Seit länger als zwanzig Jahren beschäftige ich mich mit diesem Plane. Doch das Herz ist ein so unglückliches Ding: es werden mehr als zwanzig Jahre dazu gehören, um all das erzählen zu können, was ein menschliches Herz ertragen muß und kann.

* * *

200

Was ist Arbeit? Arbeit ist Freude! Zum Trübsein haben wir immer noch Zeit, wenn wir alt und pumpelig sind. Ich kann mir nichts Freudigeres denken, als eine Riesenarbeit vor mir zu sehen. „Dennoch!" Dies wunderbar stärkende Wort setze ich an den Anfang. Und dann verbanne ich alle kopfhängerischen Mitstreiter. Nur wer schon die erste, kleinste Freude mit mir teilen kann, hält bis zum Siege durch. Flott und lustig muß es bei der Arbeit zugehen; denn das Lachen schreitet mit Siebenmeilenstiefeln voran, und auch die unvermeidlichen Fehler sind in einer fröhlichen Stunde schneller ausgeglichen als an einem trüben Tage.

PAUL GEORG MÜNCH

Der Bussard

Eines Tages kündigte ich meinen Jungen des vierten Schuljahres an, wir würden nächste Woche vom Bussard sprechen.

„Mein Onkel ist Förster, der hat einen ausgestopften Bussard!" sagte ein Junge. Ich setzte mich sofort mit dem Onkel in Verbindung und bat ihn, uns einmal zu besuchen und womöglich seinen Bussard mitzubringen. Wir haben zwar in unserm Lehrmittelzimmer Raubvögel aller Art; daß meine Jungen aber den Bussard des Onkels tausendmal interessanter finden würden als unsern, das stand für mich von vornherein fest.

Der Onkel sagte zu. Wer in Kinderseelen zu lesen weiß, wird das Echo dieser Botschaft sich vorstellen können! Die Freude wurde zum hellen Jubel, als der Herr Förster mit einem geheimnisvollen Koffer in der Klasse erschien. Ein richtiger Grünrock in der Schulstube? Und noch dazu mit einem Koffer? Da muß doch jedes Herz höher schlagen!

Der Herr Förster packte zunächst seinen ausgestopften Bussard aus. Mit einer geradezu rührenden Zärtlichkeit strich er ihm das in Unordnung geratene Gefieder. (Ich glaube: wenn ich die zwingendsten Beweisstücke für die Nützlichkeit des Bussards beigebracht und die Kinder dreimal hätte im Chor sagen lassen: „Der Bussard ist ein nützlicher Vogel", es hätte nicht annähernd die Tiefenwirkung gehabt, wie des alten Herrn liebevolle Hantierung am Bussardwams!)

„Ich habe euch aber noch etwas Feines mitgebracht," sagte der Förster, „etwas, was ihr nicht alle Tage seht!" Er packte einen Horst aus, der großzügig flüchtig, mit genialer Liederlichkeit aus Weidenruten, Fichtenreisern und Andenken an verschmauste Felltiere zusammenscharwerkt war.

„Wie flach das Nest ist!" sagte ein Junge, „wie eine Schüssel!"

„Ja, der Bussard braucht seine Jungen nicht zu verstecken, denn . . ."

„Halt, Herr Förster! Die Jungen mögen ihre verehrten Köpfe nur selber ein bissel anstrengen!"

„Ich weiß," meinte einer, „der Bussard hat keine Feinde, an sein Nest traut sich kein Tier heran."

„Wie schützt er sich aber gegen die bösen Burschen, die mit Steinen nach seinem Horst werfen? — Richtig! Er versteckt ihn in die Krone der Kiefer. So geschickt macht er das, daß ich den Horst lange Zeit selbst nicht gefunden habe. Wißt ihr, wie ich ihn schließlich ausfindig machte?" — Der Förster brachte ein paar walnußgroße Bälle aus der Tasche. „Diese Kugeln haben es mir verraten. Das ist das Gewölle. Das würgt er heraus, weil es ihm zu schwer im Magen liegt."

Meine Jungen untersuchten das geheimnisvolle Knäuel. Hei, was da alles zum Vorschein kam: ungezählte kleine Mäusekrallen und zusammengefilzte Fellstücke! — Wie? Auch Vogelfedern? Und ein Schnäblein?

„Wenn er Vögel frißt, warum haben Sie dann den Bussard so gern, Herr Förster?"

„Der Bussard fühlt sich am wohlsten, wenn er auf die Mäusejagd gehen kann. Dann und wann verzehrt er freilich auch einen Finken. Früher dachte man, er brächte mehr Schaden als Nutzen, ich habe aber einmal einen Bussard beobachtet, wie er sein Frühstück verzehrte . . ."

„Herr Förster, bitte, erzählen sie uns das!"

„Bitte, recht lang!" setzte einer hinzu. Sie brachten dem Förster einen Stuhl, wir setzten uns um ihn herum.

„Ich saß einmal am frühen Morgen auf der Wildkanzel dicht am Waldrand; ich lauerte auf einen Rehbock. Im ersten schwachen Dämmerschein sah ich neben mir in einer Kiefer einen Bussard. Er äugt ganz starr auf den Rain zwischen Haferfeld und Wald. Was hatte er denn im Seher? Ich nahm den Feldstecher: eine Maus! Die kam ganz vergnügt aus dem Hafer getrippelt und verzehrte ihr Waldfrühstück; sie knabberte an einer Eichel. Armes Mäus= chen, dachte ich, wenn du wüßtest, wer dich beobachtet!"

„Aber kann denn der Bussard die Maus sehen?" fragte einer, „Sie sagten doch, es wäre noch halb dunkel gewesen? Und Sie mußten den Feldstecher nehmen?"

„Die Kerlchen gefallen mir!" sagte der Förster halblaut, zu mir gewandt, „die gehen der Sache auf den Grund!" Dann erklärte er den Kindern, was für ein scharfes Auge der Bussard hat, und fuhr in seiner Erzählung fort: „Ganz sachte breitete er seine großen Schwingen aus. Plötzlich stieß er ab, stürzte wie ein Pfeil nieder, und unten breitet er die Flügel blitzartig auf."

„Da hat er gebremst!"

„Richtig. Das Mäuschen wollte entschlüpfen, aber da schob er seine Fänge vor, und im Nu hatte er die Maus ergriffen."

„Halt!" sagte ich, „wir wollen einmal alle Ausdrücke des Herrn Försters die uns fremd vorkommen, an die Tafel schreiben, daß wir sie nie vergessen!" (Die Sprache der Jäger, der Seeleute, der Handwerker ist ja so wundersam plastisch! Ich wüßte nicht, wie man den eigenen Stil besser aufwerten könnte als dadurch, daß man diese mit sinnlicher Anschauung geladenen Redewen= dungen immer wieder auf sich wirken läßt!)

Der Förster fuhr fort: „Acht Dolche steckten mit einem Male in der Maus! — Fühlt einmal die Fänge an! — Im Augenblick hakte er aber auch schon mit seiner Beute auf die Kiefer auf!"

(Der Späher an der Wandtafel, der nach seltsamen Redewendungen auf dem Anstand liegt, hat wieder Arbeit.)

„Ich höre noch heute das Mäuschen pfeifen! Plötzlich sehe ich, wie der Bussard abstiehlt. Husch! Fort ist er!"

Wieder ein Sprachkleinod! „Er stiehlt ab" — wie man aus dem Jäger= wort das diebsleise Sichdavonmachen hört!

„Ich weiß, wo der Bussard hin ist", sagte ein Junge, „in den Horst, zu seinen Jungen!"

„Richtig! Vor vierzehn Tagen sind drei kleine Bussarde aus dem Ei ge= krochen. Nun sind sie schon beflogen. Was für einen Appetit die Dunenjungen haben! Ein junger Bussard braucht zwölf Mäuse den Tag, ein alter zwanzig.

Nun rechnet aus, was die ganze Familie in einem Monat verzehrt! Der Bussard frißt aber nicht nur Mäuse. Ich habe mir jeden Abend aufgeschrieben, was ich tagsüber im Walde erlebte, auch manchen lustigen Husarenstreich von Freund Bussard!" Diese Freude meiner Jungen, als der Förster sein Tagebuch aus der Tasche zog und zu blättern anfing!

„Eines Tages, ich stand am Waldrand und wollte einen Hühnerhabicht unschädlich machen, da kam ein dicker Hamster getrollt, er kam aus seinem Speicher und wollte sich ein bissel Bewegung machen. Auf einmal stößt ein Bussard nieder und packt unser Hamsterlein! Der aber setzt sich zur Wehr und beißt wütend mit seinen scharfen Zähnen um sich. Ob der Bussard, als er nun am Beine blutete, den bissigen Burschen losgelassen hat?"

Es kommen ja und nein. Der Förster freut sich diebisch, daß er die Jungen aufs Eis geführt hat, und klopft mit dem Schlüssel an die schützenden Hornschilder der Bussardfänge.

„Der Bussard denkt: Beiß nur zu, Hamsterlein, wenn es dir Vergnügen macht! Mit seiner scharfen Spitzhacke spaltet er ihm den Schädel und schleppt ihn fort. Masthamster schmeckt gut! Ei, da werden sie kröpfen!"

„Was ist denn das: kröpfen?"

„Der junge Bussard hat heute schon acht Mäuse verzehrt, einen Rattenschinken, eine Portion Ringelnatter, nun noch Hamsterbraten, als Nachtisch vielleicht noch einen Frosch und eine Eidechse, das hat nicht in seinem Magen Platz, das kommt in den Kropf. Und das ist gut, daß er das Speisekämmerchen hat!" Der Förster schildert Bussards Not in Regenwochen. Er redet gelegentlich auch über die Köpfe Zehnjähriger hinweg, spricht vom Kampf ums Dasein und von zehnerlei Bussard-Spielarten — was verschlägt's! Bei Laienbesuchen in der Schule kommt es nur auf Vermittlung großer Gesamteindrücke an! Die Kinder sollen Menschen kennenlernen, in denen wie ein heiliges Feuer die Liebe zum Beruf brennt!

Der Förster blättert weiter.

„Eines Tages habe ich etwas ganz Merkwürdiges beobachtet. Ein Bussard stürzt auf eine Maus los; er hatte sie noch gar nicht gepackt, aber die Maus rührte sich nicht von der Stelle."

„Die ist so erschrocken!"

204

„Ja, aber sie erholte sich gar nicht von ihrem Schrecken? — Seht, die Augen des Bussards sind viel größer als der ganze Mausekopf. Denkt, vor uns stünde plötzlich jemand mit feurigen Augen, die viel größer wären als unser Kopf — da würden wir auch wie hypnotisiert kein Glied rühren!"

„Hinoptipisiert", sagt einer gewichtig nach; aber sie verstehen ihn schon, den alten Herrn! „Wir würden erstarren!"

Der Förster erzählt dann, wie ihm an einem Sommermorgen Familie Bussard ihre Flugkünste vorführte. Wir haben uns schon selbst an solchen Spielen ergötzt, auf einem Ausflug hatten wir einem Bussard zugeschaut, der auf seinem Gefieder den Glanz der Abendsonne trug, als hätte er einen goldenen Mantel um. Wenn aber der alte Förster diese Schilderung gibt und sie ausklingen läßt: „Oh, das ist feierlich, da steht man ganz andächtig da und schaut!" — dann ist einer der Augenblicke gekommen, die für das Verhältnis des Kindes zur Natur entscheidend sind. Die Naturliebe dieses ehrwürdigen Alten wird in den jungen Herzen weiterklingen!

Fein lustig schildert unser Förster, wie die jungen Bussarde in die Turn= stunde und in den Handfertigkeitsunterricht gehen müssen. „Zuerst lernen sie, im Astwerk herumklettern und Nachtschmetterlinge auflesen. Dann dürfen sie mit auf den Waldboden, Raupen und Würmer suchen. Einmal habe ich zu= gesehen, wie ein kleiner Bussard einen furchtbaren Kampf zu bestehen hatte! Er schlug die Flügel und drehte sich und tänzelte, endlich hatte er die Beute gepackt: einen Regenwurm! Ein anderer kleiner Kerl war gerade dabei, ein Schneckenhaus zu spalten, eine Vorübung für den Hamsterfang — da schrie auf einmal die Bussardin Jäääh! Jäääh! Die Jungen sollten rasch aufhaken! Sie hatte eine Kreuzotter herankriechen sehen. Das ist freilich keine Arbeit für Lehrlinge; denn die Bussarde sind nicht wie die Igel gegen Ottergift gefeit."

Sein Tagebuch bringt dem Förster ein anderes Bild in Erinnerung. „Herr Bussard war mit seinem Söhnchen zu Felde gestrichen und auf einem Pflug am Feldrain aufgeblockt . . ."

„Ich kann mir's denken: sie müssen so ruhig sitzen wie ein Block."

„Richtig. Im Geröll, in der Nähe des Pflugs, taucht plötzlich ein Mäuschen auf. Ssss! fährt der Bussard zu. Patsch! Der kleine Tolpatsch ist zu spät ge= kommen. Nun sitzt er in den spitzen Steinen und hat sich sicher die Krallen

verdorben! Nein, glücklicherweise trägt er Krallenschoner! — Seht auch die
Hornballen an, lauft mit der Hand so über die Bank! — Der Bussard zankt,
daß sein Bürschlein lange der Maus nachtrauert, statt rasch auf den Pflug
zurückzukehren. Das muß im Nu gehen: Hinab, gegriffen, aufgeblockt! Warum
die Eile? Es könnte ja ein Fuchs im Getreide auf der Lauer liegen!"

Die Schulglocke reißt die Kinder aus ihrem andächtigen Lauschen.

"Bitte, bleiben Sie noch eine Stunde, Herr Förster!"

"Den ganzen Vormittag, bitte!"

"Nur noch eins will ich euch erzählen. Denkt mal, was ich eines Tages
im Walde sehen mußte: Die Bussard-Eltern hatten eins ihrer Kinder aus
dem Nest geworfen, weil das Kerlchen blind geboren war. Ist das nicht grausam?"

Die einen sagen: Er wäre ja doch verhungert!

Die anderen: Den kleinen Blinden hätten sie auch noch satt bekommen!

Der Förster läßt sie die rechte Antwort selbst finden. Um zu zeigen, daß
die Bussarde im Winter kaum für sich selbst genug Atzung finden, schenkt er
uns noch ein Bild aus seinem Tagebuche:

"Ich sehe es vor mir, als wäre es gestern gewesen: Trübselig sitzt ein
Bussard auf der Pappel. Der Schnee kätzt ihm um die Ohren. Der Hamster
schläft. Die Mäuse bleiben bei dem Hundewetter zu Hause. Wie der Magen
knurrt! In einer Hagebuttenhecke knabbert er an den roten Fäßchen herum;
Mauseblut schmeckt besser! Im Graben findet er eine tote Krähe. Pfui, wie
zähe das Gefrierfleisch ist! Der Winter hat sein großes weißes Tischtuch aus-
gebreitet und alle köstlichen Happen darunter versteckt, — verkehrte Welt!
Schüsse knallen. Treibjagd! Der hungrige Bussard greift ein vom Schrot an-
gekratztes Häslein, das in den Wald humpeln will, um dort zu sterben. Wie
er sich gerade über den Weihnachtsbraten hermachen will, hassen hundert
Krähenschnäbel auf ihn, und der König des Waldes muß der Übermacht weichen."

Ich drückte dem Förster die Hand.

"Es war eine der glücklichsten Stunden meines Lebens," sagt er, "wenn
man in diese hellen Kinderaugen hineinschaut und junge Menschenkinder mit
seinen Erfahrungen beschenken kann, gibt's denn etwas Schöneres auf der
Welt?"

ERIKA VON WATZDORF-BACHOFF

Wurzeln

Wurzeln sind wir in der Erde Schoß.
Wurzelsein bleibt unser Erdenlos.
Und wir träumen dunkel ein Gedicht,
nennen seine Märchen: Luft und Licht,
spüren ängstlich=selig eine Kraft,
die aus uns ein Über=uns erschafft
und der Wurzel, die sich heilig müht,
nie verrät, wie ihre Seele blüht.

Unser Dorf

Abends, wenn ich unser Dorf durchschreite,
grüßt mich Haus um Haus am Straßenrand,
tief die Dächer nach der Wetterseite,
schwarzdurchbalkt die weiße Giebelwand.

Edler Wein schmiegt seine grünen Ranken
um der kleinen Fenster matten Schein;
eines Gitters hölzernschlichte Schranken
frieden jedes bunte Gärtchen ein.

Weite Wiesen träumen in der Ferne,
wo der Nebel Schleier spinnt zur Nacht.
Flackernd, wie in schwankender Laterne,
ist schon hier und dort ein Licht erwacht.

Nah beisammen schlafen stumm die Teiche,
zwischen sich das murmelwache Wehr.
Aus des Kirchhofs schlummerstillem Reiche
schauen dunkle Traueresschen her.

Leise tönt vom Grund das Lied der Grille
durch den Abendfrieden dann und wann.
Und mich faßt im Glück der Heimatstille
jäh die Sehnsucht nach Genügen an.

Liebe Stimme...

Liebe Stimme in der Nacht,
die zu meiner Seele spricht,
alles was mich traurig macht
wandelst du zum Sinngedicht.

Und mein Herz in Klang und Reim
ist aus fremdem Traum erwacht.
Bring mich zu mir selber heim,
liebe Stimme in der Nacht.

207

ROBERT GRÖTZSCH

Der Dicke

Eines Tages — Herbststürme lärmten im Ofenrohr, und frostige Kühle wehte durch die Fenster in die dämmerige Kellerwerkstatt — brummte Meister Stillichen: „Mit dem Dicken hab' ich's nu balde satt!"

Anton, der eckige, grauhaarige Gehilfe, stellte einige Atemzüge lang das Löten ein, schob den Kolben in den prasselnden Ofen und sah den Salmiak= wolken nach, die giftgrau hinauszogen in den Hof, wo der Dicke arbeitete. Der stand über eine hochrandige Wanne gebeugt und hämmerte grobe Beulen aus. Sein massiger Hals quoll über den Blusenrand, die Röte der Anstrengung saß im feuerroten Gesicht, und helle Schweißtropfen rannen an dem kleinen, spärlichen Schnurrbart vorüber. Wenn Emil die schwere Wanne hob und senkte oder sich tief hinabbeugte, bildeten Buckel und Beinlinie einen Halb= kreis, und ein Ächzen drang bis in die Werkstatt hinab.

„Nu hört bloß, wie der Kerl schnauft, wenn er was machen muß," knurrte der Meister und ließ die knochigen, mageren Arme sinken, „das is reichlich en halber Zentner Fett zuviel."

Das war Emils Verhängnis: mindestens ein halber Zentner Fett saß ihm zuviel am Leibe. Er hatte der Dicke geheißen, soweit und solange er denken konnte. Und immer war das Fett eine Ursache seines Leidens gewesen. Schon in der Zeit, da ihm die Schulhose noch über den feisten, kurzen Beinen saß. Den Kameraden, die ihn verprügeln wollten, vermochte er nie auszureißen: dagegen hatte er die nicht fangen können, mit denen er vielleicht fertig geworden wäre. An diesem Elend änderte sich auch in der Lehrzeit nicht viel. Hinzu kamen nur die Kopfnüsse, die ihm der Meister verabreichte, weil ein Lehrling beweglich sein müsse wie ein Wiesel.

Und so beweglich war Emil nun einmal nicht. Und so wurde Emil auch nicht. Im Gegenteil. Sein Kinn rundete sich auf die Bluse herab, seine Paus= backen wurden rot und voll wie Schinken, seine Äuglein verwuchsen kleiner und kleiner, sein Gang wurde schwerer und schwerer. Jeder Tag setzte neue Fettschichten an, so flink Emil auch die Beine zu bewegen und die Arme zu rühren bemüht war.

„Dem Dickwanſt traut keen Meeſter mal keenen richtigen Handgriff nich zu," prophezeite Emils Lehrherr oft und verzog die Brauen düſter.

Er ſollte leider recht behalten. Als Emil mit neunzehn Jahren ſeine hundertſiebzig Pfund in die Welt hinaustrug, betrachtete ihn jeder Meiſter von der Seite. Und wo er einen Platz zum Arbeiten fand, wich der Zweifel der Brotherren nicht von Emils Seite. Daran ließ ſich nicht rütteln: er war mit Luſt und Liebe bei ſeinem Handwerk und hämmerte ſein Blech ſo fleißig wie die anderen. Aber das verfluchte Fett! Das bewegte ſich umſtändlicher, ſchwerfälliger, zwang ihm mehr Achzen ab, als andere nötig hatten. „Er ſchnauft wie alle Dicken, wenn ſie zugreifen müſſen", hieß es. Er ſchwitzte beim leichteſten Gehämmer reichlicher und auffälliger als andere beim klobigſten, derbſten Werkeln. „Die Faulen ſchwitzen eben ſchnell", behauptete die böſe Welt.

Schwitzte er bei der Arbeit nicht, ſo wurde das von den Meiſtern als Beweis ſeiner Faulheit betrachtet, weil doch ein Dicker gehörigen Schweiß laſſen müßte, wenn er richtig zugriffe. Perlten ihm die Tropfen auf der Stirn, wurde es als ein Zeichen ſeiner dicken Unzulänglichkeit angeſehen. Ob er ſchwitzte oder nicht, immer war der Dicke ein Vertreter der Faulheit.

Innerhalb weniger Jahre hatte Emil mehr Werkſtätten als Lebensjahre hinter ſich. Wo die Arbeit dünn wurde, war auch der Dicke der erſte, der ſich dünne machen mußte. Neidiſch ſah er den klapperdürren Geſtalten nach, ging nach Feierabend turnen, unternahm gewaltige Sonntagswanderungen, faſtete und hungerte, alles nur, um Fett loszuwerden. Aber alles ſchlug ihm zum Unheil aus. Die dürrſten Brotrinden wurden ihm zu Fett. Als ſein abend=liches Turnen bekannt wurde, ſagten gehäſſige Zungen: „Geht der Tag zu Ende, regen die Faulen die Hände." Außerdem bekam er vom Wandern und Turnen einen Rieſenappetit, verſchlang Rieſenportionen und nahm neue Pfunde zu. Ob er faſtete oder turnte, er wurde in jedem Falle dicker, bekam ein Ausſehen wie ein Schlemmer, wie das Wohlleben ſelbſt, was zu manchen, für Emil peinlichen Mißverſtändniſſen führte.

So zum Beiſpiel Sonntags, wenn der Dicke auf billigem Fünfpfennig=Tanzſaal bei Trompete, Klarinette und Brummbaß das Fett herunterzutanzen trachtete und wenn ſich manches Mädchen an ſeinem Tiſche freundlich nieder=ließ, weil Emil ſo gut genährt ausſah wie ein Fleiſchermeiſtersſohn oder ſonſt was Beſſeres. Und wenn ihm dann das Mädchen den Rücken kehrte, ſobald sich herausstellte, daß in dem Dicken eine dünne Geldbörse saß. Oder wenn der hungernde Emil auf dem Arbeitsnachweis von hohlwangigen Scharen umdrängt wurde, weil man ihn in seiner holden Fülle für einen Meister hielt, der Gesellen suchte.

Es war ein Kreuz mit dem Dicken. Er flog von Werkstatt zu Werkstatt, geriet tiefer in die Schulden und noch tiefer in verzweifelte Gedanken. In melancholischen Abendstunden dachte er an Strick und Wasser und Revolver. Aber je mehr Schulden sich über ihm türmten, desto weniger durfte er ans Sterben denken. Ja, wenn seine Mutter nicht eine zu rechtschaffene Frau gewesen wäre! Die hätte Emils Schulden in ihrer Biederkeit bezahlt. Sie, die arme Waschfrau auf dem Lande! Emil ächzte, wenn er das alles überdachte.

So zwischen der Lust zum Sterben und dem Zwang zum Leben ein= geklemmt, geriet er in die Kellerbude des Meisters Stillichen. Der musterte Emils Fett zwar mißtrauisch, drückte aber ein Auge zu und behielt den Dicken, weil in dem stinkigen Kellerloch ja doch kein zünftiger Geselle aushielt.

Emil hämmerte und lötete auch an diesem lichtarmen Orte wacker und ausdauernd, man kann's nicht anders sagen. Aber auch hier wurde ihm seine Körperfülle zum ungerechten, tückischen Schicksal. Es kam vor, daß er kopf= über mit Gepolter und Radau und samt dem Werkzeug in eine Badewanne purzelte, weil ihm das gebückte Arbeiten einfach die Luft abschnitt. Bei einer Hausreparatur stürzte er von einem Brett ab, auf dem der schmächtige Meister Stillichen so sicher wie ein Eichhörnchen einherturnte. Emil kam zwar mit verstauchter Hand davon, konnte sich aber nicht wieder auf das Brett hinauf= wagen. Von da an hörte der Graukopf Anton den Meister öfter knurren: „Mit dem Dicken hab' ich's nu balde satt! Schwitzen tut der Kerl wie verrückt, aber nischt is dahinter wie Fett!"

Und es kam der Tag, da es Meister Stillichen wirklich satt hatte, weil er gewisse andauernde Irrtümer nicht vertragen konnte. Manche Leute nämlich, die sich mit Bestellungen in die Kellerwerkstatt verirrten, sprachen den massigen Gehilfen als Meister und den schmächtigen Meister als Gehilfen an. Sie schritten durch den Lötdunst hindurch einfach auf die solideste, ansehnlichste Gestalt los. Das war unbestritten Emil, und das traf den unscheinbaren Stillichen ins Zentrum seiner Meistereitelkeit. Zumal der alte Anton bei solchen Verwechslungen immer in den grauen Spitzbart hinab feiern mußte.

Als Emil auch diese Stätte hinter sich hatte und wieder einmal mit einem Blusenbündel schwer stapfend in seiner Schlaffammer anlangte, wußte er nicht mehr, wie er sein schweißgedüngtes, undankbares Leben fortsetzen sollte. Wiederum wochenlang die Schalter der Arbeitsnachweise umlungern, jetzt, wo er seinen letzten Schuldrest glücklich abgestoßen hatte? Jetzt, wo sich der Winter in jeder Nacht mit Reifschauern ankündigte? Nee! Wiederum in die Schuldentinte setzen? Nee, nee! Wer wußte denn, ob er jemals wieder abzahlen konnte! Wenn man ihn nicht einmal in Stillichens Kellerloch arbeiten ließ! Und wenn er nun doch einmal immer dicker wurde!

Er warf sich in einen Stuhl, stützte den Kopf schwer in die Hände, wünschte sich sehnsüchtig in die dürre Haut des klapprigen Meisters Stillichen oder des eckigen Kollegen Anton und verfluchte die eigene runde Figur eine ganze Nacht hindurch.

Gegen Morgen ordnete er alle seine Sachen, schichtete sie säuberlich in Schrank und Koffer und schrieb wie im Halbtraum mehrere Briefe. Dann band er sich ein sauberes Wollvorhemd unter die Weste, stieg langsam die fünf Stock zur Straße hinab, warf die unbeholfenen Schreiben in einen Postkasten und strebte unaufhaltsam davon.

Die Mittagssonne spielte über ein aufgeregtes Straßentreiben, aber Emil wurde des Hastens um ihn herum kaum gewahr. Er schob sich schwer und mit hängendem Kopfe die ganze Stadt hindurch einem breiten Kanal entgegen, der weit draußen die Landschaft durchschnitt. Auf diesem ruhig-tiefen Wasser hatte er sich an Sommersonntagen seine Fülle hinwegzurudern versucht.

Er stapfte dahin, ohne aufzuschauen, stieß an eilige Menschen an, ohne den Kopf zu heben, und hätte vielleicht nie wieder aufgeschaut, wenn ihm nicht plötzlich ein schweres Paket mit dumpfem Plumps auf die Füße gefallen wäre. Emil fühlte schmerzende Zehen, richtete sich gerade und sah aufgescheucht in die Welt.

Vor ihm bog sich ein runder, breiter Mädchenrücken, und volle rote Arme suchten das gefallene Paket aufzuheben, während dabei weitere Pakete unter den drallen Armen hervorkollerten, Stricke rissen, Packpapier auseinanderknallte, Zwiebeln und Kartoffeln auf die Straße rollten. Da endlich bückte sich Emil, daß sich seine Hose zum Platzen spannte, sammelte die gestürzten Bündel, jagte hinter Kartoffeln drein und las Zwiebeln auf. Aber wie sich

das Mädchen auch mühte, um das Verlorene wieder unter die Arme zu klem=
men, ein Paket blieb immer in Emils Händen. Blieb wie ein Klumpen, der
den Dicken ins Leben zurückzerrte und dort verankerte.

Straßenpassanten, die schmunzelnd an dem Unglück vorübereilten, sahen
schließlich, wie der Dicke dicht neben dem Mädchen davonging. In seinen
Armen saßen mehrere Bündel, sein Gesicht leuchtete verlegen rot, und sein
Weg ging vorläufig nicht zum Kanal hinaus. Der Weg bog sogar in entgegen=
gesetzter Richtung ab, wand sich durch stille parkähnliche Anlagen ins Villenviertel.

Das dralle Mädchen aber trug ein weißes Häubchen auf dem Kopfe,
eine weiße Schürze vor dem Leibe, lachte wohlgefällig an Emils massiger Figur
empor und hieß Anna wie alle Köchinnen. Sie erzählte dem Dicken, daß ihre
Herrschaft verreist und daß es in einer solch leeren Villa für ein Mädchen
schändlich einsam sei.

An diesem Tage fand Emil keine Zeit mehr, ins Wasser zu gehen.

*

Der alte, grauhaarige Anton hockte daheim, hielt einen Brief zitternd
in den knorpligen Händen und starrte immer wieder auf die gleiche Stelle,
die mit ungleichmäßigen Buchstaben verkündete: „ . . . und heute Abend liege
ich schon ins Wasser, wo, sage ich nicht . . .“

In jener Nacht brauchte sich Antons Schlafkollege nicht über das Ge=
schnarche des Alten zu ärgern, denn der lag wach bis zum Morgen und er=
schreckte die Zeitungsfrau, indem er ihr das Blatt aus der Hand riß. Von
Krieg erzählten die schwarzen Zeilen, von Bränden und Mordtaten, aber
nichts vom Dicken.

Wochenlang verschlang Anton die Zeitung durch eine große, runde Brille,
— doch Emil ließ nichts von sich hören. Da erlosch Antons Interesse für die
Zeitung allmählich wieder, und in ihm wuchs eine stille, echte Wut gegen
einen Toten, der andauernd verschollen blieb und in seinen Träumen ab und
zu als quälende, aufgedunsene Wasserleiche auftauchte. Das Gespenst ver=
schwand erst, als Anton in einen Kampf mit anderen Schmerzen verwickelt wurde.

Der Winter war hart und schlimm. Er pfiff ein grimmiges Lied von Eis
und Schnee durch die Fensterritzen der Kellerwerkstatt, zerrte und riß in
Antons morschen Knochen. Der hockte manchmal mit zusammengezogenen
Gliedern am Lötfeuer wie ein wertloses Kleiderbündel, das in den Koksfasten

212

zu fallen drohte. Das ärgerte den Meister Stillichen. Außerdem schien der
strenge Winter Leben, Arbeit, Handel und Wandel unter dicker Schneedecke
zu ersticken. Wenigstens fand die Kundschaft den Weg zur Kellerwerkstatt
immer seltener. Kurz und gut, es ging auf Ostern, als Anton seinen grauen
Kopf gegen den Wind beugen und sich den Weg zu anderer Arbeit durch den
Schnee bahnen mußte. Frierend, mit geknickten Knien und großen, stroh-
gefütterten Stiefeln lief er von Werkstatt zu Werkstatt.

So hatte er sich weitab von der Stadt in einen Vorort verirrt. Es dunkelte,
und Anton suchte den Heimweg. Das Gerenne war ja ohnehin zwecklos.
Es liefen doch genug Junge umher!

Aber da schimmerte gerade noch ein größeres Schaufenster am Wege,
eine farbig leuchtende Gießkanne schaukelte darüber, aus der Hofwerkstatt
schmetterte das Gebengele der Holzhämmer. Da schob sich Anton mechanisch
in den Klempnerladen.

Vom anstoßenden Zimmer her kicherte das Lachen eines Mannes und
einer Frau, eine Hand patschte auf einen fleischigen Körperteil, dann schob
sich eine schwere Meistergestalt durch die Zimmertür und pflanzte sich breit
hinter der Ladentafel auf.

Anton blinzelte durch die Dämmerung, kniff die Augen klein und blinzelte.
In seinem kropfigen Halse gurgelten Röcheltöne. Stand da nicht ein Gespenst,
das in der Dusternis breit zerfloß? Ein Toter, massig, lebendig und dick wie
das pausbäckigste Leben selbst?

„Emil . . . E . . . Emil!"

„Jawohl, Emil!" Emil lachte in Antons verstörtes Gesicht, lachte, wie
der den Dicken nie so munter hatte lachen hören. Dabei zitterte das über den
Blusenrand quellende Nackenfleisch, und das Schild der schwarzseidenen Meister-
kappe wippte.

Das volle Gelächter des Dicken lockte eine stämmige Frau aus dem
Nachbarzimmer. Sie hatte ein derbes, rundes Gesicht und hieß Anna. Das
war dieselbe Maid, die im Straßentrubel des Herbstes ein Paket auf Emils
Zehen geschmissen und dem Dicken die Lust am Leben zurückgegeben hatte.
Außerdem hatte sie eine kleine Erbschaft mit in die Ehe gebracht.

In der Hofwerkstatt schufteten zwei Gesellen, denn die Kunden flogen
dem stattlichen Meister vom ersten Tage an zu wie die Tauben. Das war

doch mal ein Mann, dem anzusehen war, daß was Rechts hinter ihm stand, daß sein Geschäft ging, daß er sein Handwerk verstehen mußte! Wer sollte dagegen einem solchen Hungerleider, wie etwa Meister Stillichen einer war, etwas Gutes zutrauen? Ein solider Meister hatte was Solides hinter sich und war solid bei Leibe! Das war doch nun mal eine bekannte Geschichte.

„Ja, siehste," sagte Emil, als er mit Anton hinter dem dampfenden, kuchen= duftenden Kaffeetisch saß, „siehste, Anton, dicke derfste sein, aber Geld mußte ha'm!"

Er verschluckte sich lachend, und seine Frau patschte ihm mit Wohlgefallen derb auf den feisten Buckel.

FRITZ ALFRED ZIMMER

Ahnenblut

Sie saßen am Webstuhl und „wirkten" mit Hand und Holz
in Not und Nächten dem reichen „Herren" Stand und Stolz.

Sie mühten sich und darbten mit einem Hungergeld
volkfromm in ihres Herrgotts junger Welt.

Doch saßen sie sinnend in Stille und Gestühl;
kam ihrem Herzen vielleicht ein Wille und Gefühl,

daß Sühne wachse dereinst einer ferngroßen Zeit,
die langsam die Enkel entbürde dem sternlosen Leid.

Doch ahnten sie kaum wohl, daß gar ein Dichter dann
in Ehrfurcht zündet die alten sieben Lichter an

und in der Ahnenstube verstaubt den Laden hebt
und still in heller Liebe seinen Faden webt

und manchmal auch ein kleines Rosen= und Lilienglück
sacht einspinnt dem Graugrau im großen Familienstück . . .

Zuweilen ist es mir, als ob aus Nichtseinstiefen
mich Stimmen im Dämmer eines Lichtscheins riefen.

Und Webertakt und armer Wünsche tote Glut
durchpulsen heimlich mir das lebensrote Blut

und singen tief und laut im stammvererbten Saft
ein Freiheitslied der alten schmerzgegerbten Kraft!

FRITZ ALFRED ZIMMER

Meinem Vater

I

Totenwacht

Ich saß allein — dein letztes Lämpchen brannte —
am Totenbett und sann. Im Mitternachtzimmer
stand still die Uhr und war, die ich nun kannte,

die große Leere. Ach, es würdest nimmer
du kommen! Und mein Herz sank in die Nacht.
Von einem fernen Stern kam endlich Schimmer

und glomm es wie ein neuer Tag. Und sacht
sah ich und fühlte es herniedergleiten
in fahles Dämmerlicht aus finsterm Schacht.

Und sah die Schatten alle friedsam schreiten
mit Sternenlämpchen. Und ich hab' erfahren,
daß meinen toten Vater heimgeleiten

nun wieder, die einst seine Väter waren.
Ich saß, und zu des Toten Haupt und Füßen
sah ich sie alle stehn und sah die Scharen

gewes'ner Leben aus dem Dunkel grüßen
und dachte still dereinst an meine Sterbestunde
und tief an meinen Sohn mit wehen Süßen.

Gestirnt war jetzt die Nacht und gab mir Kunde,
wie Tod und Leben reichen sich die Hände
im Ruhe=Ring des Seins. — Die bunte Runde

der Welt blüht draußen: eine Gottesspende!
Du hast sie so geliebt! Im Paradiese,
o Vater, sind noch schönere Gelände!

Und dann im Frühling auf der Himmelswiese
gehst selig du, von Licht und Liebe trunken,
und freust dich auch noch über Bachgefließe

und Busch und Baum und gehst dann traumversunken
die Pforte in der Abendhimmelpracht
zu Stufen, wo die goldnen Tempel prunken. —

Ich sah's im Frieden deiner Totenwacht.

II

Im Feierabendtraum

Ach, wenn noch einmal Sommer wär',
und du kämst still durchs Feld
so feierabend=sorgenleer
wieder den Wiesensteig daher —
wie schön wär' mir die Welt!

Sie blüht auf alter Heimatflur;
die Roggenfelder weh'n.
Fernglocken singen Moll und Dur. —
Ich weiß, ich werde deine Spur
nun immer suchen geh'n

in dieser Welt, drin Lust und Schmerz,
und die mit Bach und Baum
du so geliebt — und sternenwärts
dann still zu Gottes Vaterherz
im Feierabendtraum.

FRITZ ALFRED ZIMMER

Haldensehnsucht

Mitten im blütenseligen Sommergelände
falten und heben sich breit=grobe Wändehände,
und die Kohlenschachthalden stehen auf.
Gucken und staunen. Sie blinkern im Winde
und wispern, daß man noch Felder und Heimstätten finde
im maschinendurchwühlten, schmutzigen Erdenlauf!

Und sind doch totes Gestein. Geröll. Schutt und Schlacke.
Nur ein Dornstrauch hockt da — und die Rotziegelbaracke
und ein armselig Gerüst.
Auf der Spitze, fernklein, keucht am Karren ein Fördermann, —
steht ein Weilchen still und schaut sich die Welt oben an;
und es überkommt ihn ein schmerzlich Gelüst.

Enthoben dem Dunkel, dem Dreck und Ruß und Qualm,
steht er als Freimensch, wie der Schütz auf der Alm; —
tröstlich träumt er eine Minute.
Und die Landstraße drüben gleißt und winkt und lockt:
Komm, Fronvolk der Arbeit! — Doch schon wieder glockt
alle Mühsal und die Plagerute. —

Sehnsucht ist nie umsonst. Sie ist Kraft, die Leben schafft.
Sehnsucht ist Seele und Ansporn. Geträumt und aufgerafft
von den vielen, wirkt sie Hoffnung und Wirklichkeit!
— Sieh, auch das Haldengestein ist nicht gänzlich tot:
Es schickt sein Feuerchen aus und sein Heimwehfünkchen rot
wie einen Stern in Nacht und neue Zeit.

Und du bist ein Mensch! Du sollst es erst werden!
Und die Straßen gehn alle noch weit auf Erden,
und es wird doch einmal nach vielen Jahren vollbracht!
Dann werden die Essen nicht mehr zu rauchen brauchen
und die Armelöhner und =fröner nicht mehr fauchen
am Fabrikschlot und zu darben in der Schachtnacht!

Dann sind die Halden alle übergrünt und beblümt.
Und das neue Geschlecht staunt sie an und rühmt
in der Heimat überschwängliche Landschaft!
Längst vergessen dann ist der Mietkasernen Armutei,
und nur wie eine grausige Sage herein in den Menschenmai
klingt es noch manchmal in der Verwandtschaft:

Daß einst eine Zeit gewesen wäre,
wo Proletarier es gab und Millionäre
und die halbe Welt lag noch in einem Maschennetz,
und daß tief Menschen gefront in der Erde wie die Maulwürfe
und sich zermürbt und zermorscht! Und daß man es glauben dürfe;
denn die Sage von den Kohlen sei kein Ammengeschwätz!

FRITZ ALFRED ZIMMER

Bekenntnis zur Zeit

Ich wohne in einer großen Fabrik= und Schachtstadt. Ewig umweht sie
der Ruß qualmiger Rauchfahnen von einem ganzen Schlot= und Essenwald,
und tief ins Eingeweide der Erde sind Hunderte von Stollen geschlagen, in
denen verkrümmt und verknäult in mühseliger Fron Menschen wie Maulwürfe
werken. Licht= und baumarm und fast dunkeltot grinsen dort, bei Schutthaufen
und kahlen Baustellen, zwischen Tümpeln und Rinnsteinen die Baracken, bei
Werkstätten, Fördertürmen die Quartiere der Armut. Ein tausendfacher Miß=
ton stampft und schrillt durch den lauten Tag. Aufbrüllend, unbändig speit er
brausend und zischend, quirlend und fauchend aus zahllosen Schwungrädern
und Ventilen eine entgötterte Welt an in schwarzer Wut. Und nächtens,
wenn die Tagefröner und Wochenlöhner den Schraubstöcken und Eisenhämmern
für eine kurze Weile entronnen sind und sich im Licht der Laternen ein matter
Streifen Gastlichkeit und Friede auch um die fahle Einsamkeit der Zinshäuser
schmiegt, dann liegen draußen im dunkeln Weichbilde der Stadt die vielen
Steinkohlenschachthalden da gleich mächtigen Sargdeckeln über Totengrüften,
wie aufgekrampfte Beulen vom Geschwür der Zeit, wie ein großes Gegrind
über einer alten Riesenwunde.

In einer solchen Stadt wohne ich. Und bin aus den Wäldern herge=
kommen meiner Berge daheim, wo noch immer wie einst Zeisige und Stieglitze
singen und die Eichkätzchen Haselnüsse knacken, wo Plätscherbäche mit Busch=
windröschen spielen und im Nachbargarten der alte Birnbaum um meine
Bubenträume weiß. Und bin doch seßhaft geworden in einer Fabrik= und
Schachtstadt! Und habe sie lieb. Auch mein seliger Vater, der von Berg und
Wald stammte und ganz dort oben heimisch blieb mit seinem reichen Herzen,
kam gern in meine Arbeitsstadt und lauschte ergriffen dem brausenden Liede

der Zeit in den Donnerhallen eines neuen Lebens; er sah noch begeistert den ersten Zeppelin und träumte den frühen Flugmaschinen nach. Und selbst meine Mutter, deren Herzfasern ganz der Wurzelerde der ländlichen Heimat bedurften, wie hat sie sich doch, wenn sie einmal bei mir war, schier kindlich zu den vielen Lichtern des großen Werkstättenbahnhofs hinübergefreut, wie hat sie frohverwundert gern gesessen am „Radio", das ihr Enkel gebaut! Mein Sohn, mehr noch als ich bewußt ein Kind dieser Zeit! Nie las er Coopers Lederstrumpf oder Scheffels Ekkehart, auch kaufte er sich niemals heimlich ein Reklambändchen; aber Max Eyth, der Ingenieur hinter Pflug und Schraub= stock, hat's ihm angetan, und die „interessantesten Erfindungen und Ent= deckungen auf allen Gebieten" beglücken ihn; er weiß weit mehr von der Ber= liner Hoch= und Untergrundbahn und dem Deutschen Museum in München, von Fords Automobilen und Flettners Rotorschiff „Buckau", von modernen Brückenbauten und den Wolkenkratzern New Yorks und Chicagos als von der Rechtsgeschichte der alten Römer und der Karolinger, mit der wir uns noch herumschlugen; nachts fährt er aus verwegenen Träumen hoch: mit dem Raketenluftschiff schoß er eben ein bißchen durch den Äther —

Seine Zeit ist auch die meine noch. Ihre Blutwellen geben auch meinem Blut noch den Rhythmus. Ich schreite früh und abends mit im Arbeitsheer der Bureau= und Warenhausleute, der Fabrik= und Bergwerkmenschen. Ich stehe mit drin im Aufruhr der Maschinenkräfte und im Höllenlärm ihrer viel= fältigen, hastigen und leidenschaftgestrafften Ziele. Durch den grauen Verhau und den Schrei des Alltags gleißen grell die Magnesiumblitzlichter aufdringlicher Reklamen; zu Kino und Boxkampf laden sie. Im Zeitungsviertel drängt sich in dumpfer Stumpfheit die Schar der Arbeitslosen um die Inseratentafeln. Überall bin ich dabei, überall gehöre ich hin, überall entscheidet sich auch mein Schicksal.

Das ist unsere Zeit: ein gewaltiges, stolzes, tausendkehliges Lied von unerhörtem Menschenwerk und Schaffensdrang — und dazwischen ein uralter, immer neuer und nie verklingender Klagereim von sickernder Armut und Heimatlosigkeit. Und zuweilen glimmt, wenn es dunkel ist, auf den höchsten Halden aus dem Schutt ein Feuerchen auf wie ein Stern: ein rotes Heimweh= fünkchen, und mir ist, als wenn im Wind dort oben und in Schauer und Bängnis der Nacht ein Kind mit einer Laterne nach einem vergessenen Märchen suche oder nach einem Stückchen Menschlichkeit oder als ob die tote Seele unserer geldwütigen Zeit dort oben spuke. Aber am nächsten Sonntag ringelreihen dann doch schmalhüftig, frühlingsfroh die Kinder in den Höfen und auf den Rasenflecken, und eine Wandervogelschar singt Volkslieder über die miß= mutigen Häuser.

Ich liebe meine Stadt, und ich liebe unsere Zeit, trotz ihrer Zerrissenheit und ihrem Widerspruch. Denn ich erkenne ihre Zeichen und Sinnbilder, ich schaue die weitgeschwungene Straße, die über Eisen und Beton zu neuem, blühendem Kulturland führt, wo nicht mehr Mensch und Naturkraft im Wider= streite leben werden.

Ihr Menschen meiner Tage und, o Jugend, du: Brecht auf in sprühender Stunde zu des Weltwesens neuem Erleben und erfüllt euer Sein! Laßt uns gläubig werden unsrer Zeit! Laßt uns Vortrupp sein und Zeitgenossen! Aber sorgt auch, daß manchmal eine ferne Wiese noch locke mit Himmelschlüsseln und daß die erste Lerche nicht vergessen werde im März und daß noch irgendwo draußen in den lieben kleinen Schrebergärten eine Abendamsel singe. Möchten wir niemals aus dem Sinn der Seele die sonntägliche Stille der Bauernäcker unsrer Ahnen verlieren und den Kraftatem des Waldes über dem harten, stahlgefügten Werktagslärm unsrer Zeit!

ALFRED GÜNTHER
Stadt der Kindheit

Du hast den Angstverfolgten nicht behütet,
kein Schutz in Straßen, Kirche, Haus und Feld.
Alle Stuben waren dumpf durchwütet
vom Kummer, den er litt. Er war kein Held.

Entflammte ihn im Buch das Abenteuer!
Musik erklang und lockte wie Gestalt.
Seiltänzer und Zigeunerfeuer,
Raketen in der Nacht am Wald.

Manchmal sah er in verschloss'nen Räumen
der Mutter Tränen, Vaters blonden Bart,
er konnte nicht zu ihnen, so umschart
war seine Hagerkeit von wolkenhaften Träumen.

Wohin fliehn? Er lernte stumm sein, warten.
Noch wollte ihm das Gute nicht gelingen.
Hielt er sich auf bei den zu schweren Dingen?
Wann kam die Zeit? Wild duftete der Garten.

220

Das Sternengleichnis des Unwandelbaren
ist nur zum Schein um unsere Hörer gelöst
und aus dem Finstern müss sie offenbaren
um welchen Traum sich unser Flug bewegt

Alfred Günther

ALFRED GÜNTHER

Grab der Schwester

Dein Grab ist wie ein Beet
Himmelschlüsselblumen.
Ferner Duft verweht.
Vögel. Erdenkrumen.

War ich Kind mit dir,
sag, was schmerzt so sehr?
Reich die Hände her:
Spielen wir!

Dunkler Blick und Kuß,
o was welkt ihr schon!
Wenn ich weinen muß,
bist du ganz entflohn.

Winterruh

Nun ist von grauen Wänden
das arme Tal umstellt.
In weißen Saaten fällt
der Schlaf und wird nicht enden.

Die Winterrosen blühn.
Ich bin so müd geworden
und fühl, wie allerorten
mich Hände niederziehn.

Gib mir das weiße Kleid!
Es hüllt im Kalten dicht.
Eh' dieses Eis zerbricht,
ist lange Zeit.

ALFRED GÜNTHER

Österliche Stadt

Wer sprengte die Gruft aus Gram, Frost und Not
und rief die Menschenschatten an, die bang erstarrten?
Die Stadt steht brennend im Licht von Blau und Rot,
ihre Himmel klingen in entzücktem Erwarten.
Alle Häuser haben offene Fenster und Türen.
Die Augen sind zu den Vögeln im Wind emporgehoben.
Versucht nicht schon ein Mädchenlied den Frühling zu loben?
Die Straßen sind so, als könnten sie ins Wunderbare führen.

Und könnte jetzt nicht unter all diesen Menschen, den unbekannten
Generalen, Ärzten und Schiffskommandanten,
Fürsten, Millionären und Rechtsanwälten,
Fuhrleuten, Schauspielern und Kontorangestellten
ein Heiliger sein!
Und würde hier mitten unter uns gehn!
Und auf die Leiden der Seele mit solchen Augen sehn,
daß jedes Sein sich bis ins Herz verwandelt
und alle reinen und guten Dinge auferstehn!

Choral

Wie sollen wir dir gleichen, du innerlicher Geist,
an dem uns jedes Zeichen die Gottessohnschaft weist.
Wir drängen uns im Dunkeln, du bist ins Licht gestellt,
und deine Stirn umfunkeln die Sterne unsrer Welt.

In immer näherm Kreise umschweifen wir dein Herz,
die ungewisse Reise führt uns doch himmelwärts.
Wir knieen an der Türe, die uns noch von dir trennt.
Rühren dich unsre Schwüre, du reines Element?

Es ist kein Weg zu sehen im unbewohnten Land.
Nachts streift uns ein Wehen, und das gilt uns als Pfand.
Und tags ist es ein Winken, und das ist uns genug.
Du läßt uns nicht versinken. O sternverklärter Flug!

222

Gellert bei Friedrich dem Großen.

Zeichnung von Horst Schulze.

Buchschmuck zu Paul Burgs Roman „Lichtträger".

PAUL BURG

Gellert bei Friedrich dem Großen

Als der Major des Königs wiederkam, den Professor Gellert abzuholen, stand der Professor in seinem besten Habit am Betpult mit gefalteten Händen: Lieber Gott, laß mich vor dem König nichts wider mein Gewissen reden!

„Es geht ja nicht zu Ihrer Hinrichtung, lieber Dichter — kommen Sie!" Guichard nahm ihn beim Arm. Auf der Straße blieben die Menschen stehen und blickten ihnen nach, dem Adjutanten und dem Poeten. Der Posten vor Apels Hause am Leipziger Markt salutierte. Gellert sah es vor Erregung gar nicht. Er stolperte auf der Treppe. Sein Herz schlug laut. Ein Grenadier nahm ihm den Mantel ab, öffnete die Tür. Da saß der Philosoph von Sanssouci in dem hohen Raume am Schreibtisch, trug hohe Stulpstiefel an den gichtischen Füßen und einen abgeschabten Rock auf dem hageren Leibe. Solch leuchtende Augen hatte Christian Fürchtegott Gellert noch nie gesehen. Tief verneigte er sich unter ihrem Strahl.

Der König schien nicht sonderlich guter Laune. Neulich der Finkenfang bei Maxen hatte ihn neun Generäle und 12 000 Mann gekostet. Der Jubel der Sachsen über diese Schlappe der Preußen klang ihm noch in den Ohren. Zudem plagte ihn die Gicht wieder im linken Arm und im rechten Knie, — beide Füße waren wie abgestorben. Nun saß man hier in diesem Nest und suchte nach Unterhaltung mit gelehrten Menschen. Das nannte sich nun Leipzig und ein Klein=Paris!

Er hob den Krückstock ein wenig, winkte:

„Wen bringt er uns da, Quintus Icilius?"

„Es ist Gellert!" stellte der Major vor.

„Er ist Gellert? Ich wollte Ihn gern sehen. Man hat mir seine Schrift sehr gelobt, — noch heute der Gesandte von England. Schreibt Er wirklich so schön? Gelehrt mögt ihr Deutsche schon sein, — aber mit Geschmack schreiben?" Die helle Stimme klang ein wenig ungehalten.

Gellert blickte fest in die blauen Königsaugen, indem er erwiderte: „Ob meine Schriften schön sind, das vermag ich selbst nicht zu beurteilen, Sire. Ganz Deutschland sagt es und ist mit mir zufrieden — ich bin es nicht." Der König, die Hände auf seiner Stockkrücke gekreuzt, blickte ihn schärfer an.

„Eh — so ist Er sehr bescheiden. Komm Er nur heran — ich kann nur schwer aufstehen. Bescheidener Mann!"

„Eine nur natürliche Tugend für einen Autor, Euer Majestät. Wer möchte jemals glauben, schön genug geschrieben zu haben!"

„Ja, warum zwingen aber die deutschen Autoren uns nicht zum Lesen ihrer Bücher, wie die Franzosen es tun?"

Ganz nahe stand Gellert vor Fridericus, und der König tippte ihm mit dem Zeigefinger auf die Brust.

„Was die Franzosen tun und können, das vermag ich nicht zu beantworten, Sire. Aber als die Griechen schön schrieben, führten die Römer noch Krieg, — und als die Römer schön schrieben, hatten die Griechen damit aufgehört."

Nachdenklich saß der König, nickte dem Dichter zu. „Recht hat Er. Er mag wohl ein guter Kerl sein. Aber weiß Er, was Ihm fehlet?"

Gellert blickte fragend.

„Reisen sollte Er, die große Welt kennenlernen; das hilft einem Autor voran."

„Das glaub ich auch, Majestät. Aber ich bin zu alt und zu krank dazu, hab' auch kein Geld zum Reisen."

Der König wies auf einen Stuhl und nickte dem Dichter ermutigend zu. „Die deutschen Dichter mögen wohl selten unterstützt werden. Das ist nicht gut."

Wehmütig lächelte Gellert, indem er sich zaghaft auf dem Polsterstuhle nahe beim König niederließ. „Vielleicht, Majestät, fehlt uns ein Augustus."

Lächelnd der König: „Will Er etwa, daß ein Augustus ganz Deutschland regieren solle?"

Auf diese heikle politische Frage hin blickte der sächsische Fabeldichter den preußischen Sieger und König ebenso freimütig wie zuvor an und erwiderte unverholen: „Das will ich eben nicht. Ich wünsche nur eines: daß die großen Könige in Deutschland die Künste aufmuntern und uns bessere Zeiten geben sollen."

„Sind jetzt etwa schlechte?" Der königliche Frager räusperte sich.

„Das werden Eure Majestät besser sagen können als ich. Ruhige Zeiten mein ich und wünsch ich. Sire, geben Sie uns den Frieden!" bat der Dichter und hob die gefalteten Hände dem König entgegen.

„Kann ich denn? Wo dreie gegen einen sind!" Friedrichs Stimme grollte.

„Was weiß ich?" beharrte Gellert, „wäre ich König, hätte Deutschland bald Frieden."

Schweigend blickte der Preußenkönig über ihn hinweg ins Ferne, zuckte die Achsel und fragte schließlich ablenkend: „Den Lafontaine[1]) hat Er wohl nachgeahmt?"

Da reckte sich Gellert leise auf seinem Stuhl auf und steifte die schmalen Schultern. Erwiderte stolz: „O nein, Sire. Ich bin ich selber, das darf ich wohl ohne Eitelkeit sagen. Ich nenne mich ein Original — aber darum noch kein gutes," fügte er bescheidentlich hinzu und senkte den Blick.

Jetzt mischte sich vom Fenster her, wo er als stummer, aufmerksamer Zuhörer stand, der Major in das recht einsilbige Gespräch seines Herrn mit dem stillen Dichter. „Es ist so, Majestät. In Paris hat man die Gellertschen Fabeln übersetzt und selber den Professor den deutschen Lafontaine genannt."

„Das ist viel — sehr viel!" rief der König lebhaft aus und nickte Gellert anerkennend zu, „aber warum ist der deutsche Lafontaine denn krank? Eh bien, Er scheint mir ein Hypochonder[2]). Ich werde Ihn kurieren: Fürs erste muß Er alle Tage eine Stunde reiten und zwar traben."

„Wenn das Pferd gesund ist, so kann ich Kranker nicht fort — und wenn das Pferd krank ist, so kommen wir alle beide nicht vom Flecke, Sire."

In das wehmütige Lächeln Gellerts hinein schalt Fridericus mit lustigem Zorne: „Er ist eben Hypochonder. Also fürs zweite: Nicht so viel und nicht so fett essen! Bewegung zum dritten. Heiter sein — Musik! Will Er das alles befolgen?"

„Ihre Regeln, Sire, wie man schön schreiben soll, die will ich in acht nehmen und hab' es auch schon immer getan — aber den medizinischen Vor=schriften Euer Majestät werde ich nicht gehorchen, denn sie scheinen mir eine zweite Krankheit zu sein. Ach, ich lebe schon so diät, und ich will zufrieden sein, wenn ich ruhig sterbe, auch ohne noch einmal gesund zu werden."

„Seht, nun läßt Er ganz den Kopf hängen! Wie alt ist Er?" zürnte der König.

„Fünfundvierzig Jahr."

„Das ist doch kein Alter. — Er muß doch schreiben, hört Er! Muß für die Welt leben!" mahnte der König hastig und stieß den Fuß auf, daß die Sporenrädchen klirrten. Die Gicht war vergessen, verflogen.

---

[1]) Jean de Lafontaine, berühmter französischer Fabeldichter.
[2]) Ein Mensch, der sich für kränker hält, als er ist.

„Ich habe schon zuviel geschrieben," sprach Gellert ganz leise, „dazu gehört große Geschicklichkeit, Sire, zu rechter Zeit aufhören. An der Unsterblichkeit liegt mir auch wenig. Wenn ich nur genützt habe!"

Der König sprang auf. Die Diele krachte. Auch der Dichter wollte sich erheben.

„Bleib Er sitzen!" heischte Friedericus, stand sinnend vor ihm, auf seinen Stock gestützt. Sie schwiegen beide.

„Weiß Er keine von seinen Fabeln auswendig?" — „Nein." —

„Nicht? Das ist doch —! Besinn' Er sich; ich werde etliche Male im Zimmer auf und ab gehen, bis Er eine zu sagen weiß."

Der König trat zögernden Trittes an den Tisch, schritt langsam, schwer auf den Krückstock gestützt zum Fenster und schlang den Arm um des Majors Schulter. Stumm blickten sie beide auf den Markt hinab. Gellert sann und suchte im Gedächtnis nach seinen Fabeln. Welche sag ich wohl, die diesem Manne gefallen könnte?

„Nun, deutscher Lafontaine?" Der König stand wieder neben ihm und tippte ihn auf die Schulter.

„Jetzt kann ich Euerer Majestät eine sagen: den Maler in Athen."

„Eh bien! Und wenn es ihm kommode ist, dabei auf und ab zu gehen, so tu' Er, wie ihm beliebt."

Gellert erhob sich und deklamierte seine Fabel, langsam und zögernd, zuerst leise, aber dann mit steigender Wärme und Lebhaftigkeit. Er ging dabei vor dem König auf und nieder, den Kopf leicht zur Seite geneigt, den Blick entrückt und nach innen gerichtet. Aufmerksam bis zum letzten Wort folgte ihm Friedericus. Sein Blick umschloß den stillen Gelehrten ganz und gab ihn nicht mehr frei.

Als Gellert geendet hatte, klatschte der König in die Hände und rief dem Major beim Fenster zu: „Das ist gut, das ist sehr gut!" Trat auf den Dichter zu und reichte ihm die Hand: „Ich muß ihn loben. Ehrlich gestanden: das hab ich nicht gedacht. Nein, das war sehr schön, war gut und kurz. Das ist ganz was anderes als Gottsched[1]), Quintus Icilius! Wo hat Er nur so dichten gelernt? Es klingt ja! — Sonst hasse ich die deutsche Sprache."

***

[1]) Johann Christoph Gottsched (1700—1766), Professor der Poesie in Leipzig, gelehrter Kritiker und langweilig lehrhafter Dichter.

„Daß Eure Majestät die deutsche Sprache hassen, ist ein Unglück für uns."

„Ihn lob ich," bekräftigte der König und reichte ihm die Hand.

„Das Lob eines Kenners und eines Königs ist eine große Belohnung." Gellert verneigte sich.

Fridericus wehrte lachend ab: „Der König macht dabei nicht viel aus."

„Aber wenn der König ein Kenner ist, wiegt sein Lob voll."

„Wenn ich hier bleibe —" Fridericus legte ihm die Hand auf die Schulter — „so besuche Er mich wieder und stecke Er seine Fabeln zu sich, daß Er mir welche vorlesen kann!"

Gnädiges Kopfnicken gewährte Entlassung.

Mit tiefer Verneigung, von dem Major geleitet, trat Gellert hinaus. Und wieder salutierte der Königsposten vor Apels Hause.

Diesmal bemerkte es der Professor und nickte dem Soldaten zu: Ihr singt ja meine Lieder bei euren Armeen —, aber euren König schelten die Menschen einen Heiden. Ob er einer ist? So muß man beten, daß ein Christ aus diesem klugen und feinen Manne werde.

Das Haupt erhoben, ging Gellert nach Hause. Sein getreuer Famulus erwartete ihn schon unter der Tür.

„Herr Professor, es ist eine gute Nachricht da aus der Heimat — aus Hainichen — von Ihrer Frau Schwester! Die Einquartierung ist milde, der preußische General hat dem Stadtrate auch die Ursache gesagt: alles aus dankbarem Wohlwollen gegen den Herrn Professor Gellert und seine Schriften!"

„Das ist der schönste Lohn, Goedecke, und der schönste Tag in meinem ganzen Leben."

„Ein Rosinenstollen ist auch abgegeben — von dem Fräulein Weidmann aus der Buchhandlung; der Bursch wollte es erst gar nicht verraten, von wem er sei."

„So koch uns einen Kaffee dazu — mit der Diät des preußischen Königs wird es doch nichts — ich hab' es ihm ja gleich gesagt."

*

Der König bei Tisch: „Gellert ist der vernünftigste von allen deutschen Professoren, die ich bis jetzt gesehen habe."

Aus dem Roman „Lichtträger, ein Vierteljahrtausend deutschen Buches".

RICHARD FISCHER

Sixtinische Madonna

Das Dunkel leuchtet. Glorie ist gedämpft.
Das Schwere schwebt, ins Gleichgewicht gehoben.
Hier ist kein Unten und hier ist kein Oben:
der Streit der Welt, hier ist er ausgekämpft.

Darf das denn sein? — Das Mutterantlitz bangt
im lichten Glück der überirdschen Sphären:
Ach, wenn des Kindes Augen nur nicht wären,
die Glut, die sich zu sättigen verlangt!

Ach, daß wir nicht wie scheue Tiere sind —

Ach, daß wir nicht wie scheue Tiere sind,
die sich der Stunde schmiegen und dem Wind,
die sich des Nachts dem Schlaf der Erde neigen,
tags schreiten durch die Wälder in ihr Schweigen,
voll Ganzheit wie die Sternennächte sind. —
Ach, daß wir nicht wie scheue Tiere sind,
die in sich selber gehn wie Kreise ein! —
Wir sind, weil wir uns in uns selbst entzwein.

Schlachtfeldlerche

Lerche, Lerche über dem Trichtertotenland! —
Keine Blume blüht — nur wir erstehn aus den Gräbern manchmal zur Nacht.
Lerche, Lerche, überschäumend zum Rand,
sag, o sag, was ist aus dem Totsein erwacht?! —

Hob einer von drüben die grabgrauen Hände zu uns her?
Schlug ein Herz und Menschenwunsch sehnend über die Öde?
„Helft, o helft, ihr Brüder, daß ich Fühlender nicht töte!"
Und das leere Land ward davon blühend=schwer? —

Lerche, Lerche, jauchze weiter, laß die Sonne fallen!
Oh, laß blühen unsre Sehnsucht sichtbar aus dem Land! —
Oh, ich seh schon, seh schon Hand an Hand an Hand
jubelnd aufwärts —, aufwärtsbrausen dir nach wie Gesang von Allen!

EDGAR HAHNEWALD

Du bist Orplid, mein Land...!

Du bist Orplid, mein Land! Das ferne leuchtet . . . Dieser rauschende Vers des Pfarrers von Cleversulzbach, Eduard Mörike, sang im Ostwind, als ich zum ersten Male vom Triebenberge in die weiten Lande sah.

Bis zu diesem Tage lag der Berg mir unbekannt unter der Decke wogender Felder, abseits von allen Straßen; ein kleiner brauner Doppelring auf dem Meßtischblatt. Auf der Karte stöberte ich ihn erst auf, nachdem ein Wanderer und Schwärmer mir von ihm erzählt; er hätte mir den Berg ans Herz gelegt, wenn das angegangen wäre.

Der Triebenberg ist kaum ein Berg. Er ist ein Hügel in der Landschaft, ein runder, weicher Busen, an dem der Sommer ruht und schläft.

Er ist nur 383 Meter hoch — immerhin: sein Nachbar, der Borsberg, erhebt sich nur 355 Meter über den Spiegel der Ostsee. Und im Dreieck Pirna — Wilsdruff — Radeberg ist der Triebenberg der höchste Gipfel.

Ich kam von der Keppmühle herauf zu ihm. Über Malschendorf und Schönfeld, durch Felder, die im Winde wogten, durch Wiesen, auf denen der Sommer ein reichbesterntes Fest feierte. Es war Sonntag. Auf den Wiesen dörrte und duftete das Heu. Und ringsum sangen die Morgenglocken in den Dörfern.

Man kann den Triebenberg bequemer erreichen, wenn man vom Borsberg aus über Zaschendorf der Straße nach Schullwitz folgt. Schöner war meine Wanderung über die Schönfelder Ebene, die weiche Wölbung des Triebenberges immer vor Augen. Keine Straße führt hinauf. Von irgendeinem der schmalen Feldraine läßt man sich zu seiner sanften Höhe führen. Grünes Gras raschelt unter den Füßen. Ähren streifen die Hand. Manchmal endet so ein Rain vorm Feld. Es macht nichts, man findet einen andern.

Und dann, kaum daß man eine Steigung spürte, steht man auf der Höhe, überrascht und gebannt von der Fernsicht, die der Hügel erschließt und die man auf der Hochfläche, über die man kam, nicht ahnte. Hat man Glück und hält ein scharfer Ostwind bei strahlendem Sonnenschein die Ferne von allem Dunst rein, so bleibt der Blick unvergeßlich.

Ringsum liegt das Land in gläserner Klarheit gebreitet. Über die Schön=
felder Ebene wogt und wallt ein Ährenmeer um die Dörfer, die als bunte

Inseln in den Feldern liegen. Noch über dem Hügel schlagen die grünen Felderwogen zusammen. Einmal wallen sie sanft gewellt, dann scheinen weißliche Rauchschwaden langsam über die Ähren hinzustreichen. Und dann wieder, vom Winde herrisch aufgewühlt, erinnern sie an die stürmischen Sturzwogen einer grünen See. Darüber hinaus dunkeln groß und still und unübersehbar die Dresdner Heide, der Carswald und die Massenei. Elbabwärts steigen die Höhen jenseits des Stromes aus dem Tale auf.

Im Osten und Süden aber spannt sich in weitem Bogen über den Wäldern und Feldern der Elbtallandschaft eine zauberhafte Sicht. Östlich schimmern die Gipfel der Lausitz über den dunklen Wäldern um Sebnitz. Südlich baut das Erzgebirge seine langhingestreckten Terrassen unter einem Baldachin weißgeballter Wolken auf. Dazwischen ragen vielgestaltig die Steinkegel der Sächsischen Schweiz. Blau, duftig, zum Greifen nahe und doch wieder aller Wirklichkeit entrückt, schimmern sie im Morgenlicht wie die blauen, gläsernen Berge des Märchens.

Man streckt sich ins Gras und sieht hinaus in das Bild, das ein Mosaik aus tausend bunten reizvollen Einzelheiten und doch ein Ganzes ist. Und man weiß: es gibt gewaltigere, hinreißendere, überwältigendere Landschaften als diese. Ja, aber dies ist unsere Heimat, mit der wir uns noch in der fernen Fremde verwachsen fühlen.

Hinter uns liegen Jahre, verlebt in der melancholischen Raumlosigkeit Rußlands, in der grünen Üppigkeit der Wein- und Weizenfülle Frankreichs, unter der Glutsonne Mazedoniens, im Anblick der rauschenden Nordsee, in der leidenschaftlichen Szenerie der Alpen, Jahre, durchbangt und durchlitten im Wirbel des Weltkrieges, Jahre, in denen wir es als ein Glück ersehnten, an einem stillen Sommermorgen auf heimatlichen Bergen im grünen Grase unter schwankenden Halmen zu liegen.

Und nun liegen wir da. Um uns rauscht das reifende Korn. Im Felde schlägt die Wachtel. Und da draußen, grün und blau, duftig und glasklar, liegen die sächsischen Lande. Sie sind unsere Heimat. Und in sie hinauszuschauen, war lange ein ersehntes Glück.

Vom Meere dampfet kein besonnter Strand den Nebel, so der Götter Wange feuchtet. Und doch rauscht vor diesem Bilde immer wieder Weylas Gesang auf: „Du bist Orplid, mein Land! Das ferne leuchtet. . . ."

Im Wachtelschlag klingt es, in den Birken und Halmen rauscht es, aus den Dörfern ringsum läutet es her, aus den weißen Wolken strömt es nieder, und der flatternde Wind trägt es immer von neuem über die weichen Ähren=wellen dieses kleinen, sanften, einsamen Hügels, der im Mittagslicht träumt: Du bist meine Heimat, du bist der Boden, auf dem mein Geschlecht durch die Jahrhunderte wuchs, auf dem es die Scholle grub, in Dörfern webte, in Städten strebte, auf dem es lebte und liebte und litt und lachte und starb. . . .

Du bist Orplid, mein Land . . .!

JULIUS KÜHN

Landhaus im Frühling

Fliederdolden, weiß und lila,
dufthauchend über dem Lattenzaun
der hellen Villa.
Ein Springbrunnen plätschert im Sonnenschein.
Die Blicke getraun
sich auf dem frischgeharkten Weg kaum in den Garten hinein.

Im Hochwald

Innig leuchten Sonnenflecke
auf brauner, moosiger Nadeldecke.
Des Lichtes Liebe zu den Dingen glüht
geläutert auf in meinem Gemüt.

In dieser Waldverlassenheit
wandelt mein Blut in reiner Gelassenheit
dem Saft der Bäume gleich, und das leise Raunen und Rauschen
der Wipfel verhallt in meinem einsamen Lauschen.

Septembergold

Die gilbende Birke am falben Hang
lehnt sich ins herbstende Land hinaus,
wiegt ihr Gezweig, tief hängend und lang,
im dunstigen Schleier des blasseren Blaus.

Durch ihre Blätter blitzt das Gefild
im nebelmüden Sonnenglanz,
ein Reifeduft — süß, schwer und mild —
umringt sie wie ein goldner Kranz.

Sehnende Seele! Neidest du dem Baum
das leichte, all=durchwehte Sein?
Wipfle dich auf in Licht und Raum,
dann wiegst du dich auch so schwebend, so rein!

232

KURT ARNOLD FINDEISEN

Die Kaffeebäumler

Der abendliche Stammtisch im „Kaffeebaum" zu Leipzig war heute besonders gut besucht. Friedrich Wieck war da, der vielbegehrte Klavierpädagog. Der Triumph seiner neuen Lehrmethode über die übliche Spielmanier, den er an seiner merkwürdig begabten Tochter Klara erlebte, stand auf seinem Gesicht zu lesen. Klara war eben von Dresden zurück, wo sie beim Musikdirektor Reißiger theoretische Studien getrieben hatte, dazu Gesangsübungen beim alten Miekfch. Scharf sprang Wiecks Profil aus dem Zwielicht der Nische, in der er thronte. Neben ihm saß der lustige Ferdinand Wenzel, der „schöne Bube" mit dem Tituskopf, der mit Robert Schumann sein Schüler gewesen war. Wie Schumann die Juristerei, so hatte er die Philologie um der heiligen Cäcilia willen an den Nagel gehängt. Er war schon beim dritten Glas, aber das neumodische bayrische Bier, das Poppe verschänkte, erwies sich als ein Göttertrank! Derselben Meinung war Knorr, der kleine Klavierlehrer, den sie Knif oder den Balkentreter von Sankt Georg nannten. Übermütig blitzten seine Schalksaugen hinter einer etwas verbogenen Brille, während seine Finger nervös an einem spärlichen Ziegenbart zupften. Er war bei Kasse, infolgedessen guter Laune; er hatte seine Sackuhr versetzt. Der Assessor Herrmann in der polnischen Jacke daneben dachte an den Fuchsturm und die Jenenser Bierdörfer und schlug auf den Tisch. Lyser, der Maler und Musikschriftsteller, rollte einen Fidibus aus dem Reichsanzeiger und fuhrwerkte mit seiner langen Pfeife unter der Eichenplatte herum, so daß die andern ihre Beine in Sicherheit bringen mußten. Was sie ihm in die Ohren schrien, hörte er nur halb; er war fast taub. So holte er sich in allem Bescheid mit seinen spöttischen Augen und lachte mit, wo es was zu lachen gab, ohne daß er manchmal wußte, worum es sich handelte.

Eben setzte der Doktor Reuter, dem seine Kranken viel freie Zeit ließen, zu einer Rede an, als die Tür krachte und durch den Tabaksqualm ein Gesicht heranschwamm, das sofort mit Hallo begrüßt wurde. Es war aber auch ein Antlitz wie aus einer Shakespeareschen Rüpelszene, ein Antlitz, auf dem, wie der lange Schunke einmal gesagt hatte, Ostern und Pfingsten einen Hopser tanzten.

„Hallo, der Türmer von Nikolai!" „Hallo, Striegel! Profit, profit!"
Ein volles Glas schäumte vor der Nase des Ankömmlings. Er packte es und goß es in einem Zuge hinter. Ein ehemaliger Trompeter im Gewandhaus=orchester, sapperlot, sollte der nicht eine ausgepichte Kehle haben?

Von nun an war der „Kaffeebaum" ein einziges Gelächter. Striegel hatte heute seinen richtigen Messe=Tag. Zuerst machte er sein weitberühmtes Gesicht, das links lachte und rechts weinte, dann zeigte er in hundert teuflischen Fältchenspielen den allmählichen Übergang vom Lachkrampf zum heulenden Elend. Dann sang er die neusten Gassenhauer, indem er dazu auf einem Stiefel=knecht Zither schlug. Schließlich mimte er der Reihe nach die Kapellmeister des Gewandhauses: auf einem Stuhle stehend ahmte er nach, wie sie dirigierten, der alte Schicht, der Christian Schulz und der Pohlenz. Und die Zuschauer krümmten sich vor Lachen, und selbst das strenge Gesicht Friedrich Wiecks er=hellte sich, und sein fast zu weit vorgeschobenes Kinn wirkte milder.

Als Robert Schumann seiner Gewohnheit gemäß die Tür ganz leise geöffnet und seine Augen an die Rauchschwaden gewöhnt hatte, sah er dem Aktuar Thorbeck, der sich ausschütten wollte vor Lustigkeit und sich auf die Schenkel schlug, gerade in den Mund. Dann entschleierten sich ihm die andern Köpfe. Auch er wurde wahrgenommen, lärmend begrüßt und in den Kreis gezogen. Schon hatte Poppe ein Glas vor ihn gestellt.

Das gellende Gespräch wendete sich jetzt einem Abenteuer zu, das erst ein paar Tage alt war und ebenfalls mit Striegel zusammenhing. Im Schein des Vollmondes waren in der vorigen Woche die Kaffeebäumler auf den Nikolaiturm gestiegen, um bei ihrem Freunde einmal zu außergewöhn=licher Stunde Visite zu machen. Gerührt waren sie empfangen worden. Dann hatten sie mit seiner Hilfe eine Bowle gebraut und den Mond angesungen. O wie waren sie selig gewesen! Schließlich hatten alle ihre Gläser, Königen von Thule gleich, in die Tiefe geschmettert, daß die Philister über dem Geklirr mit bebenden Zipfelmützen aus den Fenstern gefahren waren. Schade, daß es keinen auf die Nase getroffen hatte!

Schumann ließ ein spärliches Gespräch mit Reuter fallen und horchte auf. Er war nicht mit auf dem Turm gewesen. Ihn würgte stets unsägliches Schwindelgefühl, wenn er von Treppen und Brüstungen in Tiefen blickte; so mied er klüglich alles, was ihm solche Ängste bringen konnte! Nun durch=

234

rieselte ihn aber nachträglich die Romantik dieses Abenteuers mit der Magie
einer Jean Paulschen Szene. Er spürte, wie in ihm daraus Musik wurde.
Er stürzte sein Bier hinunter, warf Geld auf den Tisch und wollte sich ebenso
heimlich, wie er gekommen, zur Tür wieder hinausschieben, als ein neuer
seltsamer Gast auf der Bildfläche erschien.

Eine giraffenlange Gestalt in einem zerschlissenen, großblumigen Schlaf=
rock. Schlotternde Arme, die eine holländische Tonpfeife schwangen. Ein bartlos
zerklüftetes Antlitz, das mit dem Antlitz Wiecks eine entfernte Ähnlichkeit hatte.
Nase und Kinn schienen einander zuzustreben. Dazu Wangen, eingebuchtet,
eingebrochen wie Höhlen; denn der Eigentümer hatte keinen Backzahn mehr
im Munde, obwohl er noch nicht weit in die Fünfzig war. Er schien ver=
heert und verwüstet im Mittag des Lebens.

Alle kannten ihn und johlten ihm nach Gebühr entgegen. War es doch
Ludwig Böhner, der sogenannte „alte Kapellmeister", der jetzt hier in Leipzig
seine Leidenschaften und Süchte durch die Gassen schleppte, nachdem er sie
jahrzehntelang auf einer wahren Musikantenodyssee durch halb Deutschland
gejagt hatte. Auf den abenteuerlichsten Fahrten hatte er die Kantoren und
Organisten, die kleinen Höfe und musikliebenden Adligen, insonderheit die
Baronessen und Komtessen, die Konzertvereine und Orchesterkollegen in
Städten und Marktflecken mit schießenden Funken seiner dämonischen Musikfülle
erschreckt und Hunderte von halb genialischen, halb bettelhaften Tonstücken auf den
Markt geworfen, Kantaten, Motetten, Serenaden, Fantasien für Klarinetten,
Hörner, Fagotte, Oboen und eine ganze kunterbunte, unaufführbare Oper.
— „Freude, schöner Götterfunken —", schon mit z e h n Jahren hatte er den
Hymnus in Töttelstädt, wo er geboren war, für vollständiges Orchester mit
Chören und Arien komponiert. In Jena war er der Lehrer jener Minna Herz=
lieb gewesen, die der alternde Goethe anbetete. Die Donau schwamm er
auf einem Floß hinab, bis die Grenzer ihn ans Land holten. Seine Jüng=
lingsouvertüre im heroischen Stil mit drei Posaunen ad libitum wurde im
Leipziger Gewandhaus gespielt. Vier Walzer mit türkischer Musik begeisterten
die Rezensenten aller Journale. Rauschenden Beifall, Frauenliebe und Män=
nerfreundschaft nahm er als selbstverständlichen Zoll, wo er hinkam. Er war
der Löwe der Salons, der Held der Fuhrmannskneipen, der Ritter der krummen
Gassen. Neben Beethoven, Schubert ward sein Name genannt. Da befiel ihn

235

die Kopfgicht und machte ihn ordinär und hundsgemein. Nun nannte ihn der wilde Romanschriftsteller, Komponist und Karikaturenzeichner Ernst Theodor Amadeus Hoffmann, der in Bamberg das Unterste zu oberst kehrte, seinen „lieben Sohn", brachte ihm seine eigenen Kapriolen und schiefmäuligen Launen bei, taufte ihn um zum übergeschnappten Kapellmeister Johannes Kreisler und machte ein ganzes spukhaft romantisches Buch aus ihm. Zurzeit gespensterte er in Firlenz (so nannten die Kaffeebäumler die alte Lindenstadt).

„Ein Bayrisches, ein Bayrisches, ein Königreich für ein Bayrisches!" schrie er in den Tumult, „man tränke mich!"

Als Poppe mit Bier erschien, intonierte er seine eigne Kantate: „Herr, hebe an zu segnen —", goß das Glas hinunter und betrachtete es erstaunt und geringschätzig, als es im Hui leer war.

Darauf steuerte er nach dem Ehrenplatz an der oberen Schmalseite des Tisches: „Man rücke beiseite! Man respektiere mich. Mein erster Violinlehrer hieß Dünkel! Ich habe mit zehn Jahren einen Hymnus für volles Orchester —"

„Wissen wir, wissen wir!"

„Mein Orgelmeister war der Kantor Berls, der zweitausend Variationen über ‚Freut euch des Lebens' geschrieben hat. Zweitausend, ihr Hundsfötter!" Sie gröhlten und schafften Raum; sie zogen vor allem Wieck beiseite, der Miene machte, seinen Ehrenplatz zu behaupten.

„Rücken Sie ab, Herr!" kam Böhners brüchige Stimme aus der Giraffenhöhe, „Sie haben nur eine talentvolle Tochter dressiert, ich aber hab' eine dänische Prinzessin geküßt!"

Wieck machte gute Miene zum bösen Spiel, während sich der Ur-Kreisler niederließ. Er saß nun mit einem Katzenbuckel, die holländische Pfeife quer, indes die Knie über den Rand der eichenen Platte ragten. „Wer zahlt noch eins?"

„Ich," rief Knorr über den Tisch, nun seines zufälligen Mammons erst recht froh. Solche Späße lockten seine kleinen, listigen Augen förmlich hinter der Brille vor.

„Sie haben Gemüt, Herr!" nickte Böhner gerührt, „Sie sind besser als der Primgeiger Spinetti, der mir mit dem Violinbogen die Augen ausstechen will wegen einer Kammerzofe. Jede Nacht kommt er an mein Bett mit Furien. Drum legt man sich am besten überhaupt nicht mehr aufs Stroh! Ha, wissen Sie, was Furien sind?" schnellte er gegen den tauben Lyser nach der Seite.

Der neigte seine Pfeife, tippte ihm mit dem nassen Mundstück an die Stirn und lachte mordsmäßig. Obwohl er kaum ein Wort verstand, liebkosten schon die Grimassen des andern seine lauernden Maleraugen. "Sie hätt' ich kennen sollen, als ich meinen Roman ,Benjamin' schrieb, Maëstro!"

"Benjamin, Benjamin!" seufzte Böhner, "wo ist der Knabe Benjamin? Ich hab'ihn in den Ofen gesteckt mit Vater und Mutter und sämtlichen Brüdern, als mir der Buchhändler Voigt in Weimar nicht zwanzig Taler dafür geben wollte, nicht zwanzig Taler für ein ganzes Oratorium, meine Herren!" Er saß, in ehernen Schmerz gehüllt.

"Das nächste Glas zahle ich!" tröstete Schumann.

Der Bekümmerte fuhr auf: "Das nenn' ich Bruderschaft in Apoll; ja, Sie sind ein talentvoller Jüngling. In Ihren ,Papillons'[1]) sind Spuren temporären Wahnsinns, jawohl, gut, gut! Aber komponieren Sie erst mal wie ich eine Oper, he!"

"Wie heißt Ihre Oper, Kapellmeister?" fragte Wenzel und tat wiß=begierig.

Der Gefragte donnerte ihn an: "Ha, Sie Mameluck, Sie kennen meine Oper nicht? Sie haben noch nichts von meiner Oper gehört: Der Dreiherren=stein oder die verschleierte Geliebte oder die Mädchen im einsamen Mühltal? Ha!" Er schüttete vor Entrüstung hinter seinem eigenen Wenzels halbvolles Glas mit hinunter.

"Ist sie schon aufgeführt worden, Ihre Oper?" wagte sich der Aktuar Thorbeck hinter Striegels Rücken vor.

Böhner blitzte mit den Augen und klappte das Kinn ein paarmal gegen die Nase hoch: "Malhonettes Gesindel, erbärmliche Schmieren! Karolos Braut Luise kann nur die Catalani[2]) singen! — Den nächsten Pokal auf Ihr Wohl, Herr, nicht wahr? S i e haben die Ehre und zahlen," schrie er in dem=selben Atemzug nach dem entgegengesetzten Ende des Tisches hinüber.

---

[1]) „Schmetterlinge", ein frühes Klavierwerk Schumanns.
[2]) Große Sängerin der Zeit.

Der gutmütige Doktor Reuter nickte.

„Auf Ihre Gesundheit!“ Der Kapellmeister hob das Glas wie ein Fürst und trank ihm herablassend zu.

„Trinken Sie lieber auf die Krankheit seiner Patienten,“ scherzte der Assessor.

„Was fällt Ihnen ein, mir vorschreiben zu wollen, worauf ich trinken soll, Herr! Wissen Sie, was ich mal in Oldenburg gemacht hab’, als mir die Zuhörer zu sehr spektakelten vor meinem Konzert? Hingetreten und gerufen: Gehen Sie nach Hause alle miteinander; vor so ’nem albernen Publikum spielt der Louis Böhner nicht, jawohl, das hab’ ich! — Aber Ihnen, die Sie hier beisammensitzen, will ich mal ein Konzert geben, weil ich heut gerade bei Laune bin. Sie scheinen mir nicht ganz unwürdig. Man bringe mir ein Stück Kreide!“

Poppe eilte. Böhner nahm die Kreide und bemalte die Schmalseite des Tisches mit einer doppelten Tastatur von vier Oktaven, zwei Manualen. Er versuchte auch, um des Pedals willen, unter den Tisch zu kriechen. Es gelang nicht infolge seiner langen Beine. So ließ er die Klaviatur im Baß auf sich beruhen.

Die Gesellschaft war seinen Anstalten mit Spannung gefolgt. Nun konnte sie ihre Neugierde nicht mehr zügeln: Was er spielen wolle.

„Ich werde Ihnen“, sagte Böhner mit Würde, „ein Orgelkonzert geben, dasselbe, das ich in der Schloßkirche zu Koburg vor zwanzig Jahren trotz der Unvernunft des Pöbels glorreich zu Ende führte. Meine große Fantasie, bestehend aus verschiedenen Themen und deren Zusammenstellung. Geben Sie wohl acht; ich werde übrigens Ihrem Verständnis durch kurze Erläuterungen entgegenkommen. Erst noch einen Becher! — Noch einen!“

Nachdem er die Gläser in die Ecke geworfen, begann’s mit einigen vollgriffigen Akkorden, die er mit Händen und Füßen in Tischplatte und Diele drückte, dann trillerte er mit knochigen Musikantenfingern und schüttelte das strähnige Langhaar: „Töne verschiedener Vögel, wie Sie hören!“ Dann gab er sich samt dem ganzen Körper in ein schmachtendes Legato hin: „Hirtenmelodien!“ Plötzlich riß er unsichtbare Register heraus und fuhr hoch, als höbe ihn das volle Werk: „Blitz! — Donner! — Sturm! Blitz!“ — Und so ging’s weiter. Mit geschlossenen, fanatisch eingedrückten Augen beschwor er alle Tonarten, Register, Rhythmen, Zustände von den halsbrecherischsten Stakkatis bis zum süßesten Dolce und umgekehrt, Prinzipalstimmen, Gedackt und Flöten. Ein ganzer Engel- und Teufelsabbat begab sich, wenn auch nicht vor den Ohren, so doch vor den Augen der Staunenden, von dem Geknöchel der Hände, Stampfen der Beine, von Ächzen, Schnaufen und leidenschaftlich hervorgestoßenen und gezischten Stichwörtern vorangetrieben: „Lustige Postgesellschaft mit Kuckucks= und Wachtelschlag. — Heiterer Himmel. — Lied der Hottentotten und Chinesen: Mei! O! Ma! Huh! Huh! Huh! — Veränderungen über dieses Thema und den Rhythmus davon. — Donner! — Der Feind der Deutschen tritt auf. — Furien umgeben ihn. — Die Retter Deutschlands nähern sich. — Schlacht= getümmel. — Der Genius der Deutschen sprengt seine Fesseln. — Die Eume= niden belasten Napoleon damit. — Er wütet in diesen Fesseln. — Sieg und Frei= heit! — Gebet vor dem Allmächtigen. — Fugierte Choralmelodie: Ein' feste Burg ist unser Gott!"

Als er mit vollem Werk geendet, sank er keuchend vornüber auf die ver= wischten Manuale. Schweiß stand in großen Perlen auf seiner geröteten Stirn, dran sich links und rechts die Adern blähten. Arme und Beine zitterten.

Nachdem man ihm mit vollen Gläsern beigesprungen war, erholte er sich schnell, klappte mit dem Kiefer und sah siegreich um sich.

Er konnte freilich auf allen Gesichtern ungeheuren Eindruck lesen. Der tolle Wahn hatte alle mehr oder weniger in seinen Bann gerissen. Nur Wieck saß und rieb stirnrunzelnd seine Schienbeine, an die der Baß zu wiederholten Malen stark angeschlagen hatte. „Verfluchter Humbug!" brummte er mit ärger= lichen Seitenblicken und benutzte die erste beste Gelegenheit, sich zu empfehlen.

Auch Schumann schob sich nach einer Weile kopfschüttelnd zur Tür hinaus. Kreisler! Kreisler! mußte er denken. Denn er liebte den wilden Poeten E. T. A. Hoffmann fast wie Jean Paul: Wahnsinniger Kapellmeister! Welche Rhythmen! Welche Töne!

Inzwischen sprang im „Kaffeebaum" mit Mei! O! Ma! Huh! Huh! Huh! die Tollheit wieder auf die Füße.

Wie Poppe den nächsten Tag berichtete, hatte Böhner noch mit Stuhl= beinen gegen den Assessor gefochten und über dem Schädel des kleinen Thor= beck die Pfeife ausgeklopft. Zuletzt hatte er auf Striegels Kreid= und Kerb= holz mit dem so lange um die Wette gesoffen, bis sie beide als letzte Gäste unter den Tisch gewuchtet waren. —

Versunken strich Schumann an stummen Firlenzer Mondwänden hin, hinter ihm sein Schatten wie ein zweites Ich.

Zu Hause angekommen, fuhr er sogleich in die Tasten. Zu alter Erregung stieß das eben Erlebte mit jäh schmerzlichem Wechsel zwischen Leid und Lust. Eine Maske, halb ein Harlekin, halb der tolle Kapellmeister im Schlafrock, sprang aus seinem Herzen mit grellen Sprüngen und einem Gelächter, in dem es wie von zerklirrtem Glase schepperte, mit einem Gelächter, durch das eine Disharmonie wie ein Riß durch eine Hirnschale ging. — — — —

Aus dem Roman der musikalischen Romantik in Deutschland „Davidsbündler" (1. Band: „Herzen und Masken", 2. Band: „Der Weg in den Aschermittwoch").

KURT ARNOLD FINDEISEN

Johann Sebastian Bach

Johann Sebastian Bach, geheimnisvolles Meer,
darin der Raum unendlich hinsank, die Gezeiten
verfluteten, ich seh durch deine Atemzüge gleiten
die irisblaue Himmelfahrt der ewigen Wiederkehr,

Johann Sebastian Bach, du unerforschtes Meer,
darin im Gegenstrom triefender Dunkelheiten
Korallen sich vergittern und ein Volk von fluchtbereiten
Glanzflossen umeinandergewühlt, uralten Tiefsinns schwer;

wie unterschäumst du breit im rauschend Vollberauschten
den heiligen Wechseltausch der wunsch= und dranggebauschten
Galeassen, der ins Kinderherz der Menschheit zielt,

indes in deinen unergründlichen Kristallgemächern
Algen und Tang um die versunkne Münsterkirche fächern,
drin eine deutsche Orgel spielt.

Zeichnung von Alfred Hofmann=Stollberg aus K. A. Findeisens „Mutterland".

KURT ARNOLD FINDEISEN

Im Maſchinenviertel

Schornſtein an Schornſtein. Und ſtumpf über Hallen und Höfen
der träge zerfaſernde Atem der Keſſel und Öfen,
klanglos gedehnt.
    Aber unter ihm wüten die heißen
hungrigen Bohrer ins Eiſen.
Dampfhämmer zürnen.
Laufkräne ſtottern. Beſſemer Birnen
ſchäumen entfeſſelt, daß fauchende Funken kreiſen.
Straßenlang toben daneben die tollen
Treibriemen, Schwungräder, Spindeln und Rollen.
Bahnhöfe dröhnen mit zehnfachen Gleiſen.
Straßenlang zetert dann wieder gefoltertes Eiſen. —

Friedlos verſtrickt, e i n raſendes Stimmengewirr;
aber gebändigt. Und nicht eine Stimme ſchreit irr:
Alle Stimmen lobpreiſen — — —

KURT ARNOLD FINDEISEN

Der unbekannte Meister des Naumburger Doms

Als wenn abgründige Nacht ein namenloser
Blitzstrahl entzweireißt, daß sich die Sekunde
in weißem Urlicht badet, glanzbewältigt,
so ist's genau, wenn ein Jahrtausendgroßer
aus Finsternissen auftaucht, eine Runde
bei Menschen macht und sich verhundertfältigt
in seinem Werk, um wieder hinzuschreiten
in seines Ausgangs heilige Dunkelheiten.

Also geschah's mit jenem unerhörten
Scharwerker Gottes, der aus Fels und Wandung
den deutschen Inbegriff herausschlug, Kathedrale
darüberwölbte, licht und unbeschwerte,
und wieder stumm sich hinwarf in die Brandung
der Menschheit, nichts als nur die kolossale
Bezeugung seines Dagewesenseins
vermachend in der Inbrunst toten Steins.

Aus dem Verszyklus „Dom zu Naumburg".

Lied auf allen Straßen

Als Gott mich dachte, war er ein Wandrer;
Echo seines Schrittes rauscht mein Blut.
Heute ein Neuer und morgen ein Andrer
und immer Gefährte von Wind und Flut!

Sinn ohne Wesen, wenn ich nicht brause;
Abschied heißt die Hand, die nach mir faßt.
In meiner Unrast bin ich zuhause:
Nimmer der Wirt und immer der Gast!

KURT ARNOLD FINDEISEN

Der Goldkeller

Karfreitag furcht die Stirn und fordert viel,
von mancher Mutter ihren lieben Sohn.
Karfreitag spaltet Gruft und langes Grab
und glüht aus tiefem Auge funkelrot —

— — — — — — — — — — — — — —

Sie läßt ihr Kind auf Anemonen gehn
und ersten Becher Frühling trinken.
Da sieht den Berg sie aufgeschlitzt und offen stehn
und goldenes Gedärm der Erde blinken.
Schon stürzt sie schreiend ins gespreizte Tor!
Sie rafft und wühlt aus Kübeln und aus Mulden
Dukaten, Friedrichsdoppler, Meißner Gulden,
Zechinen, Florentiner, Louisdor,
indes ihr Kind auf einem Marmortisch
mit Äpfeln spielt, rotbäckig, blitzeblank und frisch.

Genug, genug! Es bersten alle Nähte;
die blaue Schürze ist gebläht zum Platzen.
Und wie sie sich ins Freie rudert, säte
sie Gold in hellen Batzen.

Und wie sie draußen steht im blauen Wind,
der schwärmerisch durch rote Ruten strolcht,
fährt hinter ihr die Kluft zusammen.
Und durchdolcht
von sieben Messern wankt, die sich besinnt:
„Kind!" — Kind!
hohnlacht der Fels, indes der Mammon an ihr niederrinnt.

Sie schweift den Hang hinunter siebzigmal,
sie bricht in jeden Busch, sie kratzt an jedem Schorf.
Und mit ihr sucht das ganze Dorf.
Vergebens. Kinderlos steigt sie zu Tal.

Und Sommer, Herbst und Winter ziehn, und Frühling mündet
von neuem in den Wald. Und wieder wird die Passion verkündet.
Da geht sie wieder vielgeübten Gang
und mißt mit vorwurfsvollen Augen Fels und Hang
und — schreit; denn wo noch eben feuchte Wandung dunkelt,
reißt sich der Berg entzwei. Und es karfunkelt
Juwel und goldner Überschwang.

Sie aber hat nur einen Blick gewußt.
Sie sieht ihr Kind noch auf den Stein gebettet,
wie's Apfel sich am Schürzchen glättet,
und reißt es über sich und melodeit vor Lust.

Und wie sie draußen steht im blauen Wind,
der schwärmerisch durch rote Ruten fächelt,
fühlt sie, wie die Erde goldig lächelt
und goldner Keller tief in ihrer Brust beginnt.
„Kind!" — Kind!
frohlockt das All. Indes ihr nun vom Auge rinnt
Demant, Kristall — — —

WOLFGANG GOETZ

Szene aus dem Schauspiel
„Neidhardt von Gneisenau"[1])

Rathaus von Leipzig. Unendliches Gedränge. Gneisenau ruhig im Vordergrund.

Der junge Scharnhorst (zu mehreren Herren): Die Deputation des Bürgerausschusses? Zum König? Meine Herren, es tut mir leid, ich bin nicht zuständig. Herr Oberst Müffling, ich bitte einen Augenblick.

Müffling: Was ist?

Scharnhorst: Die Herren von der Deputation des Leipziger Bürgerausschusses bitten um Gehör bei den hohen verbündeten Monarchen.

Müffling: Einen Augenblick, meine Herren, bitte mir zu folgen. (Ins Gedränge mit den übrigen.)

Gneisenau: Scharnhorst!

Scharnhorst: Herr Generalmajor?

Gneisenau: Sind Sie auch so vergnügt wie ich?

Scharnhorst: Noch viel glücklicher, Herr Generalmajor, denn ich darf heute einem Helden in die Augen schauen, was Ihnen denn doch schwer fallen dürfte, es sei denn, in ganz Leipzig wäre noch ein heiler Spiegel aufzutreiben.

Blücher (vorbei).

---

[1]) Neidhardt von Gneisenau, geb. 1760 zu Schildau in der Provinz Sachsen als Sohn eines sächsischen Artillerieleutnants aus österreichischem Adelsgeschlecht, bedeutender Feldherr, geistiger Schöpfer von Blüchers Siegen, gest. 1831 in Posen an der Cholera.

Gneisenau (reißt den Säbel aus der Scheide): Es lebe der Feld=marschall Blücher! (Getose des wiederholten Rufes.)

Blücher: Kinnings, Kinnings! Büst woll ganz verrückt worden, Gneisenau? Mit die Ordens weiß ich nich mehr wohin. Un bin nu behangen as 'n olles Kutschpierd. Aewarst Feldmarschall bin ick doch nich.

Gneisenau: Nun, so ernenne ich Sie dazu.

Blücher: Jakobiner, verfluchtiger Tugendbündler. (Weiter.)

Gneisenau: Das ist der Held, Kindchen, den sieh dir an.

Scharnhorst: Das versteh' ich nicht, wenn ich mir auch kein Urteil anmaßen darf.

Gneisenau: Dem schlägt das Blut im gleichen Takte wie seines Volkes, seiner Tage Rhythmus pulst. Den schau dir an! St! Fahr mich nicht an. Ich weiß, was du sagen willst. Hier hast du meine Antwort (bitter): Auf die Gedanken kommt's nicht an.

Knesebeck, Generaladjutant des preußischen Königs: Die Herren vom Bürgerausschuß, ja gewiß, bester Müffling, sehr erfreut, sehr erfreut. Die allerhöchsten Herrschaften sind noch nicht zur Stelle. Ich werde dann mein Möglichstes tun. Sie wollen zunächst zum König von Preußen, denke ich. Ach, mein teuerster Herr von Gneisenau! Nun, was sagen Sie! Ein herr=licher Sieg. Das haben w i r gut gemacht, und da können w i r uns schon ein Pülleken leisten.

Gneisenau: Gute Gesundheit!

(Geschrei: Hoch Kaiser Alexander!)

Kaiser Alexander von Rußland (stürmisch auf Gneisenau): An main Herz, jewaltijer Held!

Gneisenau: Ew. Majestät —

Alexander: Der größte Augenblick maines Lebens, Sie an mainer Brust zu halten in dieser Stunde und an diesem Tage. Wie, mein verehrter Herr von dem Knesebeck?

Knesebeck: Ich beneide Ew. Majestät aus freudetrunkenem Herzen.

(Geschrei: Hoch Kaiser Franz!)

Alexander: Main käiserlicher Bruder! An main Herz! Ich genieße die höchste Wonne maines Dasains, dies waise Haupt an mainem atmen zu fühlen, in dieser mächtijen Stunde. (Wechselkuß.)

245

Kaiser Franz von Österreich: Bitte einen Augenblick exkusieren zu wollen. Lieber Herr von Gneisenau, Sie haben mir und meinem geliebten Volke in diesen Tagen wertvolle Dienste geleistet. Ich möchte nicht verfehlen, Ihnen meine volle Anerkennung auszusprechen.

Alexander (Blücher erblickend): Gott, Blücher! Nestor und Achill in einer Person!

Franz: Mein lieber Graf von Blücher!

Gneisenau: Es kommt immer mehr Wasser zur Schlagsahne, und das ist ihr nicht zuträglich, wie ich spüre, mein guter Scharnhorst. Ich bin ein Esel, aber sagen Sie's niemand weiter. Es gibt noch einige Unschuldige, die es nicht wissen. (Geschrei: Hoch Friedrich Wilhelm der Hochherzige!)

König Friedrich Wilhelm von Preußen (verweilt bei der Gruppe der Monarchen um Blücher).

Knesebeck (leise zum König): Die Herren von der Deputation des Leipziger Bürgerausschusses bitten Ew. Majestät, ihre Huldigungen darbringen zu dürfen.

König: Sehen doch, anderweits beschäftigt sein, Knesebeck.

Gneisenau: Scharnhorst.

Scharnhorst: Herr Generalmajor?

Gneisenau: Scharnhorst, bleiben Sie doch bitte neben mir.

Scharnhorst: Sie sind ja blaß.

Gneisenau: Er kommt wieder hoch, der ganze Dreck meiner Seele. Ich bin doch schließlich Preuße, Jungchen. Der König sieht mich heute zum zweiten Male nicht. Solange sich die Erde dreht, ward noch kein Siegesbote unbelohnt entlassen. Nur meinem war's für heute aufgespart.

König (wendet sich).

Knesebeck: Ein überaus peinlicher Vorfall. Der General Blücher wurde mit dem Zuruf: Hoch der Feldmarschall Blücher, begrüßt.

König: Ja toll. Doch meine Sache. Bin ja jetzt geradezu gezwungen. Volkes Stimme. Wie? Wer denn?

Knesebeck: Ich weiß nicht.

König: Toll, toll. Rebellion. Na ja. Sprechen bereits von Freiheitskriegen. Sehr lieben, das Wort. Können mir glauben. — Na mal sehen. Nu bitte Bürgerausschuß.

Knesebeck: Bitte, meine Herren!

König (kurz auf Gneisenau zu): Schlesische Armee sich gut, wirklich sehr tapfer geschlagen haben. Wollen veranlassen meinen Dank.

Gneisenau: Zu Befehl, Majestät.

König: Haben übrigens, werden sich erinnern, bei letzter Unterredung Wunsch nach unbedingtem Gehorsam ausgesprochen. Wunsch, königlichen Wunsch.

Gneisenau: Ich bitte alleruntertänigst bemerken zu dürfen, daß ich —

König: Ach, bitte, sehr wohl verstehen. Das von gestern — Sonntags= ruhe. Kanonendonner, seltsame Sonntagsruhe. Sehr wohl verstehen. (Zu der Deputation.) (Die Monarchen verlieren sich. Das Gedränge nimmt ab.)

Gneisenau: Das ist kein Held, mein Junge, dem nach solchem Wort die Klinge noch unzersplittert in der Scheide ruht.

Scharnhorst: Preuße sind Sie!

Gneisenau: Nicht mehr! Was soll ich denn mit Preußen, das mich haßt, vom Grund bis zur Spitze. Ich führ's ja ins Verderben, sagen sie. Als dein Vater noch lebte, war ich sogar ein Deutscher. Und früher Mensch, als ich noch alle liebte. Jetzt bin ich nur noch Ich. Da wir auszogen, wollte ich ganz mir leben. Kind, jetzt darf ich's tun. Es sieht bitterer aus, als sich's mein Traum gespiegelt hatte.

Staatskanzler von Hardenberg: Wo ist der König? Gneisenau, mein teuerster Freund, wie ich mich freue, Sie auch hier zu sehen.

Gneisenau: Eine kurze Anfrage, Herr Staatskanzler.

Hardenberg: Nun, wenn es sein muß. Ihnen tat ich noch jeden Gefallen.

Gneisenau: Die Zeit ist nun erfüllt. Was noch zu geschehen hat, ist Kinderspiel für den unbegabtesten Militär. Und das Ende besorgen die Diplomaten. Ich habe mein Nötigstes beigetragen —

Hardenberg: Mehr, sehr viel mehr, mein Bester.

Gneisenau: — wie es sich gebührt. Gelernt habe ich nichts als Krieg. Leider Gottes. Aber es hat sich ja nun wenigstens etwas bewährt, indem Europa befreit ist. Ein wenig auch durch meine Hilfe. Allein meines Königs Gunst, seien wir ehrlich, habe ich nicht zu meinen Schlachten gewonnen. So stehe ich da, und um nicht das Brot des Kummers zu essen, bitte ich um Ihre Verwendung, daß man mir das Amt des Generalpostmeisters überträgt.

Hardenberg: Sie sind ja verrückt, total verrückt, Sie sind ja — wer sind Sie denn? Ich fürchte mich ja vor Ihnen. (Mit umschlagender Heiterkeit.) Ich bin ordentlich froh, daß ich keine Zeit mehr habe. Und mit dem General=postmeister, alles Unsinn! (Ab.) (Im Hintergrund Soldaten mit französischen Fahnen.)

Scharnhorst: Ich würde mich a u c h vor Ihnen fürchten, wenn ich Sie nicht so liebte. Der Wachtmeister mit den Fahnen hierher! Hierher die Fahnen! (Der Zug schwenkt herum.)

Scharnhorst: Stillgestanden! Achtung, präsentiert das Gewehr! (Die Fahnen senken sich vor Gneisenau.)

Knesebeck: Was soll denn der Unfug?! Das Gewehr über. Links um marsch! — Sind Sie des Teufels, Herr von Scharnhorst? Sie scheinen zu wissen, daß so ein Siegestag viel Amnestien in sich trägt. Ich werde noch einmal schweigen. (Ab.)

Scharnhorst: Gesenkt haben sie sich doch, trotz Tod und Teufel, nur vor Napoleon und Gneisenau!

Gneisenau umarmt und küßt ihn, eilig ab.

GOTTFRIED FISCHER-GRAVELIUS

Sieh, nun über allen Höhen

Sieh, nun über allen Höhen
stark und herrlich überstürmt,
angepackt von Regenböen
und von Himmeln schwer umtürmt,
weiß ich doch mich so geborgen,
ruh ich doch nun selig aus,
steigt mir stark und stolz das Morgen,
weiß ich wurzelnd mich zu Haus.

Sieh, nun geht der Traum der Wälder
rings an allen Himmeln auf.
Doch nur lauter gellt geschwellter
Wässer Brausen zu mir auf.
Und ich weiß es nun im Schreiten
über Tal und Wald und Fluß,
daß zu neuen Herrlichkeiten
meine Seele weiter muß.

Das Tal

Nun wird die Stunde klar wie alter Wein.
Das Tal liegt weit wie eine Weiheschale
und schließt zum heiligen leisen Liebesmahle
den blassen Glanz des Abends in sich ein.

Des Himmels goldene Gipfel steigen steil.
Und blaß und lautlos nun mit einem Male
schwebt sanfte Silbersichel überm Tale,
und Wälder beten auf zu ihrem Heil.

248

ALFRED LIPPOLD

Wassermanns Töchter

Sie tanzen im Erbgericht, Bauer und Knecht,
und schwenken die kreischenden Dorfdirnen recht.
Die Geige fumfiedelt; der Kontrabaß murrt;
Trompetenmund wettert; die Flöte gurrt.
Es hopst auch der Schulze im schlohweißen Haar;
denn Kirmestanz ist ja nur einmal im Jahr.
    Fiedelfumm, fiedelfummfumm!

Sie stampfen und jauchzen; die Uhr geht auf zehn;
da bleiben die Paare mit einem Mal stehn:
Halbwegs im Schleifer hält des Schulzen Schuh;
es lauschen alle Burschen und ihre Dirnen dazu.
Der erste Geiger stockt mitten im hohen G,
und dem Flötenmann wird es so schauerlich weh.
Und — kommt's vom Fenster oder draußen vom Gang —
durch den Saal fliegt ein trauriger, süßer Gesang:

„Wollt nicht nach uns langen und haschen; denn keiner kann's!
Wir sind die drei Töchter des toten Wassermanns.
Er hat euer zwei nächtlich im Waldsee ertränkt,
die uns beim letzten Tanz mit rohem Wort gekränkt.
Ihr habt ihm dafür seinen Damm durchstochen;
das hat unserm Vater das Herz zerbrochen.
Wir dürfen darum nicht tanzen im Erbgericht mehr. . . .
Lieben Leute, wollt vernehmen unser Begehr;
lieben Leute, wir bitten euch recht sehr:
Lasset beim Tanzen ein Fenster offen stehn;
lasset uns in euren glänzenden Lichtersaal sehn!
Unsere Mutter war keines Wassermanns Tochter wie wir;
unsere liebe Mutter war ein Menschenkind wie ihr,
unsere liebe gute Mutter jauchzte bei jedem Geigenbogenschwung;
ihre Füße flogen im Takt; sie war ja so jung!
Unsere Mutter legten sie früh in ein nasses, schwarzes Grab,
weil sie sich dem alten, grauen Wassermann hingab. —
Lieben Leute, wir bitten euch recht schön:
lasset immer beim Tanze ein Fenster offen stehn,
nur so lange, bis die weißen Rosen in unserm Schilfrohrgürtel vergehn."

Und Stille gefror im Saal. Und dann ein Gelauf;
da rissen die Mägde und Bursche alle drei Fenster auf.
Der erste Geiger das hohe G so süße strich,
und alle Paare tanzten feierlich, bis drauß' die Nacht erblich.
Sie drängten aus der Türe, heiß vom Tanz;
da lag vor jedem Fenster ein Perlenkranz!

Sie standen und stierten lange, demantenen Reif unterm Schuh,
und es trat der ärmsten Häuslerin jüngstes Kind hinzu:
„Den ersten reichen wir unserer Mutter Marie;
Perlen sind Tränen; keine litt mehr als sie!
Den zweiten schenken wir dem lieben Jesulein;
er wird ihm leichter als die Dornenkrone sein.
Den dritten . . ." Da stockt die Dirn'. Einem Burschen kommt Glut und Glanz:
„Der dritte ist dein! Unschuld verdient den holdesten Kranz!"

Da standen sie alle lohenden Angesichts
und rückten an ihren Mützen und sagten nichts.
Da lag auf braunem Scheitel Glorie siebenfarbigen Lichts.

MARTIN OTTO JOHANNES

Elbfahrt

Da stand ich auf einmal an meinem Strome. . . .

Es dämmerte. Ein großer Lastkahn ließ eben den Anker niederrasseln, weil er die Nacht über still liegen mußte. Der Schiffer kam mit dem Boote herüber, frisches Wasser zu holen. Ich fragte ihn nach seinem Reiseziel. Er nannte die große Handelsstadt am Unterlauf des Stromes, der dort dem Meere seine Hände reicht. Rasch entschlossen kam ich mit dem Manne überein, daß er mich mitzunehmen einwilligte, und stieg zu ihm ins Boot. —

Das Schiff glitt schon wieder bedächtig im Morgenduft hin, als ich auf meinem Notlager von Tauwerk und Segeltuch erwachte. Die steilen Wände des Felsgebirges wuchsen aus den Schleiern der Frühe hervor. Die Sonne brach durch. Ich saß fröstelnd in ihrem noch kraftlosen Scheine und ließ die Stätten früher Seligkeit langsam, doch unaufhaltsam an mir vorüberziehen. Ich spürte nichts von dem Dahinkriechen des Fahrzeugs, aber Windung nach Windung des Tales tat sich unbarmherzig auf.

Nun sahen schon jene jähen Mauern über die schwarzgrünen Vorhügel, von denen wir mit dem Freiheitstaumel des Adlers in die Tiefe gejubelt hatten. Jetzt schroffte sich der hohe Stein empor und dahinter die Festung. O mein Gott, wie schlug mir das Herz im Halse hoch! Da war ja bereits das Sägewerk mit dem Rauschen der Gatter und dem Honigdufte des frischen Holzes, da war das Fischergäßchen und die Werft und die Ankerschmiede, und dort, unter der Tannenwand des Berghangs, in den die Schlucht einen dunklen Trichter einschnitt, da war Großvaters Sitz!

O Kinderland! — Und wäre ich auf der Stelle hinübergeschwommen, was hätte mir's geholfen? Das Haus war längst verkauft und in fremden Händen. . . .

Noch einmal wollte ich mich nach dem gesegneten Dache umsehen, da war es schon vorübergeschwunden und verdeckt. Nur die Bergwand ragte noch in düsterer Trauer.

Vorüber zogen Städtchen, Felsgetürm, Kinderzeit. Eine hohe bange Fensterfront über der alten Brückenstadt, Fenster, hinter denen Irre hausten. Irre und Verwandelte! — Der Strom trat in freiere Weitung. Langgestreckt, mit grüngeschweiften Dächern, senkte ein Lustschloß die Freitreppe ins gluckernde Wasser. Fensterblinken aus giebelübersäten Hängen kündete die nahe Großstadt an. Der dunkle Streifen meines Heidewaldes schob sich darüber; die Umrisse ihrer Massen tauchten auf.

Auf den steinernen Uferdämmen sah ich mich selbst im Geiste dahinschlendern, barhaupt und mit windzerwühltem Haar, die Augen groß geöffnet und aus der Stadt hinaus gerichtet.

Und nun tat sich diese Stadt, meine Vaterstadt, auf, und ich schwamm fremd hindurch, unerkannt vorbei, ungerufen vorüber. Sie ging mein innerstes Leben nichts mehr an.

Ich lag auf dem harten Deck und sah die Türme sich verjüngen, sah die Baumwälle sich wölfen und die steinernen Häuserzüge sich auseinanderfalten. Da führte die Straße zu meiner Eltern Wohnung; für eine Weile sah ich eine Ecke ihres Daches hervorgucken. Die Brücken schwangen sich voller Wimmeln und Rollen über mir hin. Wie einst hingen Knaben übers Geländer und starrten wie gebannt auf das gleitende Schiff. Die Paläste reckten ihre edelgrauen Glieder unter den leuchtenden Kupferdächern.

Und ich hielt mein Herz mit beiden Händen. Nicht, weil ich dem Locken meiner Stadt hätte unterliegen wollen oder bedauert hätte, daß sie mich nicht mehr lockte, nein, weil sie ein Stück meines Lebens war. Es war vorüber, ich mochte nie wieder zu ihm zurückkehren, aber sein Gold war deswegen nicht vergangen und glänzte warm aus alter Zeit herauf. Ich floh die Stadt und ihr verdichtetes, heftiges, künstliches Leben nicht mit Haß, um es zu verneinen, vielmehr, um ihm Brunnen erbohren zu helfen, aus denen es freier und reiner, dauernd gesichert, gespeist werden könnte.

Nun war das Stadtgebirge von Stein und Eisen vorübergezogen. Die Ballung des getürmten Ameisenhaufens verklang wieder ins freie Land. Ich half dem Schiffer, den Mast aufzurichten und das mächtige Segel zu spannen. Gelinde legte sich der Wind in seine gelblich=helle Fläche und förderte unser Gleiten. Hügel und Seitentäler voller Erinnerung rückten heran, linker Hand greifbar nahe und deutlich, rechts über der reichen Au entfernter, mit den Stufen der Weinberge und Sommerschlößchen auf buschigen Kuppen.

Ich war ganz Schauen und Sinnen. Entflieg immerhin, dachte ich, du Leuchten, das um alle Vergangenheit gern aufglüht; auch dem härteren Auge des „gebrannten Kindes" bleibt das Vaterland und das alte Abendland wert und gut über Maßen. Es kann nichts anderes wichtig sein, als es vor den Fluten der Zeit zu umdämmen und den edelsten Reisern seines überwucherten, ver= wilderten und zerschlagenen Waldes Raum und Tiefe zu neuem Wachstum zu roden. Ich sehnte mich unermessen danach, die rechten Werkzeuge dazu in die Hand zu fassen oder selbst Werkzeug zu werden.

Es fiel doch schwer, die alte Heimat zu lassen. Uralte, mit Efeu über= sponnene Burgen hoben kaum die Dächer aus dem Gewipfel der Berghänge; ich suchte sie und fand sie unfehlbar. O wie sie träumten, vom geheimnisvollen Hauche früh=früher Tage umwebt! Und dann schob sich die tausendjährige Bischofs= stadt heran mit ihrem Dächerklimmen am Steilhügel, der weitläufigen Burg mit dem trotzig vorgeschobenen Rundturm und dem himmelnahen Dome darüber.

Weißt du noch das Gärtchen, sang es in mir, vier Schritt im Geviert, unter den schwarzen Hochmauern des Stifts und über buntem Giebelgewirr, wo wir in der Laube gleichwie in einem Vogelnest saßen, auf den Gewerbs= lärm drunten lauschten und über ihn hinweg auf die Nachbarhügel und in ver= schleierte Weite blickten? Wie redeten die luftigen Kreuzgewölbe der Burg=

såle, die hochgespannte Weitung des Dom-Inneren mit seinen Gråbern, die Sturmaltane der Türme zu uns! Wie stiegen aus Tålern und Höhen mit ihren Kapellen und Klostertrümmern die sagenhaften Schatten und die Gestalten der Geschichte in unsere Mitte herauf und gaben der Heimatschöne den bedeutsamen Unterton der Vergangenheit, aus der wir wuchsen! Gestalten oder Ungestalten. Beide heischten ein Weiterleben in uns, die einen, weil sie wiederkehren, die andern, weil sie überwunden werden wollten. —

Immer sanfter sanken nun die Ufer des Stromes. Ein bebuschter Hügel nach dem andern blieb zurück. Ein letztes Schlößchen schaute vom niedrigen Felsen; dann breitete das Flachland seine unermeßlichen Arme aus. Grüne Deiche winkelten sich vor und zurück; die Weidenbüsche und Pappelgruppen standen hoch gegen den weiten Himmel. Dörfer mit stumpfen Kirchtürmen und spinnarmigen Windmühlen schlichen vorbei; und die schlanken Doppeltürme kleiner Städte ragten halbe Tage lang am Gesichtskreise, ehe sie herankamen. Über allem der unbegrenzte Himmel mit seiner Lichtflut und dem Gedränge großzügigen Gewölkes.

Da war Zeit zum Nachsinnen. Mit den Schiffern, treuherzig derben Leuten, sprach ich nur wenig, wenn ich sie zu den Mahlzeiten sah. Die bejahrte Frau des Ältesten bemutterte mich mit. Es war mir jetzt nichts an Gedankenaustausch gelegen, und so zog ich mich meistens bald zurück. Ich lag im Schatten des Segels. . . .

Der Strom hatte mir bei der Fahrt durch die Heimat ein gut Teil meines Daseins aufgerollt; nun schoß das Übrige daran an, wie sich Kristalle am Faden in einer übersättigten Lösung bilden. Nach den fernsten Schauplätzen spannten sich seine Drähte, die das Land mit einem weitmaschigen, schütteren Netze überzogen. Mein Strom ging als Hauptader mitten hindurch. Und wandte ich mich nun zu meinem inneren Lebensgange, so zog sich als Leitstrang durch sein ganzes Gewebe die Sehnsucht nach der Erde, nach der Bindung meines Daseins an sie. Wiederum war es mein Strom, der mich von den Anfängen dieses Strebens zu dem Ziele leitete, das ich als letztes und wahres Ziel erhoffte. Hielt ich aber alle Zeichen zusammen, so ward ich dessen immer gewisser, daß die Entscheidung über meinen Weg nahe bevorstünde. . . .

Unzählige Male durchflog ich mein Erleben und Erfahren vorwärts und rückwärts, während die Reise unmerklich fortkroch.

Die Ungeduld sprang auf. Ich hätte das Schiff fliehen und irgendwie rascher dem Ziele zueilen mögen. Aber das weiche Gleiten hielt mich in seinen Armen und befriedete mich. Laß dir die Zeit, sprach es zu mir, du bedarfst ihrer noch sehr zum Reifwerden.

Und die Sonne kam unverstellt hinter den Schattenrissen des morgendlichen Ufers herauf, stieg empor und badete ihre Weißglut im gebrochenen Spiegel ringsum, senkte sich gegen Abend auf die Dächer der Städte und zog doch immer mit uns und den Gewässern stromab. Die Wolken wallten brodelnd herauf und nahmen ihren Zug quer über unsere besinnliche Fahrt, hauchten uns an mit herber Brise oder überschütteten uns mit schrägen Schauern, um unbeständig und feige wieder mit gebeugten Rücken hinabzufliehen.

Sammlung gedieh mir zwischen dem Wasser unten und dem weiten Himmel oben und den kargen Uferrändern zu den Seiten. Und wenn das schweigende Sternenrund sich umschwang und nichts sich regte als das Gurgeln der Strömung an den langen Schiffswänden, dann stieg die Einkehr in die tiefsten Gelasse des Inneren hinab und erwägte das Unwägbare.

Die Fahrt rückte vor. Gleichgültige und öde Stätten wechselten mit augentröstlichen und bedeutsamen. Nun schwammen wir der Stadt vorüber, wo der Bergmannssohn Martin Luther eine Fackel neuer Frömmigkeit erhoben hatte. Ach, der kühne Brandträger war zuletzt über sich selbst erschrocken, und es war bei halbem Lichte statt des neuen vollen Tages geblieben, und unser Vaterland war zu einem Zwiespalt mehr verdammt worden, zu einem Zwiespalt um Gottes willen.

Dann nahte wieder eine Stadt, eine große, mit Ketten und Kränen rasselnde, die im schlimmsten Toben jenes Gegensatzes neben vielen Schwestern und härter als alle gebüßt hatte, rings um ihren Dom in Schutt und Asche zerfallend.

Der Strom schob sich gleichmütig an allem vorbei, heute wie vor Jahrhunderten. Wie sehnte ich mich nach einem Lebens-Strome, der ebenso unbeirrt und stetig dahinzöge, unter dem wechselnden Geschehen hin, es nährend und in die Ewigkeit tragend! Aber ich sah nur unsicheres Flackern und Wabern von jeher.

Ost und West schieden sich an meinem Strome; ihre Kräfte fluteten herüber und hinüber; Kleinodien und Totengebeine spülten sie sich als Früchte des Geschehens abwechselnd zu; aber das Gleichgewicht wollte sich nicht befestigen, nicht zwischen Abend und Morgen, zwischen Mittag und Mitternacht, zwischen Innen und Außen, Oben und Unten, Zehren und Mehren. Stets quälte sich das arme Leben in Gegensätzen dahin, Kümmern statt Gedeihen erntend, am Rande jäher Klüfte statt auf breitem, befestigtem Grund.

Langsam und träge staute sich die Reise, brennender ward meine Ungeduld. Endlich entließ mich mein Fahrzeug an seinem Ziel, der brausenden Großhandelsstadt an den Pforten des Meeres.

Bruchstück aus dem unveröffentlichten Lebensroman „Die Schollenheiligen, ein Lebenslauf zu ihnen hin".

ARNO BERTHOLD

Unser Kind

Ein neues Werden ist ins Kind gebannt,
ein Sonnenstäubchen und ein leiser Schmerz.
Was fein die Rune deutet in der kleinen Hand,
war schon vor'm ersten Tag versenkt im Kinderherz.

Was in den Bahnen seines Blutes singt,
hat einen alten längstverklungnen Klang.
Was sternenäugig in den hellen Worten schwingt,
tönt aus der Ferne himmlischen Gesang.

Uns bleibt's ein Wunder gleich vom ersten Tag.
Wir kennen nicht den ausgesungnen Ton,
den nicht, der aus noch Ungeformtem kommen mag. —
Wir dienen ihm. Ihm dienten unsre Ahnen schon.

MARTIN KAUBISCH

Selbstbildnis

So lieb ich dich:
Auf stiller Bergeshöhe im Schatten alter Bäume,
hochaufgerichtet, morgenwindumweht,
im Glanz des frühsten Frühlings . . .
mit Hut und Stock zur Rechten, leichtgestützt,
in dunklem Mantel
und mit jenem Blick, der hell, doch unbestechlich
das Schicksal kennt, den Abgrund
auch des eignen Herzens,
und dennoch hofft —

FRIEDRICH MARKUS HUEBNER

Morgendliches Hellbewußtsein

Vor Tag und Traum,
vor all dem Schauspiel, das dir nicht gehört,
der Pflicht, die leert, dem Wünschen, das verstört,
gar sacht, wie Flaum,
wiegt sich im grauen Morgenlichte
mit schnubberndem, mit kostendem Gesichte
ein Sagenfalter: Deine Seele rund.
Und Jedes: Stube, Hausrat, Wetter ist ihr kund
und aufgetan und ihr im Schwebereigen
des lautlos liebenden Besuchs zu eigen.

Bis dann die Schwingen müde werden,
und was so ungereimt „das Wachsein" heißt
mit seinen Albbeschwerden
die Flatternde zu Boden reißt.

Der Tag beginnt.
Zu Schemen die durchfühlte Welt gerinnt.
Raum und Gerät, Gefährt und Gassen,
nichts mehr ist eigentlich, nichts nah zu fassen.

So lassen wir verzichtend auf Gewähr,
die Arme fallen.
Jegliche Tat geschieht von ungefähr,
und was der Mund benennt, bleibt Lallen.

Regennacht in der Fremde

Anders im fremden Land
rauscht der Regen aufs Dach.
Dort: Welch holden Verstand
barg das Lied, das er sprach.

Nichts, was dich bedrohte,
in seinem Tropfenfall.
Jeder kam als Bote
aus dem vertrauten All.

Dies aber ist die Stimme
aus dem figurlosen Nichts,
die dich mit scheelem Grimme,
gewärtig letzten Gerichts,

Lauscher im nächtlichen Bette
trachtet, hinweg zu spülen
in die durchweichte, fette
Erde. Schon kannst du fühlen,

wie der horizontale
Leib sich mit Schlick bedeckt
und an der Fäulnisschale
dein Unsterbliches schmeckt.

. . . Anders im fremden Land
rauscht der Regen aufs Dach.
Dort: Welch holden Verstand
barg das Lied, das er sprach.

Wir griffen nach den Sternen,
wir brannten uns die Hände wund.
Wir standen bald in Flammen.
Bald brannten alle Fernen.
Es brennt das ganze Erdenrund.
Wie gehörte das zusammen.
Wie wenn aus Erde Hölle bricht!
Doch fühlten wir die Schmerzen nicht:
Wir waren Helle, waren Licht.

Kurt Gerlach.

KURT GERLACH

Der Kampf mit dem Bären

Eine Geschichte aus der Vorzeit

Bôr, der Junge, hatte eine Wache. Das Feuer gaukelte, der Wind blies, Nebel strichen draußen umher, und Regen sieferte schwach. Es war, als wäre draußen vor den Wagen graue Zeltwand gehängt, darüber hinaus drang der Blick nicht, sah nicht einmal die schwarzen, naßglänzenden Äste und das wuchernde Unterholz. Bôr malte mit dem Speer auf den Boden, schob mit dem Speere Holz in die Flamme, ging und knackte einen morschen Ast mit dem Speer und schleifte ihn herzu und saß wieder nieder mit der anderen Seite zum Feuer.

Er dachte an Braunhof, wie der so weit und leer war, an den Hof Raum, wo die Wogen des breiten Glanzflusses gelegentlich drohend vor der Tür standen, an den Markt Münde, wo Volk zusammenkam und Leben war.

257

Er malte sich den letzten Markt aus, wie die Pferde kämpften und die Jungen Speere warfen und rangen. Bôr lachte im Walde. Wer hatte doch gleich die vielen auf den Boden gedrückt, ein ganzes Dutzend nacheinander? Mit beiden Schultern? Einwandfrei ohne Kniff oder Finte? War es nicht Bôr vom Braunhof, den sie auf ihren Schultern an den Buden vorbeigetragen und herumgezeigt hatten: Das ist hier der Stärkste? Hatten nicht verschiedene geblickt, die die Jungen sonst übersehen, Alte, Tapfere? Hatten gefragt: „Wer ist es? Thordds Sohn? Ach? Der die Ingrid hat? Vom Braunhofe?" Waren nicht auch Mädchen im Umkreise gestanden, vorn am Bande, die sonst auch Junge nicht merken: „Bôr heißt er? Wie er steht! Wie er stampft! Wie er stürzt, — kein Wunder, wenn er so heißt!" — Die ihn noch nicht kannten, die ihn noch nicht achteten, die seiner noch nicht in der Halle gewahr wurden und keine Fragen an ihn stellten, die ihn noch nicht für voll nahmen, — die sollten Bôr kennenlernen, wenn sich Gelegenheit dazu gab. Man hatte nicht umsonst einen Mann zum Vater, der ein Kalb mit einem einzigen Faustschlag tötete, und eine Frau zur Mutter, die drei Kinder auf einmal auf einem Baumstamm über den Glanzfluß zog.

Er malte sich aus, wie er an fernen Lagerfeuern sitzen und weit von Heide und Moor in der Fremde fahren und Taten ausführen wollte, die ihn als weitbesprochenen, wackeren Mann nach Hause brächten. Da sind Gebirge auf steilen Wegen zu überwinden und Meere an stürmischen Tagen zu durchfahren, sind Märkte, Hallen und Männer, sind Wälder und wilde Tiere, Felsen, Schluchten und Ungeheuer in Höhlen, Grindelwölfe, Männer mit Schuppenhäuten und Geierklauen, — da sind Kriege, da sind Kämpfe von Scharen gegen Scharen, wo das Beil fliegt und der Speer gezielt wird und wo man über dem anderen steht und in das Horn stoßen kann. Hier wurde gesiegt!

Bôr stand auf und dehnte sich, nahm den Speer und stieg über die Wagen. So ging er draußen ein Stück nach den Bäumen hin. Knacken von Holz hatte ihn aus dem Brüten geschreckt. Ein fremder Geruch war in der Luft, wie Dunst von Haartieren, die mit feuchten Fellen im Regen stehen. Die Pferde stampften und stellten sich mit den Häuptern zusammen, der Hund, angebunden, damit er nicht jage, knurrte vernehmlich, und Bôr drohte ihm. Er strengte die Augen an. Etwas Schwarzes kam aus dem Nebel in den helleren Kreis des Feuers: ein Tier, das er nicht kannte, das dumpf grunzte, das auf tapsenden Sohlen sich ihm näherte, sich aufrichtete, — mannshoch war es —, und auf wackelnden Hinterfüßen nach ihm faßte! Oh, jetzt kannte er es, es wurde im letzten Winter viel davon in der Halle erzählt; Männer gab es, die hatten mit ihm gekämpft und es bezwungen und trugen großen Ruhm davon, und er, er hatte ja selbst seinen Namen darnach: Hier war ein Bär!

Freilich, so ungefüge hatte sich Bör das Tier nicht vorgestellt, und die Tatzen hatten gefährliche Haken, die am Ende durch Leder schnitten, wenn sie nur zuhieben, — es käme darauf an, wer den ersten Hieb versetzte, und das wollte er doch versuchen. So stürzte er sich auf das Tier und hieb ihm den steinernen Hammer über das Maul. Dumpf klang der Schlag, es knirschte wie Knochen, und dann brüllte das verwundete Wild und warf sich auf ihn. Er nahm es an den Leib, denn er fürchtete die Klauenmesser, die ihm das Leder seines Überwurfes schlugen, — er umschlang das Tier und preßte es an sich. Den Nacken steifte er, bohrte ihm den harten Kopf in den Hals und rang mit ihm, drehte sich, taumelte mit dem schweren Tier, warf sich mit ihm gegen den Wagen und preßte es rücklings gegen das Rad. So fand er, indem er mit dem Kopfe stieß, von Zeit zu Zeit Ruhe für seine Brust, die das Bären= tier umschlang. Warm lief ihm Blut über Gesicht, Brust und Rücken, — war es Bärenblut oder sein eigenes? Er ruhte und fing den Kampf von neuem an, indes das Tier in nutzlosen Stößen und Tritten sich zerarbeitete. Sie keuchten beide, der Wagen rüttelte, der Hund bellte laut hinaus und stand hoch, und die Pferde schlugen hoch und wieherten. Bör dachte, sie würden ihm nun zu Hilfe kommen. Aber er wollte das nicht. Er drückte jäh den schweren Körper an die Kante und warf sich mit Wucht dagegen, — drei=viermal, — er merkte das Tier erschlaffen, — holte wieder aus und hörte Knirschen, und dann ließen die Tatzen ab, auf seine Schulter zu hämmern, und die blutige Schnauze hörte auf, nach seinem Halse zu bläken, — der Bär brach um und fiel mit gebrochenem Kreuze zusammen.

Bör brach auch nieder. Er lag wie zusammengestampft auf dem ge= sunkenen, warmen Tierleib. Nicht lange mehr hätte er den Schmerz im Rücken ertragen. Seine Hände zitterten. Ein merkwürdiges Gefühl stieg in seinem Leibe hoch, an der linken Seite. Sein Mund zog sich zusammen, als wollte er nichts herauslassen, auch keinen Schrei. Dann war er bewußtlos. Akis Gesicht kam oben aus dem Wagen und musterte den Kreis: Die Pferde be=

ruhigten sich, der Hund heulte leise, — wo war die Wache? — Etwas Schwarzes lag unten am Rand. Aki kroch herab und befühlte die beiden Körper, und dann war er munter. Er schaffte den Bewußtlosen zum Feuer, und dann schleppte er das Tier herzu und bettete ihm den Kopf darauf. Den ledernen Mantel versuchte er ihm abzuziehen, als Thordd hinzukam. Der sah den blutigen Körper seines Sohnes und horchte auf seinen Atem. Aki wendete Bör auf die Brust. Da sah man den Rücken. Man konnte die Hand in die Wunde legen, so groß war sie. Aki sagte: „Das war für den Knaben ein gutes Stück Arbeit." Thordd sagte: „Schlecht ist die Wunde nicht, aber es ist mancher Tropfen Blut von dem Tiere dabei."

Sie wollten mit dem Verletzten vor Tage nichts tun und legten ihm nur die Füße hoch. Auf diese Weise kam er zu sich und verlangte zu trinken. Sie stillten seinen Durst mit Honigwasser. Sie hielten ihn warm, bis bei Sonnen= aufgang zu sehen war, um was es sich handelte. Der Knochen war verletzt und das Fleisch in Fetzen abgefasert. Skule sagte: „Das ist nicht aussichts= los." Damit war der Knabe beruhigt, und da er beruhigt war, schlief er trotz der Schmerzen. Sie zogen nicht weiter, sondern blieben an dieser Stelle beisammen, bis es sich zeigte, daß keine Gefahr wegen dem Fahren bestand. „Das fehlte noch, daß ich heim führe, — ich fahre mit euch!" sagte der Blasse. Da es ein störrischer Junge war, so ließen sie ihm den Willen. Das bedeutete einige Tage Verspätung mit der Heimkunft.

Heidestreu und Waldgras wurden in den Wagen geschafft. Er lag auf Schaffellen, aber es war ersichtlich, daß er Schmerzen litt. Auf dem Rücken konnte er nicht liegen, die Hüfte schmerzte ebenfalls. Skule hatte fest= gestellt, daß da einige Rippen gebrochen waren. So lag er, indes die Wagen weiterholperten, halb sitzend hinten an der Wand. Sie hatten die Plane weg= geschoben, damit er doch etwas sähe. Odd, der erfinderische, ließ von oben eine Seilschlinge hängen, dahinein legte sich Bör, wenn er schlafen wollte und alles schmerzte. „Als er geboren wurde und sie ihn mir zu Füßen legten," sagte Thordd, „hatte er schon etwas Unmäßiges in den Gliedern, daß man nicht anders denken konnte, als er würde einst stark werden. Das erfüllt sich nun."

Aus dem „Roman aus dem Ende der nordischen Steinzeit: Ragnarök".

260

KURT GERLACH

Zweierlei Blut

Mein Vater war kein Bauer
und war kein Arbeitsmann.
Ich weiß es nun genauer,
sein Auge blickte blauer,
als daß man es ertragen kann.

Mein Vater war kein Fröner;
er war von eigner Hand.
Er trieb drei Tagelöhner.
Sein blonder Bart war schöner,
als einem Mietling seiner stand.

Ich fragte hin und wieder:
„Wo sind wir abgestammt?" —
Er blickte hoch hernieder
auf meine schmalen Glieder:
„Wir waren Jäger allesamt." —

„Soll ich ein Jäger werden?" —
„Bei Gottes Jagd sieh zu,
und dies sind deine Fährten:
Das dunkle Blut auf Erden,
der Mutter Sippschaft jage du!" —

Denn seine Brust war breiter,
und höher war sein Geist,
sein starker Schritt schritt weiter,
sein reines Herz mehr heiter,
als mein verderbtes Sehnen reist.

Ihr waret Blonde immer
und Jäger allesamt.
Mir aber geht es schlimmer,
mein Haar hat dunklen Schimmer,
ich bin zur Jagd auf mich verdammt!

Ich bin bei Gottes Hetzen
ein edles Opfertier.
Nach meines Bluts Gesetzen
reiß ich mein Herz in Fetzen,
der ich mir Wild und Jäger mir!

Junges Volk

Die Sonne rollt durchs Wolkentor,
die braune Scholle dampft im Licht,
der Wald kommt frisch und trotzig vor,
wir kommen mit, wir zögern nicht.

Wie Sonne du und Wolke du
und Wind und Woge sind wir hell.
Die Straße dröhnt von unserm Schuh,
der Falke ist uns Fahrtgesell.

Wir blühen auch, wir stürmen mit,
wir brausen durch die Himmel hin.
Die Brücken wanken unterm Schritt.
Die Jugend bricht uns aus dem Sinn.

Es strahlt der See, es schwillt der Hain,
aus blauen Bergen quillt die Kraft,
die Erde stürmt die Himmel ein,
so blüht das Glück der Wanderschaft.

Da falle, was nicht halten mag.
Die Mauer stürzt, der Himmel gellt.
Bald haben wir im neuen Tag
ein ander Bauwerk hingestellt.

Wir treten vor, wir sind am Bau,
schon steigt das Haus, schon schwillt der Turm,
er steht im Grund, er steht genau,
er trotzt dem Sturm, er trotzt dem Sturm.

Der Abend naht, dann glüht der Stern,
es glüht das helle Heer der Nacht.
Wir glühen mit, wir glühen gern,
wir Wächter auf der Wacht.

ALFRED KUNZE

Glimmendes

Ist doch so viel zu lieben
in jedem Gesicht,
steht jedem eingeschrieben
so viel Licht.

Und findst du lauter Aschen,
schür' nur hinein;
du wirst ihn doch noch haschen:
Gottes Schein.

Gebet

Müßt' es mich auch ganz verwirren,
laß mich doch nicht Größe missen;
und versagst du großes Wissen,
schenke mir das große Irren!

Ironie

Grausames Schicksal! Es verschweigt
Sinkenden künftiges Glück:
Das Schaf, auf dessen Därmen man geigt,
wußte gar nichts von Musik.

ALFRED KUNZE

Kleineres Übel

Daß die Angst vor dem Vermicheln
dich nicht allzusehr bekümmer,
lieber Freund, du wirst vericheln,
und das ist viel schlimmer!

Segen

Wozu hätten wir die kühlen Hände,
wenn sich keine heiße Stirne fände?
Und wie blühte uns das Glück, zu trösten,
träfen wir auf keinen Unerlösten?
Wenn das Leid der Welt ungelitten bliebe,
ach, wo sollten wir dann hin mit aller Liebe?

Das Kind

Erst war's ein Bündelchen und schrie. —
Nun rankt es auf an unserm Knie,

geht tapfer seinen kurzen Schritt.
Und wir, wir wandern zärtlich mit . . .

Doch dann, was zögert unser Fuß? —
Vom trauten Ziel ein fremder Gruß,

vom warmen Glück so fahler Schein . . .
Geh weiter, Kind! — Wir stehn allein.

Forschegrund

Wir rätseln um den Sinn der Welt.
Die Wage steigt, die Wage fällt.
Und ist ein Zweck? — Wir wissen's nicht,
geblendet blinzeln wir ins Licht. . . .

Es wächst ein Kind. Ein Stern zerschellt.
Aus Trümmern baut sich neue Welt,
und ist ein heimlich großes Fest,
das Gott durch uns geschehen läßt.

Wir

Wir leiden Hunger, wir leiden Durst, —
nur um ihn andern stillen zu können.
Wir müssen vergebliche Bitten tun, —
nur um sie andern erfüllen zu können.

Wir dulden Krankheit, Marter und Tod, —
um fremde Wunden heilen zu können.
Wir müssen die Schrecken der Schrecken sehn, —
um sie den andern verhüllen zu können.

MAX ZEIBIG

Begebenheit im Mai

„Du bist so schön!" sagte der Löwenzahn, der sich leuchtend durch das saftige Wiesengrün wühlte und sein Gold bis zum Straßengraben drängte, wo der blühende Apfelbaum stand.

Gestern hatte es noch geregnet, aber der Regen war mild und warm gewesen. Unter dem Rauschen verlor zwar die Kirschblüte ihren Zauber, dafür waren die Apfelblüten im hellen Licht des Maimorgens aufgebrochen, zart, rosa und aus tiefster Seele leuchtend. Ganze Blütenbüschel hingen in den Zweigen, festlichen Blumensträußen gleich, und je mehr die Sonne strahlte, um so mehr ward der Baum eine einzige schimmernde Blütenwolke, umwoben von Duft und Glanz.

„Du bist so schön!" summten die Bienen in satter Zufriedenheit, als sie den süßen Saft in sich tranken und berauscht von der gastfreien Herberge fort= taumelten. Auch der Wind, der vorsichtig durch die junge Saat wehte und, wenn er sich ein wenig erhob, das Geäst des Baumes bewegte, stimmte zu. Und die weißen, seligen Wölkchen, die leicht durch das tiefe Blau des Himmels spielten, und der bunte Fink, der im höchsten Wipfel saß, sagte das gleiche: „Du bist so schön!"

„Schweigt!" sprach da der Apfelbaum, und man hörte Schmerz und Ent= setzen, ja Zorn aus seinem Ton, „seid ihr Toren? Fühlt ihr nicht, wie elend mir ist? Seht ihr nicht, daß ich am Rande des Todes stehe? Mit meinen Brü= dern begleitete ich diese Straße. O seht, wie hell und weiß sie glänzt unter der Schwester Sonne! Wie schön und fröhlich war es hier in der grünen Zeit! Wir sahen den Bauer mit seinen Tieren auf dem Acker. Wir hörten die Schnit= ter zur Erntezeit. Uns spielten die Kirmesmusikanten lustige Lieder und Mär= sche, wenn sie von der Tanzmusik heimkamen. Wir warfen den Dorfbuben und Bauerndirnen Früchte in Taschen und Schürzen. Wir liebten den Früh= ling, wenn er uns schmückte; aber wir zürnten auch nicht dem Herbst, wenn er uns bis ins Mark durchrüttelte und schüttelte und unsere Blätter wie Gold umherwarf. Im Winter träumten wir Märchen und Wunder und wärmten uns in Hoffnung und Glauben. Vor Tagen noch gingen die Bäuerinnen an uns vorüber zur Kirche; mit bunten Röcken und Schürzen, mit Tüchern, Hau=

ben und flatternden Bändern gingen sie, gebückt und gebeugt von der Last
ihrer Jahre und ihrer Arbeit, immer aber fromm und freundlich gesinnt. Nachts
fuhren noch die wilden Wagen, die Licht aus zwei bösen Augen hundert Meter
weit vor sich hinwerfen, an uns vorbei. Seit gestern ist die Straße tot. Gleich
hinter dem Dorf haben sie den Weg gesperrt. Drüben durch den Kiefernbusch
haben sie eine neue Straße gelegt. Die Grube will es so. Ach, ihr kennt sie ja!
Erst war sie weit von uns. Ihr saht die gelben Sandhalden und die Essen,
die darüber ragen, fühltet sie, wenn sie ihren dicken grauen Rauch schwer auf
euch herniederdrückten. Ihr hörtet das Pfeifen und Heulen der Sirenen und
zucktet zusammen von den Feuern und Funken in der Nacht. Die Grube frißt
das Land, die Wiesen, die Äcker, meine Straße. Sie mordet mich und meine
Schönheit. Weiche von mir! Hier ist der Tod."

Erschüttert von der Rede standen, die erst die Schönheit des Baumes
gelobt. Der Löwenzahn sah sich erschrocken um und schwieg. Der Wind ver=
gaß Weg und Ziel. Wolken und Bienen flohen entsetzt. Dem Fink blieb der
Ton in der Kehle stecken.

Wahrhaftig, dort stürzte die Straße jäh in den Abgrund. Die Erde war
felderweit aufgerissen, zerspalten und zerklüftet. Rings um die Kluft sah man
noch einen dunkelbraunen Erdstreifen, über dem Grashalme und Saaten=
büschel in Todesangst zitterten. Unter dem dunklen Streifen rieselte gelber
Sand, weich, fein, metertief. Darunter wieder quoll etwas schwarzes, massig,
unheimlich drohend. „Kohle", sagten die Menschen.

Und nun hatten sie Schienen in die Grube gelegt. Auf den Schienen
fuhren kleine Eisenbahnen hin und her und schafften Sand und Erde fort.
Auf einem besonderen Schienenpaar bewegte sich ein Koloß von Eisen, lang=
sam schleichend bewegte er sich, unheimlich, furchtbar, tückisch und sicher schob
er sich vorwärts. Rasselnd warf er eine Kettenreihe von Messern und Schaufeln
in die Höhe. Die glitten knirschend am Rand der Grube hin und zerschnitten
die Erde. Die stöhnte und schrie. Die Steine schrillten, wenn sie aus ihrem
Leib herausgerissen wurden. Aber die Maschine schlich weiter auf den Schienen,
ohne Halten, ohne Erbarmen. Alles mußte in den gierigen Rachen, Gras,
Blumen, Steine, Tiere. Eben glitt sie ganz nahe an dem Apfelbaum vorbei.
Die ganze Erde bebte. Der Baum zitterte, wankte. Und die Schaufeln warfen
Steine, Kiesel und Erde über seine Blütenkrone. Er verlor allen Glanz. Schon

starrten einige Wurzeln in den hohlen Raum und sahen unter sich den Ab=
grund.

Der Wind wehte fort. Der Fink flog auf. Der Löwenzahn wagte kaum
zu atmen. In der Ferne war wohl der Himmel noch blau wie vorher und
selig, und das Land blühte und leuchtete grün. Aber die Maschine brüllte in
die Stille der blühenden Welt. Es war eine furchtbare Stunde.

„Der Kerl da muß weg!" sagten zwei Männer, die mit Art, Säge und
Seil herbeikamen, „die Grenze liegt hinter ihm. Gleich kommt der Bagger
zurück. Er braucht Platz. Also los, an die Arbeit! Der Kerl ist ohnehin schon
zum Umfallen. Nur noch den Boden ein bißchen auflockern, dann haben wir
ihn."

Und sie hoben die Arte, schlugen einen wunden Kreis rings um den Baum,
daß er die Besinnung verlor, schlangen das Seil um den Stamm und bogen
ihn ohne große Mühe. Das Erdreich hob sich. Die Wurzeln griffen verzweifelt
ins Leere. Der Baum stürzte und schlug mit seinen Blütenzweigen mitten
in den Löwenzahn.

Drüben im Kiefernbusch weinte ein Vogel.

„Es ist eine Schande! Es ist eine Schande!" schimpfte der Rohrspatz
im Teich.

Doch das nützte nun alles nichts mehr. Der Apfelbaum war tot. Aber
aus der Grube brüllte die Maschine und tobte weiter, fraß Erde, Land, Heimat.

MAX ZEIBIG

Verkaufe deine Heimat nicht —

Verkaufe deine Heimat nicht
und nicht das Land „Es war einmal",
und gib dein Herz nie hin für Gold:
Heimat ist Brot und Abendmahl!

Mit Tanz und Taumel lockt die Welt;
und mancher zog zum Dorf hinaus
und quälte sich und sehnte sich
und fand nie mehr den Weg nach Haus.

Willst du ein Knecht und Bettler sein
und warten vor dem goldnen Tor
und weinen wie der fremde Mann,
der seiner Erde Licht verlor?

Verkaufe deine Heimat nicht
und nicht das Land „Es war einmal",
und gib dein Herz nie hin für Gold:
Heimat ist Gold und Abendmahl!

MAX ZEIBIG

Anbetung

Als der Heiland zur Erde gekommen,
beteten die frommen
Hirten und Könige zu dem Jesuskind.

Denn ob wir Hirt oder König sind,
wir tragen alle Kreuz und Krone,
Händler, Bettler, Gaukler, Barone.

Uns allen geht das Wunder ein
in Winterlicht und Weihnachtsschein.
Und Wunder, daß in diesen Tagen

Hirten Königskronen tragen,
Könige wandern im Hirtensinn
zu dem armen Stall von Bethlehem hin

und bringen Gold und beugen die Knie
vor der Krippe und grüßen die Mutter Marie,
grüßen Joseph, Gott, Stern und das Kind,
durch das wir Hirt und König sind.

Weihnacht

Rauschgold in einem grünen Baum,
Geleucht von seidnem Engelhaar.
Ein Kinderwunsch, ein Kindertraum
und Märchen, alt und wunderbar.

Zu Bethlehem ein armer Stall;
Maria wiegt ihr holdes Kind.
Viel süßer Stimmen frommer Schall;
und draußen geht der Winterwind.

Und Weihnacht rauscht der Liebe Strom.
Die laute Welt wird stumm und still
und wird ein hochgewölbter Dom,
darin sie singen und beten will.

Aus der Wendei

Weiße Straßen im Wendenland.
Glühender Stein. Staub. Sonnenbrand.
Blaßrote Rosen wuchern wild
ums alte Muttergottesbild.

Schimmernder Wiesen schäumendes Kraut.
Lerchenlieder selig-laut.
Über Felder und blühenden Mohn
lächelt in Schmerzen Gottes Sohn.

OSKAR SCHWÄR

Der Auszug

Des Bornkandlerbauern letztes Möbelfuder stand im Hofe. Die zwei
falbmähnigen stattlichen Füchse davor genossen ihren letzten Pließdorfer Hafer.
Die Abendmahlzeit sollten sie bereits von ihrem neuen Herrn empfangen;
denn nach dem Verladen der Möbel in den Zug wollte der Bauer gleich von

der Station aus Wagen und Pferde ihrem Käufer im Nachbardorfe zuführen. Dies lag an der großen Bahn, die er für seine Reise nach der Landeshauptstadt benutzen mußte. Er gedachte daher, nach Ausführung seines letzten Geschäftes mit dem Nachtzuge die Heimat zu verlassen.

Zum dritten Male war der Leiterwagen gefüllt worden. Die Seitenwände dreier Bettstellen standen an den Leitern hoch, so daß sie einen nach oben offenen Kasten bildeten. In diesem waren Körbe mit Wäsche und Kleidung, andere mit Obst, Säcke mit Mehl und Kartoffeln, Kisten mit Geräuchertem und Gepökeltem untergebracht. Der Bauer wollte den Kindern, bei denen er Wohnung nahm, nicht zur Last fallen und mit ihnen wenigstens noch eine Zeitlang „eigenes Futter" genießen. Allerlei kleiner Hausrat baute sich über dem Proviant zum höchsten Gipfel des Wagens auf. Ganz vorn stand eine Truhe, die wohl den Sitz für den Fuhrmann abgeben sollte; denn es war nichts anderes auf sie gestellt. Ihr Deckel zeigte in einem Kranze von Blumen den Namen Johann Traugott Kandler. Zwischen den weiten Sprossen der Wagenleiter sah man auch die Bebilderung ihrer Vorderseite. Links vom Schloß: ein ausziehender Jüngling, Ränzel auf dem Rücken, Stab in der Hand, einer Gebirgslandschaft mit weißen Gipfeln zuschreitend. Rechts: Mann und Weib beim Pflanzen eines Baumes, er den Fuß auf dem Spaten, sie das Stämmchen haltend, spielende Kinder, Hintergrund angedeutetes heimatliches Dorf. Die zwei Hälften eines mächtigen Kleiderschrankes füllten, mit ihren Türseiten an den Leitern lehnend und zwischen ihren Rücken ein paar Brettstühlen Raum lassend, den hintersten Teil des Wagens. Von der Bemalung des Schrankes war wenig zu sehen, da zum Schutz gegen Beschädigung Strohbündel eingeklemmt waren. Nur auf der einen Tür konnte man in einem Blumenornament den Namen Anna Christine Seiler lesen. Der Schrank stammte also aus der Brautausstattung der Bäuerin.

Als die Pferde die geleerten Hafersäcke hin- und herschlenkerten, traten zwei Männer aus dem Wohnhause. Voraus ein stämmiger junger Mann mit Schnurrbart und klaren, dabei ernst blickenden Augen, der einen großen Packen von Kleiderstücken und Stiefeln trug. Hinter ihm ein hoher, hagerer Alter. Fast neue Joppe, Sonntagshut und lange Hose verrieten ihn als den Auszügler, den Bornkandlerbauern.

Der Junge war Karl, der letzte Großknecht des Hofes. Er legte den Packen

268

auf die Steinbank neben der Tür, ging zu den Pferden und nahm ihnen die Säcke ab. Dabei murmelte er ihnen ein paar Worte zu und strich ihnen mit der Hand über die falben Mähnen. Die Füchse erwiderten diese letzte scheue Liebkosung mit treuen, stillen Blicken, dann senkten sie traurig die Köpfe. Es war seit vielen Tagen kein fröhliches Wort zu ihnen gesprochen worden, ihre Kameraden, die Rappen, waren fort und kehrten nicht wieder, die anderen Knechte und Mägde waren verschwunden, und der Bauer schien verstummt, kaum ein Hüh oder Hott ließ er hören. Das hatte die Seelen der beiden Tiere mit trüben Ahnungen erfüllt, und jetzt wußten sie, daß auch ihr Abschied vom Hofe kam.

Der Knecht wandte sich um: „Na, Bauer. — —"

Aber der war ihm nicht gefolgt. Er stand noch vor der Tür, die hohe Gestalt ein wenig gebeugt, das Gesicht von der Krempe des Filzhutes verdeckt, unbeweglich.

So hatte ihn der Knecht in der letzten Zeit oftmals stehen sehen auf dem Felde, im Hofe, in der Stube. Da hatte er nicht gewagt, ihn anzureden, und still seine Arbeit verrichtet. Doch jetzt gab es nichts mehr für ihn zu tun, und das Warten bereitete ihm Pein; denn die Öde dieses schönen, früher von tätigen, fröhlichen Menschen und reichlichem Viehstand belebten Gutes, die stumme Traurigkeit der Füchse, „seiner" Füchse — denn er hatte sie stets gefahren — und der Anblick des Elendgewordenen griffen ihm ans Herz. Auch war es Zeit abzufahren.

Der Knecht kam also zurück. „Na, Bauer, ich globe, mir missen nu furt!"

Es dauerte einige Augenblicke, ehe der Bornkandler den Kopf hob. Da zeigte sich ein bartloses, kantiges, starres Gesicht. Die grauen Augenbrauen waren verwundernd hochgezogen.

„Was sagste?"

Wieder dauerte es eine Weile. Dann nickte der Bauer langsam. „Hm, ju, ju." Er reichte dem Knechte die knochige Hand hin, während seine Augen wieder zur Erde gingen, und sagte: „Da bie 's ok villmol bedankt, Karle! Und daß dirsch gut giehn mag dohie! — Hadje, Karle!"

Der Knecht hatte die Hand ergriffen, obgleich er nicht wollte. „Ich fahr' doch mit. Ich muß Euch doch verladen helfen."

Der Alte schüttelte den Kopf. „Nee, nee, Karle, luß ok! Die Bahn=
arbeiter halfen ja. Ich kumm schunn zufache."

„Bauer, Euch is aber ni gutt. — —"

„Drim aben, Karle. — Hirschte, luß mich!"

Da wollte der Knecht sich nicht aufdrängen, ja er schämte sich, daß er nicht
von selber hatte die Rücksicht üben wollen, den armen Menschen die letzten
Minuten allein zu lassen. Er drückte ihm warm die Hand und sagte, nach der
Steinbank deutend: „Hat och schinn Dank für die Sachen! — Da lebt wohl,
Bauer!"

„'s schunn gut, Karle! Hadje!"

Der Knecht raffte sein Zeug zusammen und verließ den Hof. Die Füchse
legten die Ohren und blickten ihm traurig nach.

Der Bauer aber schritt langsam am Wohnhause hin nach dem Baum=
garten. Seine Füße raschelten im bunten Laube, und als ob er das beobachten
wollte, hielt er den Kopf gesenkt. Er stieß aber an keinen Stamm, nur streifte
sein Hut einmal die Zweige eines Apfelbäumchens, da flatterten ein paar
Blätter um ihn. Er stand still, nickte langsam, wie wenn er auf eine Anrede
erwiderte, und schritt, noch immer nickend, lehnan weiter und fand sich zu
dem alten Borne, der dem Gute und seinen Besitzern den Namen gegeben
hatte. Bemooste Steinplatten bildeten ein schräges Dach, darunter stand das
klare, kühle Wasser bis an eine Röhre, die es unterm Garten hin ins Haus
leitete. Der Bauer beugte sich unter das Dächlein, er sog die Kühle und den
ihm vertrauten Geruch des Borns ein, er kauerte sich, schöpfte eine Handvoll
Wasser und ließ es niederrieseln, wie man Körner prüft. „A sicher Burn!"
murmelte er, sich aufrichtend. Und nun setzte er sich auf das Dächlein. Die
Bäume hatten nur noch spärliches Laub, sie gewährten ihm den Blick auf
die Giebelseite des Wohnhauses und in den Teil des Hofes, wo das Fuder
mit den vorgeschirrten Füchsen stand.

Sein kantiges Gesicht blieb starr, der Mund fest zusammengepreßt, die
Augen schienen blicklos wie die öden, schwarzen Fenster zwischen den Ge=
binden der Holzwand und im Fachwerk des Giebels. Und doch sahen diese
Augen jetzt mehr, als sie je gesehen hatten. Hinter jenen Wänden waltete
die Bäuerin, die frische, lebhafte Frau mit dunkelblauen Augen und geschei=
teltem Haar. Zwei Kinder umsprangen sie, eilten dann zum Großvater, dem

270

alten krummen Bornkandler, auf der Ofenbank, der aus Weidenruten Körbe
flocht, um sich noch nützlich zu machen. Der richtete sich auf, jünger, groß und
stark, und eine gute, mildäugige Frau erschien, die legte ihm die Hand auf die
Schulter und sprach Schönes von der Christine Seiler und meinte, sie könne
dem Johann eine rechte Hausfrau werden. Dann füllten viele Menschen
die große Stube, es wurde gegessen und getrunken, gelacht, vor Behagen mit
den Füßen gestampft, gesungen, Blumen gab es so viele: Hochzeit.

Die Bilder wechselten wie im Traum. Was lange, lange Jahre geschlafen
hatte, erwachte. Tote standen auf und wandelten. Alle Räume und Winkel
des alten, stattlichen Bauernhauses belebten sich.

Da schrillte eine Dampfpfeife.

Der Mann auf dem Borndach zuckte leicht zusammen. Er tat einen Seufzer
und nickte langsam. „Und nu — alles nirscht mieh! — Abraum — das Gutt
dohie! Die Beemel! Und a sicher Burn! — Alles furt! Und Grube! Schwarze
Grube!" kam es gepreßt zwischen den Lippen hervor.

Er erhob sich, indem er sich mit der Hand auf den obersten Stein stützte.
„Und fir was? Fir das lappige bissel Geld? — Há! O ich! — — Ich!"

Einen Laut bittern Hohnes stieß er aus. Dann schritt er gesenkten Hauptes
wieder in den Hof zurück.

Keinen Blick wandte er mehr Haus, Ställen, Scheune zu. Auch zu den
Pferden erhob er das Auge nicht. Wie mechanisch strängte er ein. Als er,
den Fuß schon auf der Hemmleiter, das Leitseil von der Sprosse löste, sahen
ihn die Bilder der Truhe an. Sie bannten ihn, so daß er einige Augenblicke
in seiner Stellung verharrte. Doch verriet sich nichts von dem, was in seiner
Seele vorging. Die Lippen blieben fest verschlossen, die Augenbrauen wun=
dernd hochgezogen. Nur nickte er dem fröhlich Ausziehenden und dem auf
Heimaterde bauenden Paare leise zu. Dann zog er auch den anderen Fuß
nach. Ohne der Aufschrift des Truhendeckels einen Blick zu gönnen, ließ er
sich darauf nieder, zuckte sofort am Seil, und die Füchse zogen an.

Der Bornkandler fuhr die Dorfstraße hinauf.

Kinder eilten herbei und liefen neben dem Möbelfuder her. Leute kamen
an die Fenster, traten auch auf die Straße und näherten sich dem Wagen,
indem sie dem Bauer ein Abschiedswort zuriefen. Aus diesem und jenem Hofe

winkte und pfiff man ihm, er sollte anhalten, man wollte ihm wenigstens
Lebewohl sagen.

Aber der Bornkandler schien nicht zu sehen und zu hören. Er wandte
sich nicht. Starr, kantig, stumm wie ein Felsgebilde saß die hohe, etwas ge=
beugte Gestalt auf der Truhe.

Von einem Seitenwege kamen einzeln und in Trupps Arbeiter, die
einen erdig, die andern schwarz. Es waren die Männer, die nun auch den
Bornkandlerhof und seine fruchtbaren Felder vernichten sollten, um dort
Braunkohlen zu fördern. Seit Tagebau betrieben wurde, wuchs die Grube
schnell, unheimlich schnell für die nächsten „Verkauften". Die sahen das schwarze
Ungeheuer nicht mehr nur heranschleichen, sondern mit Riesensätzen heran=
springen, um ihrem alten, gesunden Bauerntume das Ende zu bereiten.

Nach Abschluß der Verhandlungen mit der Kohlenbaugesellschaft hatte
der Bornkandler in der „Deutschen Eiche" den Arbeitern einige Faß Bier
und manche Flasche Branntwein spendiert. Ein Taumel hatte ihn erfaßt,
wie alle, die verkauft hatten. Preisforderungen, die man bei sich selbst frech
nannte, nahm die Gesellschaft an. Bargeld bekam man in die Hand, soviel,
wie man nie gesehen. Mit Schweiß, Ärger, Sorge, mit der Mühe eines ganzen
Lebens war nicht zu verdienen, was man bei solchem Verkauf herausschlug,
wenn man nur fest forderte. Und das Privatisieren, die müden Knochen mal
pflegen, sich mal gute Tage gönnen, das war auch was! Wer sich zuerst nicht
entschließen konnte zur Aufgabe seines schweren Bauernlebens, der wurde
schließlich nach dem klingenden Gelde und dem Heidi=Leben derer, die „schlau"
gewesen, lüstern, und tat es ihnen nach. So auch der Bornkandler. Und der
hatte ein besonders reines Gewissen: das Weib war ihm gestorben, und nun
war's ein schweres Wirtschaften, da die treueste Magd keine Frau ersetzt.
Auch galt ihm in seiner Traurigkeit das Dasein auf dem Hofe seiner Väter
nichts mehr, das beste hatte es verloren. Dazu kam, daß sein Sohn das Gut
ja doch nicht übernehmen konnte, weil er bei den Soldaten „zuschanden ge=
macht" worden war. Er hatte durch die Militärbehörde einen Beamtenposten
in der Hauptstadt erhalten. Der Sohn und seine Frau hatten der Absicht
des Alten zugestimmt. Na also, der Bornkandler durfte sich seiner Tat freuen,
und er ging, wohin die Verkäufer alle gingen, und wo auch die Arbeiter, alte
Dorfgenossen und Zugezogene, sich einstellten: in die „Deutsche Eiche". Seit

272

dem Sommer freilich hatte er sich nicht mehr dort sehen lassen. Darüber verwunderte man sich nicht: er „räumte", erntete das Getreide, drosch sogleich und verkaufte es, brachte die Maschinen, dann ein Stück Vieh nach dem andern fort, fällte das „Büschel", einen kleinen Laubholzbestand, verschenkte das Reisig, verhandelte die Stämme, erntete und verkaufte wieder bis zur letzten Feldfrucht und war viel unterwegs. Wie sollte er also Zeit haben fürs Wirtshaus? Die Schmarotzer, die auf Kosten der Geldbauern Lebenschön machten, verdachten ihm natürlich sein Wegbleiben, schimpften ihn einen alten Filz und wünschten ihm, daß er in seinem Geld ersticke. In der letzten Zeit verstummten auch die Schimpfereien. Wer dem Bornkandler begegnete, erschrak: wie sah der Mann aus! Sein Haar bleichte rascher, das Fleisch schwand von seinem Körper, er schien oft geistesabwesend. Er erstarrte zum Felsen. Da ging es den Leuten auf, warum er laute Gesellschaft mied, sie ahnten, was ihm Körper und Geist verzehrte, und wichen ihm selber aus. Von dem entlassenen Gesinde erfuhren sie, daß er die letzten Blumen des Gartens auf das Grab seines Weibes gebracht und auf dem Hügel wie schlafend gesessen, bis ihn spät abends eine Magd heimgeholt habe; daß er oft wie im Traum umher irre; daß er das für die letzte Kuh erhaltene Geld mit einem Fluch in die Stube geschleudert habe. Mancher, der einen günstigen Kaufvertrag unterschrieben, fühlte bei solchen Erzählungen einen kalten Schauer über sich gehen und eilte in die „Deutsche Eiche", um ihn mit einem Wein zu vertreiben. Auch die Grubenarbeiter empfanden Mitleid mit dem Bornkandler. Nur die rohesten unter ihnen brachten es über sich, seiner zu spotten.

Wie sie ihn nun auf seinem letzten Fuder hinausfahren sahen, riefen auch sie ihn an. Vielleicht wollten sie ihm noch einen schuldigen Dank sagen, vielleicht war es nur ein Sensationsbedürfnis, den unglücklichen Menschen noch einmal zu sprechen, vielleicht erwartete der eine oder andere, daß der Bauer in seine Tasche greifen und eine Handvoll des fluchwürdigen Geldes über sie streuen würde. Sie riefen, wurden aber nicht gehört.

Wie ein Felsgebilde saß die hohe, etwas gebeugte Gestalt auf der Truhe. Einigen, die ihm begegneten, ward es bei seinem Anblick unheimlich zumute.

So erreichte das Gefährt das Dorfende und erklomm dann auf der zwischen Stoppeln und braunen Sturzäckern sich schlängelnden Landstraße einen leichten Hügel.

Als er eine Brombeerhecke paſſiert hatte, erhob ſich hinter dieſer ein ſtämmiger junger Mann. Die Sorge, daß dem Bauer ein Unglück zuſtoßen könne, hatte Karl getrieben, vorauszueilen und das Geſchirr zu beobachten. Er folgte ihm bis auf die Höhe. Dann ließ er es davonrollen. Die Straße neigte ſich ganz ſacht. Nach einigen hundert Metern kreuzte ſie die Kohlen= bahnſtrecke, die in einem Bogen um Dorf und Hügel zur Station führte. Dieſe Bahn war aber nur während der Tagesarbeit in Betrieb. Heute, nach Feier= abend, verkehrte kein Zug mehr von der oder nach der Grube. Es drohte da alſo keine Gefahr mehr. Übrigens wußte Karl, daß „ſeine" Füchſe ſo ver= ſtändig und verläßlich waren wie der beſte Fuhrmann ſelber. Hinter dem kleinen Gehölz da vorn, das ſich bereits in grauen Nebel zu hüllen begann, lag die Station. In zehn Minuten konnte das Geſchirr ſie erreichen. Zum Verladen würden ſich Helfer finden, da ja zur Abfertigung des nächſten Zuges Leute dort ſein mußten.

So brauchte Karl nicht länger auf ſeinem Poſten zu verharren. Er holte ſeinen Packen aus dem Verſteck und kehrte zurück, eilte, um läſtigen Fragen der Leute zu entgehen, auf Nebenwegen nach der jenſeits des Dorfes erſtan= denen Arbeiterkolonie, wo er ſeit geſtern wohnte; denn er hatte, wie das meiſte männliche Geſinde der aufgelöſten Güter, in der Grube Dienſt genommen und wollte ihn morgen antreten.

Indes knarrte der Leiterwagen in die ſtille, graue, kühle Dämmerung der Felder. Die Pferde hatten auf das Zucken der Leine, das ſie die Straßen verlaſſen und einen Feldweg einſchlagen hieß, nicht zeichnen wollen, da hatten ſie aber anhalten müſſen, und als ſie einander fragend angeſehen, war der Bauer plötzlich neben ihnen erſchienen und hatte ſie auf den Feldweg geführt, dann hatte er wieder gehalten, um ſeinen Platz auf der Truhe einzunehmen. Langſamer ging es vorwärts: Die Pferde zeigten Mißtrauen gegen ihre Füh= rung, auch war der Weg tief zerfurcht.

Ein Vogel, durch das Fuhrwerk aus dem erſten Schlaf geſtört, flatterte ſchreiend auf. Die Füchſe erſchraken und gebärdeten ſich von da ab wider= ſpenſtig.

Immer dumpfer wurde das Knarren des Wagens. Der aufſteigende Nebel verhüllte das Land und dämpfte die Geräuſche.

Es ging immer sacht bergan. Da tauchten Lichter auf, weiß, groß und klein, in wechselnder Zahl, sie blinzelten, erloschen, leuchteten wieder. Ihre Entfernung war nicht zu schätzen. Die Pferde erkannten diese Lichter, die sie schon oft hatten vom Bergwerk aus leuchten sehen. Das beruhigte sie offenbar, sie zogen eifriger.

Plötzlich aber standen sie. Der Bornkandler riß am Leitseil. Sie nickten und schüttelten die Köpfe. Er zuckte heftiger. Sie zeichneten wie erst.

„Ach, ja, su!" murmelte der Bauer. Das waren seine ersten Worte auf dieser Fahrt. Er kletterte herab und sah, daß die Tiere dicht vor einer Wegsperre standen. Ein paar Latten waren kreuzweise an zwei Pfähle genagelt. Von dieser Stelle aus führte der Weg abwärts, doch nur noch eine kurze Strecke: in den schwarzen Rachen der Kohlengrube. Die Wegsperre hatte genügt, ein Unglück zu verhüten. Am Tage sah man ja die Grube vor sich, und zur Nachtzeit gibt's auf Feldwegen keinen Verkehr. Der Bornkandler trat hinzu, faßte mit beiden Händen eine Latte und riß sie los. Eine zu fest genagelte zerbrach, er riß die Stücken ab. Dann spuckte er in die Hände und machte sich an die Pfähle. Mit einer Kraft, die man dem Alten nicht mehr zugetraut hätte, wuchtete er sie beide heraus.

Die Füchse, verwundert über das Treiben, spitzten und legten abwechselnd die Ohren. Der eine pluderte dem so eifrig ins Zeug Gehenden einmal in den Nacken. Sollte wohl heißen: was bedeutet das? warum fahren wir über Feld, statt geradewegs nach der Station? was hast du vor? Doch der Bornkandler schien es gar nicht zu bemerken, er hielt nicht inne in seinem Tun, wandte sich nicht, antwortete nichts. Früher hatte er die Sprache seiner Tiere verstanden und sich mit ihnen unterhalten. Warum heute kein Wort? Ja, wie er endlich die ganze Sperre beseitigt hatte und verschnaufen mußte, trat er seitwärts ins Dunkel und kehrte ihnen den Rücken und ließ keinen Laut hören, weder einen Seufzer, noch ein Wort der Befriedigung über das Gelingen.

Er trat wieder heran, raffte die abgebrochenen Hölzer auf und nahm sie unter den Arm. Mit der anderen Hand faßte er das Leitseil ganz kurz. Wiederum, ganz gegen seine frühere Art, ohne ermunterndes Wort oder ein Schnalzen mit der Zunge, nur durch ein kurzes Zucken des Seiles, hieß er die Pferde anziehen.

Nach wenigen Schritten ging es leicht und leichter, und der Wagen wollte von selbst laufen. Da ein Rubb und ein Knirschen, ein Quietschen der Bremse, und der Wagen stand. Der Fuhrmann hatte die Hemme angedreht und die Latten und Pfähle vor die Räder geworfen.

Nun strängte er aus. Das Leitseil wickelte er ordentlich zusammen und hing es dem Handpferde an einen Kumthaken. Dann löste er auch die Steuer= ketten. Die Füchse waren frei, schüttelten sich, wieherten, sie glaubten, daß er sie in den Stall führe. Wirklich faßte er sie auch und führte sie am Wagen vorbei, den Weg zurück. Immer wieder berührten sie ihn mit den Lippen, baten um ein freundliches Wort, aber vergebens.

Mitten auf dem Wege hielt er und ließ die Zäume los. Die Pferde stan= den, sahen ihn fragend an. Da endlich löste sich die Starre, in der seine Seele seit Tagen lag. Langsam hob er den Kopf. „Ihr ahlen, guten Tiere!" sagte er, und seine Arme umschlangen den Hals des Handpferdes. Dann halste er auch das andere, das ihm verlangend den Kopf hinneigte. „Mag's euch gutt giehn!"

Eine Weile stand er zwischen ihnen, hinunter auf die dunkle Erde starrend. Und wieder redete er, aber ein rauher Hauch war über seine Seele gegangen. „Ich, as Elend baun? — Nee! — Dohie bleib ich. — Ich —! A sich Gutt! Häh, ich!" Damit ging er plötzlich davon.

Mit steifen, aber hastigen Schritten bewegte sich die hagere, hohe Gestalt wieder hügelan.

Durch den Nebel blinzelten die weißen Lichter des Bergwerks. Der Born= kandler sah nicht hinüber. Er brauchte keine Lichter. Bald stand er vor einem schwarzen hohen Haufen, seinem Auszugsfuder.

Ein Wiehern rief ihn. Die Füchse schienen zu folgen.

Hastig riß er die Hölzer vor den Rädern weg und kroch, indem er noch mit der einen Hand die Hemme aufdrehte, auf das Deichselgestell. Ein Rucken und Knacken geht durch das Fuder. Die Last will talwärts. Die Räder beginnen sich zu drehen. Schneller wird die Fahrt, immer schneller. Die Deichsel schleu= dert. Ein wildes, dröhnendes Sausen. Auf einmal ist es abgebrochen. Ein Atemzug lang beklemmende Stille. Darauf ein dumpfes Krachen in der Tiefe wie ein Gewitterschlag.

Stumme Nacht.

Wie Hilferufe klingt das Wiehern der über die Felder irrenden Pferde.

HANS REIMANN

Joe und Charlie oder die Filmaufnahme

Parodie nach Karl May

Es war eines Abends, als ich nach langer Reise in St. Louis ankam. Ich hatte eben in der Wüste Saharet den Scheich der Moniften aus den Händen der Kukkluxer befreit, in den Cordilleren ein Libretto für Puccini geschrieben und nebenbei dreiundzwanzig Naphthaquellen entdeckt, im Lande des nie untergehenden Mahdi eine Verschwörung der heulenden Davidsklabündler unterdrückt, siebenhundert Assiretahs (Märchen-Erzähler) auf einem Scheiterhaufen verbrennen laffen, eine Sklavenkarawane durch eine Furt des Stillen Ozeans nach Meriko geleitet, in Radebeul rasch an meiner inneren Vollendung gefeilt, im Tale des Zambeſi chriſtliche Bewäſſerungs-Anſtalten getroffen, in Stambul eine an Leo-Fallſucht zehrende Rose gepflückt und im Silberfee einen unermeßlichen Schatz ans Tageslicht gefördert, hatte alſo nach diesen Tagen der Beschäftigungsloſigkeit hinreichend Muße, ein richtiges Abenteuer zu beſtehen.

Hans Reimann, Selbſtkarikatur

Ganz selbſtverſtändlich suchte ich meinen alten Henry auf. Als ich in seine Werkſtatt trat, fuhr er von seinem Sitze auf und schrie dann vor Freude förmlich auf: „Ihr — Ihr — Ihr seid es, Old Shatterhand!"

Dann warf er seine Füße um mich und küßte mich hüben und drüben auf die Backen, daß es nur so klatſchte, setzte rasch eine Maybowle an und freute sich riesenhaft darüber, daß.

„Good evening, Mr. Henry," grüßte ich, als ob ich erſt geſtern zum letzten-mal bei ihm geweſen sei, „seid Ihr mit meinem Stutzen bald im Geſchick?"

„Eben fertig. Da steht er, Sir. Ein Meisterwerk!"

„Dank, Mr. Henry. Aber sagt, wo ist Winnetou, der rote Gentleman?"

„War vor zwei Jahren hier und läßt Euch ausrichten, daß er Euch an den Stromschnellen des Turkey Trot erwartet. Sind große Dinge im Gange."

Ich schulterte den knapp anderthalb Zentner wiegenden Stutzen, übergab dem alten Freund eine Handvoll Nugat und eilte zum Turkey Trot, den ich, immer die Luftlinie entlang kriechend, in wenigen Kilowattstunden erreichte.

Aus einem Gebüsch furchtbar wilder Kirschstämme erscholl der Schrei des Präriehuhns. Es war das verabredete Zeichen, auf welches ich antwortete.

Winnetou trat aus den Büschen hervor, nahm seinen Skalp ab als Willkomm und deutete, ohne seiner Freude, welch letztere sich im Schnitt seines ernsten, männlich-schönen Gesichts, welches irisch-römisch genannt werden kann, widerspiegelte, weiteren Ausdruck zu verleihen, nach einer Rauchwolke, die verräterisch hinter dem vor uns belegenen, dicht bewaldeten Steinhäger aufstieg.

Auf ein neuerliches Zeichen sprang mein Mustang hinter einer mit Spaghetti bewachsenen Felswand hervor und drückte meine von Rührung übermannte Hand.

„Weiß mein Bruder Scharlieh," fragte Winnetou flüsternd, „daß die aussätzigen Sorhlet-Indianer das Kriegsbeil massenhaft ausgegraben haben?"

„All devils!" entfuhr es meiner Zunge.

„Und was sagt mein von Professor Dr. Gurlitt wärmstens empfohlener Bruder zu der teuflischen Absicht dieser Coyoten?"

„Ich werde sie umzingeln und zu Corned beef verarbeiten."

„Das ist nebbich meine Absicht auch, Howgh!"

„Ich werde sie beschleichen."

Meine neue Donnerbüchse in die Hand nehmend, schlich ich vorsichtig vorwärts und gelangte so weit an die Sorhlets heran, daß ich, am Boden liegend, die Rothäute zählen und dieselben beobachten konnte.

Es waren ihrer etwa fünfzehnhundert Mann, sämtlich mit Kriegsfarben bemalt und sowohl mit Pfeilen als auch mit Hinterladern bewehrt. Im Hintergrund der Zeltstadt erhob sich eine ungeheure Büste des Heiligen Rabitz, des Schutzpatrons der Sorhlet=Indianer. Einige Krieger, die riesige Trichter in der Hand trugen, hielten Beratung ab mit dem wohlgenährten Häuptling, der blitzenden Auges und eine Reitpeitsche schwingend, welche mich in Verwunderung setzte, den Schlachtplan zu entwickeln schien. Mit einemmal brachten ein paar stämmige Sorhlets kleine Koffer angeschleppt, welche leer zu sein schienen und auf Stativen befestigt wurden. Dann drehten sie an den Koffern, während die mit Trichtern ausgerüsteten Medizinmänner, denn um solche handelte es sich zweifellos, wie rasend brüllten und die Krieger, sich auf ihre Pferde schwingend, mit verhängten Zügeln davonsprengten.

Da hörte ich einen röchelnden Atemzug hinter mir. Rasch meinen mehrfach erprobten Gurkenhobel zückend, drehte ich mich um. Keine zwei Schritte hinter mir glühten feurige Augen aus dem Dickicht, den Lauf einer Pistole auf mich gerichtet haltend. Ohne auch nur eine Sekunde zu zögern, warf ich mich auf den Schurken, denselben bei der Gurgel packend, um unnützes Blutvergießen zu vermeiden.

„Zounds!" (Zunz sel. Wwe.!) zischte er durch die Rippen.

Ich erkannte die Stimme. Es war der „blutige Grind", der Häuptling der Mahagonis, welche letztere den Sorhlets ewige Blutrache geschworen hatten. Rasch steckte ich demselben meinen Bädeker als Knebel in den Mund und lud denselben auf die Schulter. Im selben Augenblick knackte es in den Ästen und eine Anzahl Feinde, die ich in der Eile kaum zu zählen vermochte, warfen mir von allen Seiten Wickelgamaschen um den Leib, dieselben wie Lassos verknotend.

Inzwischen war der „blutige Grind", der nicht müßig gewesen war, zur Besinnung erwacht. Dicht vor mich hintretend, schwang er seinen Tomahawk (Ludwig Thomahawk!), spie verächtlich vor mir aus und gurgelte: „Du stinkende Kröte vom Stamme der bleichgesichtigen Armleuchter sollst von mir als Nachtisch verzehrt werden. Morgen weilt dein verpesteter Leib in den Jagdgründen des großen Manitou, wo er von Aasgeiern gejagt wird, daß ihm der Geifer usw."

„Stop!" rief ich, „unterlassen Sie Ihre versteckten Andeutungen, mein Herr!"

„Pshaw!" entgegnete der „blutige Grind", „deine Worte sind lieblich wie Maiglöckchen, verfehlen aber ihre Wirkung auf mein Indianergemüt."

Auf einen Wink desselben banden mich die Mahagonis an den Schweif des Rotschimmels ihres Häuptlings, bestiegen ihre ungeduldig scharrenden Pferde, und fort ging es in atemloser Jagd den Turkey Trot entlang, über die Sevennen, durch Country Medina bis zum Rio Stinkominko.

Dort endlich wurde haltgemacht. Über und über mit Blut besudelt, verlor ich das Bewußtsein. Zu gleicher Zeit fühlte ich, wie mein Schädel durch einen schmetternden Schlag auf den Schädel zerschmettert wurde.

Als ich erwachte, stand die Sonne schon hoch am Himmel und brannte mit versengender Glut auf die Höhe meiner Situation, welche eine hoffnungslose war. Die Mahagonis, welche mich an den Marterpfahl gebunden hatten, tanzten um den Schein eines hellodernden Feuers, an welch letzterem sie mich rösten wollten.

Trotzdem mir die Hände fest aneinandergebunden waren, gelang es mir doch, meine Nagelfeile, die mir schon oft das Leben gerettet hatte, aus meinem Brustbeutel zu ziehen, und mit Hilfe derselben gelang es mir, meine Armfesseln zu durchschneiden. Dadurch bekam ich die Hände frei und lockerte die um Rumpf und Beine geschlungenen Fesseln so weit, daß es nur eines Blickes bedurfte, dieselben abzustreifen.

Dieser List hätte es nicht bedurft, wenn ich geahnt hätte, daß Winnetou unmittelbar nach meinem Verschwinden mit dem Häuptling der Sorhlets das Calomel geraucht und dieselben zur Verfolgung der Mahagonis zu überreden demselben gelungen war. Zum Glück war mir unterwegs Zeit geblieben, in regelmäßigen Abständen unbemerkt frische Zweige zu knicken und meine Visitenkarte daran zu befestigen, aus welch letzterer Winnetou mühelos meine Spur ablesen konnte.

„Mach dich auf dein letztes Stündlein gefaßt, du sächsischer Papierkragenheld!" kicherte der „blutige Grind", indem er mich mit unverhohlenem Ingrimm durchlöcherte, „du wirst gelyncht, gespickt, gebraten und mit Mayonnaise serviert!"

Ich verriet meine innere Zorneswallung nicht, da ich bemerkte, wie die im Lager der Sorhlets bereits erblickten Koffer unbemerkt von den wilder und wilder tanzenden Mahagonis dicht neben dem Wigman des „blutigen Grinds" auf ihren Stativen aufmontiert wurden.

Da durchbrauſte ein mark= und beinerzitternder Schrei die Luft, und fünfzehnhundert Krieger unter Winnetous Führung ſtürzten ſich auf die ahnungsloſen Mahagonis, welche, von jähem Entſetzen geſchüttelt, zu ihren Waffeln rannten, um dieſelben zu holen. Ein grauenhaftes Bild entbrannte, wie kaum die Phantaſie es ſich auszumalen vermag.

Da der Schein des Feuers nicht weit genug reichte und die Sonne vor lauter Angſt untergegangen war, konnten die Mahagonis nicht ſehen, wieviel Feinde ſie vor ſich hatten. Zur rechten Zeit aber flammten die Jupiterlampen auf und beleuchteten die auf ihre Pappſchilde losſchlagenden Sorhlets.

Lanzen ſauſten, Pfeile ſchwirrten, Meſſer blinkten, dazu das Geheul der beiden gegneriſchen Scharen und der Anblick des Chaos dunkler, miteinander ringender Geſtalten, welche das Ausſehen wütender Teufel hatten! Allen Sorhlets voran war Winnetou mit gewaltigem Stoß durch die Linie der Mahagoni gedrungen. In der einen Hand hatte er ein Stemmeiſen, in der anderen eine hocherhobene Kloſettbürſte und in der dritten eine todbringende Nudelrolle. Während jede Kugel aus dem erſteren mit Sicherheit einen Mahagoni niederſtreckte, ſauſte die Bürſte wie ein Eichhörnchen von Kopf zu Kopf, und unter den Streichen der Nudelrolle ſah man zur Rechten wie zur Linken andauernd halbe Mahagonis herunterſinken.

Ich hatte mich vorſichtshalber noch nicht aus meinen Feſſeln befreit, als der „blutige Grind" auf mich zutrat und ſich als Harry Piel vorſtellte. Die Operateure hörten zu kurbeln auf, die Leichname der Mahagonis erhoben ſich und ſtrömten gemeinſam mit den Sorhlets in die nahe Kantine, um den ausgehungerten Eingeweiden zu ihrem Recht zu verhelfen.

Winnetou, der ſich abgeſchminkt hatte und nun dem Zirkusdirektor Sarraſani zum Verwechſeln ähnlich ſah, zündete ſich eine Weneſti an, neben dem Häuptling der Sorhlets Platz greifend.

„Sind die Herren einander vorgeſtellt?" fragte er mich.

Ich verneinte.

Winnetou wies auf den Häuptling der Sorhlets, welcher ſich gemeſſen verbeugte.

„Scharlieh," ſprach Winnetou lächelnd, „das iſt dein Bruder Joe aus Berlin, der Regiſſeur des ganzen Klamauks."

Zeichnung von Kurt Rübner
zu der Satire „De Gadze“ von H. Reimann in dem Buch „Sächsisches Lachen“.

HANS REIMANN

De Gadze (Die Katze)
(Verspottung der Bliemchen-Mundart)[1]

„Wåhm geheerd (gehört) denn nur die Gadze?“

„Die geheerd unse.“

„Sie hamm enne Gadze?“

„Jjah, mir hamm enne Gadze.“

„Ich weeß nich, ich dåhd mir geene haldn.“

„Nu, wiff'n Se, ich halde se ooch bloß wåhjn de Meise (wegen der Mäuse).“

„Sie hamm Meise?“

„I geene Ahnung. Mir hamm doch geene Meise.“

„Ich dångke, Sie hamm Meise?“

„Awwoh, seid mir de Gadze hamm, hamm mir geene eenzje Maus måhr.“

„Nu, wenn Sie geene Meise måhr hamm, da brauchen Sie doch ooch geene
Gadze!“

„Ach euach. Gindr (Kinder) hamm'r nich, unn da behaldn m'r åhm de Gadze.
Aus Biåddåhd (Pietät)!“

---

[1] Fritze Bliemchen, ehemaliger Hut- und Mützenmacher, Partikularist, Privatpolitiker
und Präsident eines politischen Klubs — Zerrbild eines sächsischen „Spießers“ nach den
geschmacklosen Schriften der Brüder Gustav und Paul Schumann aus Trebsen.

MAX JUNGNICKEL

Ludwig Richter

Nun wandert der liebe Meister Ludwig Richter oben, im Himmel, umher. Er hat sein altes Wanderränzlein auf dem Rücken, den Zylinderhut auf dem grauen Kopfe, und eine Pusteblume hat er in der Hand. Und er pustet und pustet, daß die weißen Sternchen wie ein inniges Lächeln durch den Himmel segeln. In seinem Wanderränzlein hat der langbeinige Herr Maler und Zeichner und königlich sächsische Akademieprofessor Ludwig Richter ganz wunderliche Sachen: Zwei verwelkte Primeln sind darin, ein Vogelnäpfchen, eine kurze Pfeife, ein Ehrendiplom, ein stockfleckiger Brief von seiner Braut, der Jungfer Gustchen, ein Goethe-Büchlein, eine Rolle Heckenröschentapete, zwei fleißige Pinsel, fünf verrunzelte Farbenstückchen und viele gespitzte Bleistifte. Das ist alles. — — Und das Herz voll Kuckucksruf und Regensang und Spinnradschnurren.

So wandert der liebe Meister Ludwig Richter oben, im Himmel, umher.

MAX JUNGNICKEL

Im Traum des Spielzeugmachers

Gott läßt sich nicht verjagen. Wenn er von einer Menschenseele verspottet, verleugnet oder verdammt wird, so verläßt er grollend diese Seele nicht, sondern spinnt weiter an seinen Himmelsmelodien, bis er sich eines Tages strahlend dem Verflucher offenbart.

Im Erzgebirge lebte in einem armen, elenden Hause ein Spielzeugmacher, ein ewiger Junggeselle. Huckert hieß er. Er hätte wahrscheinlich auch keine Frau gekriegt: denn er war lahm. Seine Stube mit dem gichtbrüchigen Sofa, mit den Leim- und Farbentöpfen und der billigen Ölpinselei an der Wand, die ein italienisches, abgetretenes Motiv wiederholte, kannte nur ihn, seine sauren Groschen, seine Spielzeugbasteleien und sein mageres Essen. Manchmal humpelte er erregt durch die Kammer, ballte seine Fäuste und knurrte vor sich hin: „Ist das ein Leben, Gott! Ach wenn es nur einen gäbe!" Und sein Lachen hatte etwas Bissiges.

So ging sein Leben dahin; ein fluchender Einsiedler, der aus seiner lieblosen Behausung die Seligkeiten in Kinderstuben schickte, indem er Pferde schnitzte, Hampelmänner bemalte und lauter bunten Tand.

In einer Winternacht hatte der alte Kerl einen eigenen Traum. Er lag in seinem zerrankerten Bett. Draußen stöberte der Sturm. Der eiserne Ofen war eiskalt. Der alte Spielzeugmacher sah plötzlich über sich tausend, abertausend Augen schimmern: Kinderaugen, blaue und graue, schwarze und braune. Und die Kinderaugen umleuchteten ihn und machten seine alte, verluderte Gestalt so strahlend, als wäre die Frühsonne über ihm aufgegangen. Und die Kinderaugen zogen und schmeichelten und bettelten die Seele des Alten aus der Brust heraus. Und die Spielzeugmacherseele flog heraus und war durchsichtig blau wie ein Jahrmarktsluftballon, den man für kleine Spielhände kauft. Unten hing sogar ein Faden daran. Die Seele erhob sich und schwang sich auf. Kindermelodien erwachten, umringten und umtanzten sie. Sterne legten sich zu silbernen Kränzen um die aufsegelnde Seele. Der Mond wackelte und klirrte und schnitt komische Fratzen.

Auf einmal war alles ruhig. Eine knöcherne Hand griff nach dem Faden der kugelblauen Seele. Aber die Seele hob sich noch immer. Und nun sah der Spielzeugmacher, wie der Tod, der knöcherne, klappernde Tod, an seiner blauen Seele hing und wie beide, seine Seele und der Tod, in eine helle Wolke fuhren. — —

Am Morgen war Huckert gestorben. Auf seinem hageren, zerrissenen Gesicht war ein Lächeln stehengeblieben, ein wunderschönes Lächeln. „Herzschlag", sagte der Arzt. Aber was will das sagen! — — Gott war in ihm so groß geworden, daß er den armen Kerl selig von dieser Erde entführte.

*

Poetengebet

Verwische nicht den bunten Bogen,
der über meinen Wegen steht.
Verstimme nicht die Bettelgeige,
die müde jubelnd mit mir geht.
Und mache meine Märchenfeder
mir ja nicht trüb und krank vor Leid.
Sieh, dass der Mond mit Silberschein
Mein Kammerfenster ganz verschneit.
Und gieße in mein Tintenfass
noch manche Seele licht.
Du lieber guter Herrgott, die,
und auch verhungern lass mich nicht

Max Herrmann
1912.

285

MAX JUNGNICKEL

Herbst über Nietzsches Grab

Messinggelb steht über dem Dorfe Röcken bei Lützen die Sonne. Weißrot die Blumen in den Bauerngärten. Lebendiges Gold darunter. Im Feuer und im Blute des Herbstes alle Bäume. Einer Magd begegne ich: Knallrotes Tuch um den Hals, schwere Holzpantoffeln an den Füßen. Im Munde, zwischen den Zähnen, eine wippende blaue Aster.

Mitten im Dorfe der Friedhof mit dem Kirchlein. Alles rennt über den Friedhof: Menschen, Hühner, Enten. Schulkinder gehen singend und pfeifend darüber hin, peitschenknallende Knechte, zwei frierende Bettelmusikanten, Radfahrer und ein Kinderwagen. Hier und dort sind Grabhügel zertreten. Grabsteine liegen zersplittert im hageren Grase. Ein richtiger Holperstolper= weg ist dieser Friedhof.

Das Dorfkirchlein hat etwas Rührendes. Manchmal, wenn ein Winkel= windchen aufwacht und unter die alten Mauern schleicht, dann ist's, als ob eine plötzliche Zärtlichkeit in ihm aufsteige. Es sehnt sich nach singenden Kerzen= kindern, nach alten Frauen, die noch den Flammenschein des Kunkelofens in den Augen haben. Ein rührendes Kirchlein.

Und an dieser Kirche liegt, von weißen Astern umnickt, vom Efeu um= sponnen, Friedrich Nietzsche. Wie seltsam: Das Herz, das von einer ewigen Fackel durchflammt war, von unendlichen Melodien durchblüht und von ge= nialen Irrlichtern durchleuchtet, nun liegt es stumm und kalt an einer armen, windigen Dorfkirche. Und der Efeu, der aus diesem Herzen wuchs, zieht sich an der harten Mauer hinauf. Wie eine grüne Braue überschattet er die müden, halbblinden Fensteraugen. Wie flüsternde Ewigkeit geistert's aus Efeu und Kirchenmauer. Dieses Herz, das einst gegen die Kirche andonnerte, nun klammert es sich an die Kirche, nun hängt es daran. Umzittert von der letzten Melodie einer Lerche, umwoben von den letzten Strahlen der Dorfsonne. —

Es wird Abend. Die Kirche betet mit heller Stimme. Im Dorfe werden Fenster hell. Der Mond kommt. Eine Krähe fliegt auf und zieht den Mond, wie an einer Silberleine, über die Kirche weit ins Land hinein.

*

[Der Dichter Max Jungnickel und die Dorfkinder
Zeichnung von Otto Ubbelohde.

MAX JUNGNICKEL

· U ·

Unter den Vokalen, die nach Blau und Wind, Erschrockenheit, Wut, Feuer, Licht, Qual und Wasser klingen, ist mir das U der seltsamste und schönste Vokal: jener Vokal, der halb von der Erde, halb vom Himmel ist. — Im U liegt eine Dunkelheit, wie sie auf alten Dächern liegt, darunter Märchen hausen. Durch das U flattern Fledermäuse. Im U sitzt ein verwanderter, müdgelaufener Mensch, der an seine Mutter denkt und von diesem Gedanken ganz warm und erleuchtet wird. Im U liegt die Kunkel einer Here, legt sich über ein Auge eine bezauberte Wimper, steht schwarz ein Engel, in der rechten Hand ein zerbrochenes Kinderspielzeug, in der linken ein Menschenherz, in das ein Regenbogen hineingesunken ist. —

Im U glimmt Jakob Böhmes Schusterkugel, brennen Meister Ekkeharts Lichter, donnert Luthers Blitz. Im U sitzt Gott und zeichnet auf seine rechte Handfläche ein neues Sternbild.

HANNS JOHST

Oſtern

Tröſtliche Gebärde,
wenn aus Gruft und Erde
die Verweſung bricht.

Weſen wird ihr Glaube,
und er ſchwebt als Taube
in das Gotteslicht. . . .

Weihnacht

Die weißen Pſalter des Winters
klirren
auf der Harfe der Wälder.
Am Horizonte glüht
der goldene Chriſtbaum der Nacht.

Der Tiſch der Erde aber
beſchert
Gott
mit klingenden Kirchen
und friedlich äſenden Reh'n.

Wanderung

I

Ich gehe über ſchmales Gelände,
wie über eine Brücke zwiſchen Himmel und Erde.
Horizont ſind meine Hände,
die ich breite, damit ich geſegnet werde.

Ich halte die Stirn mit den Schultern feſt
und fühle, daß aller Himmel in mich bricht
und alle Erde ſich in mich preßt,
mich wandeln zu lauter blühendem Licht.

II

Bunte Straßen flattern
am geſenkten Schaft des Horizontes.
Gewölk von Wäldern
weidet über blondes
Licht der Flur.

Eingepreßt von Himmel und Erde,
zwiſchen die Steine der Unerbittlichkeit,
wandelt der Menſch: ſteil und bereit,
daß er zermahlen werde
zu Zeit und Ewigkeit.

Der Menſch

Es rauſcht der Schlaf
wie ſchwarzer Wald,
wie Wurzelgrund,
wie Wipfel bald.

In mir als Stamm
wird Erde Licht,
und Himmel
in die Erde bricht.

Ich trage Licht,
ich trage Grund,
ich bin die Laſt,
ich bin der Bund.

Ich bin das Licht,
ich bin der Grund.
Geſchöpf bin ich,
des Schöpfers Mund.

288

HANNS JOHST

Der Weg ins Leben

Die zwei Jungen, dicht nebeneinander, saßen wortlos im Auto; im lauten Licht der Straße sah man die gelbliche Blässe ihrer länglichen Gesichter und die bläuliche Tiefe unter ihren gespannten Augen. Die Lippen waren ohne Blut und dünn wie ohne Wollust. Hans Werner war der Längere; auch liefen in seinem Gesicht ein paar Linien mehr, die dem Ganzen zu einem geistigeren Zusammenhang verhalfen. Erich Pöschers Gesicht war noch ungelöst und gefüllt von jener jungenhaften Ausdruckslosigkeit, die sich leicht blasiert gibt, um von vornherein eine Weltanschauung darzustellen und so dem Verdacht zu entgehen, noch keine zu kennen.

Am Friedhofster hielt der Wagen. Vorfrühling in stillen Grabgängen. Auf hingeduckten Reihen von Gräbern lagen Kränze aus Weißblech, an denen der Rost gefressen hatte und in denen der Atem des Windes röchelte. Die Grabkreuze standen unbeholfen zu Häupten der Erdbetten, der Regen hatte ihre frommen und goldenen Sprüche ihnen aus dem Gesicht gespült, und nun hockten sie beieinander, als ob sie sich ihrer armen Einfalt schämen wollten.

Ein humpelnder Friedhofsdiener fuhr in einer knarrenden und quieksenden Schubkarre rostbraunen Kies auf die verblaßten und ausgetretenen, schmalen Stege, die zwischen den Gräbern ihr winkliges Dasein führten.

Dann standen Hans Werner und Erich Pöscher an den Urnen, denen ihr Besuch galt.

In quadratische Nischen waren sie eingestellt, und streng und sachlich standen die tönernen Sandsteinkrüge in einer Folge vieler dicht beieinander. Der Tempel für die Urnen lag erhöht, und der Blick konnte sich nach Süden hin tief in die kahle Ferne verlieren.

Einige schräggewehte Chausseebäume, ein paar scharfgerissene, niedrige Häusersilhouetten — das war die ganze Welt, die sich erschloß.

Schwarz und in harter Schrift stand unter der Urne: „Werner Neudorff"; ein Stern mit einem Datum und ein Kreuz mit dem anderen Tag und Jahr. Zwei Urnen weiter: „Fritz Ullmann" — unter einer gleichen Nische, in gleicher Schrift, schwarz und hart.

Die zwei standen davor — plötzlich wie am Ziel und wie atemlos von einer geheimen und aufregenden Spannung. Sie wagten einander nicht anzusehen, weil sie Tränen in ihren Augen wußten und nicht sprechen konnten, umklammert von großem Gefühl.

Das war das steinerne, enge Ende erster Jugend! — Sie standen lange wortlos in dumpfer Überwältigung. Nach den vielfachen Erregungen der letzten Prüfungszeit fiel die Entspannung über sie her. Beide hatten die Nächte der letzten Wochen durchgearbeitet um des Maturs willen. Noch hatten sie die Loslösung ihrer zwei Freunde als endgültig nicht erlebt.

Jetzt spannte das dunkelnde Gefühl weite Segel, und ihr Herz schoß schwer im Sturme der Sehnsucht einem verlorenen Paradiese zu. . . .

Plötzlich wußten sie es wie Offenbarung, gewiß und erschütternd: Tore sind zugeschlagen, vor denen viel Erinnerung warten wird — ohne Erlösung.

Einzelne Bilder, willkürlich vor das Auge geschleudert, ohne Zusammenhang, jagten vorüber. — Hans Werner taumelte in der Brandung schäumender Gesichte. Erich fühlte die Einsamkeit seines Freundes und führte ihn an die wenigen breiten Stufen, die zu den Urnen trugen.

Sie setzten sich hin. Im Rücken die Toten, vor sich im schrägen, gelben Licht das kahle Land, einen schmalen Horizont, der die Tiefe schloß wie ein verschwiegener Mund. . . .

So war das Ende des Werner Neudorff gewesen:

Hans Werner war neben ihm im Winterwald geschritten. Sie hatten reichlich Wein getrunken und viel Pathos davon im Munde; dann hatte Neudorff gefragt:

„Wohin hat man zu zielen, um zu Ende zu sein?"

Und er, Hans Werner, hatte die Stelle gewußt. Er hatte sie auf das Verlangen des Freundes mit Tintenstift an die Schläfe gezeichnet. Der dankte flüchtig, und ihr Gespräch hatte wieder alle Welt überwältigt.

Was hatten sie sich doch alles einander versprochen, was hatten sie doch alles einander an Plänen vertraut! Wie anders — wie von Grund aus anders — sollte die Welt werden! Endlich einmal eine Reformation wollten sie bringen, eine absolute Reformation und keine, die sich auf irgendeine zufällige Disziplin ihrer persönlichen Veranlagung bezog. Sondern kosmopolitisch und universell wollten sie Umgestalter werden an aller Welt. Ihre Freundschaft sollte verhüten,

290

daß Einzel= und Sonderinteressen vom großen Ganzen abführten. — Vier Freunde — würden sie schon aller Probleme schließliche Herren werden!

Dann hatte Hans Werner den Brief in der Hand gehalten, diesen Brief mit der fürchterlich kühlen Strenge. Den Abschiedsbrief seines Werner Neudorff. So hatte geschrieben gestanden:

„Wir schreiten unserer Zeit nun entgegen. Ich fühle die Schwere meiner Verantwortung. Ich erlebe die ungeheure Aufgabe unserer Jugend und überlebe nicht ihre Lösung. — Ich könnte einen Kompromiß schließen und versuchen —. Aber die Scham diktiert mir: alles oder nichts! Dem Alles stehe ich hilflos gegenüber, so grüße ich das Nichts! Lieber tot als ein Sklave bürgerlicher Gesinnungen und wirtschaftlicher Abhängigkeiten. Haltet uns die Treue! Uns — unserer Jugend und ihrer Überzeugung, wie ich sie gehalten habe . . .“

Hans Werner war im Wagen nach der Stelle gefahren, die angegeben war als Ort, an dem Werner Neudorff die letzte Begegnung erwartete.

Schräg über den Weg hatte er gelegen. Auf dem Rücken, das weiße, schmale Gesicht streng gegen den Himmel, die Hand mit dem Revolver noch am Kopfe. An der Schläfe stand ein geronnener, dunkelroter Tropfen Blut.

Es war abends gegen acht Uhr gewesen und neblige Dämmerung. Hans Werner hatte mechanisch alle Dinge veranlaßt, die zu tun ihm geblieben waren.

Wie ein toll gewordenes Karussell sauste die Erinnerung in Hans Werner. . . .

Vier Wochen später stand er in einem verdunkelten Zimmer. In einem Plüschsofa saß ein alter, gebeugter Mann und hielt über seinen Knien — gräßliche Pieta! — den zerschmetterten Leichnam seines Sohnes.

Fritz Ullmann hatte sich fünf Etagen hoch hinabgeworfen auf den Asphalt der Straße und ruhte nun — ein Haufen zerstücktes Fleisch — auf dem Schoße seines Vaters.

Auch er hatte sich von der süßen Wollust des jähen, jungen Todes überwältigen lassen und war vor Plänen geflohen, deren Erfüllung im kommenden Leben ihm plötzlich nur schwer erschien.

Plump fiel die Brutalität dieser zwei Taten Hans Werner an. Würgte an seinem Leben und wollte ihn zum selben Strudel zwingen. Der äußere Trubel der Examenarbeiten hatte ihn dann gefangen gehalten. Er war ganz

ohne jede Hemmung eingestellt gewesen — gedankenlos und gefühllos ein=
gestellt gewesen auf die Pflichterfüllung, die diese Wochen von ihm forderten.
Er hatte nicht gedacht, nicht gefühlt, er hatte sich keine Minute Ruhe gegönnt,
sondern hatte seinen Schädel vom Geschichtsbuch weg zur griechischen Syntax
und von da über eine geometrische Aufgabe gesteckt. Abends hatte er, heimlich
vor seinen Eltern, ein paar tüchtige Schnäpse genommen, traumlos geschlafen
bis zum ersten Morgen, um wieder in die Bücher, in die Schule und wieder
in die Lernarbeit zu stürzen.

Erich Pöscher stand neben ihm und wußte, wie es um Hans Werner
stand. Er hatte die Verzweiflung erkannt, mit der sich Hans vor jedem Gefühl
abschloß. Heute, wußte er weiter, würde Hans Werner seine Krise erleben. In
dem weißen Gesicht des Hans Werner begannen Worte aufzuzucken. Erich
Pöscher sah es und sagte:

„Wenn du mich lieb hast, Hans, jetzt sprich!"

„Ich habe —" sagte Hans und raffte die Worte hastig zur Rede — „gewußt,
was ich wollte! — Du wirst vielleicht gestaunt haben, wie ich es vermochte,
wortlos diese Wochen zu überdauern. Aber ich hatte mir ein Ehrenwort ge=
geben, das ich bis heute gehalten habe. Und heute bin ich frei! — Ich war von
uns der Schlechteste in der Schule. Hätte ich mir vor diesem lappigen Examen
eine Kugel in den Kopf gejagt, wäre ich unter der Rubrik: Schüler=Selbstmord,
Angst vor dem Examen, gebucht worden. Das verbot mir mein Stolz! —
Außerdem meine ich, die Tat hat nur Wert, wenn sie ein freier Entschluß ist.
Meine liebsten Freunde hatten sie getan. Vielleicht wäre es billige Suggestion
gewesen, wenn ich es dicht, so um zwei Urnen Distanz, hinter diesen getan
hätte. Heute habe ich mein Zeugnis! Die Welt liegt frei vor mir, deswegen
bat ich dich, mit mir zu kommen. . . ."

In das Atemholen hinein sprach Erich.

„Ich wußte um dich! Und es ist gut, daß wir diese Stunde uns geben.
Auch ich muß dir beichten. Beichten und dir weh tun. Wir haben Umwege
immer am meisten gescholten."

Er sprach langsam und schien mit den Augen die Worte aus der Luft zu
saugen. Seine Stimme war noch frei von dem dunkelnden Schleier werdender
Männlichkeit; seine Hände glätteten erregt über die steife Form seines Zylin=
ders hin, der auf seinem Schoß stand, wie er weiter sprach:

„Mein Vater rief mich gestern abend zu sich. Und mit ihm habe ich alles durchgesprochen, so daß mein Entschluß und das, was ich dir sagen werde, unabänderlich ist."

Hans Werner hörte erstaunt auf, fühlte aus der Stimme den gepreßten Zwang heraus und wunderte sich überhaupt, daß Erich so plötzlich und energisch die Rede an sich gerissen hat. Er war gewohnt, ihn zuhören zu wissen.

Erich fühlte wiederum den erstaunten Blick des Freundes und wurde nur schneller und härter in seinen Worten.

„Vater —" so fuhr er fort, „meinte, das, was wir gedacht hätten und in der Absicht trügen, sei fein, anständig und völlig richtig. Aber es liege in der Natur unserer Jugend, Superlative aufzustellen. Das Leben sei höchstens auf Stunden ein Komparativ, schlechthin sei es ohne jede Steigerung eine Tatsache, die einen wie den anderen mit militärischer Gründlichkeit gleichnähme und schließlich gleich mache!"

„Dazu hättest du deines Vaters nicht bedurft" — warf Hans ein — „diese Klugheiten kredenzten die Pauker stündlich. Sogar in antiker Fassung!"

„Es geht mir in dieser Stunde nicht um originelle Sophistik, lieber Hans" — fuhr Erich fort — „dann säße ich jetzt nicht neben dir! Es geht mir um den Abschied von jenen hinter uns und um den Abschied von dir. Bis jetzt konnten wir uns theoretisch mit dem Leben als einem Begriff befassen; von heute ab ist es anders! Von heute ab sind wir nicht mehr Schüler im landläufigen Sinne, mit Zensuren behaftet, sondern Menschen — wie jeder erste beste andere mit einem Leben beschenkt. Jetzt handelt es sich nicht mehr darum, recht zu haben, sondern im Recht zu sein! — Und den Beweis kann man nicht selbst erbringen, sondern die Folge jeder Tat, mit der man für seine Art und sein Wesen eintritt, urteilt für Recht und Unrecht."

„Der Katechismus deines Vaters ist nicht schlecht! Und man soll das Gute hernehmen, wo man es immer herbekommt!" lächelte Hans Werner in dünnem Sarkasmus, „er hat dir von dem Brot gereicht, mit dem man nicht verhungern kann!"

Erich sagte weiter:

„Ich habe jedenfalls beschlossen anzufangen, das heißt, ich werde Nationalökonomie belegen, wie ich mir vornahm. Und ich werde nicht mit hochfliegenden Ideen und Plänen an die neue Arbeit herantreten, sondern unbefangen und mit ehrlichem Appetit. Was wird, wird werden. Und was nicht erzwungen sein kann, soll mich nicht klein kriegen!"

Nach einem Stück Stillesein fuhr er wie zu tiefst verlegen fort:

„Was ich jetzt weiter sage, ist persönlich, mein Hans, es kann mißverstanden werden als aufdringlich und belächelt werden als Liebe. . . . Sicher ist es sauber gemeint und sei somit gesagt! In dir sah ich stets -- und du weißt es von meinem anhänglichen Zuhören her — einen größeren Menschen als in mir selbst! Ich bewundere dich von immerher. Ich sage es nicht, um zu schmeicheln, ich sage es, weil es dir nottut. Diese zwei" — er blickte krampfhaft jetzt in seinen Schoß — „rufen zum Tode! — Mit gleicher Inbrunst und gleicher Freundschaft rufe ich dich zum Leben. — Laß mich sprechen, Hans! Bitte, laß mich sprechen" — drängte er in Hans Werner, als er sah, wie dieser ihm das Wort nehmen wollte.

„Sie gingen von dir, auch ich gehe. — Ich gehe in ein simples Leben. — Daß du in dein Leben schreitest, ist mein Wunsch — wie es mein Glaube ist, daß dein Leben etwas von jenem lebendigen Glanze einfängt, den wir als Kunst bewundern.

Ich weiß, daß deine Hand den Revolver entsicherte, als wir diese Stufen heranschritten. Ich weiß, daß du mir deine Abschiedsworte schenken wolltest, wie ein letztes Almosen. . . . Ich weiß . . ."

Hans Werner saß stumm, er sah nicht auf den Freund, der plötzlich wie über ihn hinausgewachsen schien und altkluge Erfahrung über ihn hinschüttete. In Hans Werner spielten neue Extreme auf. Sollte er jetzt harmlos auflachen, den Erich zum alten Eisen werfen und seiner Wege gehen, oder sollte er die seltsame Botschaft dieses dichten Freundes prüfen? — Er war hierher gekommen mit dem sachlichen Entschluß, sich eine Kugel in den Kopf zu jagen.

Er wollte zum „himmlischen Skat einrücken", wie er es für sich nannte. Er wollte das Leben wie eine Bagatelle behandeln, der man nicht jahrelang nachläuft. So hatte er tausend Gründe für sich gehabt. . . .

Die heiße Melancholie seines Alters wirbelte in ihm. Das Pathos seiner neunzehn Jahre stand wider die Neugier seiner Jugend. Welchen Weg sollte er nehmen?

„Alles," dachte er mit einem Male laut, „alles läßt sich nachholen, nur dieses läßt sich nicht ändern. Muß man das Leben überhaupt ernst nehmen?

Kann man es nicht für einen Jahrmarktjur halten, den man nach Belieben dehnt?"

Alle diese Gedanken hatte er seit ungefähr drei Jahren im sausenden Tempo oft durchdacht. Sie kreisten in ihm schon fast mechanisch. Nur war heute ein Neues in ihm wach geworden. — Die Freiheit!! — Vor zwei Stunden noch war er Pennäler, jetzt Mensch! — Wenn Erich in nichts recht hatte, darin irrte seine Rede nicht: Von heute an begann die eigene Bestimmung. Der Zauber der Romantik fiel über ihn her.

„Wann fährst du nach Tübingen?" fragte er unvermittelt in die Beklemmung hinein Erich.

„Heute abend."

„Dann sind wir ja bald für lange Zeit getrennt."

Er reichte seine Hand zu Erich hinüber:

„Ich habe dich oft vergewaltigt, wie es so meine Art ist. Mich über deine bedachtere Natur lustig gemacht. — Nichts für ungut!"

„Ich habe dich immer nur lieb gehabt!" So nahm diese plötzliche Güte Erich entgegen.

„Geredet haben wir ja während der neun Jahre im Pennal genug miteinander, so können wir jetzt still auseinandergehen?"

Hans Werner erhob sich.

„Ich warte, bis du mir sagst, daß du lebst!"

„Ich lebe!"

Erich stand jäh auf, drückte Hans innig die Hand, wendete sich und ging, ohne umzuschauen, dem Ausgang zu.

„Bleibe gesund!" rief ihm der Freund nach, dann war er allein. —

Wie ernüchtert stand plötzlich Hans Werner in der neuen Stille.

Sein Programm flimmerte vor seinem Gesicht: Er hatte Abschied nehmen wollen . . . und ihm war ein Abschied gegeben worden. Er wollte . . . und jetzt?

Wunsch und Sehnsucht, Trauer und Freude jagten in ihm einander in jäher Folge; dicht, daß er fast ohnmächtig, seiner selbst förmlich fremd, dem tollen Spiel seiner inneren Welt folgen mußte. Alle Vergangenheit schoß feurig auf, blutrot dem Blicke vorüber und wies ins Land — ins Leben. . . .

Freiheit fiel über ihn her und wehte über ihn hin.

Der Druck seiner vieljährigen Vorstellungen ließ nach. Neue Farben tönten auf. Tollste Erschütterungen, unfaßbar in Worten, unbegreifbar, warfen sich in ihn. Er fühlte, wie ein neuer Blutkreislauf begann, und ohne Gründe zu haben, ja, ohne sie zu suchen, fühlte er stetig gewissen Hunger wach werden. Einfach Hunger! — Hunger auf ein Stück Brot und Hunger auf einen Fetzen Leben.

Er wollte leben! Er wollte sein Leben nehmen! Nicht wie Erich als einen schmalen Bezirk bestimmter Pflichten — er wollte es erleben als ein Gastmahl! Als ein wilder Spieler wollte er es zwingen! Er wollte wissen: Hierher kann stündlich der Weg weisen; aber der Weg sei genommen!

Er nahm den Revolver aus seiner Tasche, steckte das Bündel Veilchen, das er den Freunden mitgebracht hatte, in den Lauf und schoß es in den Himmel.

So überselig war er in seinem neuen Entschluß.

Der dröhnende Knall brach sich in den Nischen der Urnen hundertfältig und lief dann zitternd durch die spitzen Lebensbäume, die den Friedhof umstanden.

Der humpelnde Friedhofsgärtner kam gehastet. Von weitem schrie er Hans Werner an, ob er den Schuß gehört habe.

„Freilich," sagte er ruhig, „da draußen!" Und er wies über das Land hin nach dem Himmel.

„Unsinn! Der Schuß war hier dicht! Der Schuß war hier dicht!" Der Gärtner humpelte aufgeregt dem Schusse nach.

Hans Werner steckte beide Hände in die Tasche, verneigte sich theatralisch vor den Urnen und lächelte ihnen zärtlich mit der Pose eines Provinz-Hamlets zu.

Dann ging er durch den Friedhof, las alle die rührenden Sprüche und Verse, grüßte ein paar Fremde, die seinen höflichen und ernsten Gruß befangen erwiderten. Hans Werner freute sich eines jeden solchen Grußes — es war ihm ein jeder eine Brücke zu neuer Gemeinschaft. Er fühlte viel Neues sich ihm entgegendrängen. — Auf einem halbzerfallenen Grabe verdeckte ein leerer Krug einem Stiefmütterchen die Sonne. Er warf den Krug in den Gang, streichelte das junge, verhuschelte Bündel Grün, pfiff einen Gassenhauer und stellte sich die Torte vor, mit der ihn heute seine Mutter nach Tisch überraschen würde. . . .

Ausfahrt.

Die Kurbel in die Faust und angezogen!
   Schon springen die Kolben.
Endlich! Der Zünder zündet
   Die Räder knirschen, schurren,
Der Wagen knarrt und ruckt.

Die Wollust der Motore reisst am Steuer.
Ich werf mich in die Polster, schnalle ein.
Ein Zittern durchläuft den Leib von Eisen.
Die fressenden Kolben schlagen zur Wand
Und werfen den rasenden Wagen zur Seite.
Der Brüllende geht aus meiner ehernen Hand.

Jetzt sind die schnellen Gewalten entfesselt,
Und rasen vorwärts teufelstoll.
Die Kolben hämmern in ihren Gängen
Der Wagen glüht in Schnelligkeit,
Und alles in der Stürzen, drängen
Sausende Seligkeit.

Hanns Johst

HANNS JOHST

Luther
Letzte Szene des Schauspiels „Propheten"
Wittenberg. Kreuzgang im Kloster, Abend.

Luther (lehnt an der gleichen Säule wie im ersten Akt und schaut in den offenen Himmel): Gottvater häuft uns des Nachts feurige Kohlen zu Häupten. — Und dennoch! — Welche himmlische Heiterkeit ... welche heitere Ewigkeit. ... Derselbe Himmel lag über den thüringschen Wäldern, Philipp. ... Aber über dieser Stadt — dünkt mich — hat er ein klarer Gesicht.

Melanchthon: O, Martine! Du schaust ... Du lächelst empor. ... Und siehe, unter uns wandelt die Finsternis. ...

Luther: Über ein Kleines, Philipp, und es wird Morgen! — Genieße dieses überirdische Abendmahl! — Atme tief!

Melanchthon: Es riecht nach Brand, Pestilenz und Jüngstem Gericht!

Luther: Atme tiefer, Philipp!

Melanchthon: Schade um die Nase voll Himmel, die man in den Kadaver zwingt.

Luther (ganz heiter): Atme den Kadaver aus, Philipp. ... Atme das Himmelreich ein! Wahrlich, ich wittere Frühling über Deutschland. ... Frühling, Philipp, Frühling über Deutschland! (Stille.)

Melanchthon (leise): Dein Feind ist gepanzert mit Macht und List.

Luther: Meine Brust trägt bessere Wehr: das Evangelium!

Melanchthon: Du bist unser Gewissen, Martinus, aber Rom ist voll Wissen ... und Wissen ist Macht!

Luther (hart und sieghaft): Glaube — Allmacht! (Der strenge Marsch eines geschlossenen Trupps dröhnt in der Stille). Hörst Du? Bei Nacht und Nebel ziehen Studiosen ein. Man hört im klaren Jubel vorüberziehn:

> Wir sind der Schritt der kommenden Zeit, wir Jungen.
> Wer uns gewann, hat Ewigkeit errungen!

Luther: Ich lasse sie nicht zuschanden werden, diese Zuversicht! Worms, Philipp, war ein politisch Spiel! Zwischen den Schultern die Faust der Ritterschaft, die den Rebellen braucht wider römisches Recht, an der Gurgel die Hand Roms, der ganze Luther auf dem Reichstag eine scheinheilige Finte, ein Vorwand geriſſener Diplomaten!! ... Ich bin es ſatt, ihr Werkzeug zu ſein! (Stille.) ... Siehſt du jene kleine Mutter Gottes? ... Man hat die Mutter Gottes Stein werden laſſen und lebloſes Gebilde. Ich aber will ſie berühren, daß ſie hinfort unter uns wandelt!

M e l a n ch t h o n: Was redeſt du da, Verſunkener?

L u t h e r (von tiefſter Frömmigkeit gepackt): Ich will, daß jede Mutter eine Heilige ſei. Wir ſollen das Sakrament der Liebe, die Schöpfungs= gnade, die Zeugungskraft nicht länger verhimmeln. Irdiſch will ich die Ma= donna und von Fleiſch und Blut, daß die Erde fromm werde!

M e l a n ch t h o n: Wo zielſt du hin, Martinus? Du ſprichſt wie ein Bilderſtürmer.

L u t h e r: Sieh, Philipp, die tiefſte Liebe zwingt mich dieſen Weg. Ich fordre deinen ganzen Glauben, die Inbrunſt der Gemeinde fordre ich. ... Ich freie morgen hier, im klaren Blick des Tages, vor allem Volke und vor Gottes Richterſtuhl die Nonne Katharina!

M e l a n ch t h o n: Luther!!

L u t h e r: Sie kommt! ... Schände ſie, wenn du es vermagſt. (Vom Scheiterhaufen her ſteigt die Stufen herauf Katharina). Fürchte dich nicht, kleine Nonne ... dies iſt unſer Freund, der gelehrte Melanchthon ... in ſeinem Hauſe ſollſt du ſein, bis ich aus ſeiner Hand dich empfange.

M e l a n ch t h o n: Ich bin euer Diener, Braut Katharina, bis dieſer Euer Herr iſt! Aber die Welt, ſchmale Schweſter, wird viel Schmutz wider Euch werfen?

L u t h e r: Mein Herz wird immer vor deinem Schritte ſchlagen. Gib mir, Katharina, eh du von mir gehſt, ein Zeichen. (Katharina küßt ihm die Stirn.) Ich trage dieſen Kuß als Sakrament. (Melanchthon und Katharina ab.)

D e r P r i o r S a d o l e t (nachtwandleriſch, in Sandalen, mit der Muſchel und dem Stab des Pilgers, geführt von einem greiſen Mönch, achtet der beiden nicht, verneigt ſich tief nach rechts, wo der Altar zu denken iſt): Singe mir, Bruder, von der Seele, die betrübt iſt bis auf den Tod! (Der greiſe Mönch geht nach rechts ab.)

E ck: Prior!

S a d o l e t: Was rufſt du mich an mit einer Würde, die Schimpf und Schande gilt? Ich trage die ärmſte Kutte nach Rom.... Sie iſt geſchändet.... Ich will ſie heimtragen, daß der Vater ſie neu wirke aus Demut und rechtem Glauben.

L u t h e r (gequält): Vater!

Sadolet: Mein Sohn? Deine Stirne glänzt wie eine Hostie, aber dein Auge loht wie ein Scheiterhaufen. Sieh, ich löse die Füße aus den Sandalen ... ich will den Weg auf bloßen Sohlen gehen ... denn ich trage deine Schuld, Mönch!

Luther: Guter Vater, wie könntest du Schuld haben an meinem Gewissen?

Sadolet (lächelnd): Willst du mir diesen letzten Glauben nehmen? ... Ich weiß es von den Müttern: die Sünde der Kommenden ist die Schuld der Gehenden! ... Hier ist Wittenberg ... da ... Rom (er deutet nach Süden) und über beiden: Gott! Ob du den Anker wirfst, oder die Taube, der Grund ist Gott. ... Die Orgel beginnt leise, und die Stimme des Alten singt dazu:

Tristis est anima mea usque ad mortem, vos fugam capietis, et ego vadam immolari.

(Sadolet ist in die Knie gesunken, spricht in den Gesang.)

Sadolet: Christe! Wie klein ist mein Schmerz in deinem Leib. ... Wie groß ist unsre Schuld in deinem Schmerz. (Die Orgel verstummt. Er erhebt sich, um auf die Wanderschaft zu gehen.) Die Füße schlagen Wurzeln. ... Aber das Herz geht heim ... nach Rom ... und weiter ... nach Hause ... Vater zu dir! (Stirbt.)

Eck (bettet den Toten in seinen Schoß): Gelobt sei Jesus Christus!

Luther: In Ewigkeit. Amen! (In die Tür springt ein Bauer.)

Bauer: Find ich dich endlich, Luther! Träumer! Erwache! Triumph, Luther!! Dein Reich kommt ... Die Sensen sind geradegedengelt. ... Der Morgenstern geht den Rittern blutig auf ... Wie pralle Raupen fressen sich bäuerische Züge durch Weg und Wald. Die Burgen fallen, Sternschnuppen, zu Tal und stecken von selbst die widerspenstigen Städte in Brand. Die Heiligenbilder schlagen entflammt die Augen auf. ... Wahrlich Luther, Ihr habt die Lunte zur rechten Zeit gelegt. Deutschland brennt! Und Haß und Brunst fressen die letzte Fessel! Frei! Frei! Die Freiheit praßt. Komm, Luther, zu ihr, du bist ihr Prophet!! (Während der Bauer schwärmt, ist viel Volk die Stufen hinter ihm herauf zum Domeingang gedrängt.)

Luther: Aufrührer! Pack!! Der Pöbel gehört gestäupt! Der Esel getreten, das Volk beherrscht!! ... Was sucht ihr hier? Meine Freiheit ist meine Schuld, und ich trage diese Freiheit und diese Schuld für euch alle! Meine Schuld ist eine Gnade Gottes! Ich, ich trage sie ... ich, ich leide sie!! Ich kämpfe euch frei, ich liebe euch frei!

300

Bauer: Leute! Wer nicht für uns ist, ist wider uns! Brauchen wir Verräter? Die Fackeln her und Feuer gelegt! Pfaff bleibt Pfaff! Mag er mit den Römischen gute Brüderschaft halten.... Schließt das Tor! Auf ein paar Kirchenmäuse mehr oder weniger kommt es bei Gott nicht an! (Leute werfen Fackeln nach links, das Tor wird zugeschlagen.)

Eck: Nun? Luther! Jubele! Dein Glaube brennt! Sieh, das Gestühl, in dem als Mönch du knietest, errötet schon... dies Volk ist dein Wille... Diese Freiheit dein Werk!!

Luther (lehnt erschüttert am Portal): Und dennoch kein Wort anders ... keines fände ich, das mich zurückführen könnte in diesen Schoß.... (Er deutet auf Sadolet.) Die Heiligen stehen wehrlos in den Flammen und bleiben stumm.

Eck: Wehrlos und stumm, doch tausendfältig und unsterblich ... Wer bu? ... Groß ... Mächtig ... Wesen, so lange du frei warst und lebtest. Aber jetzt, sinnlos gemordet ... nicht einmal Märtyrer! Ich sterbe jauchzend! Mein Glaube ist gesegnet! Deine Gemeinde stirbt mit dir! Mich wählte Gott zum Zeugen, wie gnadenlos er dich zerstört! Mit dir äschert dein Bekenntnis ein ... doch Rom ist ewig!!

Luther: Das alte Lied der Kirche.... Ist das, Martinus, ein Ende für deines Glaubens, deiner Offenbarung Kraft? Hier empfing ich die Weihen ... An dieses Tor schlug ich die Thesen ... und wahrlich, jeder Hammerschlag, ich trieb ihn mir ins eigne Fleisch und Blut.... Die Flammen wühlen in den Orgelpfeifen.... Das Chorgestühl schwellt wie verweinter Blick ... Der Altar aber lächelt unbefangen.... Faß ihn ins Auge.... Aug in Aug mit ihm soll mich dies feurige Gewand (er deutet auf die Flammen, die des Raumes Herr zu werden drohen) wie Purpurwurf unwiderruflich kleiden.

(Vom Domplatz her hört man Waffengeklirr, dunkle Schreie, aus denen sich stärker und stärker und immer näher der Ruf: Luther! löst. Der Ruf, erst einzeln, schwillt während der letzten, jähen Szene zu Jubel und Sturm, zu Bekenntnis und Gelübde. Man vernimmt in die Worte Luthers hinein knirschende Axthiebe und stumpfe Schläge gegen das Tor.)

Luther: Das Leben hilft den Lebendigen ... der lebendige Glaube erlöst das Leben! Das Schwert eifert, und das Schwert richtet, der Name des Schwerts sei gelobt! Deutschland stürmt sich seinen Himmel!! Schlagt zu ... brecht ein ... euch schlägt ein Herz, ein Herz schlägt euch entgegen!

(Luther wirbelt mit beiden Fäusten immer wieder gegen das Tor, den Befreiern jenseits entgegen.)

LISA TETZNER

Kinderspiele

Eines Tages findet Anne auf den Waldwegen ein Stück abgebrochenen Schlauch. Anne ist immer darauf bedacht, alles, was andern Menschen Abfall ist, aufzuheben und ihm neuen Sinn und Zweck zu geben. Sie steht darin ihren Brüdern in nichts nach. Und während sie den Schlauch prüfend durch die Hände gleiten läßt, weiß sie, es wird ein herrliches neues Spiel geben: „Feuerwehr."

Es gibt tagelang nur noch Feuersbrünste. Sie brennen ab, mit der ganzen Schauerlichkeit und dem Wehgeheul, das diesen Unglücksfällen beigegeben ist. Die Leiter wird krachend weggezogen, und man muß an Seilen zum Dach her-unterklimmen. Die Kinder werden in ausgebreitete Tücher geworfen, man wird ohnmächtig dabei und muß Wiederbelebungsversuche machen. Auf dem Leiterwagen, das Schlauchende in der Hand, kommt die Feuerwehr angesaust, und mit „Zsch, Zsch" aus allen Mündern wird der Brand gelöscht.

So wohnen sie in allen Winkeln und Ecken des Gartens und brennen immer wieder ab. Wie ein Verhängnis schwebt „Abbrennen" über jeder Wohnung.

„Minna, nun denken Sie bloß, wir sind schon wieder abgebrannt!"

Anne steht, die Hände klagend von sich gestreckt, mit tieftraurigem Gesicht in der Stube und seufzt schwer.

„Spielt nicht immer mit so ernsten Dingen!" sagt Minna ärgerlich, „die Frau soll euch das verbieten. Ich verstehe gar nicht, wie sie solche Sünde zu-lassen kann. Das ist kein Spaß, mit dem man spielt!"

„Spaß???" Anne sieht Minna erstaunt an, „ja, glauben Sie denn, uns macht das Spaß." Sie schüttelte befremdet den Kopf.

Mutter verbot es allerdings an einem Tage, weil nun ihre neue Sommer-laube brannte und in Trümmer ging. Doch daran war die Art schuld, die Georg sich aus dem Schuppen geholt hatte.

Erst schlugen sie nur scheinbar auf die brennenden Balken, als sie aber die Flammen immer sichtbarer leuchten sahen und immer grausiger um Hilfe riefen, schlug der Feuerwehrmann mit voller Kraft zu, und splitternd sprang das erste Dachbrett herab. Sie erschraken, und der Gedanke an Strafe, an Mutter stieg auf, aber es gab kein Halten mehr, denn schon war ein zweiter auf dem Dach. „Ho, ho, rettet, was zu retten ist. Schlagt zu, wir bauen es wieder auf!"

302

Nein, sie konnten wirklich nicht an Mutters neue Sommerlaube denken. Sie sahen sie ja brennen. Krachend stürzte Andreas durch die Dachöffnung ins Innere auf Tisch und Stühle. Aber auch er war so im Spiel, daß er noch immer weiter schlug, trotz blutendem Kopf, während Anne wehklagend um Hilfe rief.

Plötzlich kommt Mutter, eilig scheltend schon aus der Ferne. Sie hat einen festen Griff. Sie zieht Andreas aus den Trümmern, sie zankt, wie sie lange nicht mehr gezankt hat.

Wohl ruft Anne kläglich noch einmal: „Mutter geh weg, es brennt ja. Mein Gott du verbrennst, rette dich!"

Mutter sah es nicht. Es gab ernsthaft Strafe, und Feuerwehrspielen ist von da an streng verboten.

Nun folgen Tage, an denen man nicht weiß, was man machen soll. Kein neues Spiel lockt zunächst. Und was könnte man denn sonst tun als spielen.

Anne sitzt müßig auf der Wiese, springt eine Zeitlang über die Heuhaufen, vorwärts und rückwärts, bummelte bei den Nachbarsleuten auf den Feldern herum, zielt Steine in den Brunnen neben dem Haus oder geht mit Georg und Andreas auf Molch= und Salamanderfang, bis sie an einem neuen Tag im Wald eine Höhle entdecken, in der sie wohnen können.

Mit großer Kraftanstrengung schleppen sie Steine herbei, um den breiten Eingang durch eine Mauer zu verkleinern. Sie bauen Verstecke, meißeln Löcher aus, suchen sich Früchte und Kräuter zum Mahl, hissen eine brennendrote Fahne als leuchtendes Wahrzeichen, und sie liegen Stunde um Stunde in der heißen Sonne auf der Plattform des Felsens, bis einer sagt: „So, nun ist Nacht!"

Dann steigen sie in die Dunkelheit der Höhle, hüllen sich in Tannenzweige als Lagerstatt und spielen andächtig und ernsthaft Nacht.

Sie hören es im Dorfe läuten, lauschen von fern dem Nahen des Zwölf= uhrzuges und sehen die Waldarbeiter Mittag machen, aber sie selbst kehren nicht heim.

„Ich werde Krähen schießen gehen," sagt Georg entschlossen und zieht aus. Er kommt immer ohne Krähen wieder und bringt nur aufgelesene Früchte und erstaunlich bekannte Speisen von daheim.

„Woher hast du diese Dinge, Horokuzio?" fragten sie in möglichst tiefem Baß, denn sie sind ja Ritter eines vergangenen Jahrhunderts.

„Habe ich Pilgern abgenommen, vorn an der Wegbiegung," antwortete Horokuzio dumpf und triumphierend.

Sie speisen mit Genugtuung das geraubte Pilgeressen oben auf dem sonnigen Felsen, und kommen sorglose Touristen den Waldweg entlang, so rufen sie ihnen aus der Höhe schauerliche Drohungslaute zu, die diese in ihrer Schrecklichkeit nicht erfassen, sondern mit fröhlichem Hutschwenken und Juhu beantworten. Dann ballen sie drohend ihre Hände in den blauen, ahnungslosen Sommerhimmel, an dem Vögel kreisen, die Horokuzio ständig erlegen will und die er niemals trifft.

Aber auch das Räuberspiel wird eintönig. Das Spiel muß immer neuer und schauerlicher werden. Man kann nicht immer nur auf einem Felsen Tag und Nacht spielen, Vögel schießen wollen und nicht treffen. Darum verwandeln sich an einem Tag die Räuber und Raubritter zu Indianern. Einer nach dem andern läßt sich nun rauben, wird verfolgt, flieht und leidet Marter in Gefangenschaft. Sie ziehen noch tiefer in den Wald hinein, zwischen die hohen Farne, die etwas mehr nach Urwald aussehen, in schauerlich nasse Spinnen- und Asselhöhlen. Sie suchen Blindschleichen, die sich der Häuptling um die Arme ringeln muß. Man übt sich in Unerschrockenheit und endet schließlich durch Verbrennung am Marterpfahl. Auch Anne!

Sie steht im Qualm beißenden Kartoffelkrautes am Wäschepfahl und sieht ihre Peiniger mit Stürzen und Töpfen klingende Indianertänze tanzen. Und sie wartet, bis der Befreier kommt, der kühn über die Flammen springt und sie im letzten Augenblick befreit und davonträgt.

Allerdings kann es auch geschehen, wenn das Spiel gar zu ernst gefahrvoll wird, daß Mutter dann herzukommt und verbietend eingreift. Es kommen auch Augenblicke, wo Mutter stehenbleibt und erstaunt fragt:

„Mein Gott, was tut ihr eigentlich, soll das auch ein Spiel sein?"

Denn, wenn nichts mehr ausreicht, um ihrer Phantasie zu genügen, toben sie in unerklärlichen Sprüngen und Bewegungen, sie brüllen, taumeln und torkeln und geben seltsame Laute von sich.

Sie können, wenn sie wollen, Tier sein und neben Troll in der Hundehütte ihren Mittagsschlaf halten, sie können Geister, Gespenster und Teufel werden. Unerschöpflich reich ist ihr Leben und ihre Phantasie.

304

Es gibt auch nichts, was sie nicht glauben und hoffen könnten. Besonders Anne ist voll Glauben und ohne Zweifel.

Eines Tages trägt sie an der Seite von Nachbars Reinhard ihre kleine silberne Sparbüchse mit all den sauberen Nickeln mitten in den Wald und vergräbt sie unter den Bäumen. Weil Reinhard ihr erzählt hat, es wüchsen Fünfer dazu, er habe es schon ausprobiert. Sorgsam steckt sie Stäbchen an die Stellen, zum Zeichen, und Tag für Tag schleicht sie danach, gräbt mit ihren kleinen Fingern, schaut lange den Boden ab, bis sie eines Tages ängstlich die Brüder zu Rate zieht und an ihrem Gelächter erkennt, daß sie betrogen wurde.

„Er hat's aber doch gesagt, er hat es doch gesagt!" versicherte sie immer wieder, und das war das Unfaßbare, das Anne nicht begreifen konnte.

Aus dem autobiographischen Roman „Der Gang ins Leben".

Titelzeichnung zu Lisa Tetzners 3. Band „Vom Märchenerzählen im Volke".

MORITZ WILLY STOLLE

Vorfrühling

Über Haus und Halde tropft
März und heller Schein.
Wie mein Herz so töricht klopft!
Soll's schon Frühling sein?

O du liebe Ungeduld,
noch ein Weilchen mußt du warten,
bis des Lenzes bunte Huld
blüht in deinem Garten!

Über Haus und Halde tropft
März und heller Schein — — —

Verregneter Tag

Wie eine Frau, die krank und alt,
der die Hände welk und bleiern,
verkroch die Sonne sich im Wald,
birgt sich hinter sieben Schleiern.

Verdrossen schlich der Tag ihr nach,
daß er die Entfloh'ne fände,
auf Wiesen, Feldern und am Bach
einsam irrt er im Gelände.

Sein Sehnsuchtsruf blieb ungehört.
Tränen hängen an den Wangen.
Enttäuscht, verraten und verstört
ist er weinend hingegangen.

GUSTAV WOLF-WEIFA

Mutter

Ich drückte die Klinke nieder. Noch ein zweites Mal. Eine Tür ging. Dann hörte ich die Schritte meines Vaters und sein kurzes, etwas gequält klingendes Husten. Der Lichtschalter knipste im Hausflur, und jetzt wurde der Riegel zurückgeschoben. Ich trat ein und stapfte und schüttelte den Schnee von Kleidern und Schuhen.

„Guten Abend! Was macht ihr?" — Dabei hielt ich meines Vaters Hand, fing seinen großen Blick auf, der unverwandt auf mir ruhte, sah, wie grau sein Haar geworden, und sah in sein unbewegtes Gesicht, dessen fremde Starrheit mich erschreckte. — Keine Freude? — Was sollte das? Was war geschehen? —

„Ich meine," sagte er, den Kopf etwas unnatürlich hebend, wie es Schwer= hörige zu zun pflegen, so daß er ein wenig nach hinten geneigt schien und das Kinn seltsam weit vorsprang — und seine Stimme klang sehr vorsichtig —, „ich meine nur, du mußt ganz leise sein! Mutter liegt in der Stube. Wir haben das Bett hereingesetzt. Sie hat sich legen müssen, gerade als ich mich wieder aufgerappelt hatte." Er legte die Sätze einzeln und mit großen Pausen hin. In mir war ein langsames Begreifen und ein Besinnen ohne Worte; etwas war plötzlich wie gelähmt.

Währenddem hatte ich ganz mechanisch Rucksack und Tasche im Flur ab= gesetzt, war in mein Studierzimmer getreten und hatte dort Hut und Mantel an den gewohnten Haken gehängt. — Weihnachtsferien!

„Du kannst hineingehen," sagte mein Vater. Ich öffnete leise die Tür nach dem hinteren Zimmer. Es war ganz still. Nur die Wanduhr tickte; mir schien es: lauter als sonst. In meiner Kehle ... in meinen Augen ... : ich zwang es fort. Dann stand ich am Bett und hielt ihre Hand. „Mutter! — — — Mutter!"

Sie schlief nicht, aber sie war sehr schwach und lag unbeweglich — ihre schmerzenden Glieder gestatteten keine Wendung —, und ihre fieberheißen Wangen glühten. „Ja, ich muß nur alles geduldig abwarten ..., nur ab= warten ...," hauchte sie sehr angestrengt. Und dann ging der Atem kurz. Aber schon fragte sie, wie mir's immer ergangen, und ob ich gesund sei —in all ihren Schmerzen ihre sorgende Liebe für mich! —, und ob mein Geld auch die Monate hindurch zugereicht hätte; — so gern hätte sie noch etwas für mich verdienen wollen, aber da hätte erst Vater ein paar Tage gelegen und nun sie schon so lange, und jetzt sei die Kasse daheim genau so leer wie meine ... Doch — ganz plötzlich schien ihr der Gedanke gekommen — im Januar gäbe es ja wieder Invalidenrente, und auch Vater würde bald seine erste bekommen ... Der Klang ihrer Stimme verriet ihre Freude über den glücklichen Einfall. —

Und dann saß ich am Tisch. Vater brachte mir zu essen, obwohl ich kein Verlangen danach hatte. Nach und nach erfuhr ich alles. Neun Tage schon lag sie todkrank. Man hatte mir keine Nachricht nach der Stadt gegeben, um mich in meinem Studium nicht zu stören.

Eigentlich wußte man nicht recht, was ihr fehlte. Fieber, völlige Appetitlosigkeit, ein geschwollenes Bein und ein schier unerträglicher Schmerz darin. Mit einer merkwürdigen Hoffnung und Sorglosigkeit ließ man alles geschehen. Und kein Arzt? Onkel aus der Residenz war ihre Hoffnung. Wem sollte sie auch mehr vertrauen als dem Bruder, den sie einst als Mädchen so oft nach der Provinzstadt begleitet hatte, als er noch die blaue Gymnasiasten-mütze auf dem Ohre trug! Doch jetzt lag er selber schwer darnieder und konnte seiner Schwester keine Hilfe bringen. Indes — man hoffte. Und ich — hoffte mit. — Wie unendlich stark ist doch der Glaube an die Macht eines gütig waltenden Schicksals!

So begann meine erste Nacht daheim. Ich war ein anderer Mensch, als ich in zwölfter Stunde auf meine Kammer ging, während Vater bei der Kranken zurückblieb.

* *
*

Verschneit in dörflicher Einsamkeit, wie seit langen Jahren nicht mehr, in tiefstem Frieden verbrachte ich die folgenden Tage.

Freilich — unser Haus hatte noch nie so viele Frauen aus der Nachbar-schaft gesehen wie gerade in dieser Zeit. Alle kamen sie zu meiner Mutter und meinten es gut. Die einen erzählten und fragten ohne Aufhören, andere klagten über das schwere Los, und die stilleren brachten ihr manchmal eine Kleinigkeit mit. Neugier und Mitleid lassen sich bei solchen einfachen Seelen sehr schwer voneinander trennen, und man konnte ihnen nicht böse sein, wenn sie keine rechte Empfindung dafür hatten, wie sehr sie der Kranken mit ihrer Geschwätzigkeit zur Last fielen.

Selten rief Mutter einmal nach mir, nur wenn vor Fieberdurst die Kehle zu sehr brannte und Vater gerade draußen in der Wirtschaft zu tun hatte. Sonst saß ich vorn in meinem Studierzimmer und las das Lied vom Helden Roland, wie es einst in alter Zeit unsre westlichen Nachbarn gesungen, und las in den frommen Schriften des Mönches Notker von Sankt Gallen aus den Jahren um die Wende des ersten Jahrtausends nach Christo und las über spanische Dichtkunst und spanisches Theater. Im Ofen prasselten die knorrigen Baumwurzeln, und wenn abends die hölzernen Fensterläden vorgeschoben waren, hätte ich am liebsten nie mehr aus meiner Heimlichkeit fortgewollt.

Von weither überm Meere, von der Insel im Norden, die die Alten das Eisland genannt haben, und wo das Volk wohnt, das sein Germanentum am reinsten bewahrt hat, kamen Weihnachtsgrüße, Grüße kamen auch aus der glanzvollen Seinestadt von dem Natursohn der wilden Berge Serbiens, der im Sommer auf unseren Feldern begeistert seine Lieder gesungen hatte, Grüße kamen vom Banater Schwabenland —; sie alle hatten uns nicht vergessen, die fremden Söhne, denen unsere Armut Reichtum geworden, und in deren Herzen tiefere Liebe für unser armes Vaterland glühte als in manches Deutschen Brust.

So hatten wir denn unsere stille Freude — auch ohne Weihnachtsbaum und ohne Lichterglanz. Und ich sagte: „Sie meinen es alle so gut mit uns . . ., Mutter —, siehst du —, nun mußt du auch wieder gesund werden! Zu deinem Geburtstag . . .“

Und dann suchte ich in dicken Büchern und glaubte, dem Übel auf die Spur zu kommen. Zwischen Hoffen und Bangen gingen die Tage. Da schien ein wenig Besserung vorhanden — sie nahm etwas Nahrung zu sich —, aber wiederum kamen neue Leiden und Schmerzen dazu: schlimme Wunden durch das endlose Liegen. Und kein Arzt. Nur ein Sichfügen in Geduld und ein Hoffen.

Manchmal hörte ich durch die Bretterwand ihre seufzende Stimme, wenn der Schmerz zu sehr quälte. Dann geschah es wohl, daß ich mit fast grausamer Härte gegen heiße Tränen ankämpfen mußte, aber äußerlich ganz ruhig in die Türe trat: „Mutter, kann ich dir helfen?“ — „Du darfst dich nicht stören lassen! Du kannst nicht jedesmal kommen, wenn ich klage!" Und sie suchte sich zu bezwingen. — „Aber ruf mich, wenn du mich brauchst!" Und dann ihr Blick —, und ich wandte mich. Wo sie's nicht sah, geschah's. Mir, dem das Weinen fremd.

Nur einmal verließ ich sie. Und als ich auf dem schnellsten Wege zurück= kehrte aus der Provinzstadt, war ich voll Freude, daß meine Arbeit dort un= geteilte Anerkennung gefunden hatte. So überfroh sagte ich zu meiner Mutter: „Ich glaube, es muß noch ein ganz großes Glück kommen. Mutter, du mußt gesund werden! — Glaubst du? — Ein ganz großes Glück!" Und beinahe konnte sie sich freuen wie ich. Nur ihre körperliche Schwäche war zu groß. Matt war ihr Lächeln und stark ihr Wille.

Wiederum hörte ich sie manchmal sprechen wie einst und glaubte meinen Ohren nicht zu trauen. Da klang ihre Stimme so frisch, so ohne jene Ver= schleierung, die die Schmerzen darüberlegten, daß ich unwillkürlich für mich lächeln mußte. Das war zum Beispiel, wenn Vater kochen wollte und fragte: „Was kommt nun noch daran?" Und sie antwortete: „Essig! Etwas Zucker! Ein paar Gewürznelken!" Ja, wenn ich dann ihre Stimme hörte, war mir, als wäre sie so gesund, daß diesmal das Schlimmste noch nicht kommen konnte.

Und wie ein alter General mit durchschossenem Bein auf der Bahre, so gab sie ihre Anordnungen an dem Tage, da alles anders wurde. — Mit einem Male ward es ihr Gewißheit: ein Arzt. Die Schmerzen forderten es unabweisbar. Auch uns kam es wie Erlösung: ein Arzt! Und die Gemeinde= schwester, die sich zufällig einfand, sagte dasselbe: ein Arzt!

So machte ich mich denn auf am letzten Tage des Jahres. Der Himmel schüttete Schneemassen herab, und der Wind verwehte die Wege. Das Dorf, kaum eine Stunde entfernt, schien heute mehr als doppelt so weit. Ich sprach kurz und knapp und sehr bestimmt und bat den Arzt, alle Instrumente mit= zunehmen, da ich überzeugt war, noch heute sei ein Eingriff nötig.

Er folgte mir trotz des furchtbaren Unwetters zu Fuß nach der Höhe. Zum Abend waren wir da. Dann begann er sein Werk, und bald hörten wir aus seinem Munde, wie wir geahnt, todernste Worte. Wenn möglich, mußte sie noch heute nach der Klinik zur Operation. Wir hörten es alle drei, und wir wußten, was es zu tun galt, als hätten wir nie anderes getan. Ich be= stellte den Pferdeschlitten, und Vater machte Stroh und Betten zurecht.

Mutter gab kurze und klare Weisungen. Unendlich litt sie, als wir sie samt ihrem Lager zum Gefährt trugen. Schwach war ihr Körper, aber heldisch ihr Geist.

* * *

Durch Nacht und Wetter kämpfte sich der Schlitten. Ein Telephongespräch war vorausgeeilt. Wie Gespenster glitten die Wegzeichen im gelbroten Schein der Windlaterne vorüber, und der Schnee fegte querfeldein und peitschte und stach unsere ungeschützten Gesichter. Das Pferd prustete. In fast unmöglicher Lage klemmte ich an der Seite des engen Schlittenkastens, um Mutter nicht wehe zu tun. „Frierst du?" fragte ich vorsichtig. — „Nein." — Aus dem Berg von Betten und Decken klang ihre Stimme ganz vergnüglich. Es war doch eine große Hoffnung darin.

Nach einer Weile zog sie die Decke ein wenig vom Gesicht und fragte interessiert: „Sind wir jetzt am Gericht?" Und wieder nach einer Weile: „Sind wir schon am großen Kirschbaum?" Und so ab und zu den ganzen Weg. Es schien ihr Vergnügen zu machen, zu erraten, an welcher Stelle des Weges wir waren, und so ihr Ortsgedächtnis zu erproben; denn lange Jahre schon waren ihre Füße nicht mehr imstande, sie so weit zu tragen. — Interessiert, nicht ungeduldig war der Klang. Manchmal hätte ich weinen mögen, weil mich dieser Ton an jene Zeiten erinnerte, da dieselbe Stimme, der gleiche Klang meine Augen aufschloß für die Schönheiten der Natur, — hätte weinen mögen, ich weiß nicht, ob vor Schmerz oder vor Freude. Ich wandte mich zur Seite; meine Augen brannten. Ich mußte das Denken von mir schütteln; denn es trieb mir die Tränen herauf, und der Körper erbebte, so daß ich mich schämte, Mutter könne etwas von meiner Schwachheit merken.

An der Wegegabelung ruckste der Schlitten heftig über die Steine. Der Wind hatte dort die hochgelegene Straße bloßgefegt. Dann tauchten wir in den ruhigen Wald. Eine göttliche Pracht, eine wohlige Stille! Mutter konnte jetzt die Decke ganz beiseiteschieben und nach den schneeschweren Zweigen schauen, die in der Höhe wie große Arme über den Weg griffen. Nun ging die Fahrt den steilen Berg hinab, und schon waren wir unten im nächsten Dorf. Auf der anderen Seite stiegen wir wieder sacht bergan, fuhren am Waldrande lang, vorbei an dem neugerodeten Ackerland, und jetzt blinkten die Lichter des Städtchens im Grunde.

Links abgebogen! Plötzlich hatte das Pferd Mühe, durch den Schnee zu kommen, und schon saßen wir fest. Ein Ruck —, ein paar Schritte zu — und nochmals! Dann war's aus. Das Pferd stand unbeweglich bis an den Bauch in der Wehe. Sollte hier kurz vor dem Ziel noch alles fehlgehen? Jedes Antreiben und Zureden blieb vergeblich. Die Kräfte gaben es nicht her. Wie gut, daß wir noch in letzter Minute auf Tantes Rat eine Schaufel mitgenommen hatten! Nach einer Viertelstunde war der Schlitten bis zu den Kufen freigelegt, das Pferd ausgespannt und das Gefährt von uns auf das flache Feld geschoben. Mutter tat nicht eine Frage. Ihr Vertrauen zu mir ging einen geraden Weg und kannte kein Hemmnis. „Hat's lange gedauert?" — „Nein", klang ihre Antwort gütig und zufrieden. Und nun ging's quer über die Felder und die steile Bergstraße hinab. Es war derselbe Weg, den ich im Herbst als fahrender Schauspieler gezogen, von jung und alt jubelnd begrüßt. Heute strömten die frommen Katholiken nach der hellerleuchteten Kirche zur Neujahrsnacht und wunderten sich über das einsame Gefährt.

Endlich stand ich vor dem alten freundlichen Sanitätsrat. Er sagte, in der Klinik sei schon alles bereit. Noch ein Stück hin — und dann über die Schwelle des Gartentores! Nach eineinhalbstündiger Fahrt!

* * *

Die Schwestern waren zur Stelle, und der junge Arzt eilte herbei. Dann kam das Schwerste für meine Mutter: auf demselben Lager, auf dem sie seit Wochen gelegen und auf dem sie in den Schlitten gewandert war, mußte sie jetzt die Treppen hinauf nach ihrem Zimmer in ein neues Bett gebracht werden. Bei jeder ungeschickten Bewegung und Änderung der Lage verging sie fast vor Schmerzen. Endlich war auch das vorüber. Der Körper, dessen einzig Erhaltendes die Willenskraft war, hatte die Probe bestanden.

Der junge Arzt fühlte, worum es ging. Er hatte selbst eine kranke Mutter daheim, und Menschen mit gleichem Schicksal verstehen einander besser und empfinden stärker und tiefer füreinander. Dann sagte er sehr ernst, er könne mir keine Hoffnung geben. Die Operation selbst sei das Geringste, der weitere Verlauf erst könne entscheiden. —

Ich saß wieder allein bei meiner Mutter. Das Gefährt hatte ich heimgeschickt. Des Arztes Worte hatten mich nicht erschreckt. Ganz ruhig war ich jetzt; denn meiner Mutter Zuversicht war groß und unerschütterlich, und ihr Geist wollte, was da geschehen mußte.

Man hatte ihr eine Einspritzung gegeben, damit sie einschliefe. Aber noch konnte ich mich mit ihr unterhalten. „Nun wird bald alles besser sein! Und vielleicht bist du zum Geburtstag schon wieder daheim. — Mir ist, als müßten wir noch eine ganz große Freude erleben. Weißt du, Mutter, eine ganz große Freude! — Nicht wahr, du hast keine Furcht?" — „N—ein . . . !" hauchte sie leise lächelnd im Einschlummern. Wie sie dalag, das gute Gesicht von den schlohweißen dünnen Strähnen umrahmt! „Großmutter" hatten die Schwestern zu ihr gesagt. — Ich wollte ihr ganz heimlich einen Kuß auf die Stirn drücken, aber da scheute ich mich. Unser hartes Geschlecht empfindet anders. Nicht bis in die früheste Jugend kann ich mich zurückerinnern, daß mich meine Mutter geküßt hätte, und doch war sie gütiger als alle Frauen, die ihre Kinder fast mit Küssen ersticken. Ob meine Lippen je dies Antlitz berühren werden, ehe die Augen für immer geschlossen sind? Auch wohl der größte Schmerz wird letzte Weichheit nie enthüllen. —

Wohl mir, daß ich dich meine Mutter nennen darf!

Als es getan wurde, wartete ich vor der Tür. Alles ging in gewohnter Ordnung. Dann sagte mir der junge Arzt, ohne auch jetzt eine Hoffnung zu geben, einfach und sachlich, der allerschlimmste Fall sei es nicht. Das war ein besserer Trost, als ihn hundert klagende Weiber geben können. — Meine Mutter schlief einen guten Schlaf, als ich mich auf den Heimweg machte.

Durch die Schneenacht ging ich, halb ein Träumer. Wie, weiß ich eigentlich heute noch nicht recht. Manchmal geriet ich seitab in tiefen Schnee. Meine Gedanken waren bei der, die ich zurückließ, und meine Gedanken waren bei dem einsam harrenden Vater. —

Ihre Zuversicht war so fest, und in mir war es ganz feierlich. Ja, ich weiß, eine ganz große Freude wird es noch geben. An ihrem Geburtstag im Januar . . . Ob sie dann schon daheim sein wird? — „Mit dem Kaiser habe ich ihn," so hat sie immer gesagt, als ich noch klein war. „Mit dem Kaiser," spricht sie noch heute, da es ihn nicht mehr gibt; denn meine Mutter ist eine alte Frau . . . Ich weiß, es muß eine ganz große Freude sein . . .

Dann war ich daheim. Durchs Fenster fiel ein Lichtschein. Ich sah Vater, sinnend seinen Kopf in die Hände gestützt, am Ofen sitzen. Ganz allein . . .

Da schüttelte ich den Schnee ab, öffnete die Tür und trat durch den Flur ins Zimmer. „Guten Abend, Vater! — Nun wollen wir uns ein gutes neues Jahr wünschen!" Unsere Hände ruhten ineinander, und wir wußten, daß es nur einen Wunsch gab: ein ganz großes Glück!

* * *

Schwere Wochen und Monate sind seit jener Nacht noch vergangen, aber als der Sommer kam, als die Ähren im Goldglanz der Reife leuchteten und die Sense im Kornfeld rauschte, da stand meine Mutter draußen im Erntesegen mit neuer Kraft, noch einmal dem Leben zurückgegeben, noch einmal der Schönheit des Sommers und dem stillen Herbst ihrer späten Jahre.

GUSTAV WOLF-WEIFA

Weg aus der Stadt!

Kaum wußt' ich noch von einer Sonne,
die nicht nur auf den sand'gen Plätzen brütet,
in enger Gassen heiße Stickluft sticht, —
kaum wußt' ich noch von einer Sonne
und blauem Himmel über Wiesenbunt
und Wolken über sattem Wäldergrün. —
Kaum wußt' ich noch von einem Wind,
der nicht nur straßentlang staubwirbelnd fegt,
von einem Wind, der sanft auf Rhythmen wiegend Sommerbotschaft trägt —:
Das alles wußt' ich längst nicht mehr.
Stadt fraß Erinnerung,
Stadt machte seelenkrank!
Doch heute hab' ich sie gepackt,
Armut und Krankheit meines Herzens;
denn heute sah ich alles so:
Sah grün und bunt,
kraftstrotzend, blühend und gesund,
sah Wiesen, Felder, Trift und Au
und Saatgewoge, Wolken, Himmelblau
und eine Sonne: Mutter, lebenswarm!
Nun weiß ich wieder, daß ich doch nicht arm.
Wenn ich den Weg zu dir noch find' und deine Spur,
machst du gesund und reich mich, Allnatur.

Der junge Arbeiter

Früh klingt mein Schritt
Zu vielen andern,
Die alle mit
Zum Arbeit wandern.

Ein Mann wacht noch,
Der sich verloren,
Zu deinem Joch
Bist du geboren.

Wo Rauch aufsteigt,
Wo Morgen dämmert,
Die Arbeit richt sich ab
Und hämmert.

Da Schlag um Schlag
Die Zeit nach mindert:
Wann brennt der Tag,
Der Licht entzündet?

Eisernes Haupt,
Blitz im Gehirne!
Weltsturm und Haupt:
Ach! Neue Geschichte!

Max Barthel.

MAX BARTHEL

Verbitterte Jugend

Die Mutter war gestorben.

Nun war der Knabe ganz einsam. Er war groß und grob, ein Straßen=
junge unter den andern Straßenjungen. Er ging ein wenig krumm, das war
von den ersten rhachitischen Jahren, aber in den kleinen Muskeln saß wilde
Kraft. Die Kameraden nannten ihn mit dem grausamen Spott der Kinder
„Gorilla". Das war der heftigste Schmerz seines Lebens. Das brannte noch
mehr als der Tod der Mutter. Er weinte vor Wut. Thomas hieß er, Thomas,
aber nicht Gorilla. Gorilla, das war ein wilder Affe in den Urwäldern, ein
schwarzer, zähnefletschender Teufel, ein haariges Biest. Aber er war doch
ein Mensch, ein richtiger Mensch! Er konnte Baumeister spielen, der Vater war
Baumeister gewesen und hatte die neue Brücke und das Talmannwerk gebaut.

Er war kein Gorilla. Er war ein Straßenjunge. Was sollte er auch zu
Hause in der armen Stube, nun die Mutter tot war? Er trieb sich viel mit
seinen Kameraden in den nahen Wäldern herum und tobte in wildem In=
dianerspiel. Stolz war er der Anführer. Manchmal beriet er sich mit den
andern Jungen über eine entschlossene Flucht nach Alaska zu den Goldgräbern
oder zu den letzten Indianern. Er las gierig die alten Räubergeschichten und
war erfüllt von dem Glanz ferner Länder und großer Abenteuer. Manchmal
wurde er auch traurig. Da ging er nach dem Fluß, warf sich in die grüne
Böschung und starrte nach dem andern Ufer. Wenn an den schwermütigen
Abenden Rauch aufstieg aus seinem Geburtshaus (aus dem der arme Vater
durch die Gaunerei des Herrn Spalteholz vertrieben worden war), ballte
er die kleinen Fäuste. Warum fliehen? dachte er. Am besten wäre es, in
der Nacht das entweihte Haus anzuzünden und in das grelle Geschrei der
Flüchtlinge laut zu lachen.

Einmal, als er wieder nach dem Fluß wollte, sah er am Wald Herrn
Spalteholz in einem Wagen vorüberfahren. Spalteholz kam von den zer=
trümmerten Hausruinen der Vorstadtstraße, die er aufgekauft hatte, und dachte
an den Neubau. Da traf ihn ein Stein. Den Stein hatte Thomas geworfen.
Der Knabe sprang blitzschnell und klopfenden Herzens in den Wald. Spalte=
holz schrie auf und hielt jammernd die rechte Hand. Die Pferde wurden un=

ruhig, rasten, als die Zügel fielen, wild davon und wurden endlich von einem
Schutzmann aufgehalten. Thomas sah das alles, sah auch, wie Spalteholz
mit der linken Hand nach dem Wald zeigte. Da floh der Knabe in die dun=
kelsten Gebüsche. Er lag unter einem Holunderstrauch und hörte den Schutz=
mann ärgerlich im Wald herumsuchen. Plötzlich sah er durch das Dunkel
seines Verstecks noch einmal den wimmernden Mann, den neuen Baumeister,
sah seine gemeine Angst und begriff nicht, warum der Vater nicht mit ge=
waltigen Steinwürfen seinen Peiniger verjagt hatte.

Der Vater hatte andres zu tun. Als die Mutter ein Jahr tot war, hei=
ratete er noch einmal. Die neue Mutter brachte ein Mädchen mit in die Ehe.
Als sie merkte, daß sie von dem neuen Mann kein Kind mehr bekommen würde,
warf sie auf Thomas einen leidenschaftlichen Haß. Die Frau war breit und
fett. Sie erfüllte die kleine Wohnung mit ihrem Lärm und vertrieb den
schwachen Schatten der Mutter, der manchmal noch durch die Stuben huschte.
Das Mädchen, die neue Schwester, hieß Anna und quälte Thomas mit der
äffischen Bosheit des bevorzugten Kindes. Der Vater kümmerte sich wenig
um seinen Sohn. Er mußte wohl viel leiden, denn er trank immer mehr.
Er arbeitete auch nicht mehr. Er war schwindsüchtig und spuckte Blut.

Der Vater spuckte Blut. Die Stiefmutter keifte. Anna verachtete ihn.
So wuchs Thomas auf. Endlich wurde er erlöst und bekam in einer Gärtnerei
Arbeit. Er mußte Unkraut jäten, die Beete decken und begießen und Mist
fahren. Das alles war keine Kinderarbeit. Die Knochen schmerzten, das
Genick wurde steif, die Arme und Füße waren am Abend schwer und müde.
Und dann die Sonne! Die Sonne fuhr während der Arbeit wie ein feuriger
Wagen am Himmel. Ein grausamer Gott stand darin und peitschte die Gärtner
und die kleinen Burschen bei der Arbeit mit feurigen Ruten.

Die Blumen wurden gegossen, die Beete verdunkelt, doch die kleinen
Gärtnerburschen mußten, die Sonne im Genick, immer bei der Arbeit bleiben,
Unkraut jäten, Blumen begießen, Mist fahren. Wenn Thomas über den
sommerlich glühenden Beeten lag und das Unkraut jätete, kam er sich vor
wie ein unnützes Kraut im Garten des Lebens, das mit grausamen Händen
aus der Erde gerissen und entwurzelt wird. Er hatte Mitleid mit sich selbst.
In dieser Zeit begannen seine kleinen Selbstgespräche, zu denen er in den
Jahren der Kindheit immer flüchtete, wenn ihm elend war.

„Armer kleiner Junge," sagte er, als die schwere Karre über das Lauf=
brett schwankte, „da haben sie dir wieder eine Karre voll Mist aufgeladen!
Eine ganze Karre voll, die Stunde für sechs Pfennige. Armer kleiner Junge!"
und dann weiter die alte Kinderklage im Märchen: „Ach, wenn das die Mutter
wüßte!"

Aber die Mutter wußte es nicht, sie war ja tot.

Aus dem Roman „Das Spiel mit der Puppe".

MAX BARTHEL

Die große Mühle (1914)

Eine große Knochenmühle ist die Front,
mahlt im heißen Schlachtgewühle,
mahlt auch in der Winterkühle
grauenhaft am Horizont.

Lange Tage, bange Wochen
geht die Schlacht.
Hundertmal zerstampft, zerbrochen,
mahlt sie junge Menschenknochen,
und der Mahlknecht lacht und lacht.

Erde, mürbe Gräbertruhe,
ganz mit Menschenblut gefüllt.
Blut begurgelt unsre Schuhe!
Blut im Schlachtfeld und in Ruhe!
Blut in unsre Träume brüllt.

Mahlt die Mühle unaufhaltsam
Knochenmehl im Gang der Front?
Tod, der Mahlknecht, mahlt gewaltsam
Erde, Meer und Horizont. . . .

Erwachen der Stadt

Der Traum zerschlägt sich an den Steinen
der Großstadt und wird kühne Tat.
Die Stunde der Erlösung naht,
da Schein und Leben sich vereinen.

Das Leben gilt! O wildes Ringen
mit Schaum und Schmutz der langen Nacht!
Die Schiffe laden neue Fracht,
das Ziel vor Abend zu bezwingen.

O Morgenschrei! O erstes Glänzen!
Erglühe, selig Morgenrot,
die Arbeitsstirnen zu bekränzen.
Was wir ergreifen, wird zu Brot.

318

MAX BARTHEL

Arbeiterseele

Ein blutjunger Vogel hat sich durchs Fenster verirrt,
dorthin, wo die Maschinen poltern.
Und ängstlich, scheu flatternd, durchhuscht er den Raum
wie eine befleckte Arbeiterseele, die ans Licht will.
Ein schlängelnder Riemen faßt den Flüchtling
und zerrt ihn blitzschnell zur Welle.
Laut pocht das Herz der großen Maschine!
Was weiter? Nichts — eine Alltagsgeschichte.
Leuchtend wie eine taufrische Rose
blüht an der Decke ein Blutfleck.
Und den Kadaver des Vogels hat der Exhaustor verschluckt.
Durchs Fenster flog eine blutjunge Schwalbe!

Heimgang

Wenn ich heimwärts gehe,   Steigen meine Wünsche,
sinkt die Sonne schon;   die der Tag gebracht,
wenn die Sterne steigen,   wie die Sterne steigen
fällt des Werktags Fron.   aus dem Schoß der Nacht.

Leuchten durch mein Mühen
licht= und glanzerfüllt. —
Meine junge Seele
hat sich ganz enthüllt!

Die Eisenbahnen

Wie lieb ich euch, ihr schwarzen Renner mit den heißen Achsen!
Wie staun ich, wenn die Erde schüttert und sich in leisem Rhythmus mit bewegt!
Ich grüße euch mit lautem Jubelschrei; denn eure Unrast ist in mir!
Wie fühlt mein heißes Blut sich so beruhigt, wenn euer Herzschlag mir im Leibe pocht.
Fahr ich mit euch durch Nacht und Nebel, so ist mein Innres aufgelöst:
Ich bin nicht mehr als heiße Achse, die sich im Rausche rasend dreht
und deren Gier nur: Weiter! heißt.
Da bin ich Blut und Stahl und Feuer, und mein Panier ist goldner Rauch,
den ich vermessen in den Himmel schwenke!

MAX BARTHEL

Flug um die Welt

Die hellen Stimmen unsrer Flugmaschinen singen durch die Luft,
der Glanz der Erde steigt empor, berauschter Duft,
wir fliegen hin, entfesselt aller Schwere,
und schwingen uns im Anblick blauer und verkühlter Meere.
Die Brandung tobt. Die zauberischen Wellen gleißen.
Wir sind erfüllt vom Orgelspiel der wilden Reisen.

Wir sehn die Erde, wenn wir hoch durch lichte Meere fliegen,
wie einen Teppich schön zu unsern Füßen liegen.
Schon fiel das Festland, und die letzte große Stadt versank,
verblühte, fiel ins Meer zur Brandung und ertrank.
Alt=England, deine weißen Kreidefelsen sind versunken;
o Deutschland, deine grünen Wälder hat die Nacht getrunken,
verblichen ist der Berge wilder Reiz.
Wie hieß das Land zu unsern Füßen? Ach, es war die Schweiz.
Fabriken haben nach uns Fliegern steil die Fäuste hochgereckt,
die kleinen Städte wimmerten, von unserm Flug erschreckt.
Viel Volk stand auf den Feldern und den Straßen still und schrie
in unsrer Flugmotoren Herzschlagmelodie.
Die Mädchen und die Knaben staunten auf von ihrem Spiel
und haschten unsern Schatten, der zur Erde fiel.

Wir flogen hin und kamen zur Nacht
über Afrikas elfenbeinerne Pracht,
in Grönland haben wir uns in den Gletschern bespiegelt,
in Pamir lachend den Himmel entriegelt,
dann kam ein Meer, auf dem im Sturm die Schiffe bebten,
wir aber schwebten, wir schwebten, wir schwebten.

Wir fliegen den Flug um die schimmernde Welt,
wir fliegen bis unser Flugzeug zerschellt,
irgendwo abstürzt, in Narzissen oder in brüllende See.
Wir müssen wo fallen,
denn uns allen
tut ja das Herz aus Liebe zur Welt wollüstig weh!
Wir fliegen, bis uns die Erde in ihre lichtblauen Arme reißt
und weiterrollt, schön ist und gleißt. . . .

HELLMUT SCHWABE

Ebene der Heimat

O Bild der Sehnsucht, dunkler Baum!
Wie du dich mit den kargen Ästen
zur Sonne krümmst vom Straßensaum!

Mein brauner Acker dampft mich an
und mündet tief in das Gelände.
Zur Mühle müht sich ein Gespann.

Wir einen uns: Wir Erde, Strom und Wald
und tauschen ruhend die Gestalt.

Heimfahrt

Nun öffnet sich beglänztes Land. —
Was kreisend grüßt, die Ackerbreiten
und Saaten, die sich grünend weiten,
sind mir von Anbeginn verwandt.

In meiner Landschaft ist kein Strauch,
den nicht die Blicke wärmend fassen;
sie wollen nichts der Ferne lassen
und leiten die Alleen auch

zu schönem Ziel: O Stadt am Fluß
mit trauten Türmen und Gemächern!
Ich weiß ein Dach von vielen Dächern,
und heimgeborgen hält der Fuß.

Wolke

Näher als Türme und Welt
bin ich dem ewigen Blau.
Trunkener wird die Schau,
wenn alles Grenzende fällt.

Uferrand nicht oder Ziel
dunkeln der leuchtenden Bahn.
Groß und mir zugetan
gleitet ein weißes Gespiel.

Urhaft raunt wühlender Wind,
wenn ich vergehe in Nacht;
gütig dann und bedacht
holt eine Mutter ihr Kind.

ERICH WALTHER UNGER

Briefmarken

Es war kaum zwei durch, als Herbert Hentschel von zu Hause wegging. Um drei sollte er bei Herrn Sauerwein sein, einem Bekannten seines Vaters, und dessen Briefmarken ansehen. Wahrscheinlich würden einige für ihn abfallen. Jedenfalls hatte er seine Dubletten ins Notizbuch verstaut. Vielleicht konnte er tauschen. Das wäre ihm lieb gewesen. Beschenken ließ er sich nicht gern von fremden Menschen. Schließlich mußte man für Kleinigkeiten „Danke" sagen und maßlos darüber erfreut scheinen.

Es müßte herrlich sein, dachte er, wenn man eine Sammlung von vielen tausend Marken plündern könnte. Eine Sammlung, die all die schönen Stücke enthielt, die in seinem Album vorgedruckt waren. Vor seinen Augen tauchten die Kamelreiter des Sudans auf und die Giraffen von Nyassa; die riesige Schlange von Liberia wand sich im gleichschenkeligen Dreieck empor; die Pfauen von Nord-Borneo schlugen ihr prachtvolles Rad; aus mannshohen Gräsern sprangen die malaiischen Tiger; und über leicht bewegten Fluten segelten chinesische Dschunken. . . .

Mit dem Glockenschlag trat Herbert in das fremde Haus.

Herr Sauerwein begrüßte ihn geräuschvoll. Er sagte manches zweimal und zerriß die Sätze und schob ein heftiges Jawohl oder Ja, ja! in die Lücken. Dabei fuhr er mit der linken Hand nervös über den betreßten Kragen einer wer weiß wie alten Litewka. Es fiel Herbert ein, daß sein Vater gelegentlich gesagt hatte, Herr Sauerwein sei ein Sonderling, man müsse sich erst an seine Art gewöhnen. . . . Nun, er würde sich schon mit ihm verstehen. . . .

Zunächst stellte Herr Sauerwein dem Knaben den Goldfisch Aurelius vor, der vergessen zu haben schien, daß er ein Fisch war, so träg waren seine Bewegungen. Und als Herbert das Alter von Aurelius erfuhr, bemerkte er, er sehe auch aus wie ein Fischgreis.

Darüber lachte der große Mann mit dem grauen Vollbart. Es war ein seltsames Lachen, einem Strom vergleichbar, der kurz hintereinander über Felsstufen stürzt.

„Weiß du," sagte er, „mit den Fischen versteht man sich am besten, weil sie stumm sind. Jawohl! Aurelius hört mir schon seit zehn Jahren zu. Nur, er findet die meisten Dinge nicht der Rede wert. Ja, ja. Er ist ein Philosoph ... ein Philosoph, jawohl, das ist er!"

„Sie sind wohl viel allein, Herr Sauerwein?" fragte Herbert, der dunkel einen Zusammenhang zwischen dem Wesen des Mannes und den verhängten Fenstern ahnte.

„Was heißt allein!" wehrte er schroff ab, „also, nun wollen wir uns ... nun also die Briefmarken!"

Aber er blieb am Goldfischglas stehen und bekam große Augen.

Herbert wagte nicht, ihn anzusehen oder etwas zu sprechen, und da er einfach nicht wußte, was er tun sollte, betrachtete er den Fisch, der eingefroren zu sein schien.

Im Nebenzimmer pendelte schwer eine Uhr. Und eine Fliege lärmte gegen eine Scheibe. Und nun begann auch Herr Sauerwein wieder zu reden. Aber Herbert merkte gleich, daß es nicht ihm galt.

Herr Sauerwein sagte: „Ja, ja, Aurelius, was heißt allein? ... Die Hauptsache ist, daß man nicht einsam ist. . . . Und einsam ist nur, wer keine Freude mehr machen kann. . . . Wer das nicht mehr kann, der ist einsam. . . . Ja, ja — ja."

Darauf ging er in die Stube nebenan, aus der der Herzschlag der Uhr drang, und da ihm der Knabe nicht zu folgen gewagt hatte, kam er wieder zurück, schlang seinen Arm zärtlich um Herberts Schultern und schob ihn vorwärts.

„Da ist mir also etwas Artiges passiert," sagte er, indem er den freien Arm in den Raum stieß (wie aus lauter Übermut!), „jawohl, es begegnete mir einer, der keine Knöpfe an seiner Hose hatte. Keinen einzigen Knopf. Nicht einen! Nun ja, dem habe ich also die Hälfte der Knöpfe von meiner Hose gegeben, ja, akkurat so war es. . . . Was sagst du dazu, Junge?"

„Haben Sie das etwa geträumt?" fragte der vorsichtig. Herr Sauer= wein lachte und ließ sich in einen Plüschsessel fallen, so daß es krachte.

„Sieh mal, Heribert," (Heribert, wie das klang!), „geträumt oder nicht geträumt, darauf kommt es nicht an. Gar nicht kommt es darauf an, ja. Die Hauptsache ist, ich habe ihm die Hälfte der Knöpfe von meiner Hose gegeben. Das ist ein wenig verrückt, meinetwegen, ja, aber gut ... aber gut ..." Und Herr Sauerwein bekam wieder seine großen, seltsam in die Ferne (wie durch die Wände) blickenden Augen. „Ja, ja, Aurelius, gut muß man sein," flüsterte er, „nicht nur gütig, gut, gut!"

Er muß etwas Schweres durchgemacht haben, dachte Herbert; vielleicht war er früher einmal recht hart ... früher einmal nicht gut. ...

Schwer schwang das Pendel im eichenen Uhrkasten, der an der Ecke stand, ein feierlich=ernstes Wesen. Wie ein Gesicht schaute das Zifferblatt her.

Endlich begann auch Herr Sauerwein sich wieder zu bewegen. „Ja, ja, Heribert," sagte er, „das ist eine merkwürdige Geschichte."

Und der Knabe, der noch an die Hosenknöpfe dachte, fragte ihn, was der andere damit gemacht habe. Herr Sauerwein war nicht bei der Sache, und Herbert forschte weiter: Ob er denn Nadel und Zwirn gehabt hätte, jener andere?

„Oh, es waren Patentknöpfe! Patentknöpfe, jawohl, mein Freund!"

„Patentknöpfe?!" wiederholte Herbert belustigt, „dann waren sie ja nicht mehr zu gebrauchen!"

Der Graubart lachte.

„Du bist ein schlauer Kunde, Heribert. Die meisten wissen allerhand, aber sie können nichts damit anfangen. Weise sein ist viel mehr als Wissen ... ja, viel mehr, viel mehr. ... Was willst du denn einmal werden, Junge?"

Herbert zuckte die Achseln: Er wüßte es noch nicht. Herr Sauerwein legte ihm die Hände auf die Schulter und schaute empor. „Die Hauptsache ist," rief er aus, „daß du ein guter Mensch wirst. Ein guter Mensch kann keinen andern schuldig werden sehen, ohne sich selbst schuldig zu fühlen. ... Mea culpa, ja, mea maxima culpa!"

Darauf schloß er mit einer heftigen Bewegung einen altmodischen Schreib=tisch auf und schleppte ein dickes Album herbei. „Na also ... da sind die Brief=marken. Da sind sie!"

„Sammeln Sie eigentlich, Herr Sauerwein?" fragte Herbert, der an seine Dubletten dachte und vor Eifer ganz fiebrige Augen bekam.

„Ich sammle ... ja ... für andre ... es macht mir Freude ... mein verstorbener Junge sammelte leidenschaftlich bis zum ..." Er brach ab und schluckte: „Ich sammle zum Andenken an meinen Gottfried."

Er bekam wieder die großen Augen.

Und Herbert sah, daß sie vor Traurigkeit ganz dunkel waren und das Bild eines jungen Menschen in einem ovalen Mahagonirahmen streichelten.

Er deutete kurz mit dem Finger hin: „Ist das Ihr Gottfried?"

Herr Sauerwein nickte, fuhr dem Knaben weich übers Haar, schlug das Album auf und ging hinaus. . . .

_____

Herberts Blicke blitzten über die Blätter.

Oh, das war eine erstklassige Sammlung, übersichtlich in der Anlage und peinlich sauber. Jede Marke tadellos! Und gewissenhaft eingeklebt! Wenn man eine etwas abhob, wurde der vorschriftsmäßig geknickte Falz sichtbar. Und das konnte man vornehmen, so oft und wo man wollte: überall dieselbe Genauigkeit und wohltuende Gleichmäßigkeit. Bei einzelnen Markensätzen waren die Erscheinungsjahre an den Rand geschrieben und besondere Merkmale angegeben. Doch stammten die Zeichen nicht von ein und derselben Hand. Sicher umfaßte die Sammlung viele tausend Marken, sechstausend, vielleicht auch siebentausend. Es war schwer abzuschätzen. An die tausend hatte doch wohl Deutschland schon allein . . . und Österreich . . . das nahm gar kein Ende.

Herbert blätterte und blätterte. Da waren die Landschaften von Bosnien-Herzegowina und da die k. u. k. Jubiläums-Ahnengalerie und da die Musikerserie: der Mozart, Beethoven, Schubert und noch einer. . . .

Herrlich! Er schloß eine Weile die Augen: Welch ein Gewimmel von Ziffern und Zeichen! Weiter! Weiter! Die Kamelreiter kamen und die Giraffen und die Hirsche von Nord-Borneo, nicht nur die Pfauen; und die Schlange von Liberia; das Denkmal des Rufino Barrios tauchte auf und Teatro Colon und der Schah von Persien und der Fahnenschwinger im Felsengebirge und der Osterpreß und Livingstone und Mac Kinley und die Engel von Uruguay . . . und . . . es war einfach alles da, was man sich wünschen konnte. Und am Ende schüttete eine Papiertasche, am hinteren Deckel befestigt, eine Menge Herrlichkeiten aus, dem Knaben fast in die Hände.

Es zuckte in seinen Fingern, er wühlte die Masse breit, wählte aus und schob die schönsten Stücke in seine Hosentasche. Er mußte es tun — ohne Besinnung darauf, daß er sie wahrscheinlich auch so bekommen hätte.

Gleich danach trat der Alte durch die Tür.

„Schön . . . oh, großartig!" wendete sich ihm Herbert zu, „das ist eine Sammlung . . . oh, wirklich! Da ist meine nichts dagegen. Gar nichts. Ich denke, so ungefähr acht- bis neuntausend sind es. . . ."

„So," meinte jener, „na, na . . . ganz ſchön, ja . . . es ſind ſiebentauſend=
achthunderteinundbreißig . . . genau!"

Nun wühlte auch er die doppelten Marken auseinander und der Knabe
mußte angeben, welche er noch nicht beſaß.

„Und jetzt wollen wir einmal zählen!" ſagte Herr Sauerwein zum Schluß.
Es waren einundvierzig Stück.

„Und wieviel haſt du bereits eingeſteckt?" fragte er dann mit einem tiefen,
durch ſeine Güte bezwingenden Blick.

Herbert blieb das Herz ſtehen; er wurde über und über rot. Es ſchmerzte
ihn, daß er das Vertrauen des ſonderbaren Mannes mißbraucht hatte.

„Hier!" Er kramte die Marken wieder aus. Er wollte noch etwas hinzu=
fügen, um Verzeihung bitten; er fühlte die innere Notwendigkeit, aber er
brachte kein Wort heraus und ſtand nun glühend da und erwartete ſein Urteil.

Aber es geſchah nichts dergleichen.

Herr Sauerwein zählte ruhig auch dieſe Marken. „Elf!" ſagte er, „davon
gehen vier ab. Die zählen nicht mit. Sieben mehr! Sieben. Das iſt noch nicht
das meiſte. Noch lange nicht! . . . So! Pack ſie weg!" Und während der
Knabe tief beſchämt, aber noch mehr beglückt ſeine Schätze in das Notizbuch
packte, fuhr der Graubart außermaßen lebhaft und laut, wie der Verteidiger
eines lieben Menſchen, fort: „Alle Briefmarkenſammler ſtehlen, jawohl, alle
leidenſchaftlichen Sammler ſtehlen, das liegt im Blut. . . . Sie ſtehlen nicht,
damit ſie einen perſönlichen Vorteil hätten! Sie ſind überhaupt keine Perſon
im rechtlichen, im juriſtiſchen Sinne — abſolut nicht, ja. Sie ſtehlen für ihr
Album: der Rhythmus einer Reihe zwingt ſie dazu! Sie ſehen wochenlang,
manchmal jahrelang auf die eine Stelle in ihr Album — und eines Tages
iſt die Marke da. . . . Alle Briefmarkenſammler ſtehlen. . . . Auch — mein
— Gottfried — hat geſtohlen . . . Briefmarken. . . ." Jetzt kommt es, das
Schwere, dachte Herbert.

Und es kam. Herrn Sauerweins Gottfried war, als man ihm mit einer
Anzeige drohte, ins Waſſer gegangen. Es war zwar gelungen, ihn den Fluten
zu entreißen, nicht aber dem Tode. . . .

Schwer ſchwang das Pendel der Standuhr. Der Alte weinte in ſeinen Bart.

Armer Gottfried, dachte Herbert, und Tränen ſchimmerten in ſeinen
Augen. Etwas drängte ſich würgend in ſeine Kehle. Armer Gottfried!

„Alle Briefmarkenſammler ſtehlen!" wiederholte Herr Sauerwein, und er ſchlug ein kleines blaues Heft auf und ſchrieb das Datum des Sonntags und Herberts Namen ein und dahinter die Zahl der geſchenkten und die der geſtohlenen Marken.

Und dann las er mehr als fünfzig Namen vor — von Knaben, Jünglingen und Männern. Die hatten alle Briefmarken geſtohlen — bei ihm. Am wenigſten — nur vier — hatte der erſte geſtohlen — aber bei einem andern.

Und das war ſein Gottfried geweſen.

ERICH WALTHER UNGER

Knabe im Fluß

Daß er mitten in Flucht und Fluß formenfeſt verweilt!
Fühlen Füße fließendes Kriſtall?
Schöpfen es Hände in ſchäumendem Spiel auf?
Halten ſie auch, gemuſchelt, geäderte Schale aus Haut,
etwas vom ſchimmernden Schliff und ſchwatzenden Schwall?
Ach, es zerbricht
die unfaßbare Welle, und Licht
empfängt nur die ſtrömende Bruſt.
Manchmal in glaſiger Sommerſtunde
ruht er im ausgeſchliffenen Grunde,
nur das Angeſicht über dem Wirbelnden, Weichen.
Und er fließt — zerfließt — verfließt
flußhinab — immer weiter wird er ausgewellt —
bis ins unendliche purpurne Meer —.
Und iſt doch immer da wie ein Wehr,
über das er ſich ſelber ergießt — —

Doch du fühlſt es tiefer . . .

Manchmal ſtehſt du auf von feierabendlichen Tiſchen,
und es ſchau'n dir fremd die nächſten Augen nach,
wenn ſich hinter dir die Türe ſchließt:
Ruft dich wieder eine Stimme einſam in den erſten Tag,
wird ſich nie dein Blut, ſo Bruſt an Bruſt, mit dem unſeren vermiſchen?

Doch du fühlſt es tiefer, was niemand begreift und weiß:
Wie in dir der Bruder reift in den größeren Kreis —
wie's unhaltbar über deine Ränder fließt,
und es iſt, als ſei der Adern ſtrömend aufgezweigter Baum
unverſiegbar eingetaucht in den unermeſſenen Raum.

Zeichnung von Paul Sinkwitz-Ebersbach.

ERICH WALTHER UNGER
Starkstromleitung

Aus dem Kraftherz irgendwo strömt Strom über das Land.
Weithin ist Draht-Geäder schwer ausgespannt.
Durch die Landschaft steilauf ragt Mast bei Mast
mit gebreiteten Armen, eisern, gefaßt.
Sanfter Abend des Dorfes wird golden erhellt
wie in der Stadt lauter Wirbel der Welt.
Stockt das Kraftherz, kann der Strom nicht mehr sprühn;
Dynamo surrt aus . . . Lampen verglühn.
Aus dem Kraftherz irgendwo strömt Strom über das Land,
Stromkreis schließt sich von Kopf und Hand.
Mensch, erkenne dich: Im Leben, was kannst du sein,
Kraftherz, Kraftstrom oder nur Lampenschein?

328

RUDOLF HABETIN

Todesnähe

Wenn spät in toten Nächten durch die Mauern
aus fremden Stuben fremde Uhren schlagen,
die hallend hohl im Haus sich fern verfragen,
dann weht in wache Träume kaltes Schauern.

Verloren liegst du dann, und dich umlauern
erloschne Augen, lichtlos lauscht dein Zagen,
du bist in Angst gelöscht aus leichten Tagen
und eingesenkt in grenzenloses Trauern.

Und stumm durch Türen und aus weiten Wänden
greift gläsern starr mit unsichtbaren Händen
ins bange Atmen dir die Ewigkeit.

Der Mond entwandert fahl in fernen Gassen,
du aber, lebenlosgelöst, verlassen,
liegst leer, schwer atmend, bang — und bist bereit — —

An Gott

Du warst mir fern in sternenlosen Nächten,
ich schrie zu dir — mein Echo höhnte mich,
Verzweiflung trieb mich fort zu finstern Mächten,
du gabst mich preis und du verhülltest dich.

Doch wenn ich tiefst an deinem Schweigen krankte,
dann plötzlich ward ich still, und es geschah,
dann, wenn ich zwischen Tod und Leben schwankte,
daß ich es sterbend fühlte: du warst nah,

nach Sturmesnächten, wenn gebrochner Wille,
gelöst zu Sehnsucht, neuen Morgen trank,
wenn rings in weltenweiter Meeresstille
mein Tod mit müden Masten wieder sank,

dann, wenn aus stillen, abgeklärten Fluten
die neue Sonne in den Himmel stieg,
geschah's, daß ich in deinen goldnen Gluten
eins ward mit dir und in dein Schweigen schwieg — —

WOLFRAM BROCKMEIER

Madonna in Holz

Sieh, so stand sie lange schon im Holze,
dem gemaserten, der schlanken Linde:
junge Mutter mit dem Christuskinde.
Und sie wuchs in ihrem Mutterstolze

und sie lebte ihre vielen Leiden
tief im Stamm, bis endlich sie begann,
hier zu sein, da fromm ein alter Mann
anfing, aus dem Holze sie zu schneiden . . .

Denn er wußte, daß sie darin war,
daß sie schon seit langem nach ihm rief.
Und so schuf er sie: der Tränen bar,

denn für Tränen war ihr Schmerz zu tief.
Blau am Kreuze stand sie, wie verzückt,
und doch dessen voll, das uns bedrückt.

Fahrt unter nächtlichem Himmel

An blankem Bogen ziehn strenge Gestirne
unaufhaltsam gewaltige Bahn.
Glanz begießt dich von ehernem Firne.
Welten und Himmel sind aufgetan.

Sieh, wir treiben! Rasenden Winden
bauten die Segel bauschiges Nest.
Bord und Gestade weichen, entschwinden
tief in das Blau, das nie uns verläßt.

Sieh, wir treiben! Alles ist ferne.
Um die Schultern trägst du die Nacht.
Schon hat Gott den Strahl seiner Sterne
tief in deinem Haar entfacht.

Spruch an den Wanderer

Wanderer du, auf endelosem Pfade,
von Gebirgen und Gewölken toll,
dulde, daß ich in mein Haus dich lade,
flehentlich und demutvoll.

Sieh, der Ort ist längst für dich bereitet,
allzulange fast bleibst du schon aus.
Decken sind und Felle dir gebreitet,
hause mit uns, Fremder ohne Haus!

Sprich zu uns von deiner Wanderschaft!
Ach, du weißt gewiß so viel zu sagen . . .
Doch uns hält die Erde stets in Haft:
Hügel, der gespendet seinen Saft,
Acker, der uns fromm dies Brot getragen . . .

Holzschnitt von Egon Pruggmayer
aus dem Buch „Das festliche Jahr" von Johannes Linke.

JOHANNES LINKE

Wintersonnenwende

Halte den Atem an, wenn der Funke zündet!
Herbe bricht die Wendenacht über uns ein.
Diese Flamme verzehrt deine Hoffart und Nöte.

Wirf deinen Zweig ins Feuer, Dornblatt und Beere
der spröden Staude, die winterlich grünt und reift.
Des Lebendigen Rauch soll unsere Fehler sühnen.

Diese verborgene Stunde ist Herzraum des Jahres.
Rings in den Ställen beim Bauern redet das Vieh,
künftige Kümmernis kündend und nahen Segen.

331

Dieser Stunde Geheimnis sprengt erstmals die Knospe
eines Zweigs, den ein gläubiges Kind bewahrt.
Diese Stunde erschließt uns Blüte und Ernten.

Ihr gewaltiger Schoß gebiert uns den Retter:
Mächtig steigt er empor mit dem brennenden Scheit,
Nächte zu lichten, ein heilig lauteres Sternbild.

Fastnacht

Schon blüht in den Hecken die Hasel.
Wolken von Goldstaub, Immenschwärmen gleich, wehn im Wind.
Die Birne rötelt, und Mittags
küssen die Sonnenlippen das nackte Land.
Donnernd zerreißen die Ströme ihr Eis.

Wild reißt die Stadt ihre starre
Larve vom Antlitz, taumlig in buntem Schwarm,
wie Kinder spielen und Götter.
Ein einziges Mal von Lüge und Schein befreit,
wirbelt der Blutschwall, trommelt das Herz.

Stark loht die Sehnsucht, des Lebens
ungezähmte Begierde kocht aus dem Fleisch.
Der heimlichste Wunsch bricht ins Lichte.
Eine Nacht wollen wir leben! Wir höhnen den Tod,
wenn er gleich scheel durch die Gassen grinst.

Aschermittwoch

Über verfrühte Blüten sank feuchter Schnee über Nacht.
Trauergestirne hängen im Osten, blaß, überwacht.

Jäh hat sich der rasche, süchtige Kreisel ausgenarrt.
Furchtbar steht ein Gelächter im Menschenantlitz erstarrt.

In dem gelben Gezweige, das jüngst im Sonnenlicht schwang,
zerrt der schattige Sturm, der die Erde mit Wolken bezwang.

Früh fällt die Nacht, zur bitteren Qualung, und nicht zur Rast
übers Gebirg', das im Glaste des Mondenschädels erblaßt.

FRITZ DIETTRICH

Maria mit dem Kinde

Wiese, breite dich zum Tisch!
Baum, neig dich geschwisterlich
übern Quell, der Silber spinnt
für Maria und das Kind!

Wie ein Mückenschwarm beim Licht
flockt es nieder dicht an dicht
aus dem leisen Wind,
Engel um das Kind.

Und schon ist der kleinste Zoll
lieblichen Gewimmels voll.
Jedes Blümlein hell
wird zum Spielgesell.

Aus dem Grase dreht hervor
flügelgroß ein Hasenohr.
Waldgetier kommt leis,
schmiegt sich rings im Kreis.

Und nun dehnt die Wiese sich
weit nach jedem Himmelsstrich,
und wir alle sind
Blumen um das Kind.

Klage des angeschmiedeten Prometheus

Mitleidender Stein!
Von allen Seiten schiebst du dein Moos heran.
Ich seh den grünen Heerzug langsam nahen.
Und schon erscheint mir milder deine Härte!
Nach Monden ist der Liebeszug so nah,
daß ihn die Spitzen meiner Finger tasten.
Und abermals nach vielen Monden kriecht er
zur grünen Fläche unter mir zusammen . . .
O Mutter, warum fern, o Mutter Asia!
Läßt du mich doppelt meine Schuld entgelten?
Ich lade jedem Wind von meinem Los
die Kunde auf, verströme meine Schmerzen
nach Osten zu, durchsetze das Gewölbe
mit bettelnden Gedankenschwärmen zu dir hin!

Hörst du mich nicht? —
Hämmert mein Herz nicht gegen deine Stirne,
o Mutter Asia, daß du hell aufschrickst?
Dreht mein entstelltes Aug' nicht über alle Firne,
o fieberheiß, daß du es nicht erblickst?
O Mutter, fühl die Lüfte an, o schmeck den Wind,
der eingetaucht ins Rinnsal meiner Wunden!
Ich werde wild für meine Tat geschunden,
weil über mir die falschen Götter sind!

* * *

Eine wilde Flamme —

Eine wilde Flamme sitzt auf meinem Dache,
eine Flamme groß und fremder Herkunft.
Und sie wählte sich mein Haus zum Gastmahl.

Ja, ich weiß: mein Haus, es kann nicht dauern
mit dem grauen Rechteck seiner Mauern.

Flamme weiß, daß sie mich nicht erschrickt,
wenn ihr heißer, weißer Odem mich erstickt.

Tief in ihrem wilden Aufbegehren
muß mein Herz die Gottheit ehren;

denn es schlummert zukunftsfrohe
Zuflucht in der mütterlichen Lohe.

Und der Dachstuhl senkt sich und bricht nieder.
Und nun seh ich meine Sterne wieder.

Droben, aufgestellt zu heiligem Gange,
schwiegen sie nur tief in sich hinein,
als mein Ich vom dunklen Zwange
aufgerufen wurde, Mensch zu sein.

Wieder aufgestellt zu heiligem Gange,
sind sie nun mit Klängen reich geziert,
während Gottes Flamme sich im Überschwange
an mich wirft und jubiliert.

334

Ausklang des Buches

Wir Luft-Schiffahrer des Geistes

Alle diese kühnen Vögel, die ins Weite, Weiteste hinausfliegen — ge=
wiß! irgendwo werden sie nicht mehr weiter können und sich auf einen Mast
oder eine kärgliche Klippe niederhocken — und noch dazu so dankbar für diese
erbärmliche Unterkunft! Aber wer dürfte daraus schließen, daß es vor ihnen
k e i n e ungeheure freie Bahn mehr gebe, daß sie so weit geflogen sind, als
man fliegen k ö n n e! Alle unsere großen Lehrmeister und Vorläufer sind
endlich stehen geblieben, und es ist nicht die edelste und anmutigste Gebärde,
mit der die Müdigkeit stehen bleibt: auch mir und dir wird es so ergehen!
Was geht das aber mich und dich an! A n d e r e V ö g e l w e r d e n w e i =
t e r f l i e g e n! Diese unsere Einsicht und Gläubigkeit fliegt mit ihnen um die
Wette hinaus und hinauf, sie steigt geradewegs über unserm Haupte und über
seiner Ohnmacht in die Höhe und sieht von dort aus in die Ferne, sieht die
Scharen viel mächtigerer Vögel, als wir sind, voraus, die dahin streben werden,
wohin wir strebten, und wo alles noch Meer, Meer, Meer ist! — Und wohin
wollen wir denn? Wollen wir denn ü b e r d a s M e e r? Wohin reißt uns dieses
mächtige Gelüste, das uns mehr gilt als irgend eine Lust? Warum doch gerade
in dieser Richtung, dorthin, wo bisher alle Sonnen der Menschheit u n t e r =
g e g a n g e n sind? Wird man vielleicht uns einstmals nachsagen, daß auch
wir, n a c h W e s t e n s t e u e r n d, e i n I n d i e n z u e r r e i c h e n
h o f f t e n, — daß aber unser Los war, an der Unendlichkeit zu scheitern?
Oder, meine Brüder? Oder? — —

(Schluß des zweiten Buches der „Morgenröte" von F r i e d r i c h N i e t z s c h e.)

Zur Geschichte der obersächsischen Dichtung

Ein Nachwort

Um für eine ausgiebige Erörterung des schwierigen Begriffs Obersachsen festen Grund zu legen, müßte ein genaues Bild der zusammengesetzten geschichtlichen Entwicklung Mitteldeutschlands gegeben werden. Da dazu hier nicht Raum ist, müssen folgende kurze Angaben genügen:

Der germanische Stamm der Sachsen wohnte zu beiden Seiten der unteren Elbe. Dort, im eigentlichen Stammlande, ist heute der politische Begriff Sachsen verschwunden. Er ist vielmehr einem Gebiet zu eigen geworden, das wohl unter sächsischen Herzögen und Königen als deutsches Kolonialland gewonnen ward, das aber von einer vorwiegend thüringisch=fränkischen Bevölkerung besiedelt wurde, die sich zum Teil mit dem Blute der beweglichen slawisch=sorbischen Nachbarn und teilweisen Vorbewohner vermischte. Mit den sächsischen Herzögen und Königen, unter denen Heinrich I., der Städteerbauer, hervorragt, sind begreiflicherweise auch Niedersachsen mit eingewandert. Auf Grund der verschollenen Kreiseinteilung des Reiches durch Kaiser Maximilian belegte man dieses Gebiet im Gegensatz zu Niedersachsen später mit dem Namen Obersachsen.

So umfaßt heute der Begriff Obersachsen, wenn man die Grenzen nicht zu eng ziehen will, den äußersten Ostteil Thüringens und das alte wettinische Sachsen, also den Freistaat Sachsen und die südliche Hälfte der preußischen Provinz Sachsen. Die innere Zusammengehörigkeit dieses Gebietes wird durch eine im wesentlichen verschwisterte Mundart bestätigt. Es handelt sich, wenn man will, um eine geistige wie körperliche Schicksalsgemeinschaft von Franken, Thüringern und Slawen, die zur Bildung eines Neustammes führte. Als ein Produkt reicher Völkerkreuzung, als ein Ergebnis hundertfältiger gegenseitiger seelischer Durchdringung stellt sich so der Obersachse dar. Zum entscheidenden Teile bestimmt dies seinen Charakter.

Die Einflüsse seiner Landschaft kommen natürlich noch hinzu. Das, was wir als Obersachsen geographisch umrissen haben, ist ein Gebiet im Herzen Deutschlands, das ohne den elementaren Pulsschlag des Meeres und ohne den aufreizenden Akkord schneestarrender Bergmassen ist. Vielmehr ward sein Wesen an freundlich bewaldetes Mittelgebirge wie an flächig nüchternes

337

Feld= und Wiesenland fast gleichmäßig verteilt. Dazu kommt seit alters eine überaus mannigfaltige Durchflechtung mit weltläufigen Handelsstraßen und wichtigen Pässen, neuerdings ein außergewöhnlich starker Einschlag von Industrie. Und wie Sorgen und krause Erfahrungen das Antlitz eines Menschen durchfurchen, haben die vielen deutschen Kriege, die fast alle zum größten Teil innerhalb des obersächsischen Gebietes ausgetragen worden sind, hier tiefe, unverwischbare Spuren zurückgelassen.

Das Land ohne Leidenschaften, aber voll fränkischer Unternehmungslust, thüringischer Verständigkeit, slawisch zwiespältiger Gemütsbeschwerung, das Land der Einflüsse, das Land mit einem gewissen Hang zur Lehrhaftigkeit und betriebsamen Geschwätzigkeit, das Land, das von immer wiederkehrendem Mißgeschick mit einer gewissen Elastizität des Erlebens und des Erleidens begabt wurde, das Land der verbindlichen Mittellinie, das ist Obersachsen. Und das bestätigt ohne weiteres ein flüchtiger Blick in die Geschichte seiner Dichtung[1]).

Ein erstes Zeugnis vom Vorhandensein einer dichterischen Kultur im obersächsischen Gebiet überhaupt stellen die beiden (erst 1841) in M e r s e = b u r g entdeckten und nach dem Fundorte benannten germanischen „Z a u = b e r s p r ü c h e" dar. Ein Unbekannter des 10. Jahrhunderts hat sie in bodenständiger Mundart auf das Vorsatzblatt eines christlichen Meßbuches geschrieben. Der erste der Zaubersprüche soll die Lösung eines Gefangenen bewirken, der zweite einen Pferdefuß heilen. Die früheste schriftstellerische Darstellung Obersachsens, die reiche Aufschlüsse über Geschichte, Geographie und Kultur zur Zeit der sächsischen Könige und Kaiser gibt, ist die allerdings lateinisch abgefaßte C h r o n i k d e s B i s c h o f s T h i e t m a r v o n M e r s e = b u r g. Ihre Niederschrift wurde 1012 begonnen; sie reicht etwa von 928 bis 1018, dem Todesjahr des Chronisten. Thietmar ist ein wesentlicher Vertreter der niedersächsischen Einwanderung in das obersächsische Gebiet. Er stammt väterlicherseits aus dem Geschlechte der Herren von Walbeck, mütter-

---

[1]) Wissenschaftliche Literaturgeschichtsschreibung unter Berücksichtigung der Bedingtheit der Dichtung durch Stamm und Landschaft danken wir A d o l f B a r t e l s (Geschichte der deutschen Literatur), E d u a r d E n g e l (Geschichte der deutschen Literatur von den Anfängen bis in die Gegenwart) und vor allem J o s e f N a d l e r (Literaturgeschichte der deutschen Stämme und Landschaften), dem Jünger August Sauers.

licherseits aus dem der Grafen von Stade, die etwa zu dieser Zeit auch Herren des Gaues Dobna (Plauen im Vogtland) waren. Er war mit den ange= sehensten Fürstenhäusern, so auch mit den Sachsenkönigen und =kaisern ver= wandt. Die Wurzeln seines Geschlechtes liegen zwischen der Niederelbe und dem Harz. Er selbst war 975 geboren, in Halberstadt getauft, in Quedlinburg und Magdeburg erzogen worden. Als Bischof von Merseburg hat er sich um die deutsche Besiedelung der Gegend östlich Merseburg, etwa in der Linie Leipzig—Wurzen—Mulde—Oschatz—Elbe, sehr verdient gemacht, auch die junge Burg Meißen hat er mehrfach gegen den slawischen Ansturm von Osten verteidigen helfen. Als Dichter offenbart sich der Geschichtsschreiber Thietmar in der Zueignung seiner Chronik an seinen jüngsten Bruder, der Abt im Kloster Bergen bei Magdeburg, später Bischof von Münster war, und in einigen hymnischen Stellen, an denen er aus der Prosa in Hexameter übergeht.

An der Blüte des deutschen Minnesanges ist der Westen und Süden des Reiches naturgemäß viel stärker beteiligt als der später kolonisierte östlichere Teil. Immerhin entstammen dem obersächsischen Gebiet drei Minnesänger, von denen sich besonders der erste durch eigenartige Gedanklichkeit, Viel= seitigkeit und Gewandtheit der Form auszeichnet, durch Eigenschaften also, die später für die meisten Dichter auch des Thüringen nicht unmittelbar benachbarten Gebietes bezeichnend werden sollten. Es ist H e i n r i c h   v o n   M o r u n g e n aus dem jetzigen Mohrungen bei Sangerhausen im Bezirk Merseburg. Erwähnung findet er in zwei Ur= kunden des Markgrafen Dietrich von Meißen; nach der einen, die etwa im Jahre 1217 ausgestellt wurde, bezog er ein Jahresgehalt aus der Leipziger Münze. Der zweite obersächsische Minnesänger ist kein Geringerer als ein meißnischer Markgraf selber und zwar H e i n r i c h   d e r   E r l a u c h t e (1218—1288); freilich übertrifft seine politische Begabung ohne weiteres seine dichterische. Der dritte ist jener H e i n r i c h   v o n   M e i ß e n , der als F r a u e n l o b halb der Legende anzugehören scheint, sollen ihn doch zum Dank für das vielfältige poetische Lob, das er ihnen gespendet, 1318 zu Mainz die Frauen zu Grabe getragen haben. In Wirklichkeit scheint er ein betrieb= samer, mit viel unverstandener Gelehrsamkeit vollgepfropfter Sänger ge= wesen zu sein, der sich stark überschätzte und seinen eingebildeten Wert uner= müdlich in spitzfindigen Streitversen verfocht. So kann er als ein frühes Muster, als ein Prototyp jener Poeten gelten, bei denen die weniger erfreulichen Seiten der obersächsischen Geistesbeschaffenheit in den Vordergrund treten. In Mainz soll er übrigens die erste Meistersingerschule gegründet haben, was zu einem gewissen lehrhaften (didaktischen) Drang, der sich bei den Dichtern Obersachsens bald immer deutlicher ausprägte, ohne weiteres passen würde. Zu der von Otto dem Reichen, dem Großvater Heinrichs des Erlauchten, gegründeten erzgebirgischen Silberstadt Freiberg stand jener bürgerliche Heinrich von Freiberg in Beziehung, der um 1310 von einem böhmischen Grafen den Auftrag erhielt, Gottfried von Straßburgs „Tristan" zu vollenden. Er unterzog sich dieser ehrenvollen Arbeit mit seltenem Geschick und außergewöhnlichem Einfühlungsvermögen.

Neben Freiberg waren durch den Silberreichtum des Erzgebirges Zwickau und Joachimstal berühmt geworden. Hier wirkten zur Reformationszeit einige poetische Pfarrer, Forscher, Schulrektoren zum Ruhm des obersächsischen Schrifttums.

Luthers „Freiheit eines Christenmenschen", dem Zwickauer Bürgermeister Mühlpfort zugeeignet, legten sie auf ihre Weise aus, lasen, disputierten, sichteten und trugen viel dazu bei, daß sich das wegweisende Schuldrama der sächsischen Landschaften entwickelte. Die treuherzigen, meist in Mundart und unvollständig überlieferten Mettenspiele, mit denen volkstümliche Schauspieler die urwüchsige Weihnachtswonne ihrer Heimat heute noch oder heute wieder über die Berge tragen, haben wahrscheinlich hier ihren Ausgangspunkt. Sehr bezeichnend für die mehr verstandes- als gefühlsmäßige obersächsische Einstellung, daß der „verkörperte Geist der Stadt Zwickau" nicht ein Dichter, sondern ein Schriftgelehrter war, Stephan Roth, der Übersetzer, Herausgeber, Korrektor und Berater von Druckern, dem aus den meisten Landschaften Mitteldeutschlands die Manuskripte vorgelegt wurden. Bezeichnend, daß der berühmteste Rektor der Zwickauer Ratsschule, Georg Agricola (= Landmann) aus Glauchau (1494—1555), ebenso bedeutend und bahnbrechend war als Pädagog wie als Arzt und als Gesteinforscher; er schrieb die ersten grundlegenden Lehrbücher der Mineralogie und der Berg- und Hüttenkunde. Josef Nadler, in seiner geistvoll brückenschlagenden Art, umreißt sein Wesen folgendermaßen: „Das war ein Humanist, der schauen und prüfen gelernt hatte, dem die Grundnormen des neuen Men-

schen, eigenes kritisches Beobachten, zur zweiten Natur geworden. Alte My=
then hat er mit einem Verständnis und einer Feinheit gedeutet, daß er un=
mittelbar neben seinen Landsmann Gotthilf Heinrich Schubert (den weit=
wirkenden Naturphilosophen aus Hohenstein=Ernstal, 1780—1860) und den
Sohn der anderen Berghüttenlandschaft (im Mansfeldischen), neben Novalis
tritt." Und ebenfalls bezeichnend für obersächsische Einstellung, daß der fromme
Joachimstaler Pfarrer Johannes Mathesius aus Rochlitz (1504
bis 1565) in seiner berühmten Sammlung von sechzehn Fastenpredigten „Sa=
repta" als vieldeutiges Mittel der Veranschaulichung den Bergbau logisch
und gewissenhaft durchführte, ja daß er sogar, als erster Biograph Martin
Luthers, das Leben des großen Reformators zu wohldurchdachten Predigten
verarbeitete.

Und Martin Luther, der geniale Bergmannssohn aus Eisleben (1483
bis 1546)? In gewissem Sinne ist auch er ein Obersachse, ein Obersachse mit vor=
wiegend thüringischem Einschlag; zum mindesten ist sein Lebenswerk unlösbar und
für alle Zeiten mit obersächsischem Land und Wesen verbunden. In Magdeburg,
Erfurt, Wittenberg rang er mit den papistischen Vorurteilen und rang sie nieder,
ohne Gefühlsüberschwang, ohne pathetische Geste, tatkräftig, sachlich, mit
nie einzuschüchternder kritischer Leidenschaft und offener Freude an Ironie
und derbem Spott. Und gleichsam als ein Bekenntnis zu seinen Landesherren,
den sächsischen Kurfürsten, ließ er sein überragendes Werk der Bibelverdeutschung
in der Sprache der meißnischen Kanzleien in die Welt gehen. Er verhinderte
dadurch mit, was außerordentlich wichtig ist, die Bildung mehrerer Schrift=
sprachen in Deutschland. Zugleich schuf er der neuen, jungen, aus prote=
stierendem sächsischen Verstande siegreich erwachsenen Kirche die ersten,
für den allgemeinen Gebrauch bestimmten geistlichen Lieder und eröffnete
damit die lange und beträchtliche Reihe von Dichtern obersächsischen Stammes,
die dem evangelischen Gottesdienst durch teilweise ausgezeichnete Choraltexte
inbrünstiges Leben zuführten. (Daß er auch zu den eigenartigen, charak=
teristischen obersächsischen Briefschreibern gehörte, nur nebenbei; doch ist auf
die vielen obersächsischen Dichtern gemeinsame Begabung als Briefsteller im
„Hausbuch" mehrere Male Rücksicht genommen.)

Die Namen der eindringlichsten obersächsischen Kirchenlied=
dichter evangelischen Geistes, von Luthers Zeitgenossen bis ins 18. Jahr=

hundert, sollen im Anschluß hieran gleich einmal im Zusammenhang wenigstens genannt werden: Nikolaus Hermann (Ende des 15. Jahrhunderts bis 1561 in Joachimstal), ein zum Erzgebirger gewordener Ostfranke: „Lobt Gott, ihr Christen, alle gleich —", „Erschienen ist der herrlich' Tag —", „Die helle Sonn' leucht' jetzt herfür —", „Hinunter ist der Sonne Schein —". Der bereits erwähnte Johann Mathesius aus Rochlitz (1504—1565): „Nun schlaf, mein liebes Kindelein —". Der reformierte Ambrosius Lobwasser aus Schneeberg (1515—1585), der übersetzte Psalmen nach französischen Vorlagen zusammen mit den französischen Melodien herausgab und nebenbei als einer der ersten, echt obersächsisch, Sinngedichte (Epigramme) schrieb. Johann Hermann Schein aus Grünhain (1586 bis 1630), einer der Vorgänger Bachs im Leipziger Thomaskantorat, dem neben der Melodie auch der Text des Liedes „Mach's mit mir Gott nach deiner Güt'" zugeschrieben wird. Martin Rinckart aus Eilenburg (1586 bis 1649): „Nun danket alle Gott —". Heinrich Albert aus Lobenstein (1604—1651): „Gott des Himmels und der Erden —". Michael Schirmer aus Leipzig (1606—1673): „O heil'ger Geist, kehr bei uns ein —". Paul Gerhardt aus Gräfenhainichen (1607—1676): „Nun laßt uns gehn und treten —", „Wie soll ich dich empfangen —", „O Haupt voll Blut und Wunden —", „Wach auf, mein Herz, und singe —", „Nun ruhen alle Wälder —", „Gott Lob, nun ist erschollen —", „Befiehl du deine Wege —", „Geh aus, mein Herz, und suche Freud —", „Die güldne Sonne voll Freud' und Wonne —". Paul Fleming aus Hartenstein (1609—1640): „Laß dich nur nichts dauern —", „In allen meinen Taten —". Johann Olearius aus Halle (1611—1684): „O großer Gott, du reines Wesen —". Tobias Clausnitzer aus Thum (1618—1684): „Wir glauben all an einen Gott —", „Liebster Jesu, wir sind hier —". Gottfried Arnold aus Annaberg (1666—1740): „O Durchbrecher aller Bande —". Erdmann Neumeister aus Üchteritz bei Weißenfels (1671—1756): „Jesus nimmt die Sünder an —". Nikolaus Ludwig Graf von Zinzendorf aus Dresden (1700—1760), der Stifter der Brüdergemeinde in Herrnhut, der Dichter vieler mystisch frommer Lieder wie: „Jesu, geh voran —", aber auch peinlich verstandesmäßiger Strophen wie: „Eins geht da, das andre dort in die ew'ge Heimat fort, ungefragt, ob die und der uns nicht hier noch

342

nützlich wär' —". **Christian Fürchtegott Gellert** aus Hainichen (1715—1769), der Schöpfer gefühlsstarker Gesänge: „Wie groß ist des Allmächt'gen Güte —", „Die Himmel rühmen des Ewigen Ehre —", „Wenn ich, o Schöpfer, deine Macht —", „Auf Gott und nicht auf meinen Rat —", „Gott, deine Güte reicht so weit —", „Mein erst' Gefühl sei Preis und Dank —", „Ich hab in guten Stunden —", „Nach einer Prüfung kurzer Tage —", aber auch erklügelter Verse wie: „Lebe, wie du, wenn du stirbst, wünschen wirst, gelebt zu haben —". **Johann Andreas Cramer** aus Jöhstadt (1723—1788): „Der Herr ist Gott und keiner mehr —"[1]).

Unter diesen allen ragen neben dem späteren Gellert hervor **Martin Rinckart, Paul Gerhardt** und **Paul Fleming**. Rinckarts tiefaufjubelnde Strophen „Nun danket alle Gott —", vermutlich zur Feier des westfälischen Friedens gesungen, sind zu einer unvergänglichen Dankformel der protestantischen Gottesfeier geworden; Paul Gerhardts Liederfüllhorn bedeutet der lutherischen Kirche, was der päpstlichen Reliquienschreine, Tabernakel, Heiligenbilder sind: sinnlich faßbare Glaubenslehre. Noch urwüchsiger als Gerhardt und Rinckart, einer tieferen, inneren Notwendigkeit dienstbarer als alle vor ihm, überhaupt der erste obersächsische Poet, der Persönlichstes in künstlerisch gesteigerter Form aussprach: **Paul Fleming**, geboren zu Hartenstein an der Mulde, früh gestorben in Hamburg, nachdem er die aufsehenerregende, durch den Herzog von Holstein ausgerüstete „moskowitische Expedition" nach Persien mitgemacht hatte. Bei ihm, dem weitgereisten, seines Wertes wohl bewußten jungen Lyriker, erweist sich der Zustrom fränkischen Blutes als besonders glückliches Geschenk. Sogar auf seine Leipziger Freunde **Gottfried Finkeltaus** und **Christian Brehme** und eine stattliche Zahl anderer Leipziger Lyriker färbte das ab.

Darüber, ob der wittenbergische Amtshauptmann und kursächsische Hofrichter **Johann Friedrich von Schönberg** aus Sitzenroda bei Schilda (1543—1614) das boshafte „Schildbürgerbuch" den Spießbürgern

---

[1]) Die Reihe wird fortgesetzt durch **Johann Adolf Schlegel, Friedrich von Hardenberg (Novalis), Samuel David Roller, Julius Sturm** u. a.

der benachbarten winzigen Stadt Schilda zum Possen geschrieben habe, oder ob der Angehörige eines anderen deutschen Stammes der Verfasser sei, besteht zur Zeit noch keine vollkommene Klarheit. Otto Eduard Schmidt, der genaue Kenner kursächsischer Geschichte, Kultur und Literatur, erklärt sich in seinen „Kursächsischen Streifzügen" für Johann Friedrich von Schönbergs Verfasserschaft: „Als geborener Sitzenrodaer kannte Schönberg die benachbarten Schildaer von Jugend auf. Schilda war wohl auch von allen den untermeißnischen Nestern das ärmlichste und erbärmlichste; die Schildaer erweckten wohl schon, wenn sie mit ihrem Honig oder ihrem Holze oder mit Eiern und Butter auf dem Torgauer Markt erschienen, durch Wesen und Kleidung das Gespött der Stadtbürger; das mitten im Walde liegende Städtchen erschien denen als ein trostloser Wohnsitz der „Hinterwäldler", als der Ort, „wo sich die Füchse gute Nacht sagen". So sind denn auch in dem Buche alle Mittel angewandt, im Leser eine Art von ästhetischem Ekel vor den Schildbürgern zu erwecken". („Kursächsische Streifzüge", I. Band: „Von Meißen ins Land Sachsen = Wittenberg".) Zuzutrauen wäre die Schildbürgersatire einem kritischen, zu ironischer, spöttischer, unter Umständen gehässiger Zeitbetrachtung neigenden Obersachsen ohne weiteres.

Unbestritten sind zwei obersächsische Satiriker und Schwankerzähler dieser Zeit, zwei anscheinlich nicht ganz einwandfreie Charaktere, die, spärlichen Belegen zufolge, um 1558 zu Leipzig mannigfache Beziehungen haben. Der eine ist Michael Lindener, ein verdorbener Gottesgelehrter, der sein Leben als Korrektor von Druckereien fristete und zuletzt am Galgen geendet haben soll. Das erste seiner ziemlich unsauberen Schwankbücher heißt „Katzipori", darin „neue Mücken, seltsame Grillen, unerhörte Tauben verfaßt und begriffen sind, durch einen guten Companen allen guten Schluckern zu Gefallen zusammengetragen". (Diese „guten Schlucker" nennt er an anderer Stelle Storchsschnäbel, Entenfüß', Gänskragen, Säurüssel, Eselsohren, Bockshörner, Wolfszähn', Katzenschwänz', Hundszägel, Ochsenköpf' und Kalbsfüß'.) Die zweite Schwanksammlung Lindeners führt den Titel „Rastbüchlein" und ist wohl weniger inhaltsreich, aber nicht weniger schmutzig als die erste. Von Lindeners Landsmann Valentin Schumann, dem Sohn eines gleichnamigen Leipziger Buchhändlers, wird bezeugt, daß er Schriftgießer war und 1558 von seiner Frau, über die er sich gelegentlich bitter beklagt, von Haus

344

und Hof vertrieben wurde. Er ist der Verfasser des „Nachtbüchleins", ein etwas geschickterer Erzähler als Lindener. Bei beiden Satirikern stört, daß Handlung und Geschehen von trocknen Lehren und Nutzanwendungen durchsetzt werden.

Die Auffindung überreicher Erzschätze im Erzgebirge und ihre Ausbeutung seit vier Jahrhunderten hatte für das obersächsische Gebiet, zugleich mit neuen Einwanderungswellen vor allem aus dem Harz, einen außergewöhnlichen wirtschaftlichen und geistigen Aufschwung gebracht. Auch für das Erlebnis der Lutherschen Kirchenerneuerung waren die Seelen hier hoffnungsvoll gelockert worden. Leider vernichteten die Kriegszustände, die der Streit um die reine Lehre nach sich zog, in der Folgezeit das meiste. Dem mehr epischen als lyrischen obersächsischen Volkslied kamen sie insofern zugute, als sie es mit individueller Wärme, ja Inbrunst füllten. In dem herrlichen Lied vom „Sächsischen Mägdlein", welches die Knebelung des evangelischen Glaubens durch das „Interim" Karls V. beklagt, rauscht deutsches Vaterlandsgefühl mächtig und verheißungsvoll empor. Die großartige Sinnbildlichkeit der Romanze „vom großen Bergbau der Welt" um 1700, aus einer Zeit, wo die Naturschätze des Gebirges anfingen, karger zu werden, bewegt sich prächtig in Choralrhythmen.

Mit dem Zittauer Schulrektor Christian Weise (1642—1708), der satirisch-didaktische Romane und viele, ziemlich stroherne Schulkomödien schrieb, meldete sich der typische obersächsische „Besserwisser" in der deutschen Literatur, um nicht so bald wieder abzutreten. Der verbummelte Leipziger Student Christian Reuter (1665 bis um 1708) aus dem Hallischen Kreise hat außer der satirischen Ader nicht viel mit ihm gemeinsam. Er schrieb des großschnäuzigen „Schelmuffsky curiose und sehr gefährliche Reisebeschreibung zu Wasser und zu Land", rächte sich an seiner ungeduldigen Zimmerwirtin durch gepfefferte Schmähpossen nach französischen Mustern („L'honnête femme oder die Ehrliche Frau zu Plißine" [= Pleißenstadt=Leipzig] und „La maladie et la mort de l'honnête femme", das ist „Der ehrlichen Frau Schlampampe Krankheit und Tod") und verspottete in einem Lustspiel „Graf Ehrenfried" einen liederlichen Zechgenossen seines Kurfürsten und Königs, Augusts des Starken, sowie dessen um der polnischen Königskrone willen erfolgten Übertritt zum Katholizismus.

Zweier merkwürdiger obersächsischer Schriftsteller muß hier noch gedacht werden, weil sie die Reihe jener Sachsen eröffnen, die teils in der Phantasie, teils mit eignen Füßen, aus eignem Wissenstrieb und Tatendrang heraus zu eigenartigen „Weltreisenden" geworden sind, wie ja der Sachse bekanntlich heute noch eine ganz spezifische, ein wenig betriebsam=neugierige Reiseleiden= schaft hat: Der Oberlausitzer H e i n r i ch A n s e l m v o n Z i e g l e r u n d K l i p p h a u s e n (1663—1696) schrieb d e n deutschen historischen Mode= roman seiner Zeit, die grelle „A s i a t i s ch e B a n i s e", die in Hinter= indien spielt. Sie gehörte unter anderem zur einflußreichen Lieblingslektüre Augusts des Starken.   J o h a n n G o t t f r i e d S ch n a b e l aus der Umgegend von Bitterfeld (1692—1750) übertraf mit seiner „I n s e l F e l s e n b u r g" alle die zahllosen, damals beliebten Robinsonaden, Nach= ahmungen des unsterblichen „Robinson Crusoe" des Engländers Daniel Defoe, und bereitete großen Erlebnisdichtern den Weg. Von ihm geht die Reihe der „sächsischen Reisenden", vorbei an dem Missionar N i k o l a u s L u d w i g v o n Z i n z e n d o r f, der in Europa, Westindien, Nordamerika für die „Heilandsreligion" tätig war, weiter über J o h a n n G o t t f r i e d S e u m e, der von Grimma in Sachsen bis nach Syrakus einen Fußspaziergang machte, zu K a r l M a y aus Hohenstein=Ernsttal (1842—1912), dem vielumstrittenen, zweifellos mit seltener schriftstellerischer Gewandtheit ausgestatteten Volks= erzähler, bis zu dem 1885 in Leipzig geborenen A r t h u r H e y e, einem der begabtesten unter den aus eigenen Erlebnissen schöpfenden Reiseschrift= stellern unsrer Tage.

Von der hofmeisterisch lehrhaften Art des Zittauers Christian Weise scheinen auch die meisten jener obersächsischen Schriftsteller nicht ganz frei, die als Verfasser der „Bremer Beiträge", so genannt nach dem zufälligen Verlags= ort ihrer kritisch eingestellten Zeitschrift „Neue Beiträge zum Vergnügen des Verstandes und Witzes" in Bremen, bekannt wurden und deren Zeitbedeutung in ihrer Einstellung gegen Gottsched, den Leipziger Erzschulmeister und Lite= raturpapst, liegt. Die namhaftesten unter ihnen: der bereits erwähnte geist= liche Liederdichter J o h a n n A n d r e a s C r a m e r aus Jöhstadt (1723 bis 1788), der trockene Oden verfaßte, der steife und schwunglose J o h a n n A d o l f S ch l e g e l aus Meißen (1721—1793), der Vater der beiden Ro= mantiker August Wilhelm und Friedrich Schlegel, der zahme Satiriker G o t t =

lieb Wilhelm Rabener aus dem Pleißnerland (1714—1771), der die meisten Mißstände der Zeit an den Pranger stellte, aber um den größten Schädling, den sächsischen Minister Brühl, vorsichtig herumging, und Christian Fürchtegott Gellert (1715—1769). Dieser einst vielbewunderte Pfarrerssohn aus Hainichen erscheint heute in seinen Fabeln und poetischen Erzählungen, von seinem Roman und seinen Theaterstücken gar nicht zu reden, prosaisch, kleinlich, hausbacken, ohne leidenschaftlichen Antrieb, und doch sind seinen geistlichen Liedern Tiefe des Gefühls und Herzensbeteiligung und vielen seiner sarkastischen Verserzählungen Witz und Schelmerei nicht abzusprechen. Als menschenfreundlicher, philanthropischer Briefschreiber ist er, begabt mit außergewöhnlicher Einfühlungsfähigkeit, Hunderten von Zeitgenossen ein Seelenarzt gewesen. Allen Deutschen wurde der vielgewandte Rationalist ein Lehrer des Stils. (Die erstaunliche Volkstümlichkeit und allgemeine Beliebtheit Gellerts in seiner Zeit, aber auch nur diese, erinnert etwas an den breiten Beifall, den heute die seichte Unterhaltungsschriftstellerei der Hedwig Courths-Mahler in mittleren und unteren Volksschichten findet, einer betriebsamen „Buchmacherin", die bezeichnenderweise auch Obersächsin ist, wie ja die berüchtigten Fabrikanten gewissenlosen und seichtesten Lesefutters während der klassischen Blütezeit unsrer Literatur, Johann Heinrich Spieß und Karl Gottlob Cramer, ebenfalls Sachsen waren.) Einen größeren Zug als der Leipziger Moralprofessor, der den jungen Goethe abstieß, hat zweifellos jener von der Antike und von Shakespeare begeisterte Dramenschreiber Johann Elias Schlegel aus Meißen gehabt (1719—1749), der Onkel der beiden Romantiker, der sich als erster des fünffüßigen Jambus im Drama bediente und bedeutsamer Vorläufer und Wegbereiter war, und der scharfsinnige Mathematiker Abraham Gotthelf Kästner aus Leipzig (1719—1800) mit seinen überlegenen Epigrammen, von dem Lessing sagte, er stelle in sich eine allerseltenste Vereinigung dar, „in der sich der Meßkünstler und der schöne Geist in einer Person" beisammen fänden.

Der Wurzener Fabeldichter Magnus Gottfried Lichtwer (1719 bis 1783), nicht ohne Humor, wie der moralisierende Kinderfreund Christian Felix Weiße aus Annaberg (1726—1804) hielten sich wieder mehr in Niederungen auf, wenn der letztere auch Lessings Jugendfreund war. Anfangs verbündet mit Gottsched, später in Gegnerschaft zu ihm, betrieb zur gleichen Zeit, vor allem von Leipzig aus, die erste große deutsche Schauspielerin Caroline Weißenborn, verehelichte Neuber aus Reichenbach im Vogtland (1697—1760), eine Reform des Theaters auf französisch-klassizistischer Grundlage, freilich zumeist noch mit unzulänglichen Mitteln. Geistiger Handlanger dieser außergewöhnlichen Frau in ihrer Fehde mit Gottsched war der Sachse Johann Christoph Rost.

Dagegen nun Gotthold Ephraim Lessing aus Kamenz (1729—1781, die Familie, vielleicht mit slawischer Blutbeeinflussung, war vorher im Erzgebirge ansässig gewesen), welch ein Gipfel über dem Tale! Der Dichter der ersten wirklich deutschen und wirklich lebendigen Bühnenstücke, der „Miß Sara Sampson", der „Minna von Barnhelm", der „Emilia Galotti", des „Nathan" und eines genial angelegten „Faust", der leider nicht vollendet wurde, der Verfasser der „Hamburgischen Dramaturgie", die das ernste vaterländische Theater für alle Zeit von dem Einfluß der Franzosen freimachte, der streitbare Kämpfer für Geistesfreiheit und neben Gottfried Wilhelm Leibniz aus Leipzig (1646—1716) der deutsche Aufklärer großen Stils, der hinreißende Briefschreiber. Und doch ist es gerade er, der gelegentlich bekennt: „Ich bin weder Schauspieler noch Dichter. Man erweist mir zwar manchmal die Ehre, mich für den letzteren zu erkennen, aber nur, weil man mich verkennt. Aus einigen dramatischen Versuchen, die ich gewagt habe, soll man nicht so freigebig folgern. Nicht jeder, der den Pinsel in die Hand nimmt und Farben verquistet, ist ein Maler. — — Ich fühle die lebendige Quelle nicht in mir, die durch eigene Kraft sich emporarbeitet, durch eigene Kraft in so reichen, so frischen, so reinen Strahlen aufschießt: ich muß alles durch Druckwerk und Röhren aus mir herauspressen. Ich würde so arm, so kalt, so kurzsichtig sein, wenn ich nicht einigermaßen gelernt hätte, fremde Schätze bescheiden zu borgen, an fremdem Feuer mich zu wärmen und durch die Gläser der Kunst mein Auge zu stärken. Ich bin daher immer beschämt oder verdrießlich geworden, wenn ich zum Nachteil der Kritik etwas las oder hörte. Sie soll das Genie ersticken, und ich schmeichle mir, etwas von ihr zu erhalten, was dem Genie sehr nahekommt."

Somit: der typische Obersachse im positiven Sinne! Mehr ein Vermittler als ein Schöpfer, mehr ein dialektischer Prosaiker als ein Poet, mehr einer, der sein Bestes aus zweiter Hand empfängt, als einer, den sein Dämon fortreißt, mehr auf scharfsinnigen Verstand als auf Phantasie gegründet, mehr Fackelträger als Blitzstrahl und brennender Busch, aber alles in sich vereinigend, was dem Obersachsen in unserer Literatur seine Sendung verbürgt: Energie, Elastizität, kecke Neigung zu Spott, Ironie und klarstellender Geistesfehde, ernste Auffassung des hohen schriftstellerischen Berufs, Beherrschung der Form und helle Klugheit des Herzens.

Die lebendige Quelle, die durch eigene Kraft sich emporarbeitet, fehlte nach seinem Selbstzeugnis dem großen Lessing. Wieviel mehr mußte sie Leuten mangeln wie dem gewandten Moritz August von Thümmel aus Schönefeld bei Leipzig (1738—1817), der in seiner einst vielgelesenen „Reise in die mittägigen Provinzen Frankreichs" als kluger Nachahmer des Engländers Laurence Sterne ironisch plaudernder Aufklärer ist, und dem betriebsamen Advokaten August Langbein aus Radeberg (1757—1835), dem Dichter des „Großvaterliedes", der sich in langatmigen, gequält humoristischen Verserzählungen erging. Im Vergleich mit ihnen hat der grundehrliche, spröde Hagestolz Johann Gottfried Seume (1763—1810) aus der Nähe von Weißenfels durchaus eigene Züge. Der sehr fruchtbare Bautzner August Gottlieb Meißner (1753—1807) kann als Schöpfer der Kurzgeschichte und „Ahnherr der Kriminalnovelle" innerhalb des deutschen Schrifttums gelten.

Bei dem mit 22 Jahren gefallenen Dresdner Freiheitshelden Theodor Körner (1791—1813) ist alles noch Abhängigkeit, Anlauf, Aufbruch, doch ist eine gewisse doktrinäre Nüchternheit und eine gutbürgerlich gemäßigte Temperatur für die meisten seiner Dichtungen charakteristisch, was bei einem Jüngling verwundern macht. Die Lieder von „Leyer und Schwert" adelt persönliches Erleben; das Schönste von ihm ist meinem Gefühl nach der Brief, in dem er seinem Vater, dem Freunde Schillers, seinen Entschluß kundtut, unter die Waffen zu gehen.

Daß die Bewegung der Romantik, die in erster Linie eine Angelegenheit der Phantasie war, nicht von den Obersachsen ausging, ist bei der Veranlagung der Obersachsen ohne weiteres zu verstehen. Immerhin spukt durch ihre Väter in den Brüdern August Wilhelm und Friedrich Schlegel obersächsische Betriebsamkeit. Der frühvollendete Friedrich von Hardenberg (Novalis) aus dem Mansfeldischen (1772

bis 1801), der in Freiberg und Weißenfels lebte und mit seinem symbolisch=
allegorischen Roman „Heinrich von Ofterdingen" eine ganze Romanreihe er=
öffnen wollte, erscheint ohne weiteres als der tiefste Dichter und Denker der
älteren Romantik. Seine obersächsische Geistigkeit scheint der Belgier Maurice
Maeterlinck zu betonen, wenn er von des Novalis Denkbezirken bewundernd
schreibt: „Hier befinden wir uns auf den scharfen und oft gefährlichen Fels=
graten des Gehirns, aber es gibt auch Verstecke voll köstlichen Dunkels zwischen
den gründenden Unebenheiten dieser Grate, und die Luft ist von unveränder=
lichem Kristall." Auch der originelle Verfasser der satirischen „Nachtwachen
von Bonaventura", als der von einzelnen Forschern der Bautzner F r i e d r i c h
G o t t l o b W e t z e l (1779—1819) vermutet wird, gehört in romantischen
Bereich. Und der, der später um die neue Kunstbewegung den blauen Mantel
tiefsinnig vergrübelter Melodien schlug, R o b e r t S c h u m a n n , war in
Zwickau an der Mulde geboren (1810—1856), seine Eltern entstammten dem
Vogtländisch=Reußischen, in Leipzig rang er um den Besitz der geliebten Clara
Wieck, der außergewöhnlichen Klavierspielerin, und um das letzte Geheimnis
aller Kunst. In ihm brachte sein Stamm einen bahnbrechenden gefühls=
betonten Musikschriftsteller, der als solcher auch den Dichtern zuzurechnen ist,
hervor; in seiner geistvoll ausgedeuteten Zwiespältigkeit erscheint er durchaus
obersächsisch.

Der ungesunden Literaturmode der „Schicksalstragödie" entrichtete der
spekulative obersächsische Verstand gern seinen Zoll. Mit seiner berüchtigten
„Schuld" schlug der Weißenfelser A d o l f M ü l l n e r (1774—1829) Zacha=
rias Werners „Vierundzwanzigsten Februar", und der Niederlausitzer E r n s t
v o n H o u w a l d (1778—1845) ahmte ihn nach.

Aus einer wenig späteren Epoche liegen einige hausbackene Literatur=
erzeugnisse des obersächsischen Geistes vor: Der Dresdner Armenschullehrer
G u s t a v N i e r i t z (1795—1876) schrieb moralisierende Volkserzählungen
und Jugendgeschichten, in denen schon viel soziale Einsicht keimt. Seine „Selbst=
biographie" gehört einer Reihe von Schriften an, die zur Kulturgeschichte
Sachsens in der ersten Hälfte des 19. Jahrhunderts außerordentlich wertvolle
Beiträge liefern, mit Dichtung allerdings nicht allzuviel zu tun haben; die
übrigen sind die „Jugenderinnerungen" des trefflichen Bildhauers E r n s t
R i e t s c h e l aus Pulsnitz und die neuerdings durch Briefe und Nachträge

350

erweiterten „Jugenderinnerungen eines alten Mannes", darin der Porträtist Wilhelm von Kügelgen (aus einer in Sachsen zugewanderten Familie) seiner Morgenzeit ein klassisches Denkmal setzt. Sie werden ergänzt von den noch später aufgezeichneten „Lebenserinnerungen eines deutschen Malers", nämlich des liebenswürdigen Ludwig Richter aus Dresden.

Sie umfassen in ihrer Gesamtheit eine für Sachsen dichterisch wenig ersprießliche Zeit. Während der Hofrat Theodor Hell in Dresden seine dilettantische, von Heinrich Heine mit Recht verhöhnte „Abendzeitung" herausgab, ließ ein anderer Dresdner, Ferdinand Stolle (1806—1872), in Leipzig den humoristisch politischen, ziemlich platten „Dorfbarbier" erscheinen. Als Verfasser des komischen Romans „Deutsche Pickwickier", der nach dem Vorgang des großen Engländers Charles Dickens kleinstädtische Engherzigkeit und Verschrobenheit zu verspotten sucht, erscheint Stolle typisch sächsisch. Der Leipziger Roderich Benedix (1811—1873) beherrschte mit anspruchslosen Lustspielen das volkstümliche Theater. Einige vorwiegend didaktische Poeten, Julius Hammer aus Dresden (1810—1862) mit der lehrhaften Gedichtsammlung „Schau um dich und schau in dich", und Julius Sturm aus Köstriz (1816—1896) mit vielen redlichen Versbüchern und Jugendschriften waren sehr beliebt. Julius Sturms Sohn August (1852 bis 1923) verdient um eines gewandten poetischen Talentes willen Erwähnung.

Das meiste von ihnen erscheint heute schon verstaubt, dagegen sind noch jung wie am ersten Tag einige volkstümliche Lieder von Julius Mosen (1803—1867). Diesem sehr sympathischen Vogtländer verdankt unsere Literatur außerdem die erste vollgültige Gestaltung des Heimwehs in bodenständigen Dorfgeschichten. Daß es Mosen stark zu den Tendenzen des „jungen Deutschland" zog, gereichte seinem übrigen Schaffen nicht zum Vorteil; und gerade darin, daß er alle Zeitideen eifrig in sich aufsog und bewußt in Poesie umzusetzen bestrebt war, ist er ganz Obersachse.

Daß bei dem starken Vorwalten des Verstandes und dem Mangel an schäumender Leidenschaft Obersachsen nicht eine Hochblüte lyrischer und dramatischer Dichtung zubereiten konnte, leuchtet ein. Eine Pflegestätte kerngesunder Epik ist es immer gewesen, nur scheint auch hierbei die Vorherrschaft des Intellekts gewichtig und ausschlaggebend: Infolgedessen lassen die fast männlichen Prosadichtungen der Louise von François (1817—1893)

351

aus der Provinz Sachsen im Innersten kühl, so groß die umständliche Über=
legenheit immerhin sein mag, mit der Romane wie „Die letzte Reckenburgerin",
„Frau Erdmuthens Zwillinge", „Die Stufenjahre eines Glücklichen" gegeben
werden. Auch den Erzählungen des Leipzigers A d o l f S t e r n (1835—1907)
fehlt die Unmittelbarkeit, dafür zeichnen sie sich durch gescheite Erfindung
und ästhetische Schulung aus, Eigenschaften, welche auch den „Träumereien
an französischen Kaminen", während des Krieges 1870—1871 in Feindesland
niedergeschriebenen Märchen des berühmten aus Leipzig stammenden Halle=
schen Chirurgen R i c h a r d v o n V o l k m a n n = L e a n d e r (1830—1889),
einen gewissen Eigenwert verleihen. Selbst bei dem sehr sympathischen Ober=
lausitzer W i l h e l m v o n P o l e n z (1861—1903), einem Sproß ältesten
meißnischen Adels, enttäuscht zuletzt eine gewisse unmusikalische Gedanklich=
keit; bezeichnenderweise wirken seine wenigen nachgelassenen „Gedichte" zu=
weilen wie gereimte Prosa, gehaltvollste Prosa allerdings eines erdgebundenen
und zugleich weltoffenen Edelmenschen. Sein Roman eines Lausitzer Bauern,
der seiner angestammten Scholle schuldlos=schuldig verlustig geht und ent=
wurzelt wird, des „Büttnerbauern", wird unter den vorzüglichsten Erzeug=
nissen wahrer Heimatkunst immer mit an erster Stelle stehen. Kein Geringerer
als Leo Tolstoi hat ihn gerühmt. An Wilhelm von Polenz gemessen, können
die Erzählungen des aus Hartwigswalde stammenden W i l h e l m S c h i n d =
l e r (1866—1910) aus einem reizvollen, aber literarisch noch nicht ausge=
münzten Gebiete Sachsens, dem Elbsandsteingebirge, nur stofflich inter=
essieren.

Für die scheinbar in irgendeinem Unaussprechlichen beeinträchtigte ober=
sächsische Seele hat es jedoch seit Anbeginn wahrhaft ausgleichende Glücks=
stunden gegeben. Wenn nämlich all der fleißige, biegsam spekulative Verstand
bei günstiger Konstellation der Sterne einmal gespeist wurde aus dem Ur=
bronnen der Musik, wenn das saumselige Gefühl beflügelt ward von der Lei=
denschaft trunkener Akkorde und säuerliche Spottlust begütigt von der Lyrik
der Melodien, dann sprangen Talente aus dem Schoß dieser Heimaterde,
Talente, die der deutschen Kunst in schöpferischer Ungebundenheit siegreich
vorwärts halfen, dann war die Geburtsstunde des Genies auch hier gekommen.

So ward der Köstritzer Heinrich Schütz zum Retter der vaterländischen
Musik während des Dreißigjährigen Krieges, so geißelte J o h a n n K u h n a u

352

aus Geising, der Vorgänger Bachs im Leipziger Thomaskantorat, um 1700 in dem musikalisch=satirischen Roman „Der musikalische Quacksalber" als erster freimütig und scharfsinnig Mißstände seines Berufes. So gewann Georg Friedrich Händel aus Halle europäische Bedeutung, so fand der Zwickauer Robert Schumann eine flüsternde Sprache der Zwischentöne, die besonders auch den romanischen und slawischen Völkern zum Erlebnis ward. So wurden Johann Sebastian Bach, der Leipziger Thomaskantor, und Richard Wagner, als gebürtiger Leipziger, Pole der Tonkunst für alle Zeiten[1]).

Nachdem Heinrich Schütz, entgegen der landläufigen Vorherrschaft italieni=scher Musik, in „Daphne" (aufgeführt 1627 im kurfürstlichen Schloß zu Torgau) die e r s t e deutsche Oper überhaupt geschaffen, die Caroline Neuberin, die tapfere Komödiantin, außerdem mit ihrer Truppe um eine Hebung des Theater=betriebs schlechthin gerungen hatte, bahnte der Oberlausitzer Johann Adam Hiller eine frühe Reformierung der deutschen Opernverhältnisse an, indem er „Leidenschaft und Heldentugend" an Stelle gemeiner „Torheiten und Un=gezogenheiten des Pöbels" gesetzt haben wollte und in diesem Sinn nach einem Text von Christian Felix Weiße das erste wertvolle deutsche Singspiel schuf, „die Jagd" (1769—1770). Er begann somit das große Werk, das Richard Wagner hundert Jahre später mit „Tristan und Isolde" (1865) und den „Meister=singern" (1868) vollendete, und es bleibt ein Verdienst des Landes der Refor=mation und der Aufklärung, auch hier kulturfördernd eingegriffen zu haben.

Man könnte sagen, es sei ganz gewiß etwas Obersächsisches, was bei W a g n e r (1813—1883) nach den Sternen greife. Großartige Schulmeisterei sei seine These vom Leitmotiv, geniale Schulmeisterei, nur einmal erlaubt; etwas Verstandesgemäß=Systematisches sei in seiner Themenwahl, die auf Volkserziehung in großem Format hinauslief, etwas Dialektisches und Allzu=bewußtes in seinen allitterierenden Versen, etwas Spöttisch=Betriebsames, das angesichts der zahllosen knirschend überwundenen Fehlschläge erschütternd wirkt, sei in der Art, wie er sich gegen eine Welt von Begriffsstutzigen durch=setzte. Da wir es hier aber lediglich mit der obersächsischen D i c h t u n g zu

---

[1]) Von bekannten Komponisten stammen noch aus Obersachsen Johann Gottfried Schicht, Friedrich Schneider, Moritz Hauptmann, Heinrich August Marschner, Julius Otto, Robert Franz, Robert Volkmann, Theodor Kirchner, Georg Schumann, dazu die weltberühmten Orgelbauer der Familie Silbermann.

tun haben, soll das nur beiläufig gesagt sein; jedenfalls ist eine helle und ver=
standesklare poetische Kraft in Wagner lebendig gewesen. Es ist außerdem
immer mißlich, das Genie von seiner Stammeszugehörigkeit aus beurteilen
zu wollen. In diesem Sinne sei der Philosoph F r i e d r i c h N i e t z s c h e
(1844—1900) aus Röcken bei Lützen, einer der größten lyrisch=didaktischen Dich=
ter überhaupt, nur erwähnt. Von der musikalischen Befittichung des ober=
sächsischen Geistes aus könnte man immerhin auch den strengen „Tänzer"
betrachten, der nach der „Flöte des Dionysos" zu schreiten sich sehnte, doch
ist die Frage seines Herkommens so problematisch wie vieles an ihm und an=
gesichts der unerhörten Wirkung seines Geistes auf das ganze Abendland durch=
aus untergeordnet. Wenn er neben Wagner trotzdem mit einigen Bruch=
stücken (in keinem anderen Falle mag so schmerzlich empfunden werden, daß
hier eben nur Bruchstücke gegeben werden können) in diesem Jahrtausendbuch
steht, ist's, weil er das war, was die besten Obersachsen seit Anbeginn aus
ihren tiefsten Notwendigkeiten sein wollten: Scheinwerfer, Fackelträger, Mitt=
ler des Lichts. Und so wird dennoch eine Strahlenbrücke sichtbar von ihm
zu Lessing und Leibniz und zu den anderen Denkern großen und kleineren
Maßes, die ihre Stirnen aus obersächsischem Wahrheitsdrang heraus furchten,
wie etwa der Rammenauer Bandwebersohn J o h a n n G o t t l i e b F i c h t e
(1762—1814) oder der Bautzner R u d o l f H e r m a n n L o t z e (1817—1881)
oder auch nur die Schar der g e l e h r t e n B a u e r n, die einmal für das
intelligente Land im Herzen des Deutschen Reiches charakteristisch waren.

*   *   *

Wenn nun von den neueren und neusten Dichtern Obersachsens noch
kurz gehandelt werden soll, so ist zu sagen, daß das Erbe der Ahnen bei ihnen
in tüchtigen Händen ist: Die Stärke der feingebildeten F r i d a S c h a n z
(geb. 1859 zu Dresden) liegt, mehr noch als in ihren Balladen, in ihrer Spruch=
poesie. J o h a n n e s S c h l a f (geb. 1862 zu Querfurt), der Mitfinder
des „konsequenten Naturalismus", müht sich in seinen großzügigen Romanen
voller Disputationen und Diskussionen um ein neues Lebensgefühl; die lyrische
Prosa seiner Naturstimmungsidyllen „Frühling" und „In Dingsda" ist in
ihrer schwerflüssigen Eindringlichkeit durchaus heimatlicher Scholle entkeimt.
K u r t G e u c k e aus der Industriestadt Meerane (geb. 1864) reckt sich in

354

gedankenbeschwerten Dramen und Gedichten nach einem hohen Kranze; als ein Erbe Johann Gottfried Schnabels gab er uns in „Rust" den besten Kolonialroman unserer Literatur. Vortreffliche Erzähler mit scharfem Blick für die heimatliche Umwelt, die sich je länger je mehr in schwere soziale Sorgen verstrickte, sind die Vogtländer Gottfried Doehler (geb. 1863 in Kleingera („Aus Kuckucksgrün und Rabenbrunn", „Am Dorfbrunnen"), Paul Quensel (geb. 1865 in Weida — „Drei Novellen", „Wunderlich Volk"; er ist auch der Verfasser der volkstümlichen Kleinstadtkomödie „Das Alter"), Rudolf Heubner (geb. 1867 zu Plauen — „Der König und der Tod", „Karoline Kremer", „Juliane Rockor", „Jakob Siemering und Kompanie", „Jakob Siemerings Erben", „Ein Volk am Abgrund") und Georg von der Gabelentz (geb. 1868 zu Lemnitz — „Von Heiligen und Sündern", „Geschehen aus jener anderen Welt"). Ferner Max Geißler (geb. 1868 in Großenhain — „Am Sonnenwirbel", „Die Musikantenstadt", „Hütten im Hochland", „Das Moordorf", „Die Herrgottswiege"), Franz Adam Beyerlein (geb. 1871 in Meißen — „Das graue Leben", „Jena oder Sedan", „Das Winterlager", „Stirb und werde"), Paul Burg (geb. 1884 zu Hedersleben — „Die Wetterstädter", „Der Goldene Schlüssel", „Alles um Liebe", „Lichtträger"), Oskar Schwär (geb. 1890 in der Oberlausitz — „Die Mummelswalder", „Im Bann der Scholle", „Zum geharnischten Ritter") und Heinrich Bruno Großer, Schwärs Landsmann („Auf dem toten Gleise"). Der Leipziger Kurt Martens (geb. 1870), der überlegen abwägende und ebenso kühl wie lautlos gestaltende Erzähler („Roman aus des Decadence", „Die Vollendung", „Drei Novellen aus adeliger Luft", „Schonungslose Lebenschronik"), kann wieder einmal als eine typische Verkörperung jenes bewegungsfreudigen obersächsischen Geistes gelten, der sich selber und anderen einen kritischen Spiegel vorzuhalten berufen ist. Arthur Schurig aus Dresden (geb. 1870), der Verfasser der romanisierenden „Seltsamen Liebesleute", wurde weit bekannt als kultivierter Vermittler französischer Literatur und als streitbarer Musikschriftsteller. Gesellschaftskritik vom sozialen Standpunkt aus üben Wolfgang Schumann (geb. 1887 in Dresden) und Robert Groetzsch (geb. 1882 in Naunhof); Schumann gab in der Nachfolge von Ferdinand Avenarius eine Weile den „Kunstwart" heraus, der als literarischer und ästhetischer Erzieher einer ganzen Generation eine Sendung hatte, die man ihm nicht vergessen soll; Vorurteilslosigkeit und Verstandesklarheit sind charakteristisch für seine Schriften. Groetzsch schrieb neben dem vielbelachten Schwank „Dyckerpotts Erben" vorzüglich beobachtete Erzählungen mit satirischem Einschlag aus dem arbeitenden Volke und beziehungsvolle Märchen. Beiden nahe steht Edgar Hahnewald (geb. 1884 in Dresden), der feinsinnige Schilderer der mitteldeutschen Landschaft. Den Dresdner Walter Harlan (geb. 1867) kennen die meisten nur als den spöttischen Schöpfer des dionysischen Schwanks „Der Jahrmarkt in Pulsnitz", des gedankenvollen deutschen Schauspiels aus der Albrecht Dürer-Zeit „Das Nürnbergisch Ei" und als geistvollen Spruchdichter; daß er in dem Roman „Die Sünde an den Kindern" mit lutherischem Freimut und Lessingscher Unentwegtheit gegen allerlei dumpfe Schranken kämpft, wollen viele nicht wissen. Verdienten Bühnenerfolg fanden auch die an eindringlicher Charakteristik reichen, mit scharfem Theaterblick gestalteten Schauspiele des Geraers Otto Erler (geb. 1873) „Zar Peter", „Struensee", „Der Galgenstrick".

Begabte Lyriker, die überlieferte Formen vertieften, sind Franz Langheinrich (geb. 1864) aus Leipzig, dessen Strophen zuweilen mit Max Klingers[1], seines Landmanns, Griffelkunst eine geistige Verwandtschaft aufweisen, und Adolf Holst aus Branderoda (geb. 1867), dessen gefällige Verse mit besonderem Glück Widerhall in jugendlichen Herzen suchen. Ihnen gesellen sich Paul Grotowsky, Ludwig Grimm, Otto Oertel, Otto Thörner, Erich Langer, Emil Vogel und viele andere.

Der alte vielgeliebte Volksschriftsteller Gustav Nieritz hat bis heute noch keinen gleich erfolgreichen Nachfolger gefunden; mit mehr Humor als er wandelt in volkstümlichen Bahnen der immer gutgelaunte Musikant Franciscus Nagler (geb. 1873 zu Prausitz in der Riesaer Elbgegend). Seinen unentwegten Optimismus teilt er mit dem vielseitigen Chemnitzer Ernst Köhler-Haußen (geb. 1872) und dem feinsinnigen Leipziger Horst

---

[1] Von berühmten Malern und Zeichnern stammen noch aus Obersachsen die älteren Ferdinand Rayski, Julius Schnorr von Carolsfeld, Fritz von Uhde, Otto Greiner, Heinrich Zille, Thomas Theodor Heine, die neueren Max Pechstein, Schmidt-Rottluff, Otto Dix, von bildenden Künstlern außer Ernst Rietschel Johannes Schilling, Bruno Paul, Georg Kolbe. Der grüblerisch zähe, gedankenbeschwerte Max Klinger erscheint typisch.

S ch ö t t l e r (geb. 1874), einem geborenen Plauderer von gewinnender Urbanität. Wenn für die Letztgenannten eine gewisse liebenswürdig sächsische Verbindlichkeit charakteristisch ist, so erscheint ein anderer Leipziger, P a u l G e o r g M ü n ch (geb. 1877), durchaus als Kämpfer; er trägt, ein glänzender Stilist, der neuen Volksschule ein feuilletonistisches Banner voraus.

Seit der Umwälzung der Lyrik durch Verlaine, Rimbaud, Walt Withman, in Deutschland durch Dehmel, George, Rilke ist auch in Obersachsen ein neues Lyrikergeschlecht aufgekommen: Für die Gedichte des Chemnitzers F r i e d = r i ch K u r t B e n n d o r f (geb. 1871) und der Dresdner A l f r e d G ü n = t h e r (geb. 1882) und F r i e d r i ch M a r k u s H u e b n e r (geb. 1886) ist neben reicher Gedanklichkeit eine verborgen mitschwingende Musikalität bezeichnend. Benndorf gab den „Musikalischen Quacksalber“ Johann Kuhnaus neu heraus und übersetzte mit verwandtem Formgefühl den französischen Lyriker Albert Samain. Günther, ebenfalls ein verständnisvoller Vermittler fremder, vorwiegend östlicher Kulturen, schrieb die ausgezeichnete Novelle „Paganini in Lucca“, in der sich zwischen das Sichtbare der handelnden Figuren das Unsichtbare ihrer inneren Dämonie drängt. Huebner lebt im Haag und stellt so einen Außenposten deutscher Kultur dar. Er ist der Verfasser des persönlichen Romans aus Paris „Das andere Ich“, der einer durch= geistigten Sinnlichkeit das Wort redet und sich in einem höheren Sinne um Völkerverständigung bemüht. F r i t z A l f r e d Z i m m e r (geb. 1880 zu Schöneck im Vogtland), der Vielbelesene, hat die naturnahe Gefühlstiefe und die erstaunliche Formgewandtheit seines Landsmannes Julius Mosen; er verdiente, viel bekannter zu sein. Dies gilt ebenfalls von dem Großneffen Julius Sturms und dem Neffen August Sturms J u l i u s K ü h n (geb. 1887 in Köstritz) wie von dem in Zwickau (1888) geborenen A l f r e d K u n z e. Kühn, in dem eine naturselige Stimmungskraft mächtig ist, erscheint seinen literarischen Ahnen mehrfach überlegen. Kunze hat den gedankenvollen Schritt eines Grübelnden, der zu schwerwiegenden Bekenntnissen auf dem Wege ist, an der Zwiespältigkeit des Daseins leidend. Auch der Chemnitzer R i ch a r d F i s ch e r (geb. 1883) leidet daran; ihn, dem viel Kritisch=Streitbares im Blute steckt, macht die Leidenschaft des Denkenmüssens ruhelos; seine lyrische Novelle „Die unendliche Straße“, in der die gedankliche Konsequenz bewußt folgerichtig ins Unbegrenzte schreitet, kann nur von einem Obersachsen erfunden worden sein. Ottomar Bach und Joh. Erich Gottschalch stehen in einem ähnlichen Zwielicht. Die Lyrik von K. W. Streit, Martin Kaubisch und Gottfried Fischer=Gravelius zielt ins Metaphysische. Dagegen geht der helle Max Jungnickel (geb. 1890 zu Sardorf in der Provinz Sachsen) scheinbar gänzlich unbeschwert, bubenhaft unverwüstlich durch einen Frühlingstag Ludwig Richters und eine Sternennacht des Matthias Claudius; fast träumt er zuviel für einen Obersachsen, fast findet er aus Märchen und Schmetterlingen nicht mehr heraus; doch kennt der arme Bahnwärterssohn auch den Hunger und die Tränen; und wer sich die Zeit nimmt, hingegeben in seine leichten Lieder zu horchen (auch seine Geschichten sind Lieder), der hört ein wissendes Herz drin klopfen. Seiner Art nahe stehen Arno Berthold, Moritz Willy Stolle und Max Zeibig. Dieser bodenständige, aus dem Dresdner Elbtal (geb. 1889 in Loschwitz) stammende, in seinen volkstümlichen Versen stark gefühlsbetonte Dichter hat sich durch fleißige Arbeit im Dienst vor allem des bäuerlichen Landes mit Recht viel Freunde erworben. Der Vogtländer Alfred Lippold (geb. 1887 zu Elsterberg) erscheint berufen, das von den Obersachsen im allgemeinen vernachlässigte Gebiet der Ballade zu pflegen.

Die Dresdner Martin Otto Johannes (Rädlein) (geb. 1887) und Kurt Gerlach (geb. 1889) meißeln aus Rasseerkenntnissen heraus an dem Idealbild eines höheren germanischen Volksgenossen. Es ist tief bedauerlich, daß sich die gedrungenen, wundervoll persönlichen Verse Kurt Gerlachs, seine eigenwillig plastisch erzählten Sagengeschichten, seine verschmitzten Jugendspiele, sein kraftvoller Roman aus dem Ende der nordischen Steinzeit „Ragnarök" so schwer durchsetzen. Beiden geistig verwandt erscheint der letzte Sohn des aus Mittweida stammenden bekannten Bildhauers Johannes Schilling, Heinar Schilling (geb. 1894 zu Dresden). Er versucht, in seinem großangelegten Epos „Das Königslied" ein dichterisches Gesamtbild der germanischen Götter= und Heldenwelt zu schaffen.

Gerlach hat die prächtige Vielgestaltigkeit jener Dichter, zu deren voller Entfaltung sämtliche poetische Ausdrucksformen nötig sind. Noch reicher, beschwingter als er, wohl überhaupt die vielversprechendste Blüte des ober=

sächsischen Schrifttums dieser Zeit, ist der aus der Leipziger Ebene stammende Hanns Johst (geb. 1890 zu Seerhausen bei Riesa). Er reißt mit Versen, Romanen, Dramen die Tür weit auf in das Szenarium einer besseren Menschheit, schön und verheißungsvoll in seinem fanatischen Wahrheitswillen. Seine Muttergedichte, sein Dichterdrama „Der Einsame", sein edel-schmerzliches Spiel vom guten Willen „Der König" haben bleibenden Wert. Als gedankenreicher Dramatiker mit besonderer psychologischer Begabung stellt sich neben Johst der Leipziger Wolfgang Götz (geb. 1885) mit seinem „Gneisenau". Sein Landsmann, der junge Hans Rothe (geb. 1894), der Schöpfer einer ganz eigenartigen Shakespeare-Übertragung, setzt in verbissenen Bühnenstücken die Reihe der satirischen obersächsischen Gesellschaftskritiker fort; besonders die verlogene Vor- und Nachkriegszeit stellt er in der Komödie „Keiner für alle" mit außergewöhnlicher dialektischer Schärfe in vernichtender Schonungslosigkeit an den Pranger.

Die entsetzliche Desillusionierung, Mechanisierung und Materialisierung der Epoche hat zwei andere sächsische Satiriker groß werden lassen, mit denen er geistesverwandt ist, Hans Reimann (geb. 1889 zu Leipzig) und Joachim Ringelnatz (Hans Bötticher) aus „Wurzen an der Wurze" (Mulde) (geb. 1883). In ihren Händen gewinnen die alten Geisteswaffen des Stammes unbekümmerte, mitleidlose, manchmal verletzende Schärfe; nichtsdestoweniger ist der gescheite Hans Reimann mit seiner ungewöhnlichen Einfühlungskraft in fremde Charaktere und seiner ausgesprochenen Elastizität ein vitaler Spötter, Joachim Ringelnatz ein metaphysischer Lyriker von Rang.

Der überragende „Arbeiterdichter" des Gebietes, das streckenweise einer einzigen Industriestadt gleicht, ist Max Barthel (geb. 1893 zu Loschwitz bei Dresden). Dieser leichtblütige, formbegabte Lyriker, der 1914 mit „Versen aus den Argonnen" begann und seitdem eine Fülle von liebenden und hassenden, naturseligen und zeitkritisch anklagenden Gedichten aus dem Überfluß eines heißen Herzens gehoben hat, hat auch einige sehr nachdenklich stimmende Prosabücher verfaßt, unter denen ein weltoffener autobiographischer Roman „Das Spiel mit der Puppe" und die ungeschminkten „Lichtbilder und Schattenrisse einer Reise durch Deutschland" Ähnlichgeartetes schon um der hinreißenden Unmittelbarkeit der Darstellung willen überragen.

Das Gebiet Obersachsen, aus dessen betontem Intellekt sich eine Neigung zu erziehlicher Beeinflussung und Lehrhaftigkeit leicht erklärt, hat von Berufs=pädagogen mit weiter Wirkung C h r i s t i a n F r i e d r i c h D i n t e r (aus Borna) und F r i e d r i c h D i t t e s (aus der Zwickauer Gegend) hervor=gebracht und ist immer ein Land fortschrittlicher Schulbildung gewesen. So ist es nicht verwunderlich, daß es auch auf dem Gebiet der Jugendschrift von jeher eine hervorragende Rolle gespielt hat. Die Reihe der obersächsischen J u g e n d s c h r i f t s t e l l e r führt der alte Christian Felix Weiße an, dessen „Kinderfreund" und dessen „Briefwechsel der Familie des Kinderfreundes" sich einmal eines erstaunlichen Rufes erfreut haben. Die aufdringlich morali=sierenden und sprachlich nicht befriedigenden Erzählungen des Gustav Nieritz sind von Hunderttausenden von Jugendlichen geradezu verschlungen worden. Julius Sturms Kinderbücher, Richard Volkmann=Leanders Märchen sind noch heute beliebt. Die geförderten pädagogischen Erkenntnisse einer neueren Zeit sind auch hier der Jugendschrift zugute gekommen. Unter den neueren ober=sächsischen Jugendschriftstellern, meist Berufspädagogen, haben sich außer dem Kinderliederdichter Adolf Holst und dem temperamentvollen Schulreformer Paul Georg Münch hervorgetan: Max Schmerler, Franciscus Nagler, Robert Theuermeister, Friedrich Dörffel, W. Otto Ullmann, Albert Sirtus.

Die neuere F r a u e n d i c h t u n g des Gebietes, das unter anderen auch das Mutterland der L u i s e O t t o = P e t e r s , der Begründerin des „Allgemeinen deutschen Frauenvereins" ist, ergänzt das Werk der Louise von François besonders nach der lyrischen Seite: Über der einem alten edlen mitteldeutschen Geschlecht angehörigen E r i k a v o n W a t z d o r f = B a = c h o f f , der Urenkelin der Charlotte von Stein (geb. 1878 in Schloß Do=bitschen in Sachsen=Altenburg), liegt spürbar der beglückende Segen der Wei=marer klassischen Zeit. Die Vogtländerin M a r t e S o r g e (geb. 1874 zu Treuen) schlägt in ihren warmherzigen Versen zuweilen mit besonderem Ernst soziale Töne an. Die Lausitzerin L i s a T e t z n e r (geb. 1894 in Zittau) hat sich durch ihre Märchenfahrten zu allen deutschen Stämmen und der frisch lebendigen Kunde davon in liebenswerten Berichten, sowie durch eine ausgezeichnete Sammlung der eindringlichsten Märchen der Weltliteratur großes Verdienst erworben. Die Dresdnerin G e r t r u d B u s c h (geb. 1892) erfindet neue Märchen von Eigenart und erzählt sie in einer dunkelgefärbten, abgewogenen Sprache.

So pflegt das Gebiet, das in August Musäus einen, wenn auch sehr verstandesmäßigen, so doch unverwüstlichen Märchenvermittler und in Ludwig Richter den unübertrefflichen deutschen Märchenillustrator hervorbrachte, auch hier mit Erfolg die Überlieferung. Von obersächsischen Dichterinnen seien noch genannt außer der viel zu früh verstorbenen Valerie Friedrich-Thiergen Anna Dir, Anna Moths, Helene Judeich, Herta Schumann (van Delden).

Das beträchtliche und aufschlußreiche S a g e n g u t   M i t t e l d e u t s c h = l a n d s wurde, um das hier gleich mit zu erwähnen, auf Grund älterer Sammlungen und eigener Forschungen in ausgezeichneter Form neuerdings gehoben von Paul Quensel („Thüringer Sagen") und Friedrich Sieber („Sächsische Sagen").

Die heimatliche D i a l e k t l i t e r a t u r zerfällt in eine vorwiegend obersächsische (meißnische und osterländische), erzgebirgische, vogtländische, lausitzische Mundartdichtung. Neben würde= und geschmacklosen Hervorbringungen im Stil der satirisch gemeinten, aber völlig verfehlten „Bliemchen= Dichtungen" der Trebsener Kleinbürger Gustav und Paul Schumann zu Leipzig, ist hier auch Beträchtliches zu verzeichnen. Von älteren und jüngeren Dichtern ragen hervor: im Osterländischen Franz Ehregott Hauptvogel und die Altenburger Friedrich Ullrich und Ernst Daube (Sporgel); im Meißnischen Heinrich Zschalig; im Vogtland Louis Riedel, Willy Rudert, Max Schmerler; im Erzgebirge, das auf den bodenständigen Volkssänger Anton Günther stolz sein kann, Christian Gottlob Wild, Emil Müller, Hans Siegert, Max Wenzel, Gustav Nötzold; in der Lausitz Johannes Renatus (Johannes von Wagner), Richard Blasius, der auch die Übergangsmundart des Elbsandsteingebirges pflegt, Wilhelm Friedrich und Rudolf Gärtner. (Mundartdichtung wurde in diese Auswahl nicht mit aufgenommen. Sie ist enthalten im „Hausbuch sächsischer Mundartdichtung" von Albert Zirkler, I. Teil Volksdichtung, II. Teil Kunstdichtung. Verlag der Dürrschen Buchhandlung, Leipzig.)

Der jüngste, vorwiegend lyrische Nachwuchs wird etwa durch folgende Namen gekennzeichnet: G u s t a v   W o l f = W e i f a ,   H e l l m u t   S c h w a = b e ,   R u d o l f   V o i g t ,   K u r t   M a x   G r i m m ,   J o h a n n e s L i n k e ,   E r i c h   W a l t h e r   U n g e r ,   R u d o l f   H a b e t i n ,   W o l f = r a m   B r o c k m e i e r ,   F r i t z   D i e t t r i c h , von denen, soweit sich das heute schon beurteilen läßt, die Kunst der letzten vier voraussichtlich die weitesten Schwingungen machen wird.

Und wenn ich zu mir selber noch ein paar Worte sagen darf, so ist es dies: Man tut mir, der ich aus der Stadt Robert Schumanns stamme (1883), hier und da die Ehre an, mich für einen dichterischen Ausbund ober= sächsischer Fähigkeiten im Guten und Bösen zu halten, wohlgemerkt: auf der Mittellinie und weil gerade kein Besserer vorhanden scheint. In der Folgerichtig= keit echt stammeseigentümlicher Selbstbespiegelung habe ich — und warum nicht? — daraufhin festgestellt, daß dies immerhin im Bereiche der Möglich= keit liege: Sind doch meine Altvordern väterlicherseits Wasser= und Wind= müller gewesen in der Leipziger Tiefebene, späterhin Schreiber und Zoll= einnehmer, haben doch die Vorfahren meiner Mutter als erzgebirgische Berg= häuer den heimatlichen Grund durchwühlt und gelegentlich durch die Schusterkugel Jakob Böhmes ihre Umwelt nachdenklich betrachtet, und kann ich doch — wahr und wahrhaftig! — zu zwei Dichtern obersächsischen Stammes über die Jahrhunderte hin Du sagen; denn die braven Poeten Ambrosius Lobwasser, der Psalmübersetzer und Epigrammatiker, und Christian Brehme, der Freund Paul Flemings, gehören ebenfalls in die Reihe meiner Väter. Jawohl, aus= gerechnet diese beiden und nicht Luther und Lessing und nicht Richard Wagner! So muß man eben mit meinen Leistungen — Nachsicht haben; das Nach= sehen habe ich selber. —

Abschließend ist festzustellen: Obersachsen, das untragische Zwischenland des verbindlichen Gleichgewichts, ohne Dädalus= und Ikarusveranlagung, aber auch ohne Fährnisse solcher Naturen, übt seinen gottgewollten Beruf im Haushalt des deutschen Geistes. Unsere Art hat dem Gesamtwesen der vaterländischen Dichtung ein paar charaktervolle Züge eingesprengt, ohne die sie nicht das wäre, was sie ist. Außerdem bleibt zu hoffen, daß unter einem neuen glücklichen Sternbild aus der fruchtbaren Völkerkreuzung unseres Stammes bald wieder einmal einer erzeugt werde, der der geistigen Zu= kunft der Menschheit zugute komme. Es braucht ja nicht gerade ein Dichter zu sein; wenn es nur ein schöpferischer Genius wäre, der weiter weist. Und Anreger, Vermittler, Umschmelzer, Vollender, heiligem Gesetze hörig, das werden wir wohl bleiben müssen; und das ist nicht das Geringste.

Dringe jeder von uns vor wie Lessing zur Erkenntnis seiner ureigensten Kräfte und zu ihrem sicheren Gebrauch!

Kurt Arnold Findeisen.

Inhalt.

Das Trunkene Lied. Vom Kinder-Land. (Nietzsches Werke [Die fröhliche Wissen-schaft — Also sprach Zarathustra]. — Alfred Kröner, Leipzig.)

*　*　*

Frida Schanz: Spruchstrophen. / Margaret. (Vierblätter des Jahres. Kinder-balladen. — Ernst Oldenburg, Leipzig.)

Johannes Schlaf: In Dingsda. (In Dingsda. — Insel-Verlag, Leipzig.)

Paul Grotowsky: Nach dem Kriege. Wandlung. (Herz in Händen. — F. P. Scholze, Leipzig.)

Kurt Geucke: Der Steiger Michel Mattheis vom David-Richtschacht sucht seinen Sohn. / Schollengesang. (Rust, Die Geschichte eines Lebens. Scholle und Stern, Lieder und Balladen. — Concordia, Deutsche Verlagsanstalt [Engel & Toeche], Berlin.)

Paul Quensel: Die Sonnenschar auf dem Rotenberger Vogelschießen.

Franz Langheinrich: Max Klinger: 1. Atelierfest. 2. Die Heimkehr des Prome-theus. (An das Leben. — E. A. Seemann, Leipzig.)

Rudolf Heubner: Das tote Dorf.

Walter Harlan: Die Werkstatt. Des Fliegers Mutter. (Familienszenen. — Deutsche Verlags-Anstalt, Stuttgart.)

Adolf Holst: Vom Leide. Wahlspruch. (Mit Wolken und Winden. Gen Abend. — Ernst Oldenburg, Leipzig.)

Georg von der Gabelentz: Das Haus der Rosen.

Kurt Martens: Das Osterlied.

Arthur Schurig: Von Eltern, Vorfahren, Vaterhaus, Leben. (Kleiner Katechismus der Lebenskunst. — J. L. Schrag, Nürnberg.)

Friedrich Kurt Benndorf: Heimkunft. In der Heide. Grube Himmelfahrt bei Freiberg. / Ausklang. (Kreise. — Richard A. Giesecke, Dresden.)

Franz Adam Beyerlein: Freiheit.

Otto Oertel: Opferung. Glück.

Otto Erler: Szene aus der Komödie „Der Galgenstrick". (Der Galgenstrick. — H. Haessel, Leipzig.)

Marte Sorge: Drei Fragen. Ein Zug von Frauen. Der Brunnen. (Frauenlieder. — Eugen Diederichs, Jena. — Klinge, mein Herz. — Max Koch, Leipzig.)

Franciscus Nagler: Heitere Geschichten aus der Dorfheimat. (Dorfheimat. — Albert Buchheim, Meißen.)

Otto Thörner: Mutterhaus. Hingebung. (Sonne, ich grüße dich! — H. Thümmler, Chemnitz.)

Horst Schöttler: Von unscheinbarer Lebenskunst. (Finessen vom Leben, Lieben, Lachen. — Der Plauderer. — L. Staackmann, Leipzig.)

Paul Georg Münch: Der Bussard. (Natürlich ist die Schule schuld. — Dürrsche Verlagsbuchhandlung, Leipzig.)

Erika von Watzdorf-Bachoff: Wurzeln. Unser Dorf. Liebe Stimme. (Das kristallne Tor. — Burgverlag Richard Jaeckel, Querfurt.)

Robert Groetzsch: Der Dicke. (Sächsische Leute. — Otto Hendel [H. Hillger], Berlin.)

Fritz Alfred Zimmer: Ahnenblut. Meinem Vater. 1. Totenwacht. / Halden-sehnsucht. (Fackelträger der Menschheit. — Erich Kunter Heilbronn.) Bekenntnis zur Zeit.

Alfred Günther: Stadt der Kindheit. Grab der Schwester. Winterruh. Österliche Stadt. Choral. (Beschwörung und Traum. — Emil Richter, Leipzig.)

Paul Burg: Gellert bei Friedrich dem Großen. (Lichtträger. — Max Koch, Leipzig.)

Richard Fischer: Sixtinische Madonna. Ach, daß wir nicht wie scheue Tiere sind. Schlachtfeldlerche. (Komm, Welt. — Pandora-Verlag, Dresden.)

Edgar Hahnewald: Du bist Orplid, mein Land. (Sächsische Landschaften. — Landesverein Sächsischer Heimatschutz, Dresden.)

Julius Kühn: Landhaus im Frühling. Im Hochwald. Septembergold. (Thüringer Skizzenbuch. — Koehler & Amelang, Leipzig.)

Kurt Arnold Findeisen: Die Kaffeebäumler. (Davidsbündler. — Grethlein & Co., Leipzig und Zürich.) / Johann Sebastian Bach. Lied auf allen Straßen. (Dudelsack. — Mitteldeutsche Verlagsgesellschaft, Leipzig.) / Der Goldkeller. (Ahnenland. — Oskar Laube, Dresden.) / Dom zu Naumburg. (Burgverlag [Rich. Jaeckel], Querfurt.) / Im Maschinenviertel. (Aus der Armutei. — Ed. Focke, Chemnitz.)

Wolfgang Goetz: Szene aus dem Schauspiel „Neidhardt von Gneisenau". (Neidhardt von Gneisenau. — Deutsche Verlagsanstalt, Stuttgart.)

Gottfried Fischer-Gravelius: Sieh, nun über allen Höhen —. Das Tal.

Alfred Lippold: Wassermanns Töchter.

Martin Otto Johannes: Elbfahrt.

Arno Berthold: Unser Kind. Martin Kaubisch: Selbstbildnis.

Friedrich Markus Huebner: Morgendliches Hellbewußtsein. Regennacht in der Fremde.

Kurt Gerlach: Der Kampf mit dem Bären. (Ragnarök. — Hellenhaus-Verlag, Hellerau bei Dresden.) / Zweierlei Blut. (Der Jüngling. — Erich Matthes, Leipzig.) / Junges Volk.

Alfred Kunze: Glimmendes. Gebet. Ironie. Kleineres Übel. Segen. Das Kind. Forschegrund. Wir. (Göttinger Musenalmanach 1922. — Hochschulverlag, Göttingen.)

Max Zeibig: Begebenheit im Mai. Verkaufe deine Heimat nicht —. Anbetung. Weihnacht. Aus der Wendei.

Oskar Schwär: Auszug (Im Bann der Scholle. — v. Kommerstedt & Schobloch, Dresden-Wachwitz.)

Hans Reimann: Joe und Charlie. (Von Karl May bis Max Pallenberg. — Kurt Wolff, München.) De Gadze. (Sächsische Miniaturen — Paul Steegemann, Hannover).

Max Jungnickel: Poetengebet. (Aus Wind und Himmel. — Adolf Sponholz, Hannover.) Ludwig Richter. Im Traum des Spielzeugmachers. Herbst über Nietzsches Grab. U. (Das närrische Lesebuch. — Deutsche Landbuchhandlung, Berlin.)

Hanns Johst: Anfahrt. (Wegwärts. — Delphin-Verlag, München.) Ostern. Weihnacht. Wanderung I, II. Der Mensch. (Lieder der Sehnsucht. — Albert Langen, München.) / Der Weg ins Leben. (Der Anfang. — Delphin-Verlag, München.) / Luther. (Propheten. — A. Langen, München.)

Lisa Tetzner: Kinderspiele. (Der Gang ins Leben. — Eugen Diederichs, Jena.)

Moritz Willy Stolle: Vorfrühling. Verregneter Tag.

Gustav Wolf-Weifa: Mutter. Weg aus der Stadt!

Max Barthel: Verbitterte Jugend. (Das Spiel mit der Puppe. — Verlag der Büchergilde Gutenberg, Berlin.) / Die große Mühle (1914). (Arbeiterseele. — Eugen Diederichs, Jena.) / Erwachen der Stadt. Arbeiterseele. Heimgang. Die Eisenbahnen. Der junge Arbeiter. (Arbeiterseele. — Eugen Diederichs, Jena.) / Flug um die Welt. (Botschaft und Befehl. — Buchmeisterverlag, Berlin.)

Hellmut Schwabe: Ebene der Heimat. (Brücke. — Verlag Deutsche Scholle, Leipzig.) / Heimfahrt. Wolke.

Erich Walther Unger: Briefmarken. Starkstromleitung. Knabe im Fluß. Doch du fühlst es tiefer. (Ewig in Versuchung. — Wir-Verlag, Berlin.)

Rudolf Habetin: Todesnähe. An Gott.

Wolfram Brockmeier: Madonna in Holz. Fahrt unter nächtlichem Himmel. Spruch an einen Wanderer.

366

Johannes Linke: Wintersonnenwende. Fastnacht. Aschermittwoch. (Das festliche
   Jahr. — Aufstieg, Leipzig.)
Fritz Diettrich: Maria mit dem Kinde. Klage des angeschmiedeten Prometheus.
   Eine wilde Flamme —.

* * *

Friedrich Nietzsche: Wir Luft=Schiffahrer des Geistes!
Nachwort.

* * *

Handschriften, Literaturdokumente, Zeichnungen

Kurt Arnold Findeisen: An die Heimat (Handschrift).
Merseburger Zauberspruch.
Heinrich von Morungen: Zeichnung.
Bischof Benno von Meißen: Holzschnitt.
Martin Luther: Holzschnitt von Lucas Cranach. / Weil Adam lebt — (Handschrift).
Titelblatt des ersten sächsischen Gesangbuchs.
Paul Fleming: Zeichnung von Oswald Weise.
Christian Reuter: Titelblatt der „Ehrlichen Frau zu Plißine".
Wappen des Johann Mathesius.
Christian Fürchtegott Gellert: Zeichnung von Oswald Weise.
Gotthold Ephraim Lessing: Zeichnung von Oswald Weise. / Titelblatt der
   „Minna von Barnhelm".
Theodor Körner: Zeichnung von Oswald Weise. / Brief an Henriette von Pereira
   (Handschrift).
Julius Mosen: Zeichnung von Oswald Weise.
Wilhelm von Polenz: Umschlagzeichnung von Hanns Anker zum Roman „Der
   Büttnerbauer".
Richard Wagner: Zeichnung von Oswald Weise. Brief an seinen Advokaten.
Friedrich Nietzsche: Radierung von Karl Bauer.
Johannes Schlaf: Heidekraut steck ich an meinen Hut (Handschrift).
Kurt Geucke: Bildnis und Handschrift.
Walter Harlan: Inschriften (Handschrift).
Kurt Martens: Willst du in dieser Welt — (Handschrift).
Friedrich Kurt Benndorf: Ausklang. Handschrift und Vertonung.
Fritz Alfred Zimmer: Der Wald (Handschrift).
Alfred Günther: Das Sternengleichnis (Handschrift).
Paul Burg: Zeichnung von Horst Schulze aus dem Roman „Lichtträger".
Kurt Arnold Findeisen: Zeichnung von Alfred Hofmann=Stollberg aus dem
   Buch „Mutterland".
Kurt Gerlach: Wir griffen nach den Sternen (Handschrift).
Hans Reimann: Selbstkarikatur. Zeichnung von Kurt Rübner zu der Satire „De
   Gadze".
Max Jungnickel: Poetengebet (Handschrift). Zeichnung von Otto Ubbelohde.
Hanns Johst: Anfahrt (Handschrift).
Lisa Tetzner: Titelzeichnung zu dem Buch „Märchenerzählen".
Max Barthel: Der junge Arbeiter (Handschrift).
Erich Walther Unger: Holzschnitt von Paul Sinkwitz=Ebersbach zu dem Gedicht
   „Starkstromleitung".
Johannes Linke: Holzschnitt von Eugen Pruggmayer aus dem Buch „Das fest=
   liche Jahr".

367

Weitere Sachsen-Titel aus unserem Verlagsprogramm

SÄCHSISCHE GESCHICHTE
Hrsg. Rudolf Kötzschke/Helmut Kretzschmar
18 x 25 cm, 456 Seiten, 54 Abbildungen, Leinen mit Schutzumschlag

BURGEN UND SCHLÖSSER IN SACHSEN
Hrsg. Heimatwerk Sachsen/Helmuth Gröger, Vorwort Helmut Sieber
Unveränderter Nachdruck der Ausgabe von 1940
19 x 25 cm, 180 Seiten, 100 Abbildungen, Leinen mit Schutzumschlag

SACHSEN UNTER SICH ÜBER SICH
Hrsg. Ehrhardt Heinold
12 x 20 cm, 272 Seiten, 10 Abbildungen, Leinen mit Schutzumschlag

TYPISCH SÄCHSISCH
Hrsg. Ehrhardt Heinold
18 x 21 cm, 184 Seiten, 29 Zeichnungen, Pappband mit farbigem Überzug

SACHSEN WIE ES LACHT
Hrsg. Ehrhardt Heinold
18 x 18 cm, 144 Seiten, 9 Zeichnungen, Pappband mit Schutzumschlag

Albert Schiffner
BESCHREIBUNG VON SACHSEN UND DER ERNESTINISCHEN, REUSSISCHEN UND SCHWARZBURGISCHEN LANDE
Unveränderter Nachdruck der Ausgabe von 1840
Numerierte Auflage von 999 Exemplaren
17 x 24,5 cm, 1024 Seiten, 192 Stahlstiche auf 96 Tafeln, 2 Karten,
Leinen mit Goldprägung

SACHSEN
Hrsg. Helmut Sieber/Wolfgang Weidlich
21 x 28 cm, 300 Seiten, 375 Abbildungen, davon 10 farbig,
Leinen mit farbigem Schutzumschlag

SÄCHSISCHE VOLKSKUNDE
Hrsg. Robert Wuttke, Vorwort Herbert Clauß
Unveränderter Nachdruck der Ausgabe von 1903
17 x 24,5 cm, 600 Seiten, 259 Abbildungen, 4 Tafeln, 1 Karte,
Pappband mit farbigem Überzug

DIE SÄCHSISCHE OBERLAUSITZ
Hrsg. Reinhold von Lüdinghausen
Veränderter Nachdruck der Ausgabe von 1922
17 x 24,5 cm, 296 Seiten, 246 Abbildungen, Pappband

INTERESSANTE UND BERÜHMTE VOGTLÄNDER
Ein Ehrenbuch des Vogtlandes
Hrsg. Max Zschommler, Vorwort Friedbert Ficker
Unveränderter Nachdruck der Ausgabe von 1912
15 x 22 cm, 194 Seiten, Pappband

DAS ALTE DRESDEN
Bilder und Dokumente aus zwei Jahrhunderten
Hrsg. Erich Haenel/ Eugen Kalkschmidt
Unveränderter Nachdruck der Ausgabe von 1934
17 x 25 cm, 480 Seiten, 219 Abbildungen, Leinen mit Schutzumschlag

BILDERATLAS ZUR SÄCHSISCHEN GESCHICHTE
Hrsg. O. E. Schmidt/J. L. Sponsel
Unveränderter Nachdruck der Ausgabe von 1909
22 x 30 cm, 26 Seiten Text, über 500 Abbildungen auf 100 Tafeln, Pappband

SACHSEN IN ALTEN ANSICHTSKARTEN
Hrsg. Martin Lauckner
21 x 15 cm, 144 Seiten, 142 Abbildungen, davon 20 farbig,
Pappband mit Goldprägung

Karl Rauch
MEIN LEIPZIG LOB ICH MIR
21 x 28 cm, 128 Seiten, 135 Abbildungen, Leinen mit farbigem Schutzumschlag

DRESDEN EINST UND JETZT
Veröffentlichung des Vereins für Geschichte Dresdens
Hrsg. Otto Richter, Vorwort Hermann Heckmann
Unveränderter Nachdruck der Ausgabe von 1905
23 x 31 cm, 5 Seiten Text, 100 Abbildungen, Leinen mit farbigem Schutzumschlag

G. E. ROST
TRACHTEN DER BERG- UND HÜTTENLEUTE
Einführung und neue Begleittexte Anne Noltze-Winkelmann
Neuauflage der Originalausgabe von 1831
Numerierte Auflage von 1000 Exemplaren
28 x 34 cm, 26 farbige Tafeln im Originalformat, Mappe mit Goldprägung

GESCHICHTE DER FABRIK- UND HANDELSSTADT CHEMNITZ
Hrsg. C. W. Zöllner
Unveränderter Nachdruck der Ausgabe von 1888
15 x 22 cm, 504 Seiten, 8 Abbildungen, 17 Tabellen,
Pappband mit farbigem Überzug

Sigfried Asche
BALTHASAR PERMOSER UND DIE BAROCKSKULPTUR DES DRESDNER ZWINGERS
21 x 28 cm, 402 Seiten, 326 Abbildungen, Leinen mit Schutzumschlag

Prinz Ernst Heinrich von Sachsen
MEIN LEBENSWEG
14 x 22 cm, 320 Seiten, davon 16 Seiten Abbildungen,
Pappband mit farbigem Schutzumschlag

Wilhelm von Kügelgen
JUGENDERINNERUNGEN EINES ALTEN MANNES
13 x 21 cm, 381 Seiten, 30 Abbildungen,
Pappband mit farbigem Schutzumschlag